상상, 감정, 직관을 활용하는 건설적 사고

비판적 사고의 전환

Transforming Critical Thinking: Thinking Constructively

상상, 감정, 직관을 활용하는 건설적 사고

비판적 사고의 전환

Transforming Critical Thinking: Thinking Constructively

Barbara J. Thayer-Bacon 지음 | 김아영 옮김

글로벌콘텐츠

▌일러두기

1. 본문에 사용한 기호의 쓰임새는 다음과 같다.

  『 』: 서적명

  「 」: 논문명, 글명

  〈 〉: 그림, 조각상 등 기타 작품명

2. 참고문헌에 대한 출처는 모두 내주로 표기하였다.

3. 역주는 원주와 구분하기 위해 각주 끝에 '- 역자주'를 붙여 표시하였다.

4. 원문에서 **bold**로 강조된 부분은 **굵은 글자**로 표기하였다.

5. 원문의 'He' 또는 'She'는 모두 비성별화 대명사인 '그'로 번역하였다.

6. 인명의 경우 이해를 돕기 위해 본문에서 첫 번째 언급되었을 때 괄호 안에 원어를 병기하였다.

추천사

비판적 사고에 대해 연구하는 전 세계의 학자들은 지난 20년간 다음과 같은 질문들을 던져 왔다.

- 비판적으로 사고한다는 것은 무엇을 의미하는가?
- 비판적 사고는 일반적인가? 아니면 특정한 주제에 한정되는가?
- 비판적 사고는 어떤 기술의 총체set of skill인가? 혹은 그 이상의 의미를 갖는가?
- 비판적 사고는 문제 해결을 위한 사고나 이성을 통한 사고와 어떤 차이가 있는가?
- 비판적 사고를 가르치기 위한 별도의 교육이 필요한가? 또는 교육과정 총론에 이를 위한 교육이 언급되어야 하는가?
- 개인의 비판적 사고는 평가되거나 시험될 수 있는가?

비판적 사고의 연구자들은 이러한 질문을 꾸준히 논의해 왔다. 나는 비판적 사고에 대한 연구를 시작할 당시 내가 참고할 수 있는 학자 대부분이 백인 남성인 것을 그다지 중요하게 생각하지 않았다. 그러나 비판적 사고에 대한 철학적 논의가 학자 개개인의 이해관계와 관련된 비교적 단순한 논쟁으로 변질되는 것을 경험하고 난 후, 나는 이 책, 세이어베이컨의 연구 성과에 관심을 기울이게 되었다. 그 동안 비판적 사고와 관련한 논의에 성차별적이고 인종차별적인 배경이 묵인되어 온 경향이 있다. 그런 의미에서 세이어베이컨이 자신의 견해를 다수의 백인 남성들의 논의의 장에 끼워 넣은 것은 이 책의 가장 큰 성과라고 할 수 있다. 이 과정을 통해 비판적 사고에 대한 완전히 새로운 관점의 논의가 가능하게 됐으며, 다른 참여자들에게 완전히 새로운 목소리voice를 낼 기회가 생성되었다.

세이어베이컨의 '비판적 사고의 전환'에 대한 시도는 다양성diversity에 기반한 철학이 기존 철학과 어떤 차이를 갖는지를 드러낸다. 세이어베이컨은 다음의 질문을 통해 이 논의를 시작한다.

- 현대 비판적 사고 이론의 철학적 뿌리는 비판적 사고 자체의 무엇을 대변하는가?
- 비판적 사고의 연구자들은 지식을 구성하기 위해 사용되는 어떤 '도구tool'들을 무시하고 있는가?
- 어떤 은유들이 현대 비판적 사고 이론에 영향을 미치는가?
- 어떤 다른 은유들이 현재 배제되는 비판적 사고의 다른 측면에 주목하도록 하는가?

그는 무엇보다도 "사유하는 주체의 몸body, 그리고 그것의 사회적 맥락으로부터 분리되지 않는 비판적 사고에 대한 신념을 어떻게 드러낼 것인가?"에 관심을 기울인다.

비판적 사고에 대한 철학적 논의에 세이어베이컨이 가져온 대부분의 새로운 목소리들은 여성주의 연구자들의 목소리이다. 그중에는 『여성들이 지식을 구성하는 방법Women's Way of Knowing』(1986)의 저자들인 밸런키Belenky, M., 클린치Clinchy, B., 골드버거Goldberger, N., 테이루어Tarule, J.가 있다. 이들은 본 저서의 핵심적인 개념을 이끌어 내는 데 기여했다. 이들뿐 아니라 나의 목소리와 길리건Gilligan, C., 나딩스Noddings, N., 러딕Rudick, S., 벤하비브Benhabib, S., 플랙스Flax, J., 재거Jaggar, A., 하딩Harding, S., 그린Greene, M. 등의 목소리도 반영되었다. 로데Lorde, A., 훅스Hooks, B., 앤잘두아Anzaldúa, G., 루고네즈Lugones, M., 이리가레이Irigaray, L, 그로즈Grosz, E., 리치Rich, A., 버틀러Butler, J., 해러웨이Haraway, D., 보르도Bordo, S. 등과 같은 연구자들의 목소리 역시 들을 수 있다.

그동안 비판적 사고의 연구자들은 이론적으로 비판적 사고를 인간의 몸과 그들의 문화적 맥락으로부터 분리시키고자 하였다. 이로써 그들은 연구 주제와 젠더, 인종, 계급 등과 같은 요인들의 관련성을 효과적으로 부인해 왔다. 연구자들의 주된 역할이 비판적 사고에 대해 비판적으로 생각하는 것이라는 점을 감안할 때, 그들은 자신들의 분석에서 이러한 요인들의 중요성을 부인함으로써 자신들의 역할을 방기한 것이다. 우리는 세이어베이컨이 비판적 사고에 대한 담론에 참여하며 비판적 사고의 논점들을 변화시켰다는 것만으로도 큰 교훈을 얻을 수 있게 되었다. 비판적 사고의 담론에 세이어베이컨이 기여한 바에 동의하기 위해 우리가 세이어베이컨의 퀼팅비 은유를 전적으로 수용할 필요는 없다. 마찬가지로 비판적 사고를 건설적 사고로 전환시키는 그의 견해 또한 무조건 수용할 필요도 없다.

우리가 세이어베이컨의 견해를 무조건적으로 수용하지 않는다고 하더라도, 이 책이 철학적 탐구에서 다양성을 고려하는 것이 중요하다는 것을 입증했다는 것을 부정할 수는 없을 것이다. 비판적 사고에 대한 철학적 분석 자체가 젠더, 인종 등을 언급하지는 않을지라도, 이러한 요소들이 철학적 분석을 구축하는 과정과 관련 있다는 것을 보여 주는 것은 큰 의미가 있다.

이 책의 또 다른 중요한 의의는 그가 제시한 퀼팅비quilting-bee 은유에 대한 것이다. 세이어베이컨은 독자들이 퀼팅비 은유가 적합하지 않다고 여긴다면 스스로에게 맞는 은유를 직접 찾도록 권고하고 있다. 그렇기 때문에 독자들은 누구든 '나는 여기서 누비이불을 누비는 사람이 아니며 단 한 번도 그런 사람이 되기를 원했던 적이 없다'고도 말할 수 있다. 나는 퀼팅비 은유가 '가능성이 풍부한 은유'라고 생각한다. 사실, 너무 가능성이 풍부해서 그것이 마치 서문에 묘사된 몬테소리 교실을 조명하는 것 같아 보인다. 이 책 자체는 어떤가? 이 책이야말로 고대 그리스 사상에서부터 실을 엮어, 미국 실용주의와 일부 선택된 여성주의 사유들을 기운, 최종적으로 꿰매기 전에 각각의 다른 직물 조각들을 흥미로운 패턴으로 구성한, 진정한 퀼팅비의 작품인 것이다.

특히 내가 주목하고 싶은 이 책의 장점은 교육자인 세이어베이컨의 관점이 현재 진행 중인 비판적 사고의 논의에 반영된 점이다. 세이어베이컨은 서문에서 스스로를 몬테소리 교육자로 지칭하면서, 현장 연구 경험과 대학 강의에서 활용한 이론적 토대를 통해 자신의 논의를 구축하고 있음을 밝히고 있다. 그는 자신을 포함한 비판적 사고의 연구자들이 살과 피가 있는 맥락적 동물이며, 사회적 존재라는 사실을 결코 잊지 않는다. 그는 많은 교육철학적 고찰에서 제시되던 인간상을 유니콘과 같은 '평면적 존재flatlander'로 여긴다. 즉, 존재하지 않는, 이차원적 존재라는 것이다. 반면 세이어베이컨의 논의에 등장하는 사유자들은 실제로 존재하는 입체적인 사람들이다. 저자가 사유자들의 경험에 바탕을 둔 논의들에 가치를 부여하고 그것들을 그들의 철학과 접목시킨다는 것 자체가 이 책을 매우 가치 있게 만드는 기제라고 볼 수 있다.

제인 롤랜드 마틴Martib, J. L.

저자 서문

　나는 학자로서 또는 교육자로서의 경험을 바탕으로 이 책의 논의를 시작하고자 한다. 학자로서 나는 비판적 사고, 인식론, 여성주의 이론, 윤리학 및 사회정치학 이론, 학교 혁신론 등의 폭넓은 이론적 배경을 가지고 있다. 또한 나는 몬테소리 초등학교에서 교육자로서의 첫걸음을 시작한 바 있다. 첫 4년간은 펜실베니아에서 6~10세의 아이들을 가르쳤고, 이후 3년간은 캘리포니아에서 9~12세의 아이들을 가르쳤다. 그 7년 동안, 나는 교실에서 사고와 학습, 즉 우리가 '탐구 과정'이라고 부르는 것의 동기를 유발시키는 어떤 일이 일어난다고 깨달았다.

　교사로 일하는 동안, 나는 나의 학생들이 타 지역과 타 국가에 있는 학생들에 비해 얼마나 학문적으로 성장하고 있는가를 알아보기 위해 매년 성취도 평가Iowa Basics and the California Achievement Test를 치르도록 했다. 이는 몬테소리 학교뿐만 아니라 지역 내 모든 사립학교들에게 요구되는 사항이었다. 내가 운영한 교육과정은 시험 중심의 일반 공립학교들의 교과 과정과는 달랐다. 또한 나는 학생들에게 학기 중에 다른 형태의 시험을 요구하지 않는 편이었다. 그럼에도 불구하고 나의 학생들은 매년 한결같이 평균보다 2~3등급 정도 높은 점수를 받았다. 내 학생들이 가진 능력의 범위는 실제로도 넓은 편이었다. 나는 매년 특수교육대상으로 분류되는 학생들뿐만 아니라 '평균적인' 범주에 속하는 학생들, 그리고 확실히 '재능이 있다'고 여겨지는 학생들을 모두 가르쳤었다. 학습에 심각한 장애가 있는 학생들을 제외하고, 모든 학생들은 동일한 시험을 치러야만 했다. 그리고 해가 갈수록, 내 학생들은 그 시험에 더 좋은 점수를 받았다. 나는 왜 내 학생들이 눈에 띄는 성취를 보이는가에 대해 관심을 갖고 고민해 보았다.

나는 내가 훌륭한 교사였기 때문에 학생들이 성취도 평가에서 좋은 성적을 받은 것이라고 생각하지 않는다. 나의 교수법은 학생들에게 필요한 가이드와 자원을 제공해 주는 역할을 하는 몬테소리 교육 전통 방식의 범주에 있었기 때문이다. 다양한 연령대가 섞인 교실에서 나의 학생들은 모두가 가르치는 역할을 수행했으며, 서로 협력했다. 이렇게 단체 활동과 조별 과제를 장려하는 것은 전형적인 몬테소리 교육 방식이다. 교사로서 나의 역할은 학생들의 관심사에 부합하는, 그리고 그들의 역할을 결정할 수 있는 환경을 만드는 것이었다. 나는 교실이 나의 학생들에게 혼자서 혹은 함께 공부할 수 있는 안전하고 활기찬 환경이 될 수 있도록 노력했다. 나는 학생들의 개별 질의와 요구를 들어주는 한편, 크고 작은 조별 수업을 진행하기도 했다. 내 교실은 누군가 나를 찾으러 왔을 때 나를 쉽게 찾기 어려운 공간이었다. 나는 주로 특정 학생의 책상 옆에 의자를 두고 앉아 있거나, 몇 명의 학생들과 바닥에 앉아 몬테소리 교구를 가지고 새로운 수학적 개념을 가르치고 있었기 때문이다. 나의 교실은 어떤 면에서는 특별했지만 어떤 면에서는 일반적인 몬테소리 교육을 위한 교실의 모습이었다.

나는 내 학생들이 아직 구체적으로 배우지 않은 내용을 다루는 성취도 평가에서 좋은 성적을 내는 이유에 대해, 그들이 비판적 사고를 통해 가장 논리적인 것으로 보이는 답을 추론해 내기 때문이라는 가설을 세웠다. 학생들은 시험을 통해 성취도를 파악하는 방식의 교육과정에서 벗어나 있는 동안 논리적이고 직관적인 방식으로 정답을 찾는 기술을 발달시킨 것이다. 학생들은 어떻게 비판적 사고를 기를 수 있었을까? 내가 학생들에게 형식적인 혹은 비형식적인 논리를 가르치며, 비판적으로 사고하는 특별한 기술을 가르친 것은 아니다. 심지어 나는 학생들에게 립맨Lipmans, M.이 활용한 '아이들을 위한 철학 프로그램(제3장 참조)'을 소개한 적조차 없다. 그러나 내가 조성한 교육 환경에서 아이들은 스스로 사고의 도구를 사용하는 법을 깨달았고, 좋은 탐구자에게 필요한 기술을 향상시켰다. 학생들은 문제에 논리적으로 접근하여 이를 어떻게 해결할 수 있는가를 직관적으로 학습하게 된 것이다.

이후 나의 연구는 내 학생들이 성취한 것이 무엇이며, 그것을 어떠한 방식으로 습득할 수 있었는가를 이해하기 위한 과정의 일환이 되었다. 때문에 나의 교육철학 박사학위 논문은 비판적 사고 이론, 더 구체적으로는 『리차드 W. 폴의 비판적 사고 이론의 교육학적 중요성*The Significance of Richard W. Paul's Critical Thinking Theory in Education, Indiana University*』(1991)에 관한 것이었다. 논문을 쓴 이후로도 나는 비판적 사고 이론을 계속 연구해 왔고, 내 교실에서 일어나는 변화가 다른 학자들이 일반적으로 '비판적 사고'라 지칭하는 것인지를 고민해 왔다. 그리고 나는 내 학생들이 비교적 쉽게 습득한 그것이 기존의 비판적 사고라 불리는 개념과 일치하지 않는다는 결론을 내렸다. 학생들은 단순히 이성적이고 논리적으로 문제를 잘 해결하는 것이 아닌 그 이상의 것을 성취하였다. 나는 내 학생들이 학습한 것이 건설적으로 사유하는 방법에 대한 것이었다고 결론지었으며, 이에 대한 논의를 시작하고자 한다.

물론, 이러한 주장을 하기 위해 나는 건설적 사고constructive thinking의 의미를 설명해야 할 것이다. 또한 독자들이 내가 제안하는 건설적 사고의 확장의 배경에 대해 이해할 수 있도록, 이에 기여한 다양한 학자들의 이론을 설명해야 할 것이다. 이에 더하여 독자들에게 나의 건설적 사고에 대한 관점과 다른 학자들이 설명하는 비판적 사고 또는 구성주의와의 다른 점을 이해시키기 위해서는 다른 학자들이 비판적 사고와 구성주의에 대해 어떤 주장을 해 왔는지를 설명할 필요가 있다. 마지막으로, 건설적 사고에 대한 나의 주장이 비판적 사고에 대한 전환적 관점이라고 주장하는 이유를 설명하기 위해 나는 비판적 사고 이론의 뿌리인 고대 그리스 철학가 플라톤과 아리스토텔레스가 했던 주장을 살펴보아야 하며, 그들의 이론이 유럽과 서구의 비판적 사고 사상 성립에 어떻게 영향을 미쳤는지 제시할 수 있어야 할 것이다.

이로써 이 책을 집필하기 위한 계획이 명료해졌다. I부에서는 비판적 사고 이론에 대한 문제를 제기할 것이다. 고대 그리스인들(제1장)에서 시작해 20세기 근대 철학자(제2장), 그리고 특히 비판적 사고 이론에 기여하고 있는 현대 철학자들의 입장을 제시하겠다(제3장). 이러한 논의를 바탕으로, 철학자들의 중심 가설에 기반하여 그들 논의에 드러나는 주요 문제점과 이슈를 살펴볼 것이다.

II부에서는 내가 유럽과 서구의 전통 비판적 사고 방식에 나타난 문제점을 인식하고 비판적 사고의 전환이 필요하다는 것을 인정하도록 한 핵심 키워드로서 젠더 이론(제4장), 차이 이론(제5장), 근본적 여성주의1) 이론(제6장)에 대해 설명 및 탐구하고, 이와 관련한 문제의식을 밝힐 것이다. 이러한 학자들을 연구하는 자체만으로도 그들의 이론 속에 내재된 문제의식을 이해하는 데 도움이 될 수 있다. 나는 이 과정을 독자들과 나누고 싶다.

Ⅲ부에서는 건설적 사고를 구체적으로 논의하며 비판적 사고에 대한 인식의 전환을 요구할 것이다. 특히 학교 교육에 대한 구성주의 이론을 시험대 위에 올림으로써 내가 주장하고자 하는 건설적 사고의 개념을 구성주의 이론과 구별하여 정의하고자 한다(제7장). 내가 건설적 사고의 개념을 확장시키기 위해 활용하는 것은 퀼팅비quilting-bee 은유이다. 이와 더불어 건설적 사고의 주체로서 퀼터quiler가 지식을 구성하고 사고를 건설하기 위해 활용할 수 있는 도구(제8장)와 기술(제9장)에 대해서도 자세히 논의할 것이다.

이 책의 특성

나는 비판적 사고 이론을 자세히 다루면서도, 간결하고 읽기 쉽게 이 책을 쓰고자 했다. 학부생이나 대학원생들은 스스로 선정한 연구 과제 또는 이슈와 관련지어 이 책을 활용할 수 있을 것이다. 또한 이 책이

---

1) 'radical'은 뿌리root를 뜻하는 라틴어 'radix'에서 파생되었다. 때문에 사전적으로 '근본적', '급진적'의 의미를 갖는다. 'radical feminism'은 많은 여성주의 논의가 여성의제에 충분히 집중하지 못하는 것을 비판하는 관점이다. 구체적으로는 가부장제의 전복, 여성의 자발적 레즈비어니즘 등을 주장하는 입장이며, 때문에 국내에서는 주로 '급진적 여성주의'로 번역되었다. 그러나 '뿌리'는 '급진'보다는 '근원'의 의미를 더 강하게 내포한 용어이다. 또한 '급진적'이라는 용어는 긍정어보다 부정어로 인식되는 경향이 있기에 자칫 래디컬 페미니즘의 방향을 왜곡시킬 우려가 있다. 'radical feminism'을 '근본적 여성주의'로 번역하는 것이 그것의 방향과 역사성에 부합하다고 판단했기에, 본 책에서 '근본적 여성주의'로 번역하였다. - 역자주

교수들이 참고할 수 있는 괜찮은 자료가 되기를 바란다. 이 책은 비판적 사고 강좌의 중심 교재로 사용되어 학생들의 개별 연구를 위한 과제에 활용되도록 설계되었다.

이 책은 현대 비판적 사고 이론에 기여한 과거의 주요 이론들을 다루고 있다. 때문에 비판적 사고 이론의 역사를 이해하고, 지금까지 논의되고 있는 최근 이슈들을 이해하는 데 도움이 될 것이다. 내 경험에 비추어 본다면, 이 책만큼 다양한 현대의 관점들을 한 책에서 다루고 있는 도서는 매우 드물다.

나는 이 책을 통해 비판적 사고에 대한 전환적 시각을 제시하고자 한다. 이것이 이 책이 갖는 궁극적 의의라고 볼 수 있다. 나는 이 책을 통해 비판적 사고 이론의 여성주의적 재해석으로서 건설적 사고를 제안하며, 이 책이 비판적 사고 이론의 진보에 의미 있게 기여하기를 고대하는 바이다.

도움을 주신 분들

나는 이 책을 쓰는 과정에서 많은 사람의 도움을 받았다. 가족들은 항상 나를 지지해 주었으며, 특히 가장 친한 친구이자 사랑하는 동반자인 찰스 베이컨은 나를 고심하게 하는 주제와 이슈들에 대한 고통스러운 대화에 기꺼이 동참해 주었다. 내 딸 알렉스 진 모릴은 자신의 아름다운 예술 작품을 이 책의 표지[2]로 활용하도록 해 주었고, 나의 시어머니인 바바라 앤 모릴은 내 퀼트의 자문 위원으로서 도움을 주었다. 다

---

[2] 이 책 원서의 표지에 저자의 딸의 그림이 활용되었다. - 역자주

음으로, 인디애나 대학교의 교육철학 교수인 데니스 필립, 조지 마키아, 그리고 엘리자베스 스테이너에게 감사를 표한다. 그들은 내 학위 논문 주제가 된 이 연구를 시작할 수 있도록 도와주었다.

8년간 다양한 형태로 도움을 준 볼링 그린 주립대학교에게도 감사 드린다. 또한 이 책의 Ⅰ부와 Ⅱ부의 편집을 도와준 나의 연구 대학원 조교 제이슨 스투츠에게 감사를 전하고 싶다. 연구 기간 동안 비서 업무를 도와준 EDFI 부서 비서인 캐시 롱에게도 감사의 마음을 전한다. 그리고 당시 콜롬비아 대학교 사범 대학의 객원 연구원으로 있던 내가 책의 원본 초안을 다시 써야 하는 시기에 안식년을 사용할 수 있었던 것이 정말 다행이라고 생각한다. 더불어 연구의 마지막 단계에서 나를 도와주고 조언해 준 TC의 학생들, 교직원들, 특히 넬 나딩스에게 감사의 마음을 전하고 싶다.

비록 모든 이름을 하나하나 기술할 수는 없지만, 회의와 수업에서 피드백을 주거나 다양한 제안을 해 준 고마운 사람들이 많다. 나는 내 글을 이 주제에 관한 전문가로 불리는 동료들에게 보여 주었고, 그들의 주의 깊은 조언을 통해 논의를 발전시킬 수 있었다. 메칸 볼러, 니콜라스 버블레스, 짐 게리슨, 하비 시걸, 린다 스톤이 그들이다. 그리고 파드레에서 원고를 읽고 토론하며 세 번의 멋진 토요일을 함께 보낸 앤 딜러, 바바라 휴스턴, 비베 넬슨, 제니퍼 래든, 자넷 파렐 스미스, 특히나 제인 롤랜드 마틴에게 감사의 마음을 전한다. 또한 이 책으로 1999년 봄, 볼링 그린 주립대학교에서 '비판적 사고의 전환: 건설적 사고' 강좌를 운영할 당시, 이에 대한 피드백을 준 학생들에게도 고마움을 전한다.

마지막으로, 나에게 도움과 조언을 아끼지 않은 사라 비온델로, 주의 깊은 출판 편집을 해 준 로리 테이트, 그리고 이 프로젝트를 믿고 나만큼 이 주제에 열광해 준 브라이언 엘러벡 선임 편집위원 등 사범대학 출판부에게도 감사의 마음을 전하고 싶다.

나에게 비판적 사유자가 되라고 가르쳤던 내 인생의 모든 남성들에게. 이 책이 그들의 '건설적 사고'에 기여하길 바라며.

바바라 J. 세이어베이컨Barbara J. Thayer-bacon

역자 서문

　도덕적 행위의 동기는 무엇인가? 무엇이 좋음과 나쁨, 옳음과 그름, 선함과 악함, 아름다움과 추함의 판단 기준이 되는가? 그 기준은 무엇에 기반하여 형성되고 합의되는가? 사람들이 공유하는 선악의 기준은 불변의 진리인가? 공동의 선을 지향하는 사람들 사이에 갈등이 발생하는 이유는 무엇인가?

　이러한 질문은 도덕 교육을 연구하는 많은 사람들의 화두이며 연구 주제일 것이다. 때문에 다양한 학문 분야에서 이에 대한 논의가 지속적으로 이루어져 왔다. 나는 그중 특히 관계 윤리에 기반하는 배려 윤리 관점의 논의에 관심을 기울여 왔다. 배려 윤리는 국내에서 길리건과 나딩스의 이론으로 소개되어 도덕·윤리과 교육이론으로 자리 잡은 윤리적 관점이다. 그러나 아쉽게도 도덕과 교과교육론의 범주에서는 배려 윤리를 '배려'라는 가치 중심의 논의로 다소 제한하여 활용하기에 길리건과 나딩스 이후 전개된 배려 윤리의 다양한 논의들이 구체적으로 다루어지지 못하는 경향이 있다.

　배려 윤리는 그동안 여성적feminine 미덕으로만 인식되던 배려 행위

caring의 윤리적 가치를 밝히는 연구이다. 배려 행위는 배려 관계를 필요로 하기에 관계맺음의 대상을 전제한 행위이다. 즉, 배려 윤리는 관계적 존재론을 상정한다. 또한 배려 윤리는 관계맺음의 대상을 추상화되거나 일반화된 타자가 아닌 '구체적 상황과 맥락을 가진 타자'로 상정한다. 정리하자면 배려 윤리는 '구체적 상황과 맥락을 가진 타자와의 관계맺음을 전제로 하는 자아'들의 세계를 전제하며, 이 세계의 도덕적 행위는 각 행위 주체의 관계맺음을 기본 단위로 한다고 볼 수 있다. 이 세계에서 사람들은 자아와 타자의 구체적 상황, 맥락, 욕구, 필요 등에 생동적으로 반응하며 상호 관계를 맺는다. 그리고 그러한 상황과 맥락, 욕구, 필요에 대한 정보는 그것을 인식하는 인식 주체의 감정과 상상과 직관의 영향을 받아 해석된다. 즉, 배려 윤리의 세계에서는 상상, 감정, 직관 등이 도덕 생활의 기본 단위로 여겨지는 관계들에 영향을 미치는 중요한 도구로 여겨진다.

이 책은 세이어베이컨이 이러한 배려 윤리의 논의를 비판적 사고의 논의까지 확장시키는 과정을 서술한다. 비판적 사고는 흔히 이성 중심 사고, 논리적 사고, 객관적이고 보편적인 진리 기반 추론 등으로 여겨지는 사고 행위이다. 비판적 사고를 통해 우리는 보다 참에 가까운 진리에 다가갈 수 있으며, 옳음과 그름, 선함과 악함, 아름다움과 추함을 구분하는 기준을 마련할 수 있다고 믿어 왔다. 즉, 비판적 사고가 윤리적이고 도덕적인 세계를 구현하는 것에 기여한다는 믿음이 고수되어 온 것이다. 이러한 윤리적 의미를 가진 비판적 사고는 이성 기반 사유, 반성적 사고, 강한 의미와 약한 의미의 비판적 사고로 해석되기도 했으며 실용주의, 다원주의, 회의주의, 상대주의, 여성주의, 포스트모더니즘의 논의하에서 비판적 논의의 대상이 되기도 했다.

세이어베이컨은 비판적 사고에 대한 논의의 발전적 전개과정과 함께, 비판적 사고의 전환을 주장하며 퀼팅비quilting-bee 은유를 활용한 건설적 사고를 제안한다. 퀼팅비는 한 곳에 모여 하나의 퀼트 작업을 수행하는 공동체이다. 퀼팅비의 퀼터quilter들은 각자 자신의 집에서 자투리 원단, 가위, 색실, 침핀 등의 도구를 들고 퀼팅비 모임에 참여한다. 그리고 목표한 퀼트 작품을 완성하기 위해 각자의 자리에서 원단을 이어 가며 하나의 조각을 완성해 간다. 이 과정은 공동체의 과정이면서 동시에 개별화된 과정이며, 소통의 결과이면서 동시에 개인의 상황과 선호가 반영되는 행위이다.

　세이어베이컨은 퀼팅에 사용되는 가위, 색실, 침핀 등의 도구를 상상, 감정, 직관 등 다양한 인간 기능에 비유하며 이것들을 비판적 사고의 과정에 활용할 수 있어야 한다고 주장한다. 이성 중심 사고 이론에서 이성의 객관적 판단을 방해하는 요소로 여겨지며 다소 경시되었던 상상, 감정, 직관 등의 도구가 지식을 구축하고 진리를 탐구하는 과정에 필수적인 도구로 여겨지는 것이다. 활용할 수 있는 도구의 범주가 넓어진다면 비판적 사고의 인식 주체 범주 또한 확장된다. 이성 중심 사고 이론에서는 '가장 이성적인 사람'만이 인식의 주체로 제 역할을 할 수 있었지만, 상상, 감정, 직관 등 다양한 도구를 활용하는 건설적 사고 이론에서는 느끼고 상상하고 직관할 수 있는 모든 주체가 인식 주체의 역할을 할 수 있기 때문이다. 즉, 사유하는 모두가 지식의 구성자이자 인식의 주체가 되는 것이다.

　세이어베이컨이 주장하는 바와 같이 상상, 감정, 직관 등의 도구들을 활용하여 우리의 세계를 구축하고 진리를 구현할 수 있다면, 도덕교육의 외연 또한 넓어질 것이다. 이성 기반 추론을 통한 옳고 그름의 판별 능력을 향상 시키는 것 이상의 도덕 교육이 요구되기 때문이다. 상상, 감정, 직관이 비판적 사고의 도구가 된다면, 그리고 그러한 도구를 통해 더 나은 도덕 생활을 영위할 수 있다면, 우리의 도덕 교육은 연민과 공감의 감정뿐만 아니라 모두가 평화로운 세상에 대한 상상, 차별과 소외가 없는 세계에 대한 동경, 모든 아이들이 원하는 만큼 교육받고 사랑받을 수 있는 세계에 대한 직관적 성찰 등을 도덕 교육의 내용이자 목적으로 다룰 수 있어야 할 것이다.

때문에 도덕 교육적으로, 그리고 우리의 사유 체계에 대한 비판적 논의의 관점으로, 충분한 가치가 있는 세이어베이컨의 본 저서를 탐독하는 것은 매우 가치 있는 일이다. 저자는 이 책을 대학과 사회 기관에서의 교육에 활용할 목적으로 저술하였다. 때문에 각 장 절별 서사적 구조를 통해 독자들을 저자의 사유 과정에 적극적으로 초대하는 친절한 구조로 집필하였다. 비록 이 책이 집필한 지 20년가량 지난 책이지만 세이어베이컨의 사유 전반을 관통하는 흐름을 이론적으로 제시하고 있으며 다양한 학문 분야의 다양한 철학자의 견해를 '비판적 사고'라는 하나의 주제로 총망라하고 있기에, 비판적 사고 논의의 기초 자료로서 연구할 가치가 있을 것이다. 물론 저자의 후기 저작물을 추가적으로 탐독한다면 비판적 사고에 대한 저자의 의식의 흐름을 더 잘 이해할 수 있을 것이다.

학문적으로 의미 있는 책을 번역했다고 생각하지만 번역을 하는 데 몇 가지 제한점이 있었음을 밝힌다. 먼저, 저자가 다양한 학문 분야의 다양한 견해를 가진 학자들을 참고하고 있는 만큼 용어를 통일시키는 데 어려움이 있었다. 역자가 모든 전문 학문 분야를 통달하지 못한 이유도 있지만, 학문 영역마다 같은 영문 단어에 대한 번역 용어를 다르게 기술하는 경우도 더러 있었기 때문이다. 초벌 번역을 마치고도 1년 동안 참고 된 학문 분야의 세부 전문 내용을 꼼꼼히 숙지하고자 노력하면서 용어와 내용을 점검하는 과정을 가졌으나, 여전히 미비한 점이 있을 수 있음에 독자들의 양해를 구하는 바이다. 동일한 영문을 학문 영역 별로 다르게 번역하는 경우에는 각 학문 분야의 특수성에 맞추어 가급적 선행 번역서의 번역어를 사용하고자 하였으며 선행 번역서의 번역어가 상이한 경우 가급적 최근에 보완된 번역을 따르고자 하였다. 혹시나 각 학문 분야의 전문가께서 본 역서를 탐독하시다 이견이 있는 경우 보완을 하는 것에 도움을 주신다면 역자로서 매우 영광된 일일 것이다.

두 번째로는, 본 저서가 여성주의 이론에 기반한 논의를 다양하게 활용하고 있기에 발생하는 제한점이다. 여성주의 이론에 기반한 논의를 다루는 것이 번역 과정의 어려움으로 여겨진 이유는, 이들 논의에 대한 선행연구가 주류 이론에 비해 많지 않았을 뿐 아니라, 저자가 참고한 여성주의자의 저서가 국내에서 번역된 바가 전혀 없는 경우도 많았기 때문이다. 즉 비주류이론인 여성주의 논의를 기반으로 한 이 책을 번역하는 과정에서, 세이어베이컨이 축약하여 기술하는 특정 학자의 논의를 이해하기 위해서는 그 특정 학자의 원서를 탐독해야 하는 번거로움이 있었다. 물론 이 번거로운 과정은 공부하는 과정 중에 있는 역자에게 매우 좋은 밑거름이 되어주었으나 원고를 기다려 준 출판 관계자께는 아마도 매우 곤욕스러운 일이었을 것이다. 그러나 이러한 어려움 덕에 역서를 완수한 것이 개인적으로는 더 의미 있게 여겨진다. 미흡하나마 내가 빚지고 있는 학문 공동체에 하나의 벽돌을 쌓은 기분이다. 도덕 교육이나 비판적 사고 이론을 연구하는 사람뿐만 아니라 여성주의에 대해 공부하는 사람에게도 좋은 공부 자료가 되어 줄 것이라고 생각한다.

끝으로 이 책이 출판되는 것에 도움을 주신 분들에게 감사의 마음을 전하고 싶다. 번역서를 출판할 수 있도록 권해 주시고 격려해 주신 차우규 교수님이 아니었다면 엄두를 내지 못할 일이었다. 부족한 번역을 읽고 의견을 나누어 준 친구들에게도 고마움을 전하고 싶다. 공부하는 엄마를 의젓하게 기다리면서 생의 동력을 충전시켜 주는 나의 사랑하는 이준, 예준 두 천사와 공부가 길어지는 아내를 묵묵히 지지하고 응원해 주는 사랑하는 상우 씨에게도 깊은 고마움과 사랑의 마음을 전한다. 무엇보다 나의 전 생애 모든 순간에 한 번도 사랑과 배려를 멈추지 않으신, 사랑하는 나의 부모님 김미경, 김상옥 님, 두 분이 보여 주신 사랑과 배려가 나를 성장시킨 모든 원천이면서 동시에 내 학문길의 소재이자 길잡이였다. 나이 든 딸을 돌보는 데 기꺼이 시간과 마음을 내어주신 두 분께 말로 다 하기 어려운 감사와 사랑의 마음을 전하고 싶다.

이 번역서가 완성되기까지, 저자 뿐 아니라 저자에게 영감을 준 많은 학자들과 역자인 나, 그리고 내가 번역서를 낼 수 있도록 지지해 준 모든 사람들이 이 '비판적 사고의 전환'이라는 번역서의 퀼터라고 할 수 있을 것이다. 이 책을 읽는 독자들 또한 책을 활용하고, 영감을 확장시키고, 오류를 점검하면서, '비판적 사고의 전환'이라는 퀼트 공동체에 참여할 수 있을 것이다. 많은 독자들이 이 퀼팅에 참여하는 적극적 퀼터가 되어 주시기를 믿고 고대하는 바이다.

역자 김아영

목 차

들어가며

    1962년에 『하버드 교육 평론*Harvard Educational Review*』에 실린 에니스 Ennis, R.의 기고문은 비판적 사고에 대한 학계의 관심을 다시 불러일으켰다(Thayer-Bacon, 1998a: 123~148). 이후 비판적 사고에 대한 관심은 현재까지도 이어지고 있다. 에니스는 「비판적 사고의 개념*A Concept of critical thinking*」이라는 제목의 기고문을 통해 몇몇 비판적 사고의 관점과 차원을 정의하고 논의하고자 하였다. 이 글은 에니스가 지속적으로 참여하는 위대한 논의로부터 시작한다. 그리고 이 논의에는 립맨Lipman, M., 맥펙 McPeck, J., 폴Paul, R., 시걸Siegel, H. 등의 학자가 참여한다. 에니스는 대다수의 미국인들이 공산주의의 위협을 우려하며 민주주의 수호의 필요성을 주창하던 미국 역사의 한 시기부터 비판적 사고에 대한 글을 쓰기 시작했다. 우리는 비판적으로 사고하면서 우리를 세뇌시키고자 하는 것들로부터 스스로를 보호했고, 비판적 사고를 도구로 활용하여 진실과 정의를 수호하였다. 비판적 사고를 둘러싼 논쟁은 비판적 사고를 정의하는 방법, 이를 타인에게 가르치고 사용하도록 권하는 방법, 학생들이 이를 터득했는지 확인하는 방법 등과 같은 이슈들을 다루었다. 긴 서구 유럽3)

역사에 드러나는 철학적이고 과학적인 사고에 대한 논의에서 비판적 사고가 갖는 가치와 중요성은 논란의 여지가 없는 것이었다.

비판적 사고는 철학만큼이나 긴 역사를 가지고 있다. 비판적 사고는 서구 유럽 사회에서 대다수의 철학자들이 그들의 이론을 추론하고 논쟁의 타당성을 판단하기 위해 의존하던 사고의 방식이다. 비판적 사고라는 이 도구는 그들의 판단을 논리적으로 만드는 데 활용되었다. 고대 그리스 시대를 되짚어 본다면, 우리는 저명한 스승인 소크라테스를 모델 삼아 문답식 사고 과정을 통한 논리를 소개하는 플라톤을 발견할 수 있다. 플라톤의 제자였던 아리스토텔레스는 정교한 논리적 분석을 재정비하였으며, 이러한 방식은 20세기를 지나서도 의미 있게 활용되었다. 지난 20세기 동안, 러셀Russell, B., 듀이Dewey, J., 글레이저Glaser, E., 블랙Black, M., 스케퍼Scheffer, I., 피터스Peters, R. S., 라일Ryle, G. 등과 같은 철학자들은 오늘날 활용되는 비판적 사고 이론의 토대를 마련했다. 1962년 에니스가 그의 첫 번째 글을 썼을 때 그는 이미 이와 같은 연구를 진행했던 많은 철학자들의 도움을 받은 것이다.

우리는 지금 에니스가 1960년대에 경험했던 시대와는 다른 시대에 살고 있다. 베를린 장벽이 무너졌고, 구소련 동유럽 국가들은 자주권을 얻었다. 동독은 서독과 재회했다. 동의하지 않는 사람도 있겠지만, 오늘날 우리에게 공산주의에 대한 두려움이 그리 큰 영향을 미치는 것

---

3) 나는 전통적 서양 사상이라는 불리는 것을 명시하기 위해 '서구 유럽euro-western'이라는 용어를 사용하고자 한다. 이는 우리가 그동안 서양 사상이라고 부르던 것이 유럽에 기반을 둔 사상이었음을 명시하여 비유럽 문화가 비범주화되어 온 사실에 입각한 정치적 표현이다. 아프리카와 북남미는 서구로 구분되는 대륙이지만, 유럽의 영향을 받기 전까지 그들만의 문화와 전통을 가지고 있던 곳이었다. 대부분의 서구 유럽은 스페인, 프랑스, 영국과 같은 유럽 국가의 식민지가 되면서 유럽의 영향을 받은 경향이 있다. 그러나 서구 문화 사이에는 상당한 차이들이 남아 있으며, 이 문화가 모두 유럽에 기반을 둔 것은 아니다.

은 아닌 듯하다. 비판적 사고를 연구하는 전문가가 아니더라도, 많은 학자들은 1980~1990년대의 미국이 세계 경제에서 경쟁력을 가진 부유한 국가로 남아 있기 위해서는 학생들에게 정치적 공포를 가르치기보다 비판적 사고를 가르쳐야 한다고 주장하였다. 또한 어떤 학자들은 다원화된 사회에서 국가 고유의 유산 또는 지식이라 불릴 만한 것들이 상실될 것을 우려하기도 했다.

비판적 사고를 재설계함으로써 비판적 사고가 우리 사회에서 갖는 위상에 대한 문제의식을 드러내고자 하는 이 책은 이러한 역사적 배경 안에 있다. 나는 이 책을 『비판적 사고의 전환Transforming Critical Thinking』으로 명명하였다. 이 책은 여성주의자와 여성 학자, 비판적 사고 연구자, 포스트모던 철학자 등이 비판적 사고에 대한 문제와 의문에 대해 연구할 때 유용하게 사용될 것이다. 이 책의 집필은 나와 함께 퀼팅비quilting-bee로서 퀼팅에 참여한 여러 철학자들이 있었기에 가능했다. 나는 계속해서 그들의 목소리를 전할 것이다. 서문에서 언급한 바와 같이, 이 책은 나의 관점과 내가 의문을 제기한 비판적 사고에 대한 기본가정들을 설명하는 것에서부터 논의가 시작된다. 이 관점은 실용주의와 사회여성주의 관점에 기반하는 것이다.

인식론에 대한 나의 관점

내가 연구하는 주제는 '관계적 인식론relational epistemology'이라고 불릴 수 있다(Thayer-Bacon, 1997: 239~260). 이는 일종의 지식의 대안 이론이다. 나의 이론이 최고로 진리에 가까운, 혹은 가장 기본적인 형태의 인식론을 제시하는 것은 아니다. 그러나 나는 보다 개방적이고 포용적인 인식론을 제시하고자 하였다. 나의 인식론은 사람들이 더 깊게 이해할수록 내면화될 수 있으며, 사색적이고, 조절 가능하며 적응 가능한 이론이다.

관계적 인식론은 모든 사람이 '내재되고 체화된embedded and embodied' 사회적 존재라는 가정으로부터 시작된다. 또 다른 가정은 지식이 사람들이 기여하는 무언가라는 것이다. 즉, 사람들이 지식을 '저 밖에서out there' 또는 '여기서in here' 찾는 것이 아니라는 주장이다. 이러한 가정들은 나의 이론을 사회 이론으로 발전시켰다. 사람들은 자신들이 상호간에 쌓은 경험을 바탕으로 각 경험들이 무엇을 의미하는지 이해하는 과정에서 지식을 구축해 왔다. 즉, 관계적 인식론은 지식이란 것이 서로 관계가 있는, 내재되고 체화된 사람들에 의해 사회적으로 구축된 것으로 여기는 논의인 것이다.

전통적인 인식론과는 달리, 관계적 인식론은 사회적 존재로서 사람들이 가지는 의문, 그리고 그러한 의문을 가진 사람들의 행위 결과들이 지식이라 불리는 것과 직접적으로 연관되어 있다고 가정한다(이것이 내가 실용주의자인 이유이다). 이러한 인식론적 접근은 사회적 존재, 생각, 결과 간의 상호적 연계성을 중요하게 여긴다. 때문에 사람들이 어떤 종류의 관계를 경험하는지, 또는 무엇이 생각의 발달과 구축을 촉진시키는지에 대해 논의할 것이 요구된다. 지식을 지식 자체가 아닌 사람들에 의해 만들어진 것으로 간주하는 관계론에서는 윤리적이고 정치적인 관점에서의 논의 또한 요구된다. 왜냐하면 사람들의 사회적 관계의 질은 표현될 기회가 있었는지에 따라 구축되거나 생성되는 사유들과 관련지어질 수 있기 때문이다.

나는 지식이 서로 다양한 실존적 관계에 있는 인간에 의해 형성된다고 가정한다. 인간들은 한때 매우 어린 아이였다. 그들이 태어났을 때부터 자아를 갖추고 있었던 것은 아니다. 무언가에 대한 의미meaning와 마찬가지로 자아는 인간 간의 상호작용을 통해 구축된다. 전통적인 인식론은 사람들을 마치 다른 사람들과 관계 맺는 과정을 거칠 필요가 없는 완성형 인격체인 듯 전제하며 논의하는 경향이 있다. 그러나 나는 사람들이 타인과의 관계를 통해 의미를 내면화하고 자신의 뿌리가 되는 공동체와 상호작용하면서 자아를 형성한다는 것을 전제하며 논의한다. 즉, 나는 유아기의 경험과 양육의 경험을 지식 구축에 중요한 요소로 여기고 있는 것이다.[4]

여성주의적 인식론은 "지식이 그 유용성을 증명하기 위해서는, 여성의 이익이 남성의 이익에 종속되지 않는 세상에 대한 재고에 기여할 수 있어야 한다"고 주장한다(Jaggar, 1983: 385). 때문에 사회 관계적 인식론에 기반한 글쓰기는 인식론의 의미를 확장시킨다. 사회 관계적 인식론에 기반한 연구는 역사적으로 해롭거나 방해가 되는 것, 남성보다는 여성과 관련된 것으로 여겨졌던 상상, 감정, 직관 등을 지식의 질적 차이에 영향을 줄 수 있는 것으로 인식하는 것에 기여하기 때문이다(Thayer-Bacon, 1995).

『비판적 사고의 전환』은 내가 연구하고 있는 인식론적 사유를 비판적 사고에 대한 현 시점의 논의에 적용시키려는 시도를 담고 있다. 비록 이 책의 주된 포커스는 비판적 사고에 대한 것에 제한되지만 비판적 사고를 고려하는 방법에 인식론적 관점이 영향을 미치기 때문에 인식

---

4) 인식론적 관점에서 유아기 경험에 관심을 갖는 학자는 나 외에도 벤하비브(1992), 플랙스(1983), 러딕(1989) 등이 있다.

론적 논의를 진행할 필요가 있다. 이 책의 주요한 전제는 어떤 근거가 특정 주장을 뒷받침할 때 적절한지 판단할 수 있는 평가 기준과 방법을 결정하는 데, 개인의 인식론적 관점이 영향을 줄 수 있다는 것이다.

비판적 사고와 추론의 능력은 좋은 주장이 무엇인지 판단하기 위해 사용할 수 있는 최고의 도구로써 간주되어 왔고, 오늘날까지도 그렇게 인식되고 있다. 여타의 도구들보다 이성만을 중시하는 이러한 경향은 서구 유럽의 문화적 편견이며, 이는 고대 그리스에서부터 계속되어 왔다. 즉, 그동안 비판적 사고는 모든 사람들이 사용할 수 있는 가장 객관적이고 중립적인 사유의 도구로써 간주되어 온 것이다. 사실 비판적 사고에 대해 새롭게 논의하기 위해서는 비판적 사고가 우리 생각만큼 중립적이고 객관적인 것만이 아니라는 것을 명백히 밝힐 필요가 있다. 비판적 사고가 편견 없는 중립이라는 신념은 지식과 지식을 생성하는 사람이 분리될 수 있다는 가정에 기반을 둔다. 때문에 지식과 지식을 생성하는 사람이 서로 관계되어 있을 수밖에 없다는 것을 이해한다면, 지식이 중립적이거나 편견이 없을 수 없다는 것을 깨닫게 된다. 왜냐하면 지식을 구성하는 사람은 실수할 여지와 결함, 그리고 한계를 가진 유한한 존재이기 때문이다. 비판적 사고 자체는 생명이 없다. 그저 도구일 뿐이다. 도구는 사람들이 사용할 때 비로소 의미와 목적을 가질 뿐이며, 사용되는 즉시 사용하는 사람의 편견과 오류의 영향을 받게 된다.

비판적 사고와 다른 자질들을 설명하기 위해 '도구tool'라는 용어를 사용하는 이유를 설명할 필요가 있다. 과거에 이성 외의 자질이 어떻게 기술되었는지 살펴보면 '직관instincts', '기질dispositions' 혹은 '인간적 본성human nature' 등의 용어들을 찾을 수 있을 것이다. 우리는 이 책의 후반부에서 학자들이 직관이라고 말하는 것들 중 대부분은 환경을 통해 배우는 사회적 관습이라는 것에 대해 논의할 것이다. 예를 들어, 제4장에서는 '배려caring'라는 문화적 용어가 여성의 자질과 관련되어 논의되어 온 것에 대해 논의할 것이다. 그러나 나는 이 책에 등장하는 여러 자질들을 본능적인 것으로 여기거나 인간의 자연적 본성의 일부라는 입장을 옹호하는 것이 아니다. 그러한 입장은 굉장히 위험할 뿐만 아니라 여타의 변명의 여지가 없기 때문이다. 때문에 나는 '자질'이라는 용어보다는 '도구'라는 용어를 사용하고자 한다. 이는 그것들이 자체적 생명력을 가지지 '못'하며, 단지 문화적 존재로써 인간이 준 힘과 영향력만을 가지고 있다는 것을 강조하는 의미이기도 하다. 드라이버나 망치 같은 도구들은 누군가가 손으로 집어서 사용할 때까지 어떠한 생명력도 갖지 않는다. 만약 우리가 드라이버의 활용 가치를 인식하지 않는다면, 그것은 도구 상자 안에 담겨 결코 사용되지 못할 도구일 뿐인 것이다.

어떤 사람들은 인간의 이성(혹은 상상이나 직관)에 대한 능력을 '도구'라는 용어로 지칭할 때 자칫 그것들이 갖는 사회적 맥락이 가려질 수 있다고 우려하기도 한다. 그들은 이성을 도구로서 묘사하는 것이 이성에 문화적 맥락이 영향을 미칠 수 없다고 여기는 것만큼 심각한 문제를 초래한다고 여기는 것이다. 사회적 맥락을 고려하지 않고 이성에 대해 논의하는 것은 이성 자체가 스스로 생명을 가지고 있으며 사람들의 영향을 받지 않는다고 가정하는 것이기 때문이다. 그러나 우리 모두가 이성적일 수 있는 가능성을 가지고 있더라도, 이성적 사고 능력은 우리가 사용하기 전까지는 생명력을 잃은 채 우리 안에 있는 것이다. 이성은 사람들이 추론 능력을 이용하여 사용할 때 비로소 생명력을 갖는다. 인간이 관여하는 즉시 사회적 맥락의 영향을 받기에, 이성에 대한 사회적 맥락의 강력한 영향력은 부정될 수 없다. 따라서 내가 이성을 도구로 묘사하는 것은 사회적 맥락이 갖는 영향력을 줄이고자 하는 시도가 아니다. 오히려 그것은 사회적 맥락이 우리의 삶에 미치는 놀라운 영향력을 강조하고자 하는 것이다. 이성은 사용되면서 의미가 생겨나는 도구함 속의 도구이며, 스스로 생명력을 지니고 있지 않기 때문이다.

이성과 다른 자질들을 도구라고 지칭할 때 유의해야 할 또 다른 한 가지는, 이러한 방식이 각각의 자질들을 고유한 기능을 가진 분리된 실체로 보이도록 한다는 것이다. 이러한 자질들을 분리하여 관찰한다면 우리는 각각의 도구를 더욱 잘 이해할 수 있고 그것들의 가치를 평가할 수 있는 기회를 갖게 될 수도 있다. 그러나 자질을 분리하게 되면, 사용되는 도구와 사용에 제한이 있는 도구가 구분될 수 있으며, 또 어떤 도구는 더 높은 가치를 갖는 것으로 인식될 수도 있다. 이러한 경계지음 separation으로 인해 각 도구들의 상호관계적인 자질과 유연한 가능성이 가려지게 되는 것이다. 이것은 실제 서구 유럽 철학의 역사에서 빈번하게 발견되는 오류이기도 하다.

나는 도구라는 은유를 너무 심각하게 여기기보다 이러한 도구들이 각각의 고유한 기능을 가진 분리된 실체인 것을 아는 것에서 그 의의를 찾을 것을 권한다. 이성, 감성, 직관, 상상 등은 각각의 공통분모를 통해 지속적으로 영향을 주고받으며 함께 사용되어야만 건설적 사고의 과정에 활용될 수 있는 도구들이다. 나는 이 책의 제8장에서 이러한 도구들을 더 잘 이해할 수 있도록 각각을 심도 있게 검토하는 작업을 수행할 것이다. 이 작업은 모든 가닥들이 있어야 제 역할을 할 수 있는 밧줄을 각 가닥마다 잡아당겨 보며 직접 검사하는 것과 같은 작업이다. 그리고 나는 그러한 작업을 건설적 사고라 부른다.

이 책의 또 다른 주요 전제는 지식의 구축을 도울 수 있는 도구가 수없이 많다는 것이다. 서구 유럽의 역사에서 중요하게 여겨진 이성뿐만 아니라 다양한 도구들이 모두 가치가 있고 중요하다. 오늘날 혹은 과거의 철학자들의 비판적 사고에 대한 정의는 제한적이고 편향적인 관점에서의 설명이다. 그것은 이성적 도구를 강조하는 반면 상상, 직관력, 감정 등 비판적 사고의 구축을 돕는 중요한 도구들을 평가절하한다. 추상화하여 논리적으로 생각하도록 하는 능력인 이성은 서구 유럽 사회에서 남성적 기능이라 분류되어 왔으며, 상상, 감정, 직관 등은 여성적 기능으로 여겨져 왔다. 때문에 다른 능력들에 비해 이성을 가치 있게 여기는 학문적 관행은 성차별적이고 문화편견적인 것으로 여겨질 수 있다. 유사한 관점에서, 서구 유럽 사회의 문화에서는 이성을 발달시킬 가치가 있는 자질로 여겨왔다. 반면, 아메리카 원주민이나 아프리카 부족과 같은 다른 소수 문화권의 사람들은 '더 원초적more primitive' 도구인 상상, 감정, 직관 등과 연관 지어졌다. 그러나 비판적 사고에 대한 설명을 완성시키기 위해서는 비판적 사고에 필요한 필수적인 자질들을 '비판적 사고'의 논의에 포함시킬 필요가 있다. 나는 이렇게 재기술된 비판적 사고를 '건설적 사고construct thinking'라 명명하고 이에 대해 논의할 것이다.

많은 학자들이 '구성주의constructivism'를 연구한다(내가 이를 연구하는 유일한 사람이라고 암시하고 싶지 않다). 나는 구성주의를 여성학자들, 특히 여성주의적 구성주의와 관련지어 논의하고자 한다. 내가 사용하는 '건설적 사고construct thinking'라는 용어는 벨렌키 등(1986)의 연구진이 '건설적 지식(제4장 참조)'을 논의할 때 채택했던 용어다. 내가 이 용어를 선호하는 이유는 심리학자 비고츠키Vygotsky, L. S.(1934/1962)와 피아제Piaget, J.(1980)가 주장했던 바와 같이 사유하는 행위를 스스로 무언가를 적극적으로 구성하는 행위로 여기기 때문이다. 또한 버거와 럭맨Berger and

Luckman(1966), 그리고 미드Mead, G. H.(1934)와 같은 사회학자들이 사고를 사회적으로 구성되는 것으로 강조한 점 또한 내가 이 용어를 선호하는 이유와 관련이 있다.

필립스Phillips, D.(1955)는 그의 에세이 「선, 악, 추: 구성주의의 여러 면모*The Good, The Bad, The Ugly: The Many Faces of Constructivism*」에서 오늘날의 '구성주의'를 세속적 종교에 비유한 바 있다. 그는 "인간의 방대한 지식, 그리고 연구에서 사용하는 기준과 방법들은 대체로 모두 '구성된' 것(Phillips, 1955: 5)"이라는 점에 우리 모두가 동의하기 때문에, 아주 넓고 느슨한 의미에서는 우리는 모두 구성주의자들이라고 주장한다. 필립스는 지식 구성에 대한 구성주의적 관점이 대체로 사실이라고 주장하는 것처럼 보이지만, 내가 논쟁의 여지가 있는 '건설적 사고'라는 용어를 굳이 사용하기로 결정한 이유는 그것이 대체로 사실인 정도가 아니라 완전히 사실이라는 것을 강조하기 위함이다. 전통적인 인식론은 '지식이 인간에 의해 구성**되었다**Konwledge is constructed'는 견해를 무시하는 경향이 있다. 이와 관련한 논의는 제7장에서 필립스의 논의를 자세히 살펴보고 그에 기반한 나의 관점을 밝히는 방식으로 자세히 다루도록 하겠다.

계속해서 기술하고 있는 바와 같이, 건설적 사고는 지식을 사적이면서 공적인 의미를 갖는 것으로 여기는 관점이다. 사유 행위에 대한 모델로서 건설적 사고는 사유의 대상과 사유의 주체, 즉 지식과 지식을 구축한 사람을 분리시키는 것이 불가능하다는 점을 강조한다. 사유 행위에 대한 이러한 설명은 주관성과 객관성 사이의 상호작용을 인정하고 "목적과 내적 조건이라는 두 개의 경험 요소에 동일한 권리를 부여하도록 한다(Dewey, 1938/1965)."[5] 나는 '건설'이라는 용어를 개인적 심리를 강조하기 위해 사용하는 것이 아니라, 대중과 개인을 구분 짓는 방식에 의문을 가지면서 지식 구축의 보다 공적이고 사회정치적인 방식을 강조하기 위해 사용하는 것이다.

내가 '건설'이라는 용어를 사용하는 것은 자연적으로 외부로부터 우리에게 부과된 것과 대비되는, 마음 내부에서 일어나는 일을 강조하기 위한 것 또한 아니다. 나는 지식이 인간이 창조한 무언가라는 것을 강조하기 위해 '건설'이라는 용어를 사용한다. 그렇다고 그것이 개인들 스스로가 지식을 만든다는 것을 의미하는 것 또한 아니다. 오히려 '건설'의 과정은 타인과의 교류가 요구되는 사회정치적 과정으로 이해되어야 한다. 내가 건설이라는 용어를 사용하는 이유는, 개인의 인식뿐만 아니라 사회정치적 과정으로서 지식을 건설하는 '행위activity' 자체를 강조하기 위해서이다. 나는 인식론에만 중점을 두지 않고 사회정치적 그리고 교육적 관심을 포괄하여 건설적 사고라는 용어를 사용하고자 하는 것이다.

건설construction이라는 용어에 대해 독자들이 염두에 둬야 하는 문제들이 있다. 이 용어에서 공작용 판지나 건축물을 떠올리는 몇몇 사람에게는, 건설이라는 단어가 딱딱하고 융통성 없는 것으로 여겨질 수 있다. 어떤 사람들은 마치 정신mind을 실제 삶이나 행동과 연결되지 않은 별개의 정체라고 생각하듯이, 무언가를 구성하는 행위인 건설을 정신의 무언가와 연관 짓지 못한다. 또 어떤 사람들은 건설이라는 용어가 여성주의 학자들이 강조하는 지식의 사회적, 관계적 질보다는 사적 행위를 강조하는 경향이 있다고 주장하기도 한다.6) 그러나 누비이불을

---

5) 이 인용문은 듀이가 이후에 교변작용transaction이라고 명명한, '상호작용의 원리principal of interaction와 관련이 있다.

만들거나 태피스트리를 짜는 것, 또는 노래와 안무를 창작하는 것 등 실제로 이런 것들을 구축하는 행위는 분명히 관련된 많은 사람들의 상호적 교류를 포함하는 활동이다. 따라서 지식을 구축한다는 것은 그 지식을 건설하는 사람들이 능동적이고 책임감 있게 자신의 역할을 수행한다는 것을 의미하는 것이다. 또한 지식이 구축된다는 것은 건설된 사유가 그것을 형성시키고 변화시킨 사람들에게 귀속된다는 점을 암시한다. 즉, 지식이 구축된다는 것은 사고 자체가 생명력을 가진 무언가인 것이 아니라, 우리가 혼자 또는 함께 달성한 창의적이고 비판적인 무언가라는 사실을 상기시켜 주는 것이다. 결국 건설적으로 사고하는 우리의 능력은 우리가 지식에 얼마나 기여할 수 있는가를 결정하는 것이라고 결론지을 수 있을 것이다.

퀼팅비로서의 건설적 사고

몬테소리 초등학교 교실에서 질문하는 법을 배우던 학생들을 돌이켜 보면 그 장소와 학생들을 '퀼팅비quilting-bee'[7])에 비유하는 것은 매우 적합한 듯하다. 나는 이 은유를 떠올리고 설명하는 과정을 현재 시제로 기술하고자 한다. 내가 비록 더 이상 초등학교 교사로서 몬테소리 학교

---

6) 나는 건설construction이라는 용어가 자신에게 어떤 영감을 주었는지에 대해 개인적인 서신을 보내 준 월튼Walton, B.에게 감사의 마음을 전하고 싶다.

7) 나는 1998년 기술한 『철학의 교육적 적용Philosophy Applied to Education: Nurturing a Democratic Community in the Classroom』에서 퀼팅비 은유를 발전시키기 시작했다. 모릴Morrill, B.은 퀼팅비라는 개념을 퀼트를 완성시키는 마지막 단계를 의미하는 것으로 사용하였으나, 나는 이 용어를 퀼팅 전체 과정을 아우르는 의미로서, 보다 넓은 의미로 사용하고 있다.

에서 학생들을 가르치지는 않지만, 현재 대학 강의실에서 그러한 분위기를 재현하는 일을 계속하고 있을 뿐 아니라, 지역 몬테소리 학교의 컨설턴트로서 정기적으로 학교들을 방문하고 있기 때문이다. 내가 학생들을 통해 퀼팅비 은유를 떠올린 것은 여러 가지 이유가 있다.

한 가지 예를 들어 보자. 일반적으로 교실은 여러 사람이 사용하는 공간이다. 교실은 도서관이나 독서실처럼 고독한 비판적 사유자thinker를 찾을 수 있는 환경이 아니다. 제1장에서 다루게 되겠지만, 고대 그리스까지 거슬러 올라가는 비판적 사고의 논의에서는 비판적 사고의 주체를 고독한 사유자로 표현하는 경향이 있다. 이와 관련하여 인식의 주체를 개인 혹은 사회적 공동체의 구성원으로 보는 관점에 대해서는 이 책 전반에 걸쳐 다시 논의할 것이다. 나는 인식론적 공동체로서의 사회적 맥락에 내재된 개별 인식 주체들의 교류와 관련된 비판적 사고 관점을 주장하고자 한다. 개인으로서 우리는 공동체 속에서 자아를 발달시키기도 하지만, 공동체의 관점을 전환하는 것에 영향을 미침으로써 다시 공동체에 기여하기도 한다. 퀼팅비는 참여자가 많고 단독으로 할 수 있는 행위가 아니라는 점에서 이러한 지식공동체와 유사한 지점이 있다. 그러나 우리가 혼자서 특정 문제에 대한 아이디어나 대안을 찾을 수 있는 것처럼, 어떤 사람은 혼자서 하나의 퀼트 작품을 완성시키는 것이 가능할 수도 있다. 하지만 개인적으로 생성된 아이디어들이 지식을 구축하는 데 활용되기 위해서는 결국 그것을 다른 사람들과 공유하는 과정이 필요할 것이다. 또한 우리가 각자 생성한 아이디어조차 아무것도 없는 백지 상태에서 발현된 것이 아니다. 생성된 아이디어는 우리의 경험, 그리고 타인과의 교류의 영향을 받는다. 퀼트 작업은 모든 퀼터quilter와 함께 시작할 수도 있고, 몇몇끼리 먼저 시작할 수도 있으며, 작은 그룹으로 나뉘어 나중에 합쳐질 작은 조각들을 만드는 것부터 시작할 수도 있다. 건설적 사고 역시 마찬가지인 것이다.

이는 퀼팅비에 퀼터들이 가져올 다양한 경험이 고려될 수 있다고 여기는 관점과 사람들의 사유에서 경험을 분리시키는 관점, 이 두 관점의 차이를 분명하게 보이는 지점이다. 나는 제1장에서 서구 유럽의 비판적 사고의 패러다임이 사람들의 경험과 그들의 사유를 분리시키는 관점에 기반한다는 것을 기술할 것이다. 그리고 실용주의적 관점을 제시하며 이러한 구분이 불가능하다는 것을 주장할 것이다. 이러한 구분이 가능하다는 위험한 속임수는 사람들로 하여금 우리의 경험들이 인식과 사유에 영향을 미친다는 것을 은폐시킨다. 지식을 구성하는 공동체를 퀼팅비에 비유함으로써, 우리는 학생과 교사라는 퀼터들이 다양한 관심과 요구를 가지고 있다는 것, 그리고 이러한 다양한 경험과 맥락들이 퀼트에 영향을 미칠 수 있다는 것을 상기할 수 있다. 그들은 서로 다른 재능과 지식에 의존하며, 각각 다른 수준의 문제의식을 갖고 있다. 때문에 우리에게는 성별(그리고 성적 지향), 나이, 민족, 인종, 사회적 계급, 종교적 성향 등이 다른 다양한 사람들이 상호 관련되어 있다는 것을 상기시키는 은유가 필요하다. 그리고 퀼팅비 은유는 지식을 구성하는 사람들의 공동체를 상징하며, 이 공동체가 다양한 사람들로 구성됨을 드러낸다.

지금까지 우리가 퀼팅비 은유를 구체적으로 살펴본 이유는 지식을 구성하기 위해 다양한 사람들을 참여시키는 사회적 공동체의 특징을 보이기 위함이었다. 이제 우리는 사람들이 어떻게 자신의 목소리를 공동체의 지식 구축에 활용되도록 할 수 있는가에 관심을 갖게 해야 한다. 사람들이 지식 구축이라는 퀼팅 과정에 기여할 수 있는 방법을 고민하게 된다면, 언어, 소통 그리고 언어가 사고에 어떻게 기여하는가 등과 관련한 문제들이 우리의 논의와 관련된다는 것을 알 수 있게 된다.

언어 및 사고와 관련된 세 번째 항목은 본문 전체에 걸쳐 다뤄질 것이다. 언어와 사고의 관계에 대한 문제에서 우리 자신에 내재하는 것들을 포함시킬 수 있어야만 지식을 건설하는 과정을 설명할 수 있다. 소수의 사람들이 다른 사람들보다 나은 평가를 받는 경우도 있겠지만, 퀼트를 만들기 위해 모인 사람들은 대개 서로에 대해 인식하고 있다. 그들은 퀼트의 구축이라는 공동의 관심사를 공유한다. 학생들이 수업에 참여할 때 서로에 대해 모두 잘 아는 것은 아니다. 그들은 그저 서로 소통하고 관계를 맺어 가며 서로에 대해 알아가기 위해 공동의 언어를 형성한다. 학생들이 수업에 참여하여 무언가를 배우기 위해서는 반드시 공동의 언어가 필요하다. 친구 또는 교사와 공동의 언어를 공유하고 있지 않은 학생들은 고립되고, 침묵하며, 이해할 수 없게 되어 교실 경험 속에서 자신 또는 다른 사람의 학습에 기여할 수 없게 될 것이다.

비록 이것이 그들이 공유하는 관심사의 전부라고 할지라도, 어쨌든 학생들은 교실에서 학급이라는 공동체의 구성원으로서 공동의 관심사를 공유한다. 공동의 언어를 사용하며, 같은 교실 공동체의 구성원으로서의 경험을 공유하는 학생들은 서로를 인식하기 시작하고 공유 가능한 유대감을 형성할 수 있게 된다. 우리는 퀼팅비 은유를 통해 서로 소통하고 관계맺음으로써 퀼트 제작에 활용될 공동의 언어를 형성하는 다양한 사람들의 이미지를 표상할 수 있다. 퀼팅비 은유가 공동의 언어를 형성해야만 하는 다양한 사람들의 이미지에서 출발한다는 점에서, 우리는 이를 통해 지식과 문화의 관계에 관심을 가질 수 있게 된다. 사실, 공동의 언어를 형성해야 하는 사람들은 대부분 다른 문화와 다른 사회적 관습을 가지고 있을 확률이 높다. 이러한 다양한 사람들은 다양한 소통 방법과 인간관계를 가지고 있기 때문에 이들이 효과적으로 소통하고 관계맺음하기 위해서는 서로 다른 문화에 대해 더 잘 이해할 필요가 있다.

퀼팅비에 참여하는 사람들이 모두 퀼트를 만드는 목적을 갖는다고 여겨질 수도 있겠지만 반드시 그런 것만은 아니다. 누군가는 퀼팅비를 만드는 것에 참여하도록 강요를 받았을 수도 있다. 또는 참여하고자 했지만 배제되거나, 혹은 참여했지만 기여하고자 하는 노력이 수용되지 않았을 수도 있다. 우리는 수업에 참여한 모든 학생들이 지식을 확장시키려는 목표를 공유하고 있다고 생각할 수 있을까? 어떤 학생들은 자신의 의지와는 반대로 부모님 등의 타인이 참여를 강요했기 때문에 학급이라는 지식공동체의 구성원이 되었을 수도 있다. 또한 많은 학생들이 스스로 지식을 구성하는 것에 기여할 수 있는 기회를 박탈당하고, 지식 구축의 주체가 되기 위한 노력을 방해받았을 가능성도 있다. 가족, 마을이나 도시, 그리고 학교와 같은 각각의 지식공동체에 속해 있는 우리 모두는 지식과 관련된 권력의 영향을 받기 때문이다. 내가 본문 전체에 걸쳐 다룰 퀼팅비 은유는 이러한 지식과 관련된 권력에 대해 논의할 수 있는 장을 열어 줄 것이다.

이제까지 우리가 만든 표상은 퀼터로서 다양한 인식 주체들이 공동의 언어를 활용하여 퀼트라는 하나의 지식을 만드는 것에 참여하는 모습에 대한 것이었다. 그리고 우리는 이러한 퀼팅비 내에서 사회적, 정치적, 윤리적 문제가 발생될 수 있다는 것을 확인하였다. 때문에 나는 퀼트 자체에 대해 논의하기 전에, 참여하는 퀼터의 다양성으로 인해 퀼팅비에서 예상될 수 있는 참여 형태와 관련하여 신중하게 살펴볼 것이다.

이 책의 주요 목표 중 하나는 지식의 구축에 기여하는 다양한 방법들에 주목하는 것, 그리고 비판적 인식 주체의 행위에 대한 표상의 범주를 확장시키는 것이다. 이와 관련하여 우리는 제1장에서 기존의 비판적 사고 이론이 정신과 육체를 분리시키고자 하는 서구 유럽식 패러다임의 관점을 기초로 형성되었다는 것부터 구체적으로 살펴볼 것이다.

그리고 이것은 본문 전체에 걸쳐 계속 논의될 주제이다. 내가 퀼팅비를 건설적 사고를 설명하기 위한 은유로 채택한 이유는 퀼팅비가 능동적이면서 물리적인 행위이기 때문이다. 이는 우리에게 우리가 몸body을 가지고 있다는 사실을 상기시킨다. 즉, 퀼팅비는 오직 머리나 가슴만을 활용하는 것이 아니라 생각하고, 느끼고, 행동하는 모든 '부분parts'으로부터 경험하는 총체적 행위activites로서 이해되어야 하는 것이다.

실제로 퀼팅비를 하기 위해서는 바느질이라는 물리적인 행위가 요구된다. 그뿐만이 아니다. 아마 퀼트에 참여하는 사람들은 계속해서 대화를 할 것이다. 노래를 부르거나 이야기를 할지도 모른다. 어떤 퀼팅비에서는 사람들이 바느질을 모두 같은 시간에 하지 않을 수도 있다. 다른 사람들이 쉬거나 퀼트에 필요한 천을 자르는 등 퀼트에 필요한 직물을 준비하는 동안 몇 사람이 교대로 바느질을 할 수도 있다. 또 다른 퀼팅비에서는 바느질을 전혀 안 하는 사람이 있을 수도 있다. 대신 그들은 요리를 하거나, 다른 사람들을 대접하거나, 일하는 사람들을 위해 어린 아이들과 놀아 주거나, 퀼팅비의 책임감 있는 구성원으로서 필요한 직물을 모으고 준비하거나, 다른 구성원들이 준비하고 청소하는 것을 도와주거나, 혹은 다른 퀼터들이 흥겨울 수 있도록 음악을 틀어 주는 역할을 할 수도 있다. 사람들이 서로 거의 교류하지 않는 다소 침체되고 조용한 퀼팅 그룹이 있을 수도 있다. 그러나 대부분의 퀼팅비는 많은 대화들이 오갈 것이며 생동감 있고 왁자지껄하게 운영될 것이다. 퀼팅비에서 사람들이 퀼트에 기여할 수 있는 방법은 다양하다. 다양한 인식의 주체가 이러한 퀼팅비에서 자신의 퀼팅 경험을 통해 크게 기여할 수 있는 것 또한 의심의 여지가 없다.

나는 지금까지 독자들이 비판적 사고 이론과 관련된 이슈와 문제들을 이해할 수 있도록 퀼팅비라는 은유를 활용하여 나의 논의를 설명하고자 했다. 이어서 나는 이제 실제로 퀼트를 만드는 행위와 퀼팅비의 산물인 퀼트가 비판적 사고 행위, 그리고 그 결과물인 지식과 어떤 유사점을 갖는지에 대해 논의할 것이다.

실제 퀼트는 어떻게 만들어질까? 퀼트를 만드는 데 필요한 재료와 직물, 그리고 퀼트를 만드는 과정은 퀼트에 참여한 사람들, 지금까지 만들어졌던 퀼트들, 퀼터들이 소속된 공동체에 따라 매우 다양할 것이다. 그러나 이 엄청난 다양성 안에도 유사점을 일부 찾을 수 있다. 퀼트를 만들 때에는 보통 틀을 사용한다. 그 틀은 퀼트가 완성되었을 때 얼마나 길어지고 넓어질 수 있는지에 대한 경계를 정하는 도구이다. 그러나 틀이 없어도 퀼트를 완성시킬 수 있다. 퀼터가 퀼트의 완성을 판단할 때 사각형이나 다른 모양의 조각들을 만든 다음 그것을 모아서 바느질할 수 있기 때문이다. 어떤 퀼트는 여전히 진행 중이며, 이는 아직 완성되지 않았음을 의미한다. 퀼터들은 새로운 재료를 찾거나 특정 필요에 의해, 또는 심미적 취향의 변화로 퀼트 조각을 추가할 수 있기 때문이다. 나는 이러한 특성을 가진 퀼트의 틀이 움직이고 변화하고 유동적이며 생동감 있다는 점에서 우리가 살고 있는 이 세계와 유사하다고 생각한다. 건설적 사고의 주체로서 우리는 이 틀(우리의 세계)을 넘어설 수 없다. 틀이 우리의 한계를 결정하기 때문이다. 그러나 끊임없이 변화하는 틀 안에서, 우리는 우리가 원한다면 어떤 종류의 퀼트(지식)든지 만들어 낼 수 있다. 우리가 건설적으로 사고할수록, 우리는 다양한 접근법을 활용할 수 있기 때문이다.

퀼트에서 발달될 수 있는 다양한 패턴과 스타일은 퀼트에 기여하고자 하는 사람의 수, 그 기여자들이 제공할 배경이나 지식 및 기술, 그리고 사용 가능한 도구와 재료 등 다양한 요인들에 달려 있다. 패턴과 스타일은 예술적 취향, 사용 목적, 혹은 퀼터들이 손쉽게 이용할 수 있는 자원들에 의해 결정된다. 많은 퀼터들은 그들이 가지고 있는 재료에 대해 충분히 대화하고 논의하고 점검한 다음, 만들고자 하는 디자인에 대한 밑그림을 그리는 것으로 퀼트 작업을 시작하기 때문이다. 또한 많은 사람들은 퀼트의 사용 목적에 따라 어떤 종류의 퀼트를 만들 것인지 결정하기도 한다. 그들은 어떤 정렬된 패턴에 맞추어 퀼트를 만들 수도 있고, 사고에 대한 선형적 접근을 제안할 수도 있다. 또 다른 어떤 사람들은 지금까지 해 왔던 방식으로 작업을 시작하고, 끝날 때까지 서로 다른 사각형이나 삼각형이나 별 모양을 추가할 수도 있다. 이렇듯 퀼팅은 꼭 질서와 단합을 필요로 하는 것은 아니며, 그 접근에 있어서 반드시 선형적일 필요 또한 없다. 우리 중 대다수는 엄격한 패턴과 디자인을 따르는 퀼트를 봤을 것이고, 전혀 규칙이 없어 보이는 퀼트를 보기도 했을 것이다. 종종 같은 색깔, 질감, 직물 패턴을 고려하지 않는 퀼트가 만들어지기도 한다. 그것들의 유일한 공통점은 '그것이 무엇이든 사용 가능한 것'이라는 점이다. 건설적 사고 역시 이와 같다.

건설적으로 사고하기 위한 많은 접근법과 방법들이 있다. 그리고 우리는 다양한 요인을 고려하여 사유의 방식을 선택한다. 나는 이성-논리 모형을 선호하는 서구 유럽식 패러다임과는 대비되는, 특별히 선호되는 접근법이 없는 방식을 제안하기 위해 열심히 노력할 것이다. 전통적인 관점의 비판적 사고에 의존하기를 주장하는 이성-논리 모형은 상상, 감정, 직관과 같은 방법으로 사고하는 다른 모델들보다 객관적이고 오류가 없으며 중립적이라 여겨지기에, 더 공정하거나 사실에 가깝다고 간주되는 경향이 있다. 이에 나는 연구 도구로서 이성만이 높은 지위를 가지는 것에 대해 문제 제기할 것이며, 객관과 주관의 이분법에 대한 주제에 대해서도 연구하고자 한다.

나는 비판적 사고가 전통적으로 어떻게 설명되어 왔는지를 분석할 것이다. 그리고 비판적 사고를 위해 이성뿐만 아니라 다른 도구이 필요하다면 어떻게 해야 하는지에 대해 연구할 것이다. 즉, 나는 우리가 건설적으로 사고할 때 사용하는 자질 중 전통적 비판적 사고 모델에서 숨겨지거나 평가절하되어 왔던 자질들qualities을 끌어낼 것이다.

서구 유럽 사회에서 공정성과 진리는 합리성과 동일시되어 왔으며, 철학이나 수학과 같이 가장 높은 차원의 이성은 직접적인 경험과는 거리가 먼 추상적인 것과 동일시되는 경향이 있었다. 나는 지식을 건설하는 것의 미적 자질과 실용적 자질에 주목하기 위해 퀼트라는 은유를 계속하여 사용하고 있다. 퀼트는 보기에도 아름다운 작품일 뿐 아니라 실용적이다. 우리를 감싸 주고, 위험으로부터 보호하며, 보온을 유지시켜 주는 역할을 하기 때문이다. 또한 나는 지식을 구성하는 다양한 접근법이 있다는 것을 상기시키고, 서구 유럽 사회에서 과학과 수학과 같은 학문이 갖는 높은 지위와 대조하기 위해 퀼팅비 은유를 사용한다. 나는 지식이 다양한 도구method들을 통해 구축되기에 우리의 아름답고 유용한 생각들이 지식의 구축에 활용될 수 있다는 것을 보이고자 하는 것이다.

실제 퀼트를 만드는 데에는 솜이나 충전재, 겉으로 보이는 덮개 등이 재료로 활용된다. 이러한 재료들은 퀼팅비라는 은유에서 생각, 사고, 믿음 등을 상징한다. 이러한 재료들은 보통 바느질하고 남은 천 조각이나 오래된 옷과 담요들을 재활용한 것이다. 사실 우리는 사용하고자 하는 모든 재료를 퀼트의 재료로 활용할 수 있다. 이것은 우리 연구자들 또한 마찬가지이다. 우리는 영화와 텔레비전 프로그램, 신문, 잡지, 기사, 컴퓨터 프로그램 등에서 영감을 얻는다. 또한 우리의 친구, 가족, 이웃, 시민 등으로부터 영감을 얻기도 한다. 즉, 우리가 하는 모든 경험이 우리의 생각과 발상의 잠재적인 원천이 되는 것이다.

퀼터들이 작업을 하는 데 필요한 도구들은 대개 줄자, 가위, 곧은 핀, 바늘, 실, 그리고 방적사와 같은 것들이다. 이와 유사하게, 나는 연구에 사용되는 도구로서 개인의 목소리, 상상, 감정, 직관, 이성 등을 제시하고자 한다. 퀼트에 사용되는 줄자, 가위, 곧은 핀 등의 도구들이 퀼트에 사용되는 재료를 바르게 하고, 크기에 맞게 자르고, 한 위치에 고정하는 역할을 하는 것처럼, 이성은 정리되지 않은 생각들을 정리하고 바로잡아 주는 데 도움을 주기 때문이다. 바늘은 직물 사이를 움직이며 실이나 방적사를 여기저기 옮기는 데 도움을 준다. 이는 직관이 생각과 감정에 영감을 주고, 우리의 경험을 이해할 수 있도록 하는 것과 유사하다. 퀼터들은 어떤 재료를 사용할지, 그리고 어떤 디자인의 퀼트를 만들지 결정하기 위해 감정이나 상상뿐만 아니라 직관과 이성도 사용한다. 그들의 정신, 의지뿐 아니라 주관적 자아 정체성을 드러내는 스스로의 목소리를 고려하는 것이다. 이러한 모든 도구들의 도움을 통해, 그들은 지식이라는 퀼트를 구성할 수 있게 된다.

퀼트에 필요한 재료와 도구를 갖고 있는 것만으로 아름답고 유용한 퀼트를 성공적으로 만들 수 있는 것은 아니다. 퀼터들은 퀼트가 완성될 수 있도록 도구를 사용할 수 있는 기술을 필요로 한다. 바느질을 해본 사람이라면 바느질 초보자들이 솔기를 밖으로 빼고 안으로 넣는 것에도 많은 시간을 들인다는 것을 알 것이다. 바늘땀이 비뚤고 고르지 못하거나, 적합하지 않은 재료를 의도하지 않은 위치에 고정할 수도 있다. 이렇게 되면 총체적인 오류에 빠질 수도 있다. 건설적 사고도 마찬가지이다.

우리는 건설적 사고를 하는 사람들이 어떻게 각자의 목소리voice를 발달시킬 수 있었는지에 대해서도 살펴볼 필요가 있다. 자기 자신에 대한 건강한 인식이 없는 사람은 인식 주체로서 어떤 결정을 내리거나 지식의 구축에 기여할 수 없을 것이기 때문이다. 때문에 각자의 개별 목소리를 하나의 주제로서 탐구하는 것은 이 책의 전반에서 다룰 인식론적 쟁점들을 논의하는 데 도움이 될 것이다.

지식 구성이 사회적 활동이라는 전제하에, 타인과의 바람직한 관계 맺음을 위하여 소통 방식과 관계적 기술을 배우고 연습하는 것은 중요하게 여겨져야 한다. 다른 사람들과 소통하는 것과 관계를 맺을 수 있는 능력은 우리의 사고를 확장시키는 데 도움이 되기 때문이다. 또한 이는 다른 세계관을 가진 타인의 시각을 더 잘 이해할 수 있도록 한다. 서로에 대한 더 깊은 이해는 지식공동체 내에서뿐만 아니라 다른 공동체와의 관계에서도 공통된 관심사를 공유하도록 하고 상호작용을 확립할 수 있도록 한다. 우리는 이러한 사고를 확장시킬 수 있는 기술을 발달시키기 위해 상상, 감정, 직관, 이성적 도구 등과 함께 각 개인들의 목소리를 활용할 것이다. 마지막으로, 우리는 어떤 문제를 해결하기 위한 최선의 행동 방침이 무엇인지 결정하기 위해 전통적으로 논의된 비판적 사고 기술을 배우는 방법에 대해 탐구할 것이다. 이로써 우리는 우리가 지식을 퀼팅하기 위해 이러한 다양한 도구를 사용하는 것은 물론, 여러 가지 도구를 사용하고 있음을 알 수 있게 될 것이다.

인식론적 논의에서의 또 하나의 중요한 쟁점은 절대주의와 상대주의에 관한 것이다. 내가 이제까지 지식에 대해 매우 유동적이고, 다양하며, 열린 방식의 관점으로 설명했던 점을 고려하면 혹자는 나의 관점을 상대주의적 관점으로 여길 수도 있다. 나는 물론 이 책 전반에 걸쳐 절대주의와 상대주의에 대해 논의할 예정이지만, 책을 읽는 사람들은 지금의 내 관점을 알 필요가 있을 것이다. 내가 주장하고자 하는 것은 우리가 지식을 진실과 거짓, 옳고 그름으로 분리하는 것을 멈추고 가장 신뢰할 수 있는 지식이 무엇인지 탐구하는 방향으로 관점을 전환해야 한다는 것이다. 나는 (제한적 실재론 관점으로도 표현될 수 있는) 제한적 상대주의 입장을 주장한다. 이는 내가 인간이 오류를 범할 수 있는 존재라는 점을 고려한다는 것을 의미한다. 또한 인간으로 하여금 더 나은 행위나 소통이 가능하도록 하는 것은 대부분의 사람들에게 기대할 수 있는 것이어야 한다는 듀이Dewey, J., 제임스James, W., 하버마스Habermas, J., 로티Rorty, R.와 같은 실용주의자의 생각에 동의한다는 것을 의미한다.

퀼팅의 기준에 대한 퀼터의 관점은 지식이 확장되는 과정에서 변할 수도 있다. 이에 대해 나는 그들 서로를 둘러싼 세계 속에서 그들의 경험과 그들의 환경과 인간적 능력에 의해 퀼터들이 지식을 퀼팅하는 것이 제한되어 왔다고 주장할 것이다. 플랙스Flax, J.가 지적한 바와 같이 "지식의 경계는 우리의 경험과 인간적 능력(Flax, 1983: 249)"의 영향을 받기 때문이다. 인간은 여러 관계 속에 형성된 사회적 존재이다. 이러한 관계들이 인간으로 하여금 그들이 다른 방향이 아닌 특정 방향의 사람이 되도록 하고 이것이 퀼트된 지식의 가능성을 제한할 수 있다. 따라서 우리는 사고라는 것이 인간이 건설한 것이기 때문에 변화와 개선의 가능성이 있다는 것을 고려하여, 오류가 있을 수 있는 사고를 거를 수 있는 기준을 알아봐야 한다. 하딩Harding, S.에 따르면, "지식의 근거는 지식 자체에서부터 추출되었다기보다는 역사와 사회적 경험에서 비롯(Harding, 1993: 57)"된 것이기 때문이다.

퀼터들이 그들의 퀼트에 무엇을 포함하고 무엇을 제외시킬지를 가르기 위해 활용하는 기준은 대체로 퀼트의 이용 목적, 사용 가능한 재료, 기대하는 미적 외관 등에 기반하기 마련이다. 지식의 퀼트의 경우에는 명확성, 일관성, 응집력, 포괄성, 아름다움 등과 같은 것이 그러한 기준으로 제시될 수 있을 것이다. 이러한 기준은 다음과 같은 질문들로 표현될 수도 있다. 이것이 효과가 있는가? 이것이 말이 되는가? 내용이 이어지는가? 그것들이 포괄적이고 유익한가? 그것이 미적으로 아름다운가? 그것이 우아한가?

우리는 가장 믿을 만한 기준을 상정하고자 하며, 이러한 기준은 다른 사람과의 상호작용을 통해서만 도출될 수 있다. 더 많은 목소리가 포함될수록, 이용할 수 있는 모든 정보를 고려할수록, 논리적인 판단이라고 믿을 수 있는 것이다. 모두가 원하는 만장일치를 추구하거나, 서로 다른 목소리를 완벽히 통합한 판단을 기대한다면 그것은 아마도 불가능할 뿐만 아니라 우리가 원하는 것이 아닐 것이다. 우리는 개인 또는 사회에 의해 만들어진 판단에 대해 그 모든 것이 옳다고 여기지는 않는다. 하지만 그러한 사유와 판단에 대해 논의하는 것은 퀼터들이 서로를 배려하는 관계를 맺고 정직하고 진심이 담긴 소통을 진행하는 차원에서 의미를 가질 수 있을 것이다. 지식의 퀼트는 퀼트할 기회가 생긴 지식을 소중히 여기고 사용할 줄 아는 상상력이 풍부한 사유자, 감정적인 사람, 직관적인 사람 등으로 구성된 민주 공동체에 달려 있다. 그리고 그러한 민주공동체는 서로가 동등하게 존중받는 쌍방향 민주 공동체일 것이다.

나는 퀼팅비 은유가 내가 설명하고자 하는 이 논의의 유용한 표상이라고 생각하기에 이 은유를 이 책의 논의 속에서 지속적으로 사용할 것이다. 그러나 바느질과 퀼팅비에 대한 배경 지식도 관심도 없는 사람, 또는 이를 여성적인 행위로만 이해하는 사람들에게는 이 은유가 도움이 되지 않을 수도 있다. 나는 사람들이 퀼팅비를 풍부한 가능성을 가진 은유로 인식하길 바란다. 또한 내가 나중에 이 은유를 사용하면서 시도하는 것처럼 퀼팅비와 관련한 자신들의 선입견을 확인할 수 있게 되기를 바란다. 남성들도 퀼팅비에 참여할 수 있다. 바느질이나 직조와 같은 행위는 여성들의 전유물이 아니다. 퀼트는 많은 사람들이 예술이라고 생각하는 행위이다. 전 세계의 많은 민족은 퀼팅비 문화를 가지고 있다. 이는 내가 퀼팅비 은유를 선호하는 이유 중 하나이다. 어떤 문화권의 사람들에게는 퀼팅비 은유가 두레, 합창, 민속춤 등과 같은 은유로 대체될 수 있을 것이다. 만약 퀼팅비라는 은유가 본인과 맞지 않는다면, 스스로 다른 비유를 찾는 것도 좋은 방법일 것이다.

퀼팅비 은유는 I부와 II부 각 부분의 마지막 논의에서 이전 논의를 건설적 사고의 관점과 대조하는 방법으로서 기술될 것이다. 이는 우리의 통찰에 기여하는 것은 물론 각각의 차이점을 인식하고 발생 가능한 문제들을 논의하는 것에도 도움을 줄 것이다. III부에서는 퀼팅비 은유를 I부와 II부에서 생긴 의문과 우려에 대한 응답으로서 활용할 것이다. 이에 더하여 건설적 사고를 설명하고 그 장점을 강조하기 위한 전제조건으로 활용할 것이다.

I

비판적 사고에 대한
남성중심적 관점

비판적 사고의 전환

상상, 감정, 직관을 활용하는 건설적 사고

제1장
비판적 사고에 대한
고대 그리스의 관점

　'비판적 사고를 하는 사람critical thinker'이라는 말을 들으면 무엇이 떠오르는가? 교실에서 돌아다니며 서로 대화하거나, 조용히 책상에 앉아 과제를 하는 학생들이 떠오르는가? 시장이나 동네 여관, 혹은 카페에서 대화의 꽃을 피우는 사람들이 떠오르는가? 소풍을 가서 혹은 저녁을 먹으며 친구들과 열띤 토론을 하는 사람을 생각할 수도 있다. 이것도 아니라면 여러분은 나처럼 로댕Rodin, A.의 작품인, 조용히 앉아 머리를 괴고 고민하는 〈생각하는 사람The Thinker〉을 떠올릴 수도 있다. 나뿐만 아니라 '비판적 사고'라는 용어에서 로댕을 연상한 사람들이 더 있을 것이다. 로댕의 〈생각하는 사람〉은 소노마 주립 대학Sonoma State University의 비판적 사고와 윤리적 비평 센터의 상징인 동시에 비판적 사고를 다루는 많은 자료들, 이를테면 책 표지, 학회 프로그램, 그리고 연수회 홍보물의 디자인으로 사용되었기 때문이다.

　비판적 사고를 하는 사람을 떠올릴 때 인상을 쓴 채 생각에 잠긴 고독한 사람을 연상하는 것은 당연한 것이 아니다. 그것은 비판적 사고에 대한 특정 패러다임이 반영된 것이다. 우리가 비판적 사고 이론에 대해 논의하고, 비판적 사고에 대한 서구적 관점의 변화를 요구하기 위해서는 비판적 사고에 대한 서구적 관점의 근원을 밝힐 필요가 있을 것이다. 이러한 근원은 지금까지도 다양한 학술적 연구에서 다루어지는 고대 그리스의 위대한 철학자들까지 거슬러 올라간다. 예를 들어 플라톤Plato과 그의 스승인 소크라테스Socrates, 그리고 그의 제자인 아리스토텔레스Aristotle에 대해 논의할 수 있을 것이다. 소크라테스는 그의 생각을 직접 글로 써서 남기지 않았기 때문에 우리는 고대 문서에 남겨진 플라톤의 언어를 통해 그 영향을 간접적으로 알 수 있다.[1] 그러나 플라톤과 아리스토텔레스는 후대의 사람들에게 영향을 주고자 그들의 생각을 직접적인 글로써 남겼다. 때문에 나는 플라톤과 아리스토텔레스가 남긴 유산에 주목하기로 했다. 아마 플라톤과 아리스토텔레스가 서구 유럽의 사고에 큰 영향을 미쳤다는 사실에 대해 반박할 사람은 없을 것이다. 그러나 플라톤과 아리스토텔레스의 관점이 서구 유럽의 사고에 지속적으로 영향을 끼친 다양한 방법에 대해 아는 사람도 별로 없을 것이다. 때문에 나는 플라톤과 아리스토텔레스의 논의에 대해 연구하고자 한다. 이 두 철학자들에 대해 할 말이 너무나도 많지만, 나는 그중에서도 건설적 사고방식에 대한 그들의 논의에 중점을 두겠다.

나는 특히 비판적 사고 이론이 오늘날까지 발전하는 데 도움을 준 플라톤과 아리스토텔레스의 몇 가지 가정에 대해 연구하고자 한다. 이러한 가정들을 연구함으로써 비판적 사고 이론이 서구 유럽 사회에 미

---

1) 내가 하고자 하는 것은 플라톤과 소크라테스의 사상이 무엇을 의미하는지에 대한 논쟁이 아니다. 이미 많은 학자들이 그 질문에 답하기 위해 많은 시간을 소모하였다. 나는 이 논의에서 플라톤의 말 자체가 그 자신의 사유이고, 그 사유가 소크라테스를 통해 표현된다는 것을 가정할 것이다.

친 영향을 알 수 있을 것이다. 뿐만 아니라, 이를 통해 우리가 비판적 사고의 표상을 전환하고자 할 때 어느 부분에서 변화를 모색해야 하는 지도 알 수 있을 것이다. 또한 우리는 서구 유럽 사람들이 비판적 사고에 대해 그러한 방식으로 이해하도록 한 기본적인 가정과 우려들에 대해 알 필요가 있다. 그러한 견해들은 비판적 사고 이론의 전환에 대한 비판과 우려를 포함하고 있기 때문이다. 그렇다면 플라톤에 대한 논의부터 살펴보도록 하겠다.

보편적 본질과 인식의 주체

플라톤(BC 427~347)은 철학을 체계화한 최초의 철학자이자 최초로 서구 유럽 사회에 대학 형태의 교육기관을 설립한 학자이다. 플라톤이 그리스의 일반 시민들을 위해 쓴 『대화*Dialogues*』의 주요 등장인물은 그리스의 유명한 철학자이자 그의 스승인 소크라테스이다. 『대화』의 많은 부분은 소크라테스가 주요 토론자로 등장하는 도덕적 논의에 초점을 맞추고 있다. 미덕이란 무엇인지, 바람직한 정부의 형태란 무엇인지에 대해 다루는 플라톤의 『대화』에는 문제에 접근하는 방법, 문제의 근거라고 생각하는 것, 해결책에 도달했는지 판단하는 방법 등과 관련된 인식론적 관점이 내재되어 있다.

이 내재된 이론은 플라톤의 가장 유명한 대화 중 하나인 『메논*Menon*』에서 쉽게 확인할 수 있다(trans., 1953/1970: 7~35). 이 대화에서 소크라테스와 메논은 미덕Virtue[2])이란 무엇인지, 그것이 교육될 수 있는지, 그

---

2) 미덕Virtue을 대문자로 표기한 이유는, 내가 이 용어를 특수한 관점에서 활용하는 것이 아니라,

것이 연습을 통해 습득되는지 등에 대해 논의한다. 소크라테스는 그가 미덕에 대해 알지 못하고, 미덕이 있는 사람을 만나본 적이 단 한 번도 없다고 선언하며 이 논의를 시작한다. 메논은 깜짝 놀라면서 미덕이란 남성이 알아야 하는 적절한 지식을 말하며, 그것은 남성의 의무와 여성의 의무가 무엇인지를 알려주고 "우리가 하는 모든 일에는 각자의 나이나 행동과 관련된 미덕이 있기 때문에(Plato, trans., 1953/1970: 8)" 미덕에 걸맞은 수많은 덕목이 있다고 설명한다. 소크라테스는 벌집의 비유를 사용하며 자신이 찾고 있는 것은 덕목의 다양한 예시(마치 다양한 종류의 벌처럼)가 아니라 덕목의 본질(모든 벌들의 다양한 자질과 특징을 고려했을 때, 모든 벌들이 공유하고 있는 어떤 것이 그들을 벌로서 규정하는지)에 대한 것이라고 설명했다. 그렇다면 다양한 미덕이 공유하고 있는 공통점이란 것은 무엇인가?

소크라테스를 통해 플라톤은 "미덕이란 무엇인가?"라는 질문에 대한 답은 하나일 것이라는 자신의 가정을 드러낸다. 그는 모든 종류의 미덕이 공통적으로 가지고 있는 미덕의 보편적 본질이 존재할 것이라고 가정한다. 보편적 본질은 누군가가 다양한 덕목의 예시를 보았을 때, 그것들이 전부 덕목이라는 것을 알 수 있도록 하는 것이다. 메논은 미덕이 모든 사람들에게 공통적으로 적용된다는 생각을 쉽게 수용하지 못했고, 때문에 소크라테스는 남성들이 국가를 다스리는데 알아야 할 것과 여성들이 집안을 다스리기 위해서 알아야 할 것들로 이를 설명하고자 하였다. 이 경우 남성과 여성 모두에게 절제와 정의가 필요하다. 마찬가지로 젊은 사람이나 노인도 절제와 정의를 알아야 덕이 있다고 할 수 있을 것이다. 소크라테스는 "그렇다면 모든 인간이 똑같은 방

본질적이고 보편적인 관점에서 사용한다는 것을 드러내기 위함이다.

식으로 선하며 똑같은 미덕을 소유함으로써 선해진다고 볼 수 있는가?"라고 묻는다. 그리고 메논은 "그것은 추론일 뿐이다(Plato, trans., 1953/1970: 9)"라고 답한다. 이제 메논은 소크라테스가 정답으로 제시할 수 있는 범주 내에서 "미덕이란 무엇인가?"의 질문에 대한 답을 구할 수 없다. 그리고 메논이 포기한 부분이 우리가 처음부터 다시 답을 구해야 하는 부분이다.

인간의 자질quality로써 본질을 정의하는 것은 철학자들의 주요 임무 중 하나가 되었으며 이는 아리스토텔레스에 의해 형이상학이라는, 최초의 원칙이나 범주를 조사하고 존재의 본질(존재론)과 우주의 기원과 구조(우주론)에 대해 연구하는 철학적 분야로 명명되었다. 플라톤까지 거슬러 올라간다면 서구 유럽 사회에서 철학이라 불리는 학문은 본질, 혹은 보편성이라는 것이 존재한다는 것을 전제하고 있다. 플라톤의 지식 이론은 그가 '형식form'이라고 부르는 본질의 존재를 가정하는 것에서부터 시작한다. 그리고 오늘날 보편과 본질이라는 개념은 비판철학자(Apple, 1996; Giroux, 1981; McLaren, 1994), 여성주의 학자(Butler, 1990; de Lauretis, 1986; Flax, 1990; Harding, 1992; Irigaray 1985), 여성학자들과 제3세계 여성주의자들(Bar-On, 1993; Davis, 1981; Hooks, 1981; Lorde, 1984; Lugones & Spelman, 1983/1990), 전반적인 포스트모더니스트들(Derrida, 1978; Lyotard, 1985; Rorty, 1979)에 의해 면밀히 조사되었다.

마르크스Marx, K.와 후기 신마르크스주의자들은 사회 계급이 사람들에게 미치는 영향에 주목하였다. 그들은 사람들을 일반항으로 정의해서는 안 되며, 사람들의 사회적 계급을 무시해서는 안 된다고 주장하였다. 여성주의자들은 '인류mankind'에 대한 관점이 여성을 동등하게 여기지 않고 '여성'을 '남성'의 범주 안에 포함시켜 왔다고 주장하였다. 여성주의자 내에서 근본적 여성주의자들은 성적 지향의 범주에 대해 지적하며 범주로써 '여성'을 분류시키는 것조차 차별의 원인이라고 지적했다. 제3세계 여성주의자들은 그들 스스로를 일반적인 여성주의자들과 구별하여 논의했다. 그들은 백인 중산층 여성주의 학자들이 인종, 민족, 사회적 계급 등을 무시하는 방식으로 '여성'을 정의해 왔다고 지적했다. 또한 포스트모더니스트들은 본질을 이론화하여 기술하고자 하는 철학적 과업이 지식으로 간주되는 것들을 통제하는 강력한 수단이 되어 왔다는 것을 드러내고자 하였다.

이들이 지적한 지식에 대한 강력한 통제는 『메논』에서도 드러난다. 메논이 소크라테스의 미덕에 대한 정의를 결정하는 기준에 동의하게 된다면, 그는 더 이상 소크라테스에게 해답을 줄 수 없게 된다. 소크라테스가 "미덕이란 무엇인가?"라는 질문에 자신이 답을 알지 못한다고 전제하며 대화를 시작했음에도 불구하고 소크라테스의 기준은 메논을 침묵하게 했다. 소크라테스는 무엇이 지식으로 간주되는지에 대한 답을 이미 가지고 있었다. 그렇기에 그는 자신의 이론을 통해 메논이 무엇을 증거로 제시할 수 있는지, 그리고 무엇이 옳고 그른 대답으로 받아들일 수 있는지 결정할 수 있었다. 플라톤의 인식론은 무엇이 논쟁을 타당하게 하는지, 무엇이 보편적 자질의 기반인지 규정하는 논의이다. 논리적으로 볼 때, 그의 이론은 무모순율noncontradiction(동시에 존재할 수도 없고, 존재하지도 않는다)과 배중율law of excluded middel(이것 아니면 저것이다)에 기반하고 있다. 그는 이 두 법칙에 기반하여 어떤 아이디어에 있는 문제를 비판하거나 그 문제점을 밝힐 수 있다는 것을 확신하고 있다. 왜냐하면 그의 논리학에는 옳고 그름의 구분이 허용되기 때문이다.

또한 플라톤의 인식론은 서구 유럽 사회의 지식에 대한 패러다임을 형성하는 데 도움이 되었던 인식론에 기반을 두고 있다. 플라톤은 소크라테스를 옳고 그름을 판단할 수 있는 '신의 관점God's-eye view'을 가진 것으로 여겼다. 플라톤의 인식 주체에 대한 가정은 가시적인 성격을 갖는다. 왜냐하면 소크라테스가 메논이 제시한 미덕의 정의에 대한 오류 여부를 판단하기 위해서는 그 스스로가 무엇이 미덕의 정의인지를 반드시 알아야 했기 때문이다. 그러나 소크라테스는 미덕의 정의가 무엇인지 모른다고 주장했다. 소크라테스가 일반화 가능하다고 생각할 수 있는 기준에 충족할 만한 정의를 내리지 못한 메논은 자신의 팔을 떨군 채 "당신은 내게 주문을 외웠으며, 나는 마법에 걸리고 홀려 어찌할 바 모르겠습니다. …(중략)… 이 순간 나는 미덕이 무엇인지조차 말할 수 없습니다(Plato, trans., 1953/1970: 16)"라고 말한다. 그러자 소크라테스는 "내가 다른 사람을 혼란스럽게 하는 것은 내가 그것을 명확히 알기 때문이 아니라 내 스스로도 완전히 혼란스럽기 때문이다(Plato, trans., 1953/1970: 16)"라고 답한다.

소크라테스가 메논에게 미덕이 무엇인지에 대한 함께 고민할 것을 제안하자, 메논은 메논의 역설로 알려진 유명한 질문을 한다.

> 소크라테스여, 당신은 당신이 전혀 모르는 것을 어떻게 정의할 것입니까? 당신은 미지의 땅에서 어떻게 출발점을 찾습니까? 그리고 만일 당신이 원하는 것에 만족할 만큼 도달한다고 할지라도 이것이 당신이 알고자 했던 것임을 어떻게 알 수 있습니까?(Plato, trans., 1953/1970: 16)

소크라테스는 이 질문에 대한 답을 이미 가지고 있다. 영혼은 소멸하지 않는다는 플라톤의 인식론은 모든 것이 존재하며, 존재하는 모든 것에 대한 영원불변한 형태의 지식이 실재한다는 것을 보이고자 한다. 우리는 플라톤이 무언가의 정답을 안다는 것을 설명할 때 '영혼the soul'에 대해 일관된 방식으로 제시한다는 것에 주목할 필요가 있다. 이것은 그가 '우리 모두가 각각의 영혼을 가지고 있고 각각의 영혼은 불멸할 뿐 아니라 모든 정보를 담고 있다'고 가정한다는 것을 의미한다. 따라서 소크라테스Socrates만이 옳고 그름과 진실 혹은 거짓에 대한 신의 관점을 소유한 것이 아니라 불변의 영혼을 갖는 우리 모두가 그것을 가지고 있다고 해석될 수 있다. 지식에 관한 이러한 가정은 모든 인식 주체들을 타인과의 관계에 있는 사회적 존재로 규정하기보다 독자적인 존재임을 전제하는 서구 유럽 사회 사상의 뿌리라고 할 수 있다. 이로써 우리는 우리가 왜 비판적 사유자를 논의할 때 로댕의 〈생각하는 사람〉의 이미지를 떠올리며, 비판적 사유자들을 왜 연구자 공동체가 아닌 각각의 사유자로 생각하는지 알 수 있다.

어떻게 우리의 영혼이 모든 것을 알 수 있다고 가정할 수 있는 것일까? 이것은 불멸의 존재인 영혼이 육체에 종속된 것이 아니라 우주(또는 신)와 하나가 되어 하나의 형상Form, 또는 그것을 초월하는 형상으로 존재한다고 보는 관점이다. 플라톤은 우리의 영혼이 육체와의 결합으로 탄생할 때, 우리가 알고 있던 것들을 잊게 된다고 해석하였다. 따라서 그는 우리가 살아가며 이미 알았던 것들을 상기한다고 보았으며, 이것을 지식이라고 정의한 것이다. 즉, 플라톤에게 있어서 지식은 우리의 영혼이 이미 알던 것을 상기하는 것에 지나지 않는다. 아는 것은 기억하는 것, 혹은 회상하는 것과 비슷한 것일 뿐이다.

메논은 소크라테스가 생각하는 것을 이해하고자 노력했다. 소크라테스는 『메논』에서 그와 노예 소년 사이의 대화를 제시한다. 이 유명한 대화는 소크라테스가 소년에게 무엇도 가르치지 않고 그저 질문하는 것만으로 어떻게 노예 소년 스스로 지식을 상기하도록 했는지를 보이는 대목이다. 그러나 소크라테스의 질문에 대해 면밀히 살펴보면, 사실 그가 소년에게 던진 주요한 질문들이 간접적으로 기하학이 무엇인가에 대해 가르침을 주고 있다는 것을 알 수 있다. 그럼에도 불구하고 메논은 이 사례를 "모든 사물의 본질은 영혼에 존재하며, 영혼은 불멸하다(Plato, trans., 1953/1970: 22)"는 주장의 증거로 기꺼이 수용한다. 이러한 논리에 따라 고독한 사유자로서 각각의 개인은 상기를 통해 진리를 발견할 수 있다고 가정된다(우리 각각은 개별적 인식 주체로 여겨지는 것이다). 즉, 플라톤에게 있어서 우리는 우리가 이미 알고 있다는 사실을 기억하지 못함에도 불구하고 이미 모든 것을 알고 있는 자들로 여겨진다. 플라톤의 '소크라테스(혹은 다른 누군가)는 무언가를 이미 알고 있다'는 주장에 대해 정리하면 다음과 같다. 우리는 이미 모든 것을 알고 있기 때문에 이미 알고 있던 것을 기억해 내기만 하면 된다. 우리가 무엇이 진리인지 알게 된다면, 우리는 우리가 그것이 진리임을 인식하기 때문에 그것이 진리임을 알게 된 것이다. 그리고 우리는 이를 회상을 통해 상기하는 것이다. 우리의 영혼은 불멸하기 때문에, 우리는 스스로 진리를 발견할 수 있으며, 따라서 우리는 모두 각각의 인식 주체로 여겨질 수 있다.

이제는 플라톤의 지식에 관한 이론을 내가 서론에 제시했던 퀼팅비은유와 대조하고자 한다. 역설적이게도, 문답법 사고의 모델로 여겨지는 소크라테스의 대화에서 플라톤은 사회적 존재로서 인식 주체들이 지식을 쌓을 때 또 다른 누군가의 도움을 필요로 한다는 것을 고려하지 않는다. 사실, 퀼팅비 은유는 플라톤의 사유에서는 전혀 논리적으로 여겨질 수 없다. 그러나 각각의 사람이 독립적 지성체라는 플라톤의 가정을 고려한다 할지라도, 오히려 나는 우리가 다른 사람들과 교류할 때 몇 가지 우려를 종식시킬 수 있다고 주장하고 싶다. 우리 각각이 인식적 행위 주체epistemic agency이기 때문이다. 그러나 나는『메논』에서 메논이 소크라테스의 도움 없이는 진리를 인식할 수 없다는 점에 대해 의문을 갖게 되었다. 메논이 스스로 옳다고 가정하면서, 즉 미덕이 무엇인지 안다고 가정하고 대화를 시작함에도 불구하고, 소크라테스는 메논의 가정이 틀렸다고 판단하기 때문이다.『메논』내에서 사용된 노예 소년의 예도 마찬가지이다. 소크라테스가 노예 소년에게 정사각형의 선 길이에 대한 기하학적 질문을 할 때, 노예 소년은 오답을 말한다. 이 경우, 소크라테스와 메논은 모두 그 노예 소년이 틀렸다는 것을 알아차린다. 소크라테스는 질문을 통해 메논에게 그 소년이 정답을 회상하는 과정을 보이고자 한다. 그러나 메논과 노예 소년이 실수 가능성을 내재한 불완전한 인간이라면, 소크라테스도 마찬가지로 실수할 수 있는 것이 아닌가? 그들 모두 자기기만에 빠져 있는 것은 아닌가? 만일 그들이 실수할 가능성을 갖는다면, 우리의 생각, 그리고 우리가 진리라고 믿는 것들에 대해 다른 사람들과 대화 하는 것의 가치와 중요성을 받아들이는 방식으로 인식론적 논의를 할 필요가 있는 것이 아닌가?

플라톤은 여러 등장인물이 대화하는 방식을 통해 진리의 본질을 밝히고자 하였다. 나이Nye, A.가 대화에 논리가 미치는 영향력에 대해 설명한 것처럼 플라톤의 대화들은 개선된 이상적 언어, 혹은 논리 모형의 역할을 한다고 할 수 있다.

논리는 소통을 재구성해 왔다. 무모순률과 배중률은 '대화의 다른 참가자'가 승인된 방법으로만 응답하고 생각하도록 강제한다(Nye, 1990: 34).

논리적 분열은 …(중략)… 반대되는 의견과 반응이 토론을 방해하는 것을 막는다. 논리적 분열은 한 집단이 그 논의에 대해 완벽하게 통제하는 것을 가능하게 해 준다. …(중략)… '소크라테스'가 물었던 양자택일의 질문은 '대화의 다른 참여자'가 할 수 있는 대답의 종류를 엄격하게 제한한다. …(중략)… 이에 부합하지 않을 경우 조롱의 대상이 된다(Nye, 1990: 33).

만일 '다른 사람'이 자신의 견해를 말하고자 하면, 그는 엄밀하지 않은 데다가 합리적 표현 범주에 대한 이해가 부족하다는 비난을 받을 수 있다(Nye, 1990: 37).

플라톤의 논법을 통해 우리는 또 다른 서구 유럽 사회의 비판적 사고 이론의 중요한 기반을 확인할 수 있다. 플라톤에 따르면, 논리로서의 비판적 사고는 우리가 우리의 혼란과 문제에 대한 정답이나 해결책을 찾는 데 도움을 주는 도구로 여겨질 수 있다. 때문에 우리는 서로 간이나 세상으로부터 더 많은 경험을 추구할 필요가 없다. 우리의 영혼이 이미 그 해답과 해결책을 알고 있기 때문이다. 우리는 단지 우리의 생각에 따라 논리적 결론에 도달하기만 하면 된다. 우리가 이미 알고 있었던 가장 근본적인 형태의 진리를 떠올리는 것에 약간의 도움을 필요로 할 뿐이다.

플라톤은 우리가 논리에 의존할 수 없거나 존재 외의 비존재가 있다고 가정할 수 있다면, 진리와 거짓의 구분이 없어질 것이라고 보았다. 때문에 플라톤은 우리가 적절한 철학적 지식과 부적절한 철학적 지식을 구분하지 못하게 될 것이라고 우려하였다. 그러나 나는 인간이 실수할 수 있는 존재라는 것을 감안했을 때, 우리 모두가 스스로 해답을 찾을 수 있다고 믿고, 논리만이 우리를 도와줄 도구라고 믿는 지나치게 대담한 가정의 위험성을 주장하고자 한다. 나는 또한 플라톤이 해답을 찾기 위한 유일한 도구로서 선택한 논리라는 것이 다른 가능성들을 묵살시키고 타인이 그 논리적 분석에 맞설 기회를 박탈하는 것이 우려된다. 플라톤의 『대화』는 이러한 나의 우려를 재확인시킬 뿐이었다. 『대화』의 초반에 등장했던 인물들을 상기해 보면, 그들은 소크라테스의 질문에 해답을 알고 있다고 생각했음에도 나중에는 소크라테스의 논리적 추론에 근거하여 단순히 소크라테스에게 동의하기만 하는 정도로 자신의 역할을 축소시키는 모습을 보인다.

플라톤은 나의 비판적 사고의 전환 방식에 대해 다음과 같은 의문을 가질 것이다. 만일 다양한 변수와 다양한 시각을 인정하는 방향으로 비판적 사고를 전환한다면, 무엇이 옳고 무엇이 그른지 어떻게 구분할 수 있을 것인가? 만약 어떤 관점이 그르다는 것을 구분할 수 없다면 모든 관점이 옳다는 견해, 즉 상대주의의 문제를 어떻게 해결할 것인가? 이에 대해, 나는 상대주의에 대한 이러한 우려가 이분법적이고 배타적이며 양자택일적인 논리주의 관점과, 보편적 진리와 인식적 행위 주체를 가정하는 전제에서 발생한 것이라고 답하고 싶다. 지식은 원래 항상 해체되고 재구성되는 과정 속에 있다. 우리는 한계가 있고, 실수할 수 있으며, 맥락에 영향을 받는 존재이다. 이는 우리가 다른 사람의 도움을 받아야만 지식이라 불릴 만한 것을 쌓을 수 있다는 것을 의미한다. 지식이 사회적으로 구성되었다는 관점을 받아들인다면, 상대주의에 대한 우려를 해소시킬 수 있다. 나는 계속적으로 이러한 우려를 해소할 수 있는 방향의 논의를 진행할 것이다. 서구 유럽사회의 비판적 사고 이론은 플라톤의 이러한 가정에 기반하고 있기 때문이다.

플라톤이 서구 유럽 세계 최초로 철학을 체계화한 철학자라면, 플라톤의 제자인 아리스토텔레스(BC 384~324)는 두 번째 철학자라고 여겨질 수 있다. 아리스토텔레스는 플라톤이 설립한 대학을 다녔고 직접 대학을 설립하기 위해 플라톤으로부터 독립하여 나왔다. 아리스토텔레스는 종종 '과학의 아버지'라고도 불린다. 그가 논리 체계를 발전시켰고, 그 논리 체계에 따라 세계를 분류하고자 했기 때문이다. 아리스토텔레스는 그 자신만의 학문적 기틀을 마련하였으나, 여전히 플라톤과 몇 가지 철학을 공유한다. 예컨대, 국가의 지도자는 국가의 수호자가 될 수 있도록 교육받아야 한다는 플라톤의 생각에 따라 아리스토텔레스는 알렉산더 대왕의 스승이 되었다. 또한 아리스토텔레스가 『정치학』(trans., 1885/1970b)에서 제시한 이상적인 국가의 형태는 플라톤이 『국가론』(trans., 1979)에서 제시한 이론과 유사한 양상을 보인다.

플라톤과 아리스토텔레스의 논의에는 차이점도 존재한다. 로댕의 〈생각하는 사람 *The Thinker*〉을 비판적 사고를 하는 사람의 표상으로 상정하였을 때, 아리스토텔레스가 이러한 사유자의 이미지를 어떻게 변화시키는지를 살펴보면 그들의 차이점을 알 수 있다. 앞서 언급한 바와 같이, 플라톤은 우리 모두가 지식에 대해 동일한 접근법을 취한다고 보았다. 그는 우리 모두 이미 모든 것을 알고 있는 불멸의 영혼을 가지고 있다고 보기 때문이다. 따라서 플라톤의 인식론은 엘리트주의적 논의가 아니다. 최종적으로 국가의 수호자가 된 사람들은 그들이 이미 알고 있던 것을 회상하며 외면의 세계에서 벗어나 진정한 세계, 즉 형상을 향해 나아가기 위해 열심히 노력하는 사람들인 것이다. 이론적으로는, 고된 철학의 길을 따라 비판적 사유자가 되는 방법을 배울 수 있는 가능성은 모두에게 열려 있다.3) 그러나 아리스토텔레스의 인식론을 제대로 분석한다면 여성, 육체노동자, 기술자, 노예, 외국인, 피정복자나 피부양자 등의 사람들이 배제된다는 것을 알 수 있다. 성차별적이고, 엘리트주의적이고 계급주의적인 요소가 있는 것이다. 그가 생각하는 비판적 사유자의 표상은 남성이면서 부유한 그리스인이다. 때문에 이러한 결론을 내린 아리스토텔레스의 관점에 대해 새롭게 논의할 필요가 있다.

아리스토텔레스는 지성인들이 생각을 검토하고 새로운 지식을 생성할 수 있도록 삼단 논법syllogism을 체계화하였다. 삼단 논법은 필연적인 결론을 도출하기 위한 숙련된 기술로서, 진술 내에서 사용된 용어를 바탕으로 진술들을 통합하는 실용적인 연구 방법이다. 아리스토텔레스는 논리를 언어학적인 문제로 여겼다. "삼단 논법은 어떤 것이 진술되면 그 이외에 필연적인 무언가가 도출되는 **담론**discource이다(Aristotle, trans., 1981b, 42a18~22, 원문 강조)."4) 그는 아테네인들이 토론 중심 사회에서 활용할 수 있는 『분석론 전서*Prior Analytics*』을 저술하여, 사람들의 논쟁 기술을 개선시킬 수 있도록 하였다. 고대 그리스인들은 논쟁을

---

3) 그러나 나는 플라톤이 국가republic를 건설하기 위해 수립한 타당한 계획들, 예컨대 보다 많은 산아를 출생하기 위한 생식 로터리 시스템lottery system for sexual과 같은 것이, 얼마나 공정한 관점의 계획인지 의문이다.

4) 나이는 이 인용문에 주목했으며, 굵은 글씨로 표시한 부분 또한 나이의 의도이다. 이 부분에서 나는 아리스토텔레스를 이해하는 데 나이의 논의에 도움을 받았다.

정치, 법, 심지어 여가의 원천으로 활용하였기 때문이다.

　아리스토텔레스와 플라톤 모두 토론방식 자체를 발명한 것은 아니다. 토론은 이미 그리스 사회에 확립되어 있었다. 플라톤의 『대화』를 살펴보면 소크라테스는 종종 소피스트를 철학에 위협이 되는 존재로 언급한다. 소피스트들이 부유한 그리스 청년들에게 정직과 진실이 아닌 유창함과 기술을 통해 능숙한 토론자가 될 수 있도록 가르친다고 보았기 때문이다. 아리스토텔레스는 플라톤처럼 소피스트의 이러한 점에 대해 우려했고, 때문에 청년들을 진리로 이끌어 줄 형태의 논리를 만들고자 하였다. 그의 논리는 오류를 찾아내는 체계적인 방법을 제시했다는 점에서 최초의 '참된true' 논리에 가깝다. "아리스토텔레스는 『분석론 전서Prior Analytics』를 통해 논쟁자의 성과를 확실하게 향상시킬 수 있는 기제를 고안(Nye, 1990: 46~47)"한 것이다.

　아리스토텔레스의 삼단 논법은 '필연적must'으로 도출되어야 하는 어떤 결론에 도달하기 위해 말하고자 하는 바를 어떻게 진술해야 하는지를 제시한다. 그는 '진리truth'와 '타당성validity'을 구분할 수 있는 논리 형식을 만든 것이다. 아리스토텔레스의 논법을 사용하면 혼란스럽지 않게 단어를 생략할 수 있고, p와 q와 같은 문자를 사용하여 주장의 양식 즉, 형식에 맞게 진실을 엮는 것이 가능해진다.

　타당성을 갖춘 주장은 형식(p -〉 q; p는 q이다)에 의해 판단될 수 있으며, 올바른 논리적 추론(e.g. 무모순률과 배중률을 제외하는 법칙과 같이 규칙을 깨지 않는 논리 개념)에 기반한 논리적 개념이다. 아리스토텔레스의 논리에서는 타당한 주장이라 할지라도 사실이 아닐 수 있다. 다음 두 가지 예시를 살펴보자.

- 만약 하늘에 구름이 있고 태양이 보이지 않는다면, 비가 오는 것이다.
- 하늘에 구름이 있고 태양이 보이지 않으므로, 비가 오고 있다.

이 주장은 타당하지만 반드시 사실이라고 볼 수는 없다. 예시의 첫 번째 진술은 거짓이다. 세계의 많은 지역에는 하늘에 구름이 많고 태양이 보이지 않음에도 비가 오지 않는 날이 있다. 아리스토텔레스의 논법에 따르면 참인 결론을 내리기 위해서는 논증의 전제가 반드시 논증에 필요한 결론을 이끌어 낼 수 있는 것이어야 한다. 또한 논증이 타당해야 하며, 각각의 전제들은 반드시 참이어야 한다.

아리스토텔레스의 연구에서 흥미로운 점은 현재 존재하고 있는 전제들의 진실에 기반하여 진리를 발견할 수 있는 방법을 제시하고 있다는 점이다. 또한 그는 우리가 이미 존재하는 전제들로부터, 요구되는 새로운 결론을 내릴 수 있는 논법을 제시하여 우리가 새로운 지식을 발견할 수 있는 기제를 마련하였다.

그렇다면 아리스토텔레스는 어떻게 그의 전제가 참이라는 것을 입증할까? 우리는 플라톤의 접근이 초월적인 형상에 호소하는 것이라는 것을 알 수 있다. 그렇다면 아리스토텔레스는 어떤 권한에 호소하는 것인가? 그는 순환적이지 않으면서 근거가 있는 전제의 생성을 필요로 한다. 아리스토텔레스는 이 문제를 『분석론 후서*Posterior Analytics*』(trans., 1961a)에서 언급한다. 그는 "새로운 존재이자 '원인'을 '제시'함으로써 이 딜레마를 해결하고자 한다(Nye, 1990: 51)." 이 '원인'이라는 용어는 오늘날 활용되는 것처럼 일시적인 것(x라는 원인으로 인해 y라는 결과가 발생한다)을 의미하는 것이 아니다(Aristotle, trans., 1961a, II, 8: 93a17~19). 아리스토텔레스에게 있어서 "삼단 논법의 원인과 결과는 우리가 인식하는 순서와 상관없이 동시에 일어난다(Nye, 1990: 51)." 원인은 실제 사건이나 지식의 순서보다 앞서지 않는다(Aristotle, trans., 1961a, II, 12: 95a23~24). 사실 연구자는 결론과 근거로부터 시작하여 원인으로 거슬러 올라간다. 이러이러한 결과를 보았을 때, 이 결과에 필연적으로 관여하는 것이 무엇인가? 이 질문에 대한 연구자의 답은 '원인'이다. 원인을 통해 논증은 타당성을 갖추고 도출된 결론 또한 정당해지는 것이다.

그렇다면 근본적인 전제와 원인은 어디서 오는가? 어떻게 이것을 도출할 수 있는가? 아리스토텔레스가 제시한 방법은 결론을 더 기본적인 전제와 논리적으로 연결시키는 방식이다. 그리고 그 전제는 결론보다 더 직관적이고 확실하면서 우선하는 것이다. 이는 가끔 논리 사슬 logical chaining 또는 논리 나무logical trees라고도 불리며, 이것의 목표는 이 주장이 기반하고 있는 가정과 용어의 본래 정의까지 추적하는 것이다. 이 목표는 주장을 작은 나뭇가지에서부터 큰 나뭇가지, 큰 나뭇가지에서 줄기, 그리고 줄기를 지지하고 있는 뿌리까지 거슬러 올라가는 것으로 묘사될 수 있다. 무언가를 다른 것의 원인으로 만드는 것은 그것을 어떻게 확장하느냐에 따른 것이다. 줄기에서 큰 나뭇가지가 연결되는 것과 같이 하나의 연결고리가 다른 것으로 이어지기 위해서는 반드시 직접적인 관련성이 있어야 하기 때문이다.

아리스토텔레스의 논법은 잘못된 결론을 향해 논리적 비약을 하지 않도록 한다. 이 논법을 통해 우리는 아무것도 생략하지 않고 신중하고 올바르게 우리들의 논리들을 연결할 수 있다. 또한 이 논법은 우리가 도출한 결론들이 증명할 수 있는 근거에 기반할 수 있도록 한다. 그러나 우리는 아리스토텔레스가 가장 확실한 것을 알기 전까지 어떤 것이 더 확실한지를 판단하기 위해 연구자의 직관에 의지하는 것에 주목할 필요가 있다. 연구자는 어떻게 가장 확실한 것을 아는가? 연구자, 혹은 과학자는 반드시 "과학적인 삼단 논법을 통해 우리가 증명하고자 하는 유類의 본질을 파악하고 있어야 한다(Nye, 1990, p. 54)." 그 '파악grasp'은 결국 다시 과학자의 직관에 호소한다. 결국 아리스토텔레스는 진리를 판단하기 위해 대응법을 사용하고, 논법의 전제가 참이라는 것을 보여 주기 위해 과학의 권위 그 자체에 의존한다. 그는 그가 '본질essential nature'이라고 부르는 원인에 의존하는 것이다. 아리스토텔레스에게 있어 보편적 본질universal essences은 초월적 형상에 있는 것이 아닌 자연계 그 자체에 있는 것이다. 그의 논의는 여전히 보편적 본질이 존재하는 것이 전제되지만, 그것은 우리 위에 있는 것이 아니라 우리의 안among us에 있는 것이다.

과학자는 어떻게 '무엇인가what is'에, 다른 말로 자연계 혹은 물질계에 접근할 수 있는 것일까? 연구자의 이해와 직관은 그가 자각한 경험에 기반한다. 아리스토텔레스가 진리를 보이고, 정치에 영향을 미치고, 학술적 담론을 구성하는 데 사용될 수 있다고 주장한 논법은 실제로 우리 스스로의 이미지, 즉 자각을 진리로서 인식하는 논법인 것이다. 나이는 이에 대해 "증명으로 활용되는 삼단 논법의 위대한 업적은 새로운 아이디어를 생산한다는 점이 아니라 기존의 생각, 즉 진리라고 여겨진 것이 진실이어야 하는 이유로서의 '원인'이 무엇인지를 이끌어 낼 수 있게 해 준다는 것에 있다(Nye, 1990: 58)"라고 평가했다.

아리스토텔레스는 고대 그리스의 사회적 조건이 자연적으로 주어진 상태라고 가정했기 때문에 이러한 조건을 그의 철학적 이론에 그대로 반영하였다. 아리스토텔레스의 인식론의 특징, 그리고 이성과 비판적 사고에 대한 관점이 잘 드러난 예시는 그의 정치와 윤리에 관한 담론에서 찾을 수 있다. 담론에서 그는 인간의 본성에 대한 그의 인식이 직관적으로 옳다고 가정하며 인간 본성의 최고선supreme good이 무엇인지 주장하기 위해 다시 인간의 본성에 의존하는 모습을 보인다. 이와 관련해서는 다음 절에서 그 예시들을 다루도록 하겠다.

이러한 아리스토텔레스의 논의는 퀼팅비 은유와 어떻게 대조될 수 있는가? 플라톤과 마찬가지로 아리스토텔레스는 지식을 구성하는 사람들이 그들이 처한 상황에 영향을 받기 때문에 한계와 실패 가능성을 갖고 있으며, 따라서 지식을 구성하기 위해 다른 사람들의 도움을 받을 필요가 있다는 것을 전혀 고려하지 않는다. 이들이 다양한 관계 속에 있는 사회적 존재라는 점을 고려하지 않는 것이다. 아리스토텔레스는 사람들의 논의의 오류가능성과 한계를 인정하지 않고 그들이 논리적 추론을 통해 물질세계의 본질을 이해할 수 있을 것이라고 생각한다. 따라서 아리스토텔레스는 퀼터들이 서로의 도움을 필요로 한다는 나의 논의를 이해하지 못할 것이다. 오히려 퀼터들이 스스로 지식을 발견할 수 있는 개별적인 인식의 주체라고 설명한다면 이해하기 쉬울 것이다. 아리스토텔레스가 생각하는 지식을 구성하는 사람은 관조contemplation를 통해 원인이 무엇인지, 결론이 도출하는 본질이 무엇인지 발견할 수 있는 논리학자이자 과학자인 것이다. 이러한 각각의 인식적 주체들은 논리적 추론이라는 귀중한 도구를 통해 지식을 발견한다. 이것은 교육받은 과학자와 전문 논리학자인 지식인들에게 주로 사용되는 도구이다. 아리스토텔레스는 아마 상상, 감정, 직관 등과 같은 열등한 도구들에 대해 이야기하는 것을 이해하지 못할 것이다. 비록 그가 원인을 이해하기 위해 과학자들의 직관이나 이해에 대해 언급했음에도 불구하고, 그의 지식 이론이 위와 같은 도구들에 의존한다는 사실을 인식하지 못했기 때문이다.

　아리스토텔레스의 지식 구성에 대한 제안은 플라톤이 제시한 초월적 형상보다는 물질세계에 기반하는 듯 보인다. 그러나 그는 진리에 다가가는 초월적 근원으로서 논리를 제시한다. 그는 타인이 지식에 기여할 수 있는 능력을 가졌다는 사실을 의심할 것이며, 왜 타인의 논의가 지식을 구성하는 것에 필수적인지 의문을 가질 것이다. 때문에 퀼팅비 은유는 아리스토텔레스를 위한 시詩적 예시가 될 수는 있지만 논리적 추론과 진리의 예시는 될 수 없을 것이다. 아리스토텔레스는 플라톤과 마찬가지로 나의 건설적 사고에 관한 이론이 우리를 진리로 이끌어 줄지에 대해 의문을 가질 것이다. 그는 '건설적 사고'라는 용어 채택조차 그가 이성이라고 설명하는 것을 숨기기 위한 하나의 계책이라고 의심할 수도 있을 것이다. 이러한 이유로 Ⅲ부에서는 나의 이론을 면밀하게 검토하며 아리스토텔레스의 우려들을 함께 다루게 될 것이다.

정신과 육체의 이원론과 정신의 우월성

　플라톤의 상기론theory of recollection에는 서구 유럽 사회의 사고에 계속해서 중요한 영향을 끼쳐왔으며 전형적인 비판적 사고의 형성에 도움을 준 또 다른 논의가 내재한다. 그것은 정신과 육체가 분리되어 있다는 이원론적 사유이다. 우리는 비판적 사고를 하는 사람을 떠올릴 때 문제에 대해 스스로 답할 수 있는 사람, 타인과 함께 있기보다 혼자 있는 사람을 떠올린다. 그 사람은 왜 해답을 찾기 위해 깊게 생각하고 고뇌하는가? 왜 그는 세상에 나와 직접 탐색하거나 경험하면서 자신의 이론을 시험해 보려 하지 않는가? 이 질문에 답을 하기 위해, 우리는 비판적 사유자의 모습의 초석을 그리기 전에 아리스토텔레스에 대해 논할 필요가 있다. 영혼이 불멸하며 그 영혼이 모든 것을 안다는 사실은 플라톤에게 당연한 사실이다. 영혼은 육체에 담겨 있기 때문에, 우리는 평생에 걸쳐 이미 알고 있던 것을 떠올리기 위해 노력해야 할 처지에 놓여 있는 것이다.

이는 정신과 결부된 육체에 대해 무엇을 말하고자 하는 것인가? 플라톤의 인식론에 따르면, 육체는 우리의 앎을 저해한다. 육체는 우리를 막아서고 우리의 지식을 잊게 만든다. 플라톤은 인간의 육체가 지식의 원천이 아니라 지식을 상실하게 하는 것이라고 표현한다. 1979년 로티Rorty, R.는 정신과 육체의 이원론이 데카르트Descartes, R.에게서 시작되었다고 하였지만, 듀이Dewey, J.는 이 이론의 기원이 플라톤에게 있음을 밝힌 바 있다(Dewey, 1916/1966: 81~99; 333~345).

플라톤은 그의 가장 유명한 저서인 『국가론』(trans., 1979)에서 지식론, 특히 인간의 육체와 관련된 이론에 대해 많은 이야기를 하였다. 육체를 정신과 분리된, 보다 열등한 것으로 여기는 플라톤의 가정은 그의 국가론에 명시되어 있다. 플라톤은 영혼을 욕구the appetite(갈망desire, 바람want, 감정emotion), 의지the will(정념spirit), 이성rational part(정신mind)의 세 가지 부분으로 나누어 설명한다. 그리고 여기에서 이성이 가장 높은 가치로 여겨진다. 이와 마찬가지로 그는 국가를 상인 계급(노동자), 군사 계급(전사), 정치적 지도자 계급(수호자)의 세 부분으로 나눈다.5) 국가에서 가

---

5) 일부 번역에서는 수호자guardian를 '철인왕philosopher-kings'으로 번역하고, 어떤 여성주의 논의에서는 '철인여왕philosopher-queens'으로 번역하기도 한다. 그러나 플라톤은 남성과 여성 모두가 가장 현명하고, 가장 공정한 지도자 계급이 될 수 있다고 여기기에, 나는 중립적인 용어 수호자 guardian를 사용하고자 한다.

장 이성적인 사람인 수호자는 가장 높은 계급으로 여겨진다.

이러한 정신과 육체에 관한 논의는 미래 시민들을 위한 교육과정 계획, 특히 국가의 미래 지도자들인 수호자를 위한 교육과정에 내재해 있다. 플라톤이 생각한 교육의 주요 목적은 체로 거르듯이 국가의 미래 수호자를 선별하는 것이다. 때문에 모든 아이들은 어릴 때부터 국가가 지원하는 학교 시스템에 참여하여 동일한 교육과정을 이수한다. 플라톤은 아이들의 조화로운 정신과 육체를 위해aretè '체조와 음악' 교육의 필요성을 주장하였다. 또한 그는 "수호자로서 걸맞은 자질인 용기, 참을성, 도량, 공경 등(Plato, trans., 1979: 395c)"을 장려했다. 미래 지도자에게 제공되는 교육의 수준이 높아질수록 그들은 더 장기적인 미래를 내다볼 수 있을 것이라고 여긴 것이다.

플라톤의 선분의 비유diveded line는 체조와 음악이 선분의 하위 단계인 자연과 이미지 자체(의견, 추측)를 나타내고, 가시적 계급으로 분류된 것에 대응된다는 점을 보여 준다(Plato, trans., 1979: 509d~511e). 지식의 하위 단계는 육체적인 것에 대응된다. 선분의 비유의 상위 단계는 플라톤이 이해할 수 있는 단계(진실, 지식)이며, 그것은 수학과 과학(이미지를 통한 추상적 사고, 가설에서 결론까지의 추론), 그리고 철학(가설의 첫 번째 원칙으로부터 확실한 첫 번째 원칙인 형태로의 변증법적 추론, 그리고 이것으로부터 다른 형태로 이어지는 연역, 이때 추론 과정에 어떠한 표상도 사용되지 않음)을 들 수 있다. 선분의 상위 단계는 우리의 정신이다. 플라톤에게 있어 정신은 육체와 분리되어 있고, 그렇기 때문에 정신이 더 높은 지위를 가지고 있음이 분명한 것이다.

플라톤은 정신(비판적 사고)과 관련되는 진리를 발견하기 위해 특정 도구들을 가치 있게 여기며, 육체(감정, 상상)와 관련된 다른 도구들은 하찮게 여기는 경향을 보인다. 이러한 정신과 육체 이원론은 오늘날까지도 이어져 왔다. 학교에서 예산 삭감이 필요한 경우 수학이나 과학 프로그램보다는 음악, 예술, 체육 프로그램을 축소시키는 것을 보아도 알 수 있다. 또한 대학에서 수학, 과학, 철학 등의 학문이 경영, 교육 등 실용적이고 생산적으로 여겨지는 학문들보다 높은 차원으로 여겨지는 것에서도 알 수 있다. 역사적으로도, 정신으로부터 단절된 육체는 우리의 명료한 사고를 방해하고 기만적인 육체 경험을 하게 만드는 요부, 또는 사기꾼으로 여겨졌다.

이제 우리는 로댕의 〈생각하는 사람〉이 스스로 해답을 찾기 위해 고심하고 관조하는 이유를 알게 되었다. 그는 자신의 육체가 아닌 정신을 신뢰하였으며, 따라서 관조의 방법(논리적 추론)을 통해 해결책을 찾을 수 있을 것이라고 믿는 것이다. 이 주제에 대해 아리스토텔레스는 무엇을 말해야 하는가?

『니코마코스의 윤리학』(trans., 1926/1970a: 107~120)에서, 윤리에 대한 아리스토텔레스의 담론은 플라톤과 다른 관점에서 출발하는 것 같지만, 최고선은 보편적 의미에 있다고 간주한다는 점에서 플라톤과 유사한 지점에 있다고 볼 수 있다. 아리스토텔레스는 "그 자체가 목적으로 추구되는 것은 다른 것을 위한 수단으로서 추구되는 것보다 더 최종적인 것이다"라고 추론하며 "모든 것이 목적으로 삼는 것을 찾는다(trans., 1926/1970a: 107)." 최종적이고 그 자체로도 충분한, 모든 행위가 추구하는 목표로서 최고선은 무엇인가? 아리스토텔레스는 그것을 '행복happiness'으로 규정한다. 따라서 아리스토텔레스에게 있어서 "최종적이고 그 자체로 충분한 것으로 간주되는 행복은 모든 행위가 추구해야 하는 목적(trans., 1926/1970a: 108)"인 것이다.

그렇다면 아리스토텔레스가 말하는 행복이란 무엇인가? 그는 인간의 기능이 무엇인지 확인함으로써 행복을 정의하고자 한다. "인간의 선은 인간의 기능에 있기(trans., 1926/1970a: 108)" 때문이다. 인간을 다른 존재와 구분되게 하는 것은 무엇이고, 우리가 하는 행위 중 다른 유기체가 하지 않는 것은 무엇인가? 아리스토텔레스는 "이성적 원칙에 의한 영혼의 능력과 행위를 행사하는 능력(trans., 1926/1970a: 109)"인 추론의 능력을 인간이 가진 특수한 기능으로 주장한다. 아리스토텔레스는 인간의 행위 중 최고의 행위는 추론이라고 선언한 뒤, 한 발 물러선다. 그리고 그는 행복이 '완벽한 미덕perfect virtue'이라고 주장하기 위해 행복을 "완벽한 미덕과 일치하는 영혼의 활동(trans., 1926/1970a: 109)"으로 정의한다. 또한 그는 니코마코스의 윤리학의 마지막 부분에서 다시 추론을 언급하며, 만일 행복이 미덕과 일치하는 행위들로 구성되어 있다면 행복은 가장 상위 단계의 미덕인 지적 미덕이 포함된 행위라고 덧붙인다.

아리스토텔레스가 지적 미덕을 최고선이라고 주장하는 것은 그것을 인간만이 할 수 있는 행위로 가정하고 있기 때문이다. 추론이 인간이 할 수 있는 최고의 행위이기에, 인간의 기능은 추론하는 것이다. 추론 또는 관조가 인간 활동 중 최상의 형태인 점을 전제하면, 그리고 지적인 미덕이 모두 사유를 포함하고 있다는 점을 전제하면, 지적 미덕은 인간 행위 중 최고의 것이라는 결론에 도달하게 된다.

여기에서 분명한 것은 아리스토텔레스는 관조를 최고선으로서 논의한다는 것이다. 이러한 결론은 인간의 본질을 추론할 수 있는 능력으로 상정하는 그의 직관적 인식에 기반하고 있다. 아리스토텔레스가 분명하고 가장 기본적이며 필수적이라고 생각한 이 전제에는 그가 가치 있다고 여기는 것들이 반영되었다. 아리스토텔레스가 스스로의 과학적·철학적 직관을 믿고, 이것이 진리임을 알 수 있다고 가정하고 있지만, 그렇다고 이것을 반드시 진리라고 볼 수는 없다. 여기에는 그의 인식론과 자아관이 반영되었기 때문이다. 이러한 이유로 많은 현대 학자들이 아리스토텔레스의 지식이나 최고선에 대한 관점의 한계점과 오류를 지적하고자 했다(Gardner, 1983; Goleman, 1995; Martin, 1985; 1994a; Mead, 1934; Noddings, 1984; 1992).

이성이 가장 높은 수준의 지적 능력이라는 아리스토텔레스의 가정은 서구 유럽 사회에 지속적인 영향을 주었다. 이것은 지능을 바라보는 관점에도 영향을 주었다. 지능을 행복에 도달하는 길로서 보는 관점은 많은 학생들을 잠재적으로 불행한 사람으로 만들 수 있다. 미국에서는 추론과 관조적인 삶에 대한 아리스토텔레스의 가치 평가가 정규 교육, 특히 인문학 교육의 가치로 해석되었다.『정치학』에서 아리스토텔레스는 이성을 중요하게 여기는 그의 논의를 근거로 인문학 교육의 중요성을 강조한다(trans., 1885/1970b: 121~132). 그러나 그의 교육 계획을 살펴보면 모든 사람들이 인식적 행위 주체로 여겨지는 것이 아니라, 소수의 인문학 교육을 받은 사람들(그리고 논리적 삼단 논법을 이용하여 추론하는 방법을 배운 사람들)이 그 특권적 대상이 되는 것을 알 수 있다. 아리스토텔레스는 '자유민'을 위한 인문학 교육을 주장한다. 오직 국가의 미래 시민들만이 이 균형 있고 조화로운 교육을 받을 수 있는 것이다. 이러한 논의하에서는 여성이나 노예와 같이 시민으로서 자격을 갖지 못한 사람들은 자유롭게 공부하여 잠재력을 개발할 수는 있겠지만 결코 인문학 교육을 받을 수는 없다. 때문에 아리스토텔레스의 교육과정 권고안은 어떤 면에서는 엘리트주의, 성차별주의, 계급주의를 기반한다고 여겨질 수 있다. 그것은 자유민들이 여가를 어떻게 보낼지 고심하게 하기 위해 여타의 사람들에게 보잘 것 없는 일들을 하도록 하기 때문이다. 그리스의 여성과 노예에게는 여가 시간이 존재하지 않았기에 고민할 필요 자체도 없다.

아리스토텔레스는 합리성을 가장 높은 형태의 지성으로 선호한다는 측면에서도 편향된 모습을 보였을 뿐 아니라, 이러한 추론 능력이 인문학 교육을 받을 수 있는 그리스의 부유한 남성의 것이라고 여긴 점에서도 오류를 보였다. 이로써 우리는 로댕의 〈생각하는 사람〉에서 보이는 비판적으로 사고하는 사람의 이미지가 왜 건강한 신체 능력을 가진 부유한 그리스 남성으로 묘사될 수 있는지 알 수 있다. 그는 플라톤이 묘사한 비판적 사유자의 이미지와 마찬가지로 홀로 있다. 이는 그가 형상을 기억하려고 노력하고 있거나, 그의 영혼이 이미 알고 있던 것을 회상하기 위한 것이 아니다. 이는 그가 결론에서부터 그 결론에 반드시 포함되어 있을 원인이나 결과를 추적하는 그의 논리적 방법을 활용하여 근본적 본질에 대한 자신의 인식을 파악하고자 하는 과학자의 입장을 지녔기 때문이다. 그는 옳은 질문을 던지고 그에 대한 주장을 논리적으로 연결 짓기 위해 사고를 확장하고 있는 것이다. 그는 자신의 논리적 추론을 성공적으로 완료한 후 논리학자이자 과학자로서 그 결과를 보통 사람들과 공유하려 할 것이다.

비판적으로 사고하는 사람에 대한 플라톤과 아리스토텔레스의 묘사가 어떻게 나의 퀼팅비 은유와 대조될 수 있을까? 퀼팅비를 비판적 사고의 은유로 활용하는 것은 플라톤과 아리스토텔레스의 관점에서 보았을 때 미련하고 위태로워 보일 수 있다. 왜 퀼터들의 일을 방해하는 활동이 그렇게나 많이 있나? 타인과 이야기하고, 음악이 나오고, 음식이 있는 상황에서 어떻게 생각이란 것을 할 수 있는가? 플라톤의 관점에서는 그 시끌벅적한 혼란이 진리와 형상을 이해하는 데 방해물로 여겨질 것이다. 또한 그것은 아리스토텔레스의 관점에서 원인에 대한 논리적 추론을 방해하는 것으로 여겨질 것이다.

아리스토텔레스는 음식을 요리하거나, 음악을 연주하거나, 아이를 돌보는 사람들이 과학자나 논리학자가 관조하는 장소에 있어서는 안 된다고 첨언할 것이다. 여성, 노동자, 기술자와 같은 사람들은 열등한 사람들이기에, 이들은 비판적 사유자들이 관조에 집중하여 행복에 이를 수 있도록 그의 육체적 필요들을 돌봐 주어야 하는 사람들로 인식되는 것이다.6)

플라톤과 아리스토텔레스는 또한, 비판적으로 사고하는 사람들은 논리 그 자체를 통해 진리에 도달할 수 있는데, 퀼팅비 은유는 어째서 비판적 사유자들이 지식을 얻을 때 활용하는 도구가 많은 것으로 묘사하느냐 물을 것이다. 플라톤과 아리스토텔레스는 상상, 감정, 직관을 우리의 사고를 방해하고 속이는 것으로 여기기 때문이다. 그들에게 있어서, 우리가 진리를 찾도록 돕는 것은 우리의 정신 능력과 추론 능력뿐일 것이다. 그러나 플라톤은 그의 지식 이론을 벌집, 선분, 태양, 동굴 등에 비유하여 설명한다. 이러한 비유들은 그가 제시한 이성 기반 추론뿐만 아니라, 상상, 감정, 직관을 활용하여 그의 생각을 이해할 수

---

6) 아리스토텔레스는 '여성'을 평등하다고 간주한다는 전제 없이 자신의 저작 전체에서 '남성사람man'이라는 용어를 사용한다. 실제로 그는 여성에 대한 성차별적인 관점을 드러내기도 한다. 나는 그가 사용하는 '남성사람man'이라는 용어가 그의 정치적 관점을 드러내는 것으로 해석한다. 그리고 이 입장은 모든 인간에게 보편적으로 적용되어야 한다는 그의 가정과 직접적으로 모순된다. 아리스토텔레스의 철학에서 드러나는 여성의 역할에 대한 심층적 논의는 오킨Okin(1979)의 글을 참고할 수 있다.

있도록 도와주는 기제로 생성된 것이다. 아리스토텔레스 또한 자신의 논의에서 과학자들의 직관에 의존하는 모습을 보이기도 한다.

이러한 이유로 나는 퀼팅비 은유를 통해, 우리의 정신과 육체를 분리할 수 없다는 주장을 제시하고자 한다. 듀이가 주장한 바와 같이 (1916/1966, chap. 25), 지식이라는 것을 지속적으로 논의될 수 있는 것으로 여기는 비판적 사고 모델을 주장하는 것이다. 듀이는 1916년에 기술한 『민주주의와 교육Democracy and Education』에서 정신과 육체의 이원론을 다루었으며, 생리학과 심리학의 발전, 진화론, 과학 실험 기법의 발달 등을 제시하며 이원론에 반박하는 논의를 정리하고자 한 바 있다. 우리는 듀이가 주장한 정신과 육체의 이원론의 불가능론에 더하여 다음과 같은 것을 예시로 제시할 수 있다. 암에 대한 연구에서 과학자들은 정신과 육체를 분리하는 것을 불가능하다고 여기며 신체정신 bodymind와 같은 용어를 수용하였다. 또한 최근 연구에서 어떤 생태여성주의자들과 환경학자들은 인간을 하나의 살아 있는 생태의 총체로 설명하는 경우도 있다. 양적·질적 연구방법론에 대한 논쟁이 지금까지 계속 이어지고 있는 것 또한 이러한 우리의 주장을 뒷받침하는 것이다.

덧붙여, 나의 또 다른 연구 문제는 이성이 우리의 퀼트를 돕는 최고의 도구라는 주장을 반박하는 것이다. 이성은 중요한 도구이지만, 유일하게 중요한 도구는 아니다. 사실, 나는 이 글의 전반에서 이성이 상상, 감정, 직관 등과 같은 다른 도구로부터 분리될 수 있는 것인지 질문해야만 한다. 이러한 능력들은 함께 엮여 있을 때만 도구로서 사용될 수 있는 밧줄의 가닥과 같아서, 서로 분리될 수 있는 것이 아니다. 그 각각이 활용되는 것은 사용자의 손에 달려 있기 때문이다. 이렇듯 이성, 상상, 감정, 직관 등의 도구와 관련된 논의를 포괄할 수 있는 비판적 사고 이론을 재구축하고자 하는 나의 시도 자체가 바로 건설적 사고의 과정일 것이다.

사고와 생각하는 사람에 대한 이원론

플라톤과 아리스토텔레스의 인식론은 서구 유럽 사회의 비판적 사고 이론에 지대한 영향을 미쳤다. 그러나 플라톤과 아리스토레스의 인식론은 몇 가지 차이가 있다. 플라톤은 생각하는 사람들이 그들의 사고로부터 분리되어 있고, 그렇기 때문에 이상적 사고idea는 생각하는 사람thinker과 분리된 각각의 존재를 갖는다고 가정한다. 다시 말해, 플라톤은 우리를 혼란스럽게 하고 방해하는 경험의 세계와 구별되는 '그것' 이상의 세계로서 형상form을 상정한다. 플라톤은 그가 설명한 이원론적 세계에서 벗어나기 위해 보다 높고 초월적인 영역에 의존했다. 따라서 지식은 우리의 일상과 분리되어, 진리 여부를 판단할 수 있는 우리의 능력과 관계없이 그 자체로 존재하는 것으로 여겨졌다. 플라톤에게 있어서 지식은 우리 외부의 것이며 객관적인 것이다. 우리는 스스로를 육체적 경험으로부터 분리시키기 위해 열심히 노력해야 객관성을 확보할 수 있다. 우리는 육체적 욕구에서 벗어나기 위해(육체에서 분리된 정신을 위해) 노력함으로써 진리에 가까워질 수 있다고 기대할 수 있는 것이다. 우리가 스스로의 객관성을 확장시키고, 이미 알고 있는 것을 끄집어낼 수 있도록 돕는 것은 변증법적 사고, 또는 오늘날 비판적 사고라 불리는 것이다. 비판적 사고는 우리를 물질세계로부터 분리시켜, 각각의 영혼이 이미 알고 있던 것에 집중할 수 있도록 돕는 역할을 수행한다.

　나는 앞서 『메논』에서 "미덕이란 무엇인가?"라는 소크라테스의 질문에 메논이 그의 경험에 기대어 답을 할 수 없었다는 것을 보여 준 바 있다. 소크라테스는 메논의 구체적인 경험들을 계속해서 물었으며, 메논에게 그 특수한 상황에서 각 사례의 공통점을 추출할 수 있는 방법을 찾도록 하였다. 소크라테스는 구체적인 경험이 아닌 추상적 진리를 추구했으며, 그는 그러한 추상적 진리가 그의 생각 외부에 존재한다고 보았다. 플라톤은 『국가론』에서 형상form에 대해, 우리가 어두운 동굴 속 의자에 묶인 채 동굴 벽에 맺히는 그림자만 볼 수 있을 때 태양이 비추는 땅 위에 존재하는 이상이라고 은유적으로 표현한 바 있다(동굴의 비유 7권: 514~518d).

　아리스토텔레스에 대해, 앞서 나는 그가 플라톤의 형이상학적 형상론을 받아들인 것은 아니라고 서술하였다. 그가 물질세계로부터 분리된 순수한 형상의 개념을 수용하지 않았다는 것은 그의 글에서도 명확히 드러난다. 플라톤은 우리의 영혼이 형상, 즉 보편적 진리로서 이미 알고 있었던 것들을 기억할 수 있기 때문에 우리가 사고할 수 있으며 스스로가 옳다는 것을 확신할 수 있다고 보았지만, 아리스토텔레스는 이를 받아들이지 않았다. 아리스토텔레스는 플라톤의 지식에 대한 이론이 인간사와 물질세계로부터 너무 동떨어졌다고 간주하였다. 때문에 그는 우리가 우리 세계 속의 경험을 통해 자신의 사유를 검증할 수 있다는 지식 이론을 펼친다. 특히 그에게 있어서 물질세계는 현실이면서 지식의 원천이었다. 우리의 생각이 물질세계에서의 경험에 부합한다면, 경험에 의해 진위를 점검받은 생각들이 우리를 진리로 이끌 것이라고 주장한 것이다. 아리스토텔레스는 생각(아이디어, 지능)을 질료와 형상으로 구성된, 물리적인 것(자연)에서 도출할 수 있는 것으로 설명하고자 하였다. 질료는 물질세계에서 분화되지 않은, 알려지지 않은 '것stuff'이며, 형상은 대상object이 어디에 속하는가를 정하는 본질essence인 것이다. 즉, 아리스토텔레스는 우리가 물질세계에서의 특별한 경험을 통해, 그리고 그 경험이 다른 유類의 사람들에게 일반화할 수 있는 것인가를 추론하는 능력을 통해 형상을 알 수 있게 된다고 보는 것이다.

그러나 나는 아리스토텔레스가 생각을 생각하는 사람과 분리해서 해석하는 것에 주목하고 싶다. 아리스토텔레스는 지식은 물리적인 것들로부터 파생된다고 해석한다. 물리적인 것들은 고유한 개체로서 그 자체로 존재하는 독립된 실체이다. 독립된 실체로서 물리적인 것들은 우리가 그들에 대해 가지고 있을 수 있는 모든 생각들로부터 분리되어 있다. 질, 양, 주된 본질과의 관계 등 세부적인 것들은 주체로서 존재하는 실체의 술어일 뿐이다. 아리스토텔레스에게 사건(물질의 중요하지 않은 속성)은 개별적인 것이다. 아리스토텔레스는 형상의 유class를 구성하는 세부 사항들의 공통점을 보편자universal라 명명했다. 플라톤의 형상이론과 다르게, 아리스토텔레스의 보편자는 구체적인 것에 분리되어 존재하는 것이 아니다. 그것은 항상 어떤 주체subject에 귀속된 속성predicable인 것이다(Steiner, E., 1971).

아리스토텔레스의 인식론은 우리가 결론을 위한 가설을 세우고 그것의 진위를 확인하기 위해 실험을 하는 과학적 방법과 유사하다. 물질세계에서는 시험에 부합하는 실험만이 정당화(증명)되며 진리로 간주된다. 아리스토텔레스의 이론은 플라톤의 제안처럼 형상을 초월적으로 해석하지는 않는다. 대신 그는 물질세계가 초월적인 대상이 될 수 있도록 비맥락적 방식으로 고찰하는 방식을 통해 형상을 물질세계로 대체

한다. 물질세계는 알 수 없고 분화되지 않은 물질로 구성된다. 이 물질은 우리, 그리고 그것에 대한 우리의 생각과 분리된 '저 밖에out there' 존재하는 것이다. 아리스토텔레스에게 있어서, 우리는 물질의 형태, 즉 그것의 본질을 이해할 수 있는 능력을 통해서만 물질세계를 알 수 있는 것이다. 그렇다면 아리스토텔레스는 어떻게 우리가 물질의 본질을 이해한다고 보는 것일까? 바로 우리가 비판적 사고라고 부르는 아리스토텔레스의 방법론, 즉 논리적 추론을 통해서 우리가 물질의 본질을 이해할 수 있다고 설명하는 것이다.

아리스토텔레스는 플라톤의 이론보다는 보다 물질세계에 근거한 인식론을 기술하는 것으로 보인다. 그러나 그는 우리가 이 물질세계를 직접 알 수 있는 방법이 없을 것이라 주장한다. 때문에 아리스토텔레스의 이론에서 우리의 물질세계는 우리의 즉각적 이해에서 배제된다. 비록 아리스토텔레스가 플라톤과 질적으로 구별되는 지식 이론을 창조한 것은 부정할 수 없지만, 그는 플라톤의 이원론의 또 다른 형태를 수용한 것이다. 이로써 추론reasoning은 아리스토텔레스의 손에서 변형된 모습을 갖게 되면서 플라톤의 전능한 관조로 해석되지는 않게 된다. 대신 아리스토텔레스의 추론은 논리적 분석의 형태를 띠게 되는 것이다.

퀼팅비 은유의 관점에서 아리스토텔레스의 인식론을 다시 살펴보자. 지식이 사회적으로 함께 구축해 나가는 무언가라는 나의 퀼팅비 은유에 대해 아마 플라톤보다 아리스토텔레스가 더 납득하기 어려울 것이다. 아리스토텔레스는 이미 지식의 퀼트, 즉 물질세계가 존재한다는 것을 전제하기 때문이다. 이 경우 우리가 물질세계를 직접 건설할 수는 없기에 우리가 지식을 구성하는 퀼터의 역할을 하는 것은 불가능하게 된다.

그러나 지식을 구축하는 사람은 그들이 이미 존재하는 물질세계의 특정 사례로부터 그 사례들의 원인으로 거슬러 올라가 유추하는 추론가이다. 이러한 의미에서 이 과정은 새로운 지식을 창조하는 것으로 이해될 수 있어야 한다. 또한 사람들은 이 과정을 통해 지식 세계의 본질을 더 잘 이해하게 된다. 비슷한 방식으로, 퀼터들은 퀼트의 재료, 원단, 패턴 등을 연구하며 퀼트(그것의 형상)의 특정한 사례들을 경험한다. 이러한 경험들로부터 퀼터들은 특정한 사례들의 본질, 즉 퀼트 그 자체이자 물질세계의 본질을 되짚어 볼 수 있게 된다. 이 과정에서 그들은 물질세계(퀼트)에 대한 이해를 높일 수 있다, 그러나 물질세계를 이미 존재하는 것으로 상정한다면 퀼터들이 세계를 창조하는 것은 불가능하게 될 것이다.

플라톤이 보다 높은 차원의 형상에 호소하여 그의 지식론을 정당화했다면, 아리스토텔레스는 구체적인 형상으로서의 물질세계의 예시로부터 물질의 일반적인 본질을 추론하는 인간적 능력에 호소함으로써 자신의 지식론을 정당화하고자 했다. 아마 아리스토텔레스는 퀼팅비은유가 제시하는 물질세계의 가변성과 지식 구성 과정에 기여할 수 있는 퀼터들의 역할에 대해 우려할 것이다. 그러나 나는 오히려 아리스토텔레스가 지식을 물질세계 밖의 무언가, 즉 우리와 분리되어 직접적으로 알 수 없는, 우리의 추론 능력을 통해 간접적으로만 알 수 있는 무언가로 표현하는 것이 더 우려스럽다.

역설적이게도 아리스토텔레스의 대안적 이론은 플라톤의 이론보다 지식에 대한 접근을 어렵게 한다. 아리스토텔레스의 이론이 우리 주변 세계를 지식에 결부시키는 듯 보이지만, 지식을 오직 그의 방법론적 접근법을 습득한 사람들만 사용 가능한 것으로 만들어 버리기 때문이다.

플라톤에게는 노예 소년조차 지식에 접근할 수 있는 인식 주체가 되며 지식을 아는 사람으로서 고려될 수 있지만, 아리스토텔레스에게는 오로지 교육받은 사람들, 즉 그의 논리적 방법론을 교육받고 그것들을 전문적으로 사용할 수 있는 사람들만이 인식 주체가 될 수 있는 것이다.

나는 제3장에서 비판적 사고에 대한 오늘날의 논의가 여전히 생각과 경험, 의미와 관례 사이를 구별 짓는 경향이 있다는 것을 보여줄 것이다(Thayer-Bacon, 1998a: 123~48). 사람들의 생각으로부터 경험을 분리시키려는 시도는 그들의 행위가 그것들의 개념과 의미로부터 분리될 수 있다는 잘못된 가정에 기반하고 있는 것이기 때문이다. 나는 듀이와 제임스James, W.의 논의에 동의하며 존재being(앎의 주체knowers)와 앎knowing(사고idea)이 직접적으로 연결되어 있음을 보이고자 한다. 제임스는 경험(순수 경험pure experience)에 대해 "세계의 원초적 물질 또는 재료, 즉 모든 것이 구성된 것(James, 1912/1976: 4)"으로 기술한다. 또한 그는 앎에 대해 "순수 경험이 반영될 여지가 있는 것이며, 앎과 경험 상호 간은 특수성을 갖는 관계(James, 1912/1976: 4)"라고 설명한다.

또한 듀이는 탐구를 탐구자와 탐구대상 사이의 변증법적 상호관계, 즉 역동적이고, 유연하며 상호적인 관계 자체로 설명한다(Dewey, 1934/1958). 그리고 나는 제임스, 듀이와 같이 앎에 대해 춤, 노래, 사랑 등처럼 타인과 함께하는 활동이나 관계적 기능relational function이라는 관점으로 바라본다. 우리의 경험이 우리의 개념을 형성하고 우리의 개념이 돌고 돌아 우리의 경험을 형성한다는 관점이다. 그리고 나는 그것들이 모여 제임스가 '순수 경험'이라고 부르는 것을 구성한다고 보는 것이다.

만일 사람들과 그들의 생각, 그들의 세계가 분리될 수 없다는 나의 주장이 옳다면, 기존에 정의되었던 비판적 사고는 편향되고 잠재적 결함이 있는 도구로 여겨질 수 있다. 그러나 나는 문제를 해결하고 주장을 정당화하도록 하는 비판적 사고의 정당성을 부정하고자 하려는 것이 아니다. 오히려 나는 관념적으로 인식되는 비판적 사고에 대한 신봉을 방지하고, 그것을 다른 여러 가지 인식 방법들과 병렬적으로 인식할 것을 제안하는 것이다. 만일 우리가 비판적 사고를 문제 해결에 사용될 수 있는 수많은 도구들 중 하나로 이해하고 그것의 결함 가능성은 전제한다면, 그 자체가 비판적 사고의 타당한 가치와 효용을 부정하는 것인가? 만일 우리가 비판적 사고가 편향되었다는 것을 인정한다면, 일부 학자들이 주장하는 바와 같이 우리의 탐구 과정은 종결되는 것인가?(Bailin, 1990) 나는 그렇게 생각하지 않는다. 비판적 사고를 연구하는 학자들의 고민은 우리의 탐구가 보편적인 기준 없이 끝나게 될 것에 대한 우려이다. 그러나 이는 우리가 현재 그리고 역사적으로, 보편적 기준을 가지고 있었다는 잘못된 가정에 기반한 우려이다. 플라톤이나 아리스토텔레스와 같은 많은 철학자들이 보편적 기준에 대한 환상을 언급하지만, 사실 우리는 단 한 번도 보편적 기준을 가져 본 적이 없다. 그러나 이제까지 우리는 분명히 성공적으로 비판적 탐구를 수행해 왔다.

최근에 몇몇 학자들이 논한 바와 같이, 경험과 생각, 실천과 개념 사이의 섬세한 관계적 균형을 염두에 둔다면, 우리는 비판적 사고를 포함한 모든 개념이 살아 있는 경험의 맥락 속에 내포되어 있다는 것을 깨달을 수 있게 된다. 그리고 이러한 경험들은 타인과의 관계 속에 있고, 사회적 맥락에 둘러싸여 있으며, 서로의 맥락에 영향을 미치는 사람들에게 귀속해 있다. 우리가 비판적 사고와 같은 개념에 대해 반드시 사람들의 경험적 맥락 속에서 보아야 하는 것으로 인정한다면, 우리는 그러한 개념에 영향을 미칠 수 있는 편향 가능성을 인지하게 되고, 강점과 약점에 대해 폭 넓게 이해할 수 있게 된다. 모든 사람들은 특정 역사적, 문화적 상황에 내재한다. 또한 그들은 특정 방식으로만 세상을 경험할 수 있는 특정 몸 안에 체화된, 실수할 수 있으며 한계가 있는 존재들이다(Benhabib, 1992).

듀이와 제임스와 같은 실용주의자들뿐만 아니라 많은 여성주의자들과 포스트모더니스트들은 경험과 사유의 연계성에 대한 이해가 요구된다는 것에 의견을 함께 한다. 실용주의와 여성주의의 유사한 지점에 대한 논의에서, 시그프리드Seigfried, C. H.는 다음과 같이 제안했다. "실용주의적 철학은 …(중략)… 문맥의 방종이 왜 철학적 사유의 오류인지를 설명하며, 여성주의는 철학이 전통적으로 무시해 왔던 성별, 인종, 계급, 성적 지향이 왜 중요한가에 대해 폭넓게 설득하고자 한다(Seigfried, 1991: 16)." 드 로레티스De Lauretis, T.는 여성주의가 권력에 대한 관점과 관련된 논의라는 것을 다음과 같이 기술한다. "사적인 것이 정치적인 것이며, 아무리 복잡하더라도 사회성과 주체성, 언어와 의식, 제도와 개인은 직접적인 관련성이 있다(De Lauretis, 1986: 5)." 뿐만 아니라, 사회적 맥락이 어떻게 우리의 경험과 생각의 형성에 영향을 미치는지에 대한 논의는 데리다Derrida(1978), 푸코Foucault(1980), 리오타르Lyotard(1984) 등과 같은 포스트모더니스트들에게도 진지하게 받아들여져 왔다.

전통적인 방식의 비판적 사고를 연구하는 학자들은 가장 훌륭하고 타당한 논증을 찾을 수 있도록 논증의 질을 판단할 수 있는 측정 방법이 있다고 주장해 왔다. 기준의 조정과 수정이 필요할 때가 있을 수 있지만(Siegel, 1987), 그들은 여전히 정답을 도출하기 위해 의지할 수 있는 방법이 있다고 믿는다. 그들은 그러한 방법을 통해 우리가 반대되는 견해를 조정하여 모순 없는 일관적인 총체(하나의 솔루션)에 도달할 수 있다고 기대하는 것이다. 비판적 사고에 대한 이러한 믿음은 실로 강력하다.

전통적으로 정의된 비판적 사고는 공존을 목표로 하지 않는다. 그것은 동조와 합의를 통해 하나의 결론으로 수렴되는 것을 목표로 한다. 나는 전통 서구 유럽 철학의 비판적 사고에 대한 맹목적 신봉은 맥락에 대한 무시를 허용하는 것에서부터 시작되었다고 본다. 따라서 비판적 사고가 갖는 권력과 힘, 편견에 의문을 제기하려는 사람들은 개념이 갖는 맥락성을 주장하는 것부터 시작해야 한다. 우리가 경험과 생각을 분리할 때, 우리는 거짓되고 위험하며 파괴적인 공정과 포섭에 대한 환상을 창조한다. 서구 유럽 세계에서 비판적 사고가 갖는 지위에 대한 논의 없이 비판적 사고를 다시 논하는 것은 주어진 구조 내에서 비판적 사고를 반복하고 재구성하는 것에 지나지 않는 것이다. 비판적 사고의 지위에 대해 논의하지 않는다면 플라톤의 오류를 반복하는 것일 뿐이다. 그것은 경험에서 사고를, 앎의 주체에게서 앎을, 주체와 객체를, 완전히 분리시키는 것일 뿐이다.

플라톤과 아리스토텔레스만이 이원론적 접근 방식을 취하고 있는 것이 아니다. Ⅰ부와 Ⅱ부에서 탐구할 예정인 다른 이론들도 이원론에 기반한 지식 이론의 예시가 될 것이다. 이원론은 실증적인 것과 관념적인 것, 특수한 것과 일반적인 것, 주체와 객체, 지식의 외적 분열과 내적 분열, 능동적 지식과 수동적 지식, 지성과 감성, 공적인 것과 사적인 것 등에 대해 다양한 형태로 드러난다.

지금까지 우리는 플라톤과 아리스토텔레스가 서구 유럽 사회에 남긴 비판적 사고의 핵심 가정에 대해 논의했다. 그리고 이것이 현대 비판적 사고 이론의 뿌리가 되었다는 것을 발견했다. 플라톤과 아리스토텔레스는 지식을 구성하는 사람들의 제한적이고 주관적인 편견으로부터 분리된 본질적 세계가 있다는 것을 가정했다. 플라톤에게는 형상the Forms으로, 아리스토텔레스에게는 원인the cause으로 여겨진 본질의 세계를 발견하는 것은 철학자의 임무로 여겨졌다. 플라톤과 아리스토텔레스는 자아가 논리적 추론(플라톤의 상기recollection, 아리스토텔레스의 삼단논법)을 통해 초월적 세계의 본질을 알 수 있다고 가정했다. 그들은 자신들의 인식론에 내재된 편견을 인식하거나 자신들의 오류가능성을 고려하지 않았다. 이들은 정신과 육체, 생각과 경험을 분리시키는 이론을 확장시켰다. 이들은 육체와 관련된 도구(감각적 느낌emotional feelings, 직관, 상상)보다 이성(정신)이 더 우월하다고 가정하지만 정작 이들의 인식론을 설명할 때에는 다른 도구들에 의존하는 모습을 보였다. 따라서 과학, 수학, 철학이 음악, 예술, 경영, 교육 등 실용학문보다 가치 있다는 우리의 현재 인식의 뿌리는 플라톤과 아리스토텔레스로부터 찾을 수 있을 것이다. 또한 오늘날 여성, 원주민 등을 이성적이지 않고, 더 감정적이고 직관적이며 상상력이 풍부한 대상으로 여기는 편견 또한 아리스토텔레스와 플라톤의 일부 작품에서 기원을 찾을 수 있다.

1800년대 후반에 이르러서야 내가 이 책에서 논의하고자 하는 건설적 사고를 뒷받침하는 지식 이론이 논의되었다. 그것은 미국식 실용주의America Pragmatism라고 불린다. 실용주의는 듀이, 미드Mead, G. H., 제임스와 관련되어 있다. 또한 제임스는 퍼스Pirce,C.S.를 1870년대에 실용주의라는 용어를 만든 사람으로 인정한 바 있다. 이러한 논의에 이어, 제2장에서는 서구 유럽의 비판적 사고 이론의 발전에 기여한 미국식 실용주의에 대해 논할 것이다.

제2장
고전적 실용주의

　우리는 제1장을 통해 플라톤과 아리스토텔레스의 인식론에 나타나는 세 가지 핵심 주제를 탐구하였다. 또 이를 통해 비판적 사고 이론에 영향을 미친 서구 유럽 사회의 철학적 사고의 뿌리를 밝히고자 하였다. 이들은 보편적 본질과 인식적 행위 주체, 정신의 우월성에 기반한 이원론에 바탕을 두고 논의를 진행한다. 이를 통해 이들은 생각을 생각하는 사람으로부터 분리시킨다. 이에 대해 나는 우리가 비판적 사고를 떠올릴 때 로댕의 〈생각하는 사람〉을 떠올리는 것이 우연이 아니라고 덧붙였다. 〈생각하는 사람〉은 곧 부유한 그리스 남성이 깊은 고심에 빠진 모습을 나타내기 때문이다.

　이 장에서 나는 미국 실용주의자인 퍼스, 제임스, 듀이가 강조하는 세 가지 주제를 살펴보고자 한다. 그 세 가지 주제는 첫째 오류가능주의fallibilism와 진실 그리고 보증된 주장가능성warranted assertability, 둘째 인식론적 공동체epistemic communities, 셋째 과학우월주의superiority of science에 대한 지식과 경험들에 대한 것이다. 이러한 내용은 오늘날 비판적 사고 이론에 상당한 기여를 했기에 이 주제들은 논의의 가치가 있을 것이다. 나는 이들의 논의를 고대 그리스 패러다임뿐만 아니라 이 책에서 주장하는 비판적 사고의 전환적 패러다임과도 대조하여 논의할 것이다.

물론, 마르크스주의, 비판이론 등과 같이 내가 이 논의에서 생략하기로 한 다른 철학적 관점도 있다. 이들을 제외한 이유는 이들 이론의 가치가 부족하기 때문이 아니라 내가 개발하고 있는 건설적 사고 이론과 직접적인 연관성이 비교적 적다고 판단했기 때문이다. 때문에 내가 아닌 다른 이론가들은 나와 다른 방식으로 건설적 사고에 접근할 수도 있을 것이다.

비판적 사고 이론의 여성주의적 변형의 뿌리는 미국 실용주의에서 찾을 수 있다. 그러나 미국 실용주의 이론은 매우 큰 주제이기에 나는 선별적인 방식으로 이를 다루고자 한다. 여기서 나의 목적은 내가 주장하고자 하는 건설적 사고에 대한 논의에 미국식 실용주의가 기여하는 바를 강조하는 것이다.

실용주의 철학 관점은 다양한 형태와 형식을 취해 왔다. 그러나 실용주의는 언제나 이론과 실천의 관계를 강조하는 철학의 한 형태로 자리매김했다. 이는 피에르Freire, P.(1970)가 '실천praxis', 즉 세상을 바꾸기 위한 반성과 행동을 강조한 것에서도 드러난다. 또한 시그프리드는 실용주의에 대해 다음과 같이 정의한 바 있다. "실용주의는 직접적 행위에 대한 결과가 반드시 드러나는 것과 같이, 경험과 자연의 연속성을 반성의 출발점으로 삼는다(Seigfried, 1996: 6)." 시그프리드와 동일한 맥락으로 이해한다면 실용주의자는 오류가능주의자fallibilist(확실한 지식에 대한 부정)이자 다원주의자(보편적 지식에 대한 부정)이다. 실용주의자들은 이분법(예: 마음과 몸, 이성과 의지, 생각과 목적, 지성과 감성, 자아와 타자, 신념과 행위, 이론과 실천)을 전제로 하는 현대 철학의 핵심 문제를 거부하며 본질적이고 완전하며 관계적인 단일성을 강조하는 근본적 경험주의자의 주장에 동의한다. 실용주의자들은 인간의 행위를 통해 인간의 조건을 개선시킬 수 있으며 탐구의 결과를 이론 구축의 척도로 여긴다. 또한 그들은 개인을 타인과 사회적 관계 속에 내재되고 체화된embedded and embodied 자아로 설명한다(Seigfried, 1996: 7~8).[1] 나는 미국 실용주의에 대한 논의에서 시그프리드의 이러한 정의를 주요하게 참고할 것이다.

지식과 경험

퍼스는 플라톤, 아리스토텔레스처럼 현대 철학자들이 불가능하다고 생각했던 지식의 모든 영역을 포괄하는 철학서를 저술하고자 시도했다(Peirce, 1933~1958). 퍼스는 과학자이자 논리학자이자 미국의 위대한 철학자이다. 그러나 퍼스는 1878년 실용주의 개념을 창안했음에도 불구하고 그의 친구 제임스가 공식적으로 이를 밝히기 전까지 사람들에게 알려지지 않았었다. 이들은 하버드의 형이상학 연구 모임을 통해 정기적으로 만난 사이로, 이후 제임스는 하버드에서 저명한 철학과와 심리학과의 교수가 되었지만, 퍼스는 대학에 자리를 잡지 못하고 40대에 펜실베니아 밀포드에 있는 농장으로 은퇴했다.

미국 실용주의의 핵심은 지식과 관련된 경험의 개념을 이해하는 것

---

[1] 실용주의에 대한 시그프리드의 정의는 아우디Audi, R.가 엮은 『캠브리지 철학 사전The Cambridge Dictionary of Philosophy』(1987: 4~11)를 참고하였다. 그는 실용주의에 대한 스터Stuhr, J. J.의 정의에서 구체적 내용을 참고하여 실용주의를 정의하고자 했다고 밝히고 있다.

에 있다. 퍼스에 따르면, 합리적 인식과 합리적 목적, 생각과 행동, 사고와 행동은 불가분의 관계에 있기 때문에 우리의 경험과 지식은 분리되지 않는다. "믿음은 인간을 행위하도록 하는 것(Peirce, 1958: 92)"이기 때문이다. 퍼스는 데카르트를 맹렬히 비판하며 현대 철학과 자신의 견해를 날카롭게 대조시켰다. 퍼스는 데카르트의 보편적 회의doubt에 대해 부정적 입장을 취한다. 회의적으로 여긴다는 것은 의심할 무언가를 상정하는 것인데 이는 우선적인 믿음을 전제로 하기 때문이다. 또한 그는 스스로의 의식 속에서 그 회의에 대한 답을 찾고자 했던 데카르트의 주장을 부정했다. 그것은 "관념과 사물, 의식과 현실, 주체와 객체 사이에 신뢰할 만한 연관성이 없는 관념idea의 베일에 갇힌 완전한 주관주의를 지향(West, 1989: 44)"하는 것에 지나지 않기 때문이다.2) 결론적으로 데카르트의 철학적 추론에 대한 시도에서는 관념이 다른 관념으로 연계되는 것이 무시될 수 없다. 결국 데카르트는 자아와 세계에 대한 논의를 신에게 의지한다. 그러나 이에 대해 퍼스는 신에게 의지하는 결론이 납득되지 않는다고 비판했다. 대신 퍼스는 실제 상황에서 우리의 생각이 얼마나 명확한지 판단할 수 있어야 한다고 주장했다. 이와 관련한 논의는 본 장의 세 번째 절에서 다루어질 퍼스의 과학적 도구 논의에서 다시 한번 구체적으로 살펴볼 것이다.

퍼스는 그의 저서 『우리의 생각은 어떻게 명료해지는가How to Make Our Ideas Clear』에서 다음과 같은 격언을 남긴다. "우리가 갖고 있는 개념 conception의 대상이 되는 것을 상상하고 그것을 실제적 의미를 갖는 것으로 여겨라. 그렇다면 그 결과에 대해 우리가 갖는 개념이 대상 개념의 총체일 것이다(Peirce, 1958: 124)." 『실용주의란 무엇인가What

---

2) 나는 이 장에서 웨스트West, C.의 퍼스, 제임스, 듀이에 대한 논의를 참고하고 있다.

Pragmatism Is』에서 퍼스는 대상이 삶에 어떤 영향을 미치는가에 따라 그 의미가 정의될 수 있다는 것을 다시 한번 상기시킨다. 퍼스의 이론은 "단어 또는 그 밖의 표현들의 합리화된 전반적 요지purport로서의 개념은 생동적 삶과 관련되어 상상 가능한 것에만 존재한다(Peirce, 1958: 183)"는 것을 보이는 일련의 과정인 것이다.

퍼스가 인식론적 논의를 통해 이루어 낸 실용주의 운동은 철학 전반, 특히 비판적 사고 이론의 방향을 전환하는 것에 기여하였다. 이 운동은 "지식 획득이 사회적 관행을 변화시킬 수 있다는 잠재성의 중요성(West, 1989: 45)"을 강조하는 방향이었다. 경험과 지식의 연관성에 대해 논리학자인 퍼스는 기호sign에, 심리학자인 제임스는 의지will에 그 논점을 두고 탐구하였다. 우리는 미국 고전적 실용주의의 또 다른 인물인 듀이의 성과물들을 통해 퍼스의 실용주의 운동이 야기한 철학적 변화를 추가적으로 탐구할 수 있다. 듀이는 그 자신을 실용주의자라기보다 '도구주의자instrumentalist' 또는 '실험주의자experimentalist'라고 평가했다. 그러나 듀이는 자신을 지칭하는 그 어떤 용어도 충분치 않다고 생각했다.

서구 유럽 철학에 대한 듀이의 기여는 철학 이론의 발전 맥락을 불완전한 인간의 미시적 관점(이 장의 뒷부분에 나오는 퍼스의 부분 참고)뿐만 아니라 거시적 관점에서도 강조한 것이다. 즉, 듀이는 학교와 같은 사회 기간에서 사고의 발달이 이뤄지는 것을 강조하였다. 듀이는 탐구에 있어 생물학적이고 문화적인 것이 끼치는 영향 또한 다루었기에 이러한 자신의 연구관점을 '자연주의적naturalistic'이라고도 보았다. 웨스트West, C.는 듀이의 공헌에 대해 만일의 사태와 수정 가능성에 대한 실용적 논거에 "변화하는 사회와 문화, 공동체를 통해 파악될 수 있는 인간 존재의 조건적이고 상황적인 특징을 강조하는 역사적 의식의 방법"이라고 덧붙였다(West, 1989: 69~70).

　듀이는 청년기를 미시건 대학교, 중년기를 시카고 대학교, 노년기를 컬럼비아 대학교의 사범대학에서 보내며 성공적인 커리어를 쌓았다. 민주주의와 교육에 대한 그의 저서 『민주주의와 교육Democracy and Education』(1916/1966)을 통해 그는 특히 교육철학에서 영향력을 인정받게 되었다. 또한 듀이는 『우리는 어떻게 사유하는가?How We Think』(1910)에서 밝힌 바와 같이, 경험, 실행, 행위의 결과가 사고에 어떻게 연관되는가에 관심을 가졌다. 그는 행위의 결과가 우리가 갖는 개념에 영향을 미친다는 퍼스의 주장을 받아들였다. 또한 듀이는 철학의 주된 역할은 철학적 논제를 해결하는 것이 아니라 사람들의 문제를 해결하려고 노력하는 것에 있다고 주장하였다. 그에게 있어서 교육은 지속적인 성장의 표본이자 "마음 습관을 형성하는 사고의 장(Scheffler, 1974: 189)"으로 여겨졌다. 듀이는 철학에 대한 어떤 시험도 사고방식의 형성을 고려하는 방향이 추구되어야만 한다고 보았기 때문에 반드시 일상생활에서 지적이고 윤리적인 특성이 다루어져야 한다고 보았다. 우리는 이러한 듀이의 논의를 통해 윤리적이고 정치적 문제들을 인식론적 관점에서 고려할 수 있는 가능성을 발견할 수 있게 되었다.

　"실용주의적 사회행동주의자인 듀이(Garrison, 1995)"는 언어와 문화에 대한 탐구를 통해 철학 분야에서 퍼스가 주장한 실용주의적 변화를 가져오고자 하였다. 정신과 육체, 이론과 사실, 사실과 가치 등에 대한 모든 이원론을 거부하고, 의미에 대해 "일차적으로 행동의 속성"이라고 정의한 퍼스의 주장은 듀이로 하여금 사회적 맥락과 관계에 대한 미적이고 윤리적인 관심뿐 아니라 인식론적 의미에도 관심을 갖도록 하였다(Dewey, 1925/1981a: 114). 우리가 사는 사회와 우리의 경험들은 우리의 지식 형성에 영향을 주게 된다. 따라서 듀이는 민주주의와 교육에 대한 논의를 자신의 철학의 중심에 둔다. "듀이의 의미 행동 이론의 핵심, 더 나아가 그의 철학 전부의 핵심은 공유된 행동에 내재한 언어의 자연적 근원에 대한 그의 주장에서 드러난다(Garrison, 1995, 722)." "사회적 경험은 사회적 **상호작용**을 의미하며, 따라서 그것은 단순한 자연적 경험이자 존재의 연속으로 해석될 수 있다(Garrison, 1994: 6, 원문 강조)." 이에 덧붙여 듀이는 다음과 같이 주장한다. "의미는 언어 없이 존재하지 않으며, 언어는 결합되거나 공유된 이해와 관련된 두 자아(예컨대, 교사와 학생)가 있음을 암시한다(Dewey, 1925/1981: 226)."

듀이가 여러 번 그의 책이나 논문의 제목에 사용한 것으로 보아 '경험experience'은 그의 연구의 핵심적 개념일 것이다. 듀이는 자신의 경험 개념이 제임스의 영향을 받았다고 기술한다. 『민주주의와 교육』에서 듀이는 경험에 능동적으로 시도하는 요소와 수동적으로 겪는 요소가 있다고 기술한다. "우리가 어떤 대상에 무언가를 하기도 하고, 그것은 반대로 우리에게 무언가를 하기도 한다. 이것은 특별한 결합combination 이다(Dewey, 1916/1966: 139)." 또한 그는 경험을 그 자체로 인식의 대상이 될 수 없다고 보았다. "경험의 **가치 척도**는 그것이 이끌어 나가는 관계나 연속성을 인식하는 것에 있다. 이것은 누적되거나 어떠한 지점에 도달하거나, 의미를 갖게 되는 측면에서의 인식을 포함한다(Dewey, 1916/1966: 140, 원문 강조)." 따라서 듀이에게 있어서 경험이란 사고를 형성하는 것보다 관계성을 파악함으로써 의미를 갖는 것이다. 경험은 관계, 즉 행동과 실증적 결과 사이의 관계를 자각하는 것이기 때문이다. 이 관계성을 파악하는 것은 지식을 습득하기 위한 필수적 요소이다. 경험은 결과로 겪는 어떤 사건과 그것을 발현시킨 행동을 연결하는 것과 관련되기에 단순한 행동이라기보다 배움의 과정으로 여겨지게 된다. "사고한다는 것은 정밀하고 신중하게 행해진 것과 그 결과를 연결하여 설정하는 것(Dewey, 1916/1966: 151)"이기 때문이다.

듀이는 저서 『경험과 자연*Experience and Nature*』에서 경험에 대해 다음과 같이 기술한다. "경험은 인간을 자연으로부터 차단시키는 베일이 아니다. …(중략)… 그보다는 자연이 경험을 통해 점진적으로 자기 스스로를 드러내는 것으로 이해되어야 한다(Dewey, 1925/1981a: 5)." 게리슨 Garrison, J.은 듀이의 경험에 대한 진술에 대해 다음과 같이 기술했다. "듀이에게 있어서 경험이란 단순히 인간과 다른 자연적 경험이 **활동적으로 교류**했을 때 일어나는 것으로 이해된다. …(중략)… 듀이에게 경험이란 단순히 인간이란 생명체가 환경과 교류하는 **방법**인 것이다(Garrison, 1994: 9, 원문 강조)." 또한 듀이는 경험에 대해 다음과 같이 직접 설명한다.

> 그것은 이중적 의미를 지닌 단어이다. …(중략)… 경험은 인간이 **무엇**을 하고 있는지, **무엇**을 갈망하고 사랑하고 믿고 견뎌내는지, 그리고 또 인간이 **어떻게** 행동했으며 행동하게 되는지, 인간이 어떤 방식으로 행동하고 나아가는지, 갈망하고 기쁨을 느끼는지, 보고, 믿고, 상상하는지 등 요컨대 **경험**의 과정을 포함한다. 그것은 주된 의미로서 행위와 물질, 주체와 사물의 사이를 구분하지 않고 인식되지만 구분되지 않은 동일체로서 양쪽 모두를 포함하고 있다는 점에서 '이중적 의미double-barrelled'를 갖고 있다(Dewey, 1925/1981a: 18, 원문 강조).[3]

---

3) 게리슨은 '경험'에 대한 논의에서 듀이의 이 인용문에 특히 주목했다(Garrion, 1994: 9~10). 나는 듀이의 이론에 대한 나의 견해를 명료히 하기 위해 게리슨의 연구를 참고하였다.

우리는 앎에 대한 듀이의 개념과 경험에 대한 제임스의 개념이 비판적 사고 이론의 전환에 중요한 의미를 갖는 것을 알 수 있다. 이들의 개념은 여성주의자들이 다양한 경험적 관점에서 인식론의 맥락적 특성을 분석할 수 있는 여지를 제공한다. 제임스는 개인주의에 초점을 맞추고 연구를 하는 반면, 지식의 사회적 구성(공유된 경험을 통해 서로의 견해에 영향을 주는 퀼터들) 및 사회행동주의(어떤 색과 디자인을 사용할지 결정하기 위해 언어를 사용하여 상호 소통하는 퀼터들)에 초점을 맞춘 듀이의 설명은 나의 퀼팅비 은유와 관련될 수 있다. 그러나 우리는 이번 장의 뒷부분에서 과학적 방법이 그러했듯, 듀이의 반성적 사고 방법이 퀼팅비 은유만큼 사회적 과정으로서의 건설적 사고를 효과적으로 드러내지는 못한다는 것을 살펴볼 예정이다.

듀이가 언어를 "도구의 도구(Dewey, 1925/1981a: 146)"라고 표현한 점을 고려하면 비판적 사고를 위해 내가 제시한 은유(침핀과 자)와 직관(바늘과 실)은 낯선 접근이 아닌 듯하다. 앎과 관련하여 경험을 바라보는 듀이의 관점은 경험의 질이 지식의 구성에 영향을 미친다는 것으로 이해될 수 있다. 이는 경험의 확장을 위해 우리가 경험하는 관계들을 고려할 필요가 있다는 나의 퀼팅비 은유와 유사한 지점이다.

그러나 나는 과학적 사고의 성격을 갖는 듀이의 반성적 사고 모델이 건설적 사고와 어떻게 관련되는지 탐구해야만 한다. 때문에 이 장의 후반부에서 퍼스, 제임스, 듀이의 이론이 과학에 상당 부분 의존하고 있다는 것을 다시 논의할 것이다. 이제 퍼스, 제임스, 듀이가 지식 획득에 있어서 사회적 관행을 변화시키는 잠재성을 염두에 두며 진리의 개념을 다루는 방법에 대해 논하고자 한다.

오류가능주의와 진리, 그리고 보증된 주장가능성

퍼스는 보편적 진리를 염두에 두었으나 플라톤과 같이 진리가 우리 영혼에 이미 내재한다고 본 것은 아니다(Pierce, 1958). 오히려 퍼스는 진리가 물질세계에 존재한다고 보았던 아리스토텔레스의 사상으로 자신의 철학적 유산을 거슬러 올라간다. 그러나 퍼스는 과학자나 논리학자들이 논리적 방법과 결과로부터 핵심 원인을 도출하는 방식의 추론을 통해 물질세계에서의 진리를 발견할 수 있다고 주장한 아리스토텔레스의 견해를 수용하지는 않았다. 퍼스는 사람들이 더욱 많은 지식을 알게 되면 때로는 그동안 진리라고 여겼던 것이 진리가 아닌 것으로 밝혀질 수도 있다고 보았다. 퍼스에게 있어서 인간은 자신의 생각이나 경험을 통해 진리를 도출하기에는 불완전하고 맥락적인 존재로 이해되었다. 때문에 플라톤과 아리스토텔레스의 인식 주체에 대한 가정은 퍼스와 그의 오류가능주의 이론과 맞지 않는 부분이 있는 것이다.

퍼스는 우리 모두 불완전한 개개인이므로 합리적 탐구 공동체를 통해 다른 사람들과 협력하여 지식에 대한 이해를 넓혀가야 한다고 제안했다. 이런 관점에서 퍼스의 실용주의는 진리 이론이라기보다 의미 이론이라 할 수 있다. 퍼스는 진리를 우리가 미래에 도달하고자 하는 것으로 가정하며, 학자들은 각 세대에 진리가 무엇인지에 대해 가능한 수준에서 연구하여 다음 세대에 전달하는 역할을 수행하는 존재로 본다. 퍼스는 저서 『우리의 생각은 어떻게 명료해지는가*How To Make Our Idea Clear*』에서 "진리에 대한 견해는 궁극적으로 도달 가능한 것이어야 한다(Pierce, 1958: 133~134)"라고 기술한다. 그는 연구의 말미에 시간의 끝에 다다랐을 때 얻어지는 것이 바로 진리라고 주장한다. "연구한 모든 이들이 궁극적으로 동의할 수 있는 의견이야말로 우리가 진리라고 여길 수 있는 것이며, 이 의견이 표현하는 대상은 현재한다. 이것이 내가 현실을 설명하는 방법이다(Pierce, 1958: 133)."

도달하고자 하는 진리에 대한 퍼스의 견해는 궁극적으로 과학자들에 의해 수렴되어 동의될 것이고, 그들이 동의할 것들은 실재라는 가정에 기반할 것이다. 장기적으로 참이라 여길 수 있는 최종적이고 영구적인 신념이 있을 것이라는 믿음은 진리를 "인간의 의견으로부터 독립적으로 존재하며 객관적으로 실재하는 것(West, 1989: 52)"이라고 가정하는 것이다. 퍼스의 논의에는 외부에 존재하며 우리의 감각적 경험과는 무관한 물질적 대상으로서 저항적 현실이 전제된 것이다. 이 독립적 현실을 상정하는 것은 퍼스가 실용주의와 종종 대립되는 상대주의에 대한 비난을 피해가는 방법이었다. 실용주의가 인간에 대한 믿음으로써 현실의 관점에 의지하고, 인간 행동의 기능으로써 진리의 관점에 의지하기 때문에 상대주의적인 면이 있기 때문이다.

퍼스의 논의는 결정론적으로 해석될 여지가 있는 것을 수용한 것에 대해 비판을 받아 왔지만, 그에게 있어서 "궁극적 동의ultimate agreement라는 것은 불가능하기에(West, 1989: 51)" 궁극적 동의는 단순히 규제적 이상ideal의 기능을 하는 것으로 해석될 수 있다. 때문에 퍼스는 절대적인 우연absolute chance라는 신조를 수용한다. 왜냐하면 그는 현실과의 연결고리를 만들고, 상호작용하고, 현실적 의미를 부여하는 것이 얼마든지 가능하다고 여겼기 때문이다. 퍼스는 다음과 같이 기술한다.

공동체가 어떤 주어진 질문에 대해 불변의 결론에 도달할 것이라고 단언할 수는 없다. 설사 대부분이 그렇다 할지라도, 만장일치가 완전히 이루어질 것이라고 생각할 수 없으며, 모든 질문에 대해 압도적인 **의견 일치**가 이루어질 것이라고 간주하기도 어렵다. 우리가 할 수 있는 유일한 것은 우리가 몰두하여 연구하는 주제에 대해 그런 결론이 나오기를 **희망**하는 것 정도이다(Peirce, 1933: 420, 원문 강조).[4]

끝없는 탐구와 절대적 진리에 대한 퍼스의 논의는 무한한 다원주의자인 제임스의 영향으로 변화를 맞는다. 진리는 각각의 상황과 관련하여 진리일 뿐이라는 논리의 영향을 받는 것이다. 제임스는 우연성과 변화 가능성을 진리 이론에 통합하려는 퍼스의 근본적 선례를 따르는 한편, 진리를 향한 퍼스의 연구 진화 과정의 관점과 객관적 진리에 대한 자신의 가정을 통합시킨다. 제임스는 그의 '근본적 경험주의radical empiricism'을 다음과 같이 정의한다.

근본적 경험주의에서는 먼저 가정을 상정postulate하고, 사실을 진술한 후 최종적으로 일반화된 결론을 도출한다. 가정을 상정한다는 것은 경험적인 면에서 정의될 수 있어야만 철학자들 사이에서 토론의 여지가 있다는 것을 의미한다. 또한 사실에 근거한 진술에서는 대상의 중요도와 무관하게 대상 간의 관계성 여부가 직접적인 특정 경험의 문제로 여겨지게 된다. 마지막으로, 일반화된 결론을 도출하는 것은 경험의 각 부분들이 그 자체의 관계에 의해 하나하나 연결된다는 것을 의미한다(James, 1970/1975b: 6~7).

제임스(1909/1975a)에게 실재reality란 "우리의 감각의 흐름, …(중략)…

---

4) 웨스트는 퍼스의 연구에 대한 자신의 연구에서 이 인용문에 특히 주목했다(West, 1989: 51~52).

우리의 감각 사이나 우리의 마음속에 사본으로 존재하는 관계 …(중략)…
그리고 모든 새로운 탐구가 취하기 이전의 진리(James, 1909/1975a:
117~118)"이다. 그는 다시 의식의 존재를 부정하는 관점에서 그의 근본
적 경험주의를 다음과 같이 설명한다.

> 나는 의식consciousness이라는 단어가 독립된 실체를 의미하는 것이 아
> 니라 어떤 기능을 의미한다고 강력히 주장하는 바이다. 다시 말하면,
> 만들어진 대상과 그것에 대한 우리의 생각과 대조되는 본래 존재하
> 던 물건이나 존재의 본질이란 것은 존재하지 않는다는 것이다. 그러
> 나 경험은 생각을 이행하는 기능이 있고 이를 통해 존재의 본질이 발
> 현된다. 그 기능이 '앎knowing'이다(James, 1909/1975a: 4).

제임스는 퍼스와 마찬가지로 진리론의 종말을 가정하지만 이것이
단지 믿음뿐인 것 또한 알고 있다. 제임스에게 있어서 경험에 의해 행
동하여 충분히 합리적인 결과를 도출했을 때, 그 믿음은 사실이 된다.
"무언가가 사실이라고 말하는 것은 그것으로 충분하다고 말하는 것이
다(Seigfried, 1990: 314)."5) 제임스는 저서 『실용주의Pragmatism』에서 진
리의 정의에 대한 다음의 문구를 특히 강조했다. "**진실된 생각은 우리
가 이해하고, 인증하고, 입증하고, 확인할 수 있는 것이다. 거짓된 사상
은 우리가 그렇게 할 수 없는 것이다**(James, 1907/1975b: 97)." 이로써
진리는 제임스의 손에서 확장되어 확고하고 본질적인 특성을 갖게 된
다. 그것은 과거를 투영한다거나 미래 지향적이라기보다 유동적이고

---

5) 나는 제임스의 논의를 이해하는 것에 시그프리드의 연구를 참고하였다. 시그프리드의 연구는
제임스의 이론에 대한 나의 관점을 명료히 하는 것에 도움이 되었다.

변화하는 특성을 지니게 된 것이다. 사고는 경험의 일부로 여겨지며, 다른 부분의 경험과 충분한 관계성을 가질 때에 비로소 진리가 될 수 있는 것이다. "그러므로 실용주의자들은 어떤 것이 진리인지 묻지 않고 사유의 진리가 실제 삶에서 어떠한 구체적 변화를 만들 수 있는가를 묻는다(Seigfried, 1990: 293~294)." 또한 제임스는 다음과 같이 말한다.

> 진리truth는 입증할 수 있는 사실fact에서 비롯된다. 그러나 진리는 다시 사실에 확신을 더하기도 한다. 그리고 그 사실은 다시 새로운 진리 (어떤 사실인지는 상관없다)를 창조하거나 드러나게 하며, 이러한 과정은 무한정으로 반복된다. 한편 그 '사실' 자체는 '**진리**'가 아니다. 그저 '사실'일 **뿐이다**. 진리는 믿음 사이에서 그것을 시작하고 끝내는 역할을 할 뿐이다(James, 1909/1975a: 108, 원문 강조).

이는 다음과 같이 정리된다. "진리는 실제 상황reality에 대한 우리의 주관적인 관계일 뿐이다(James, 1907/1975b: 89)."

제임스는 '자신의 인생을 살고, 타인의 인생을 살게 두어라live and let live'라는 미국의 민주주의 철학의 중심 사상을 신봉하였다. 때문에 그는 절대적 진리라는 개념을 독단적인 것으로 여겼는데, 이는 진리가 가진 권력에 대한 포스트모더니즘 관점의 논의라는 점에서 흥미로운 지점이다. 제임스는 개인의 존엄을 민주적으로 존중했으며, 절대적으로 공적이고 보편적인 관점은 없다고 믿었다. 제임스에게 실용주의란 조정자이자 중재자이며, 진리의 개연성을 점검하는 방법이었다. 실용주의 관점이 점검하고자 하는 것은 오직 "무엇이 우리를 이끄는 방식으로서 적절한지, 무엇이 경험적 요구의 집합과 결합하여 어느 것도 빠지지 않는 삶의 모든 부분에 적용되는지(James, 1909/1975a: 522)"에 대한 것이다. 그에 반해 퍼스는 『실용주의란 무엇인가*What Pragmatism is*』의 연구 후반에 이르러서 상대주의 경향을 강하게 보인 제임스와 기타 학자들의 논의와의 차별성을 드러내기 위해 실용주의라는 용어를 사용한 정도이다.

시그프리드는 제임스가 구체적 상황들을 고려한 것에 대한 여타의 학자들의 우려에 대해 그것이 그를 "고삐 풀린 상대주의자(Seigfried, 1990: 304)"로 만드는 것은 아니라고 주장한 바 있다. 제임스는 진리의 주관적 측면을 강조하고 객관적 측면을 무시하는 경향이 있다는 비판을 받기도 했다. 제임스는 합리주의에 대해 반박하며 "엄밀성과 궁극성에 대한 합리주의적 믿음은 키메라와 같은 근거 없는 환상일 뿐(Seigfried, 1990: 298)"이라는 것을 보이기 위해 노력했기 때문이다. 이에 대해 시그프리드는 다음과 같이 주장한다. "절대적 표준은 불확실한 것으로 대체해도 무관하다(Seigfried, 1990: 298)." "주관주의의 가치는 오직 합리주의의 실제적 특성에 대한 극단적 관점에서의 집착에 대한 제임스의 반박에 의해 유지된다(Seigfried, 1990: 311)." 제임스는 상대주의에 대한 비판에 대응하며 다음과 같은 질문으로 답한다. "과거로부터 무리하게 누적된 진리와 주변 감각 세계의 구속 사이에 갇혀있는, 그 누구보다 스스로를 실용주의자로 여기는 사람만큼 정신 활동에서 있어서 대상화된 통제의 엄청난 압박을 느끼는 사람이 또 어디 있겠는가?"

이제 듀이의 '주장가능성assertability'에 대한 개념을 논하며 듀이로 인해 퍼스의 오류가능성을 어떻게 논의할 수 있는지 탐구하고자 한다. 듀이는 퍼스의 '궁극적으로 연구자 모두가 동의할 수 있는 의견'에 대한 가능성을 수용한다(Dewey, 1958: 133). 그는 자신의 저서 『논리학*Logic*』에서 자신의 논리학의 기반이 되는 이론으로 퍼스의 논의를 꼽는다. 앞서 기술한 바와 같이, 퍼스는 우리가 현실을 절대 알 수 없으며, 현실은 미래지향적 이상일 뿐이라는 주장을 펼친다. 듀이는 퍼스의 이러한 논의를 수용하며 그의 존재론적 진리(진리의 본질)와 인식론적 타당성(진리의 검증)을 구분하는 논의를 펼친다.

듀이는 논리학에 대해 다양한 사람들의 철학적 추정에 따라 다양한 방법으로 해석될 수 있는 대상이며, 철학의 한 분야라고 설명한다. 따라서 그에게 있어서 논리학은 탐구와 분리되지 않고 탐구하는 과정의 맥락에 내재하는 것으로 여겨진다. "모든 논리적인 형태(그 특성과 성질 또한)는 탐구 과정으로부터 발생하며, 그것은 보증된 주장을 이끌어 낼 수 있도록 탐구를 통제하는 것과 관련된다(Dewey, 1938: 3~4)." 듀이는 또한 다음과 같이 기술한다. "논리적 이론은 형이상학적이고 인식론적인 예측보다 부차적인 것으로 여겨진다. 따라서 근본적인 형이상학적 추론에 따라 논리적 형태가 다양해질 수 있다(Dewey, 1938: 8)."

듀이는 '확정된 신념settled belief'이 "주요 관심사subject-matter의 존재가 실존할 때, 또는 실존할 수도 있을 때, 주어진 방식으로 행동할 준비와 함께 정해진 상태(Dewey, 1938: 7)"로 정의되고, '지식'이 "탐구를 만족스럽게 끝내는 것, 그리고 그 탐구의 결과물(Dewey, 1938: 8)"로 정의되는 것에 대해 각 용어의 모호성을 지적한다. 만약 이 용어들이 정의된 바와 같이 사용된다면, 그는 이 용어의 쓸모를 인정했을 것이다. 탐구의 결과로 지식이 도출되는 것은 당연한 이치이기 때문이다. 그러나 사람들은 지식을 '탐구와의 연결성과 관계성'에 무관한 형이상학적이고 인식론적 추론으로 인지하고자 하는 경향이 있다. 그러므로 듀이는 신념과 지식의 모호성으로부터 자유로운 별도의 용어인 '보증된 주장 warranted assertion'을 제안하며 다음의 설명을 덧붙인다.

> '보증된 주장가능성'은 지식을 추상적 탐구에서 도출된 일반화된 추상 용어로 간주하는 것이다. 실제성이 아닌 잠재성을 염두에 둔 이 용어를 주장하는 이유는 특정 탐구에 대한 모든 특정 결론들이 지속적으로 재논의되도록 함으로써, 그것이 연구의 대상이 되는 분야의 일부로 인정받을 수 있도록 하기 위해서이다(Dewey, 1938: 9).

플라톤이 초월적 지식에 대한 상기론을 전개한 이래, 우리는 우리가 진리에 대한 신의 시선을 소유한 것은 아니라는 것을 알고 있다. 이러한 이유로 듀이는 진리와 관련한 그 어떤 이론도 거부하는 태도를 보인다. 아리스토텔레스가 삼단논법을 통해 주장한 바와 같이 "그는 논리적 일관성과 이론적 일관성을 세계에 적용되는 이론의 결정적 기준으로 수용하는 것을 거부(West, 1989: 99)"하는 것이다. 듀이는 우리에게 인식론적 주장을 확립하기 위한 합의 과정이 필요하다고 주장한다. 합의 과정과 탐구에 초점을 맞추어야만 사회 관습을 통해 진리를 검증할 수 있음을 이해할 수 있다는 것이다.

우리는 우리의 사고가 신뢰할 만한 것인지, 행위 가치가 있는지 판단하기 위해, 주장을 어떻게 검증할 것인지에 대해 반드시 확인해야 한다. 오류가능성을 가지며 상황과 맥락에 영향을 받는 인간은 자기 수정적인self correcting 절차를 통해야만 진리에 다가갈 수 있다. 논리적 형식 또한 자신의 맥락에서 발생하는 것이다. 따라서 우리의 주장은 잠정적이며 수정 가능해야 할 것이고, 진리에 대한 모든 주장 또한 보증된 주장가능성에 의지해야 하는 것이다.

　그러므로 지식 또는 진리를 보증된 주장으로 여기는 것은 최선의 기준과 최선의 증거에 따라 모든 상황과 모든 의구심을 해결하기 위한 우리의 최선의 노력이라 할 수 있다. 또는 제임스가 말한 바와 같이 우리가 만족할 만한 성과라 할 수도 있다. 듀이와 제임스의 실용주의적 관점은 저속한 상대주의vulgar relativism(강한 상대주의, 근본적 상대주의, 누구나의 관점 등으로 불리는 것)도, 퍼스의 제한적인 보편적 관점의 논의와 같은 절대주의적 관점도 취하지도 않는다. 듀이와 제임스의 관점은 양자택일을 요구하는 논리적 관점이 아니라 양립 가능한 논리(내가 제한적 상대주의 qualified relativism라고 평하는)를 수용하는 관점이다. 그러나 제임스가 지식에 대한 개인주의적 관점을 수용한 반면 듀이는 지식을 사회 공동체와 관련지어 설명하여 상대적으로 덜 비판받은 경향이 있다. 제임스는 개인주의를 포기하지 않지만, 듀이는 개인과 다른 이들 사이의 상호관계와 민주공동체 내에서의 탐구를 중요하게 여기기 때문이다. 제3장에서는 이러한 관점에서 나의 견해가 듀이의 견해와 양립 가능한 지점에 대해 자세히 기술할 것이다. 더하여, 나는 듀이가 과학적 모델에 지나치게 의존하여 그의 다른 관점들을 제한하고 있다는 것에 대해 비판적으로 논의할 것이다.

　나는 나의 인식론이 '인간을 내재되고 체화된embedded and emdodied 사회적 존재'라고 가정한다고 서론에서 밝힌 바 있다. 이 가정은 퍼스의 연구를 통해 지지를 받는다. 특히 퍼스가 듀이의 '보증된 주장가능성' 논의를 통해 도출했던 '오류가능성' 논의가 나의 가정을 지지한다. 우리 모두는 불완전한 인간 존재이기 때문에 우리 중 그 누구도 단독적 인식의 행위 주체로 여겨질 수 없다. 또한 우리는 우리 스스로 진리를 발견한다고 주장할 수도 없다. 때문에 퀼팅비 은유는 타인들을 지식의 퀼팅 과정에 참여시킬 필요가 있다는 것을 주장한다. 우리는 지금, 우리가 지식을 알기 위해서는 다른 사람들과 필연적으로 협업해야 한다는 논의까지 도달하였다. 그러나 모두가 함께해야 한다는 듀이의 권고를 퍼스의 입장에서 수용할 수 있는 것인지는 다음 절에서 알아볼 필요가 있다. 이 주제에 대해서 퍼스는 나의 논의에 의문을 제기할 수도 있다. 퍼스는 내 의견이 제임스의 입장과 상당히 비슷하다고 의심할 것이며, 내가 저속한 상대주의와 제한적 상대주의를 구분 지어 논의한 것에 대해서도 의문을 던질 것이다. 그는 인간이 인식하는 지식과 분리되는 독립적이고 보편적인 우주의 진리를 상정하여 논의하기 때문이다.

퍼스의 인식론은 우리가 점차적으로 진리에 도달할 수 있다고 여기는 선형적이고 진화론적인 모델을 제시한다. 이는 상대주의에 빠지지 않기 위한 그의 대안이었다. 그러나 나의 퀼팅비 은유는 존재하는 시간의 끝에 있는 보편적 진리를 상정하는 선형적이고 진화적인 모델이 아니다. 나의 방식은 퍼스보다는 제임스와 더 유사점을 갖는 실용주의적 접근 방식이다. 우리가 시간의 끝에 현재 살고 있는 것이 아니라면, 시간의 끝에서 진리를 추구하는 것은 이치에 맞지 않다. 나는 현재 지금 내가 생각하는 것이 실제로 진리인지 확인할 수 없다. 당신 또한 그러하다. 우리는 신의 시선으로 진리를 탐독할 수 없다. 우리는 진리를 탐구하는 한편 우리의 삶을 지속해야 한다. 나는 진리를 확신할 수 있는 독단적인 인식적 행위 주체가 존재할 수 없다고 생각한다. 때문에 나는 '진리'라는 용어를 궁극적이고 초월적인 의미로 사용하지 않는다. 또한 나는 사회적 구축의 과정에 있는 우리 자신을 염두에 놓고, '지식'이라는 용어를 유동적이고 유연하며 적응이 필요한 것으로 여기는 관점에서 활용하고자 한다.

　나는 우리가 사회적으로 '지식'을 구축하는 과정에 있다는 것을 전제하고 있다. 때문에 내가 사용하는 '진리'라는 용어는 유동적이고 유연하며 적응이 필요한 관점에서 정의된다. 우리의 능력은 제한적이고, 우리의 논증은 불완전하며, 우리의 기준에는 결함 가능성이 있다. 나는 우리와 우리의 노력으로부터 분리된 형상의 세계, 즉 우리와 우리의 노력으로부터 분리된 실재를 가정하지 않는다. 진보적 학자인 듀이는 애매한 상대주의를 피하려 하였다. 나 또한 우리의 의구심을 잠재우고 나의 탐구를 만족스럽게 완수하기 위해서 그 탐구의 과정에 반드시 사회적 협상이 요구됨을 주장하는 바이다.

　퀼팅의 틀frame(우리의 세계)은 우리가 구성하는 퀼트의 경계를 세운다. 그렇지만 그 경계는 우리가 살아가는 세계처럼 고정된 것이 아니라 움직이고 변화하는 것이다. 우리의 퀼트는 선형적 방식으로 만들어지는 것으로 보일 수도 있다. 먼저 틀을 가로질러 뒷부분에 원단을 대고, 솜을 채울 공간을 만들고, 윗부분 원단을 더하고, 천 조각들을 누빈다. 그러나 이는 퀼트를 만드는 한 가지 방법일 뿐이고, 이외에 다른 여러 방법들도 있다. 정해진 접근법이나 방법이 유일할 수 없으며 퀼팅을 하는 순서 또한 별도로 정해져 있는 것이 아니다. 다시 말해 퀼팅비 모델에서는 선형적 엄격함 대신 유동성을 발견할 수 있는 것이다. 이보다 더 선형적인 경우가 있을 수 있지만 가능한 패턴이나 디자인에 있어서는 무한한 유연성을 갖는다.

　여기서 퍼스와 듀이가 인식론적 공동체와 사회협상 과정을 어떻게 받아들였는지를 보다 완벽히 이해하기 위해, 세 번째 주제인 '인식론적 공동체와 과학의 우월성'으로 넘어가고자 한다. 제임스는 탐구를 위한 사회적 모델을 수용하는 대신 개인주의적 모델을 기술하고자 하였다. 그러나 제임스의 개인주의적 모델은 플라톤과 아리스토텔레스의 모형처럼 보편성을 전제하지 않으며, 오히려 무한한 다원주의에 빗대어 설명되는 경향이 있다. 퍼스와 듀이는 지식을 사회 공동체의 관점에서 설명한다. 때문에 나는 마지막 절에서 이들에 대한 논의를 덧붙이고자 한다. 퍼스와 듀이의 사회적 접근 방법은 상대주의에 대한 책임을 회피할 수 있는 근거가 되기도 했다. 그러나 그들은 과학적 모델에 의존하면서 배타적 엘리트주의에 대한 비판에 더 취약한 모습을 보였다. 듀이는 자연주의적 접근 방법과 민주주의를 강조하므로 퍼스보다 이러한 비판에 덜 취약한 것으로 보일 수 있다. 듀이는 민주적 공동체를 지향하기 때문이다. 하지만 듀이는 과학에 의존하는 모습을 보임으로써 여성이나 비서구 유럽 문화권에 대해 배타적일 수밖에 없는 논의를 이어왔다. 퍼스와 듀이는 인식론적 공동체에 대해 서로 다른 견해를 갖고 있다. 우리는 이들 견해의 차이를 이해함으로써 내가 사용하는 퀼팅비 은유를 더욱 명료히 이해할 수 있을 것이다.

인식론적 공동체와 과학의 우월성

미국 실용주의는 과학이 서구 유럽 세계에서 입지를 다지면서 발달되었다. 과학적 사고의 입지와 그 가치는 퍼스, 제임스, 듀이, 이 세 사람 각각의 연구에 의해 명료해졌다. 이와 관련하여 III부에서는 과학적 사고에 상정된 가치에 의문을 제기한 여성주의 학자들에 대해 논의하며, 과학의 우월성에 대한 상정이 그 자체의 내재성embeddedness에 대한 특별한 신호임을 보여줄 것이다.

퍼스는 의심을 해결하고 신념을 확고히 할 수 있는 과학 탐구 방법에 대해 설명하고자 했다. 그는 저서 『신념의 확정The Fixation of Belief』(1958)에서 플라톤이 언급한 선험적 사변a priori speculation의 논의로부터 벗어나는 유일한 방법은 논증의 결과가 미래의 증거에 의해 수정될 가능성이 있다고 여기는 자기 수정적self-correcting 과학적 방법이라고 주장했다(Peirce, 1958: 92). 퍼스는 논리학의 역사를 근거로 과학적 논리는 문명의 후반부에서야 발견되었다는 것을 주장했다(Peirce, 1958: 92~95). 이에 대해 웨스트는 "과학적 방법을 인간의 사건으로, 지식이 생산되는 일련의 사회적 관행으로(West, 1989: 43~44)" 명료하게 만든 퍼스의 공로를 인정하는 태도를 취하였다.

퍼스는 사람들이 경험을 통해 희망을 확인하면서 스스로 만족스러울 만한 행복을 느끼며 살아간다고 말한다. 우리가 새로운 문제에 직면하여 현재의 신념을 바탕으로 한 '진리true'를 회의적으로 대할 때, 우리는 새로운 해답을 찾는 과정에서 비로소 '진리'에 가까워진다는 것이다. 우리는 신념을 가진 상태에서 행복과 만족감을 느끼지만, 그것에 의문을 가지면서부터는 불안과 불만족스러움을 느낀다. 퍼스는 '탐구'를 '신념'과 '신념에 대한 의문' 사이의 투쟁으로 정의한다. "탐구의 유일한 목적은 의견의 합의점을 찾는 것이다(Peirce, 1958: 100)." 이러한 의문을 경험하는 많은 사람들은 자신을 가장 행복하게 만드는 대안을 선택하기도 하지만 어쩌면 아무거나를 선택하기도 한다. 그러나 우리는 필연적으로 서로의 견해에 영향을 주는 존재이므로(우리는 사회적 존재이다), 이 '완강한 방법method of tenacity'을 실제로 고수하기 어렵다. 우리에게 필요한 것은 '어떻게 개개인의 신념에 대한 합의점을 찾을 것인가'가 아니라, '어떻게 공동체의 신념에 대한 합의점에 도달할 수 있을 것인가'라는 논의인 것이다(Peirce, 1958: 103).

퍼스는 '선험적 방법a priori method'에 대해 경험적이라기보다 우리의 열망과 기호에 따른 것이라고 표현한다. 때문에 그는 우리의 생각에 영향을 받지 않고 신념을 확고히 할 수 있는 방법을 찾을 것을 제안한다. "그것은 모든 인간에게 적용되거나 적용될 가능성을 갖는 것이어야 한다. …(중략)… 그것은 탐구가 충분히 지속된다는 전제하에 모든 사람들이 최종적으로 동일한 결론에 도달하는 방법이어야 한다. 그것이 바로 과학적 방법이다(Peirce, 1958: 107)."

퍼스는 그러한 과학적 방법으로써 논리학을 제시하고자 한다(Peirce, 1958). 그는 『우리의 생각은 어떻게 명료해지는가How To Make Our Idea Clear』에서 논리학을 통해 생각을 분명히 하는 방법을 교육해야 한다고 주장한다. 이렇듯 과학적 방법으로 진리와 거짓을 분별할 수 있게 된다면 "과학을 신뢰하는 모든 사람들은 탐구 과정이 충분히 수행된다면 각 의문에 대한 단일한 정답을 제시할 수 있을 것이라고 납득한다(Peirce, 1958: 132)." 이렇듯, 과학적 방법은 당위적인 주장에 도달하는 가장 타당한 방법으로서 자기 수정적 성격을 갖게 된다고 해석될 수 있는 것이다.

퍼스는 『실용주의란 무엇인가What Pragmatism Is』(1958)에서 그가 어떻게 실용주의에 대한 논의를 발달시키고자 했는지에 대해 기술한다. 그는 자신에 대해 모든 것을 실험실에서 실험하듯 생각하는 실험주의자(과학자)라고 평가한다. 그는 모든 것에 과학적으로 접근하려고 시도하며, 엄밀하고, 철저하며, 정직(이상적)하고자 했다고 기술한다. 퍼스는 철학이 과학과 같은 기능을 하길 바라며 과학과 협력하여 반복과 관측을 통해 결론을 도출하길 바랐다. 또한 그는 철학이 엄격하고 공정한 탐구를 통해 잘못된 단계를 합리적 방향에서 최소화시킬 수 있는 적절한 기술적 명명법(보편적으로 채택되는 유일한 정의의 기능을 하는)으로 사용되기를 바랐다(Peirce, 1958: 184~185).

퍼스는 철학을 위해 과학적 방법을 수용하는 것, 그리고 오류가능주의와 관련하여 개개인의 사람들이 온전한 개인일 수 없다는 것을 주장하였다(Peirce, 1958: 191). 즉, 퍼스는 우리 내면에는 설득이 필요한 비판적 자아가 있으며, 우리는 다소 느슨한 결속을 가진 사람들이 연합한 사회 공동체라고 주장한 것이다. 이것은 절대적 진리와 우리가 의심하지 않는 것을 구별할 수 있게 해 준다. 우리는 이미 특정한 정신 상태로 탐구에 임하기 때문이다.

> 우리는 이미 형성되어 있는 엄청난 양의 인지 정보로 가득 차 있고,
> 이를 비우는 것은 불가능하다. 이 모든 지식이 당신에게 무용하게 될
> 줄 아무도 몰랐을 것이다. 당신은 그것을 조금도 의심하지 않았기에
> 그것을 완전한 진리라고 믿고 있을 것이다(Peirce, 1958: 188).

과학적 방법은 사회적인 과정이자 공동의 과정이다. 퍼스는 진리를 개인 혼자 찾을 수 있는 것이 아니라 학문 공동체 내에 있는 모두의 지식에 기반하여 찾을 수 있다고 보았다. 개인은 제한적이며, 사적 맥락에 영향을 받는 불완전한 존재이기에 우리 각자의 생각을 다른 사람들과 같이 검증하고 설명하는 과정에서 '진리'에 가까워 질 수 있다고 본 것이다. 진리를 추구하고 그 목표에 도달하기 위해 협력하는 학자 공동체에서, 우리는 이상적인 방식으로 학습하고 그것을 타인과 공유할 수

있다. 퍼스는 아리스토텔레스의 논의에서와 같이, 각 분야의 전문가로 구성된 교육받은 공동체를 구상한다. 그는 탐구하기 위해서는 배경 지식을 알아야 하고, 모든 사람들이 이러한 배경 지식을 아는 것은 아니기에 전문가가 아닌 이들이 논쟁에 포함될 필요가 있다고 보지 않는 것이다. 퍼스는 "조심스럽고 신중하게 (잠정적인 주장과 수정 가능한 결론이 포함된) 과학적 방법을 사용할 수 있는 것은 이성적 탐구와 연관된 과학적 공동체에 제한된다고 보았다(West, 1989: 46)." 웨스트는 퍼스가 제시한 이러한 제한점에 대해, 이것은 과학적 방법이 윤리와 종교를 지배할 수 없도록 한다고 평가했다. 그러나 나는 퍼스의 이러한 배타적인 움직임이 우리의 연구를 제한시킬 수 있는 위험성을 내포하고 있으며, 비판적 사유자들이 과학적 공동체 외부의 사람들을 배제하는 것을 정당화한다고 생각한다. 퍼스의 주장과 유사한 관점을 제3장에서도 이어서 살펴볼 것이다. 그러나 인간의 불완전성에 대한 퍼스의 주장이 다양한 사람들을 논의 대상에 포함시켜야 한다는 담론을 시작하게 한 것은 분명하다. 이에 대해서는 II부와 III부에 이어서 논의할 것이다.

인간이 독자적solitary이기보다 사회적인 개인이라는 퍼스의 견해는 고대 그리스의 패러다임을 전환시킬 수 있는 기제가 된다. 퍼스가 사회적 개인을 강조한 것은 사회학자 미드에 의해 확대되었으며, 듀이의 철학에서도 중요한 의미를 갖게 된다. 듀이는 그의 대표적 저서인 『민주주의와 교육Democracy and Education』(1916/1966)에서 공동체들이 어떻게 교육을 통해 사회적 지속성을 유지하고 발전시키는가에 대해 사회적 관점에서 논의한다. 그는 사회학자들과 실용주의학자들, 그리고 개인적인 친분이 있는 미드가 제안하는 바와 유사한 사회행동주의적 모델을 제안한다. 게리슨은 듀이와 미드가 서로에게 미친 영향에 대해 다음과 같이 기술한다. "그들은 사람들이 공동체의 사회윤리 관행에 참여하면서 사고하고, 서로 다른 역할들을 수행하면서 자아를 구현한다는 논의를 함께 풀어내었다(Garrison, 1995: 723)." 미드와 마찬가지로 듀이는 개인이 공동체의 일원으로 존재한다는 것을 인식하였다. 미드는 우리가 먼저 공동체의 구성원이자 사회적 존재로 존립하고, 그 다음으로 그 공동체 밖에서 독립적이고 자주적인 개인으로서 스스로가 누구인지에 대해 자각할 수 있게 된다고 보았다. 이에 대해 한슨Hanson, K.은 다음과 같이 기술한다. "미드에 따르면 개인은 태어날 때부터 자아를 갖는 것이 아니라 물리적 유기체로서의 삶을 살아감에 따라 자아를 발달시키며 드러낸다. 그리고 이러한 자아의 출현과 발달의 원리는 사회 활동의 과정에서 찾아볼 수 있다(Hanson, 1985: 14)."[6]

미드의 사회구성주의적 견해는 개인주의적 관점에서 보았을 때 결정론적이라는 비판을 받을 수 있다. 그러나 듀이는 개인에 영향을 미치는 사회 집단과 사회 집단에 영향을 미치는 개인에 대해 설명하는 교류 모델을 만들어 자신의 견해를 미드의 견해와 구분하고자 하였다. 『민주주의와 교육』(1916/1966)의 제4장 「성장으로서 교육*Education as Growth*」에서 듀이는 미성숙을 성장의 주된 조건으로 설정하는데, 이는 부족한 것을 일컫는 부정적 개념이 아니다. 오히려 "미성숙은 긍정적인 힘이나 기량, 즉 성장 할 수 있는 **능력**을 가리킨다(Dewey, 1916/1966: 42, 원문 강조)." 듀이는 아이들이 신체적으로 무력하고 다른 사람들에게 의존적이지만 사교성이 뛰어나다고 설명한다. "인간 유아 …(중략)… 그들은

---

6) 타인과의 관계에 대한 다양한 견해와 관련해서는 내가 베이컨Bacon, C.과 집필한 『철학의 교육적 적용*Philosophy applied to education: Nurturing a democratic community in the classroom*』의 I 부를 참고하면 도움이 될 것이다.

사회적 능력 덕분에 신체적으로 무능함에도 불구하고 살아 나갈 수 있다(Dewey, 1916/1966: 43)." 아이들은 다른 이들의 협조적인 관심을 이끌어 내는 것과 다른 사람들의 일에 관심을 가지고 참여하는 것에 재능이 있다. "아이들의 본래적 기제native mechanism와 충동은 사회적 대응을 수월하게 해 주는 경향이 있다(Dewey, 1916/1966: 42)." "사회적 관점에서 보았을 때, 의존성은 약점이 아니라 강점이며, 이는 상호의존성을 포함한다. 개인의 독립성이 향상되면 개인의 사회적 역량이 저하된다는 위험은 항상 존재해 왔다(Dewey, 1916/1966: 42)." 또한 듀이는 『민주주의와 교육』의 제7장에서 상호적이고, 상호관계적이고, 상호의존적인 특성을 갖는 민주적 공동체에 대해 설명한다.

듀이는 그의 저서 『논리학Logic』(1938)에서도 그 당시에 존재하던 사회적 탐구에 대해 살펴보며 탐구에 대한 자신의 논의를 정리했다. 듀이는 사회적 탐구에서 과학적 접근을 하지 않는 경향을 비판한다. "모든 탐구가 사회적 관계의 본질에 의해 궁극적으로 결정되는 문화적 기반 내에서 수행된다(Dewey, 1938: 487)"는 듀이의 말은 사실에 대해 사회적 탐구의 관점이 고려되고 있지 않은 것을 비판하는 것이다. 즉, "문화적 조건이 사회적 탐구에 미치는 영향은 분명하다(Dewey, 1938: 488)"는 주장을 고수하는 것이다. 모든 탐구(논리 그 자체를 포함하는)가 문화적으로 결합된 철학적 가정에 영향을 받는다는 듀이의 핵심 주장은 그가 "과학탐구의 자기 발전적이고 자기 수정적인 본질(Dewey, 1938: 490)"을 포용하는 탐구의 관점을 권고하고 있음을 알게 해 준다. 듀이는 탐구에 대한 과학적 모델을 제시하고자 하는 것이다. 그는 그 이유에 대해 다음과 같이 덧붙인다. "왜냐하면 개인적으로 내린 결론은 조건을 재정립하는 사람들과의 합의에 도달되기 전까지는 가설일 뿐이기 때문이다. …(중략)… 특정 분야의 연구자는 결과를 확인하고 수정하기 위해 동료 연구자 공동체의 경험에 의존할 수밖에 없다(Dewey, 1938: 490)."

　듀이는 『우리는 어떻게 사고하는가How We Think』(1910)와 『민주주의와 교육』(1916/1966)에서 그가 권장하는 과학적 연구 방법을 '반성적 사고reflective thinking'라고 명명한다. 실용주의자인 듀이에게 있어 사고는 어려움을 느끼거나, 당혹스럽거나, 의심을 품을 때 시작된다고 여겨졌다. 일반적 사고는 과거의 경험에 근거하여 여러 가지 가능한 제안이나 해결 방법에 대해 생각할 때 발현되지만, 그 해결 방법에 대해서는 비판적으로 생각하지 않고 그저 먼저 떠오르는 방법을 채택하기 마련이다. 어떤 신념이나 근거에 비추어 가정된 형태의 지식, 그리고 그것이 나아가고자 하는 방향에 대해 능동적이고 집요하며 주의 깊게 생각하는 것은 반성적 사고를 구성한다(Dewey, 1910: 6). 듀이는 이러한 방식으로 일반적 사고와 반성적 사고를 구분한다. 그리고 듀이는 반성적 사고의 본질을 다음과 같이 기술한다.

　　먼저, 우리는 학생들이 진정한 경험적 상황을 갖고 있다는 것을 염두에 두어야 한다. 즉, 그들에게는 자발적으로 관심을 가지고 있는 지속적인 활동이 있다. 두 번째로 염두에 둘 것은 이 상황에서 진정한 문제들이 사고에 대한 자극으로 발전된다는 것이다. 세 번째는 학생이 정보를 소유하고 있으며 그것을 확인하기 위해 관찰한다는 것이다. 네 번째는 학생이 책임지고 정돈된 방식으로 해결책을 제시하고자 한다는 것이다. 다섯 번째로는 학생들에게 의미를 명확히 하고 타당성을 밝히기 위해 자신의 생각을 적용시켜 시험해 볼 수 있는 기회나 상황이 주어진다는 것이다.

이 단계는 '(1) 제안, (2) 문제 인식, (3) 가설, (4) 추론과 해법 도출, (5) 가설과 사고의 시험'으로 요약될 수 있다. 그러나 듀이가 반성적 사고에 대해 반드시 특정 순서를 따라야 한다거나, 재반추하거나 점검해야 한다고 생각하는 것은 아니다. 그는 단순히 반성적 사고가 위와 같은 단계들을 포함한다고 명시하고 있는 것이다.

또한 듀이는 사고하는 과정에서 방법적 도움을 주는 것 이외에도 사고 주체 자체를 강조하면서 사고의 역동성에 주목하고자 하였다. 생각하는 사람은 바람과 목적을 가지고 있다. 사고는 사유의 목적을 갖고 있으며, 반드시 누군가에 의해 수행되어야 하는 행위이다. 즉, 듀이는 사고 자체가 독자적으로 존재할 수 없다고 여기는 것이다.

이상의 논의에서와 같이, 듀이는 반성적 사고 이론을 정리하며 이를 탐구에 대한 과학적 접근 방법이라고 설명하고 있다. 때문에 어떤 사람들은 그의 이론에 대해 정돈된 과학적 단계를 따르도록 하며 그 단계를 통해 모든 문제에 접근할 수 있다는 주장으로 해석하기도 한다. 어떤 면에서는 듀이가 문제 해결의 과정을 기술적 또는 과학적 모델로 축소시켜, 모든 지식과 모든 문제를 절차적으로 처리하고자 했다는 주장이 제기되기도 했기 때문이다(Paul, 1984). 그러나 듀이의 반성적 사고를 기술적이고 독점적인 것으로 해석하는 것뿐만 아니라, 그의 이론을 본질적인 이론이 아닌 절차적인 이론으로 특징짓는 것 또한 문제가 될 수 있다. 위에서 볼 수 있듯이 실제로 듀이는 과학적 방법론을 일반화하고자 했으며 기능을 배제하는 경향을 보였다. 그는 실험실에서의 실험이 아니라 '사고' 실험을 중시했으며, '기술적인 조사'보다는 '현장'에 더 관심을 가진 학자이다. 듀이는 그의 반성적 사고 이론에 가치와 관련한 것을 포함시켰다. 또한 사실과 가치가 분리될 수 없으며, 과학이 다른 어떤 인간 활동들보다 덜 가치 있거나 중립적인 것이 아니라고 강조한 점 또한 주목할 만한 부분이다. 듀이의 반성적 사고 이론이 민주적 가치를 포함하는 것은 사실이다. 그러나 그의 반성적 사고 방법은 다른 방법에서 강조된 것과 달리 탐구 과정에서 타인들이 반드시 참여해야 한다는 것을 강조하지는 않는다. 어떤 면에서 듀이의 다섯 단계의 과정이 개인주의적 관점에서 해석될 수도 있겠지만, 그렇게 되면 그의 민주주의 이론이 나의 건설적 사고 이론에 기여한 중요한 사회적 강조점을 놓치는 우를 범하게 될 것이다.

초기 미국 실용주의자들은 과학과 과학적 접근 방식을 의심의 해결을 위한 수단으로만 이해하였다. 세상을 설명하는 과학적 방식의 가치를 인식하지 못한 것이다. 이러한 이유로 과학은 듀이가 논리학에 대해 비판한 것과 비슷한 맥락의 비판을 받는 대상이 된다. 이렇듯 과학을 문제에서 벗어나기 위한 수단으로만 이해하는 관점도 우리의 편견과 문화와 관련이 있을 것이다.

과학은 과학자들에 의해서만 생명력을 얻을 수 있다. 그런데 과학에 생명력을 부여하는 과학자는 제한적 관점을 가진 맥락화된 사회적 존재이다. 이 사람들은 세상을 보는 특정 방식에 대해 학습했으며, 특정 문제가 발생하기 전까지 현재의 패러다임을 '진짜real'인 것으로 여기며, 학습된 관점을 통해 세계를 이해하고자 한다. 그러다가 새로운 이론이 발견되면 과학은 패러다임의 전환을 맞는다(Berger & Luckmann, 1966; Kuhn, 1970). 이러한 과학이 갖는 사회적 배태성에는 몇 가지 예를 들 수 있다. 피부색이 어두운 사람들은 지능적으로 열등하며, 인간 인구의 절반(약자로서의 여성)이 국가의 유능한 지도자가 되기에는 육체적, 감정적으로 유약하다는 과학적 주장이 그것이다. 이러한 과학자의 결함 있는 논쟁은 오늘날 그들이 속한 사회 공동체가 수용하는 성차별적이고 인종차별적인 가치라고 받아들이는 사례들이다.

이러한 맥락성에 대해 플랙스Flax, J.는 다음과 같이 설명한다.

> 생각은 인간 행위의 다른 형식들과 마찬가지로, 한 인간을 형성하는 행위의 한 형식이다. 철학은 필연적으로 그 자체와 그 철학을 발생시킨 사람의 사회적 관계의 영향을 받는다(Flax, 1983: 248).

자연주의자인 베이트슨Bateson, G.은 맥락성이 과학에 영향을 미친다는 것을 이해하는 것에 도움이 되는 방식으로 맥락성의 문제를 설명하고자 한다.

> 인간의 자연적 역사를 본다면 존재론과 인식론은 분리될 수 없다. 세계가 어떤 종류의 세계인지에 대한 '개인의one's' (일반적으로 무의식적인) 신념은 세계를 보는 관점과 행동하는 방식을 결정하는 것에 영향을 주고, '개인이' 인식하고 행동하는 방식은 세계의 본질에 대한 신념을 결정한다. 따라서 살아 있는 '인간 존재'는 인식론적 및 존재론적 전제의 그물에 묶여 있으며, 이는 그것이 궁극적으로 진리 또는 거짓인지와 무관하게 '그 또는 그녀her or him'의 자기 타당성을 입증하도록 한다(Bateson, 1983: 312).

위의 인용문에서 드러나는 바와 같이, 베이트슨은 성 중립적 언어를 사용하기 위해 노력하였다. 이 인용문에는 '그man'라는 지칭명사가 '모든 사람all people'을 의미하는 용어로 활용되는 것을 성차별적으로 여기는 관점이 내포되어 있는 것이다. 나는 계속적으로 서구 유럽의 철학과 과학이 철학자들의 이론과 과학자들의 실험에 지속적으로 맥락적 영향을 미쳤다고 주장하고 있다. 이와 관련하여 Ⅲ부에서 다른 학자(분석철학자, 비판철학자, 실존주의 철학자, 현상학자로서의 여성주의자와 여성학자)들이 과학적 방법이 정말 객관적으로 우월한가에 대해 논의한 것을 다룰 예정이다.

내가 제안하는 퀼팅비 은유는 우리가 흔히 생각하는 과학적 방법론과는 차이가 있다. 퀼트에 참여하는 퀼터가 퍼스, 제임스, 듀이가 주장했던 것처럼 반성적 사고와 과학적 사고를 해야 하는 것은 아니기 때문이다. 그렇다고 퀼팅비의 사유 과정이 과학적 활동과 탐구를 포함하지 않는다는 것은 아니다. 때문에 Ⅱ부에서 다른 학자들의 연구를 더 깊이 살펴본 후, Ⅲ부를 통해 퀼팅비 사유 과정이 과학적 식별에도 기여한다는 것을 확인할 것이다. 미국 실용주의는 사람들의 생각과 경험의 관계성을 고려하여 사유의 맥락을 이해하는 것이 중요하다는 입장을 명료히 하는 것에 기여했다. 퀼팅비 사유를 통해 과학적 사고에 대해 논의할 수 있는 것은 퍼스, 제임스, 듀이의 연구 성과 덕일 것이다. 미국 실용주의는 '사고'가 '사람들의 사고people's idea'라는 점을 강조할 수 있게 하였다. 나의 바람은 퀼팅비 은유가 언제든지 우리의 과학적 사고에 대한 도전을 지지해 주는 것이다. 그것은 예컨대 우리가 지식의 퀼트를 만들 때, 그와 관련된 윤리적, 정치적 이론뿐 아니라 미학적 이론에도 기여할 수 있다는 것을 의미한다.

우리는 문제를 해결하고 결론에 도달하기 위해 서로를 필요로 한다. 우리는 스스로를 '체화되고(듀이) 내재된(퍼스), 다른 사람들과 관계된 존재'로 인정해야만 한다. 때문에 나의 또 다른 목표는 반성적 사고를 연구하는 학자들과 과학 연구자들이 새로운 사고방식에 도전하도록 하는 것이다. 제임스가 개인주의적 관점을 강화하는 동안, 퍼스는 과학적 탐구자들의 사회 공동체와의 관계성을 염두에 두며 탐구자를 개인 자체로만 여기지 않도록 했다. 듀이는 공동체의 민주성을 강조하는 퍼스의 주장을 발전시켜, 과학적 탐구자들의 공동체에 대한 퍼스의 개념을 확장시켰다. 이는 다른 사람들이 지식의 퀼팅에 관계되어 있고, 우리 모두가 잠재적인 지식의 기여자로 간주될 필요가 있음을 시사하는 퀼팅비 은유에 대해 이해할 수 있는 가능성을 보인다. 지식은 단순한 건설적 구축 과정을 통해 생성되는 것이 아니라, 사회적인 건설 과정을 필요로 하는 것이다.

이 지점에서 우리는 에니스Ennis, R., 맥펙McPeck, J., 립맨Lipman, M., 폴 Paul, R., 시걸Siegel, H., 프레이리Preire, P.와 같은 철학자들을 대표로 하는 비판적 사고 이론에 대한 최근의 논의를 살펴볼 필요가 있다. 글레이저 Glaser, E., 블랙Black, M., 셰플러Scheffler, I. 등 다른 철학자들은 철학에 대한 과학적 방법론을 개발하라는 퍼스와 듀이의 권고를 진지하게 받아들여 현재 우리가 비판적 사고라고 칭하는 것을 발전시켰다. 그들의 영향은 그들의 후속 연구자들로 이어진다. 나는 제3장을 통해 간접적으로 그들의 기여에 대해 생각할 수 있는 기회를 갖고자 한다.

제3장
현대 비판적 사고 이론

    제2장에서는 미국 실용주의의 세 가지 핵심 주제인 지식과 경험, 오류가능주의, 진리, 보증된 주장가능성, 인식적 행위 주체와 과학의 우월성에 대해 논의하였다. 이를 통해 우리는 퍼스, 제임스, 듀이의 논의로부터 시작된 인식론의 변화를 확인할 수 있었다. 또한 우리는 그들의 사상에 내가 주장하는 퀼팅비 은유와 관련된 지점이 있는 것을 발견하였다. 즉, 그들의 이론은 내가 제안하는 비판적 사고의 전환에 대한 가능성을 보여 주었다. 우리는 앞장에서 미국 실용주의 사상을 바탕으로 고대 그리스에서부터 논의된 고독한 비판적 사유자의 모델을 다원적이고 사회적인 방향으로 해석할 수 있다는 사실을 알아보았다. 그리고 미국의 고전적 실용주의가 과학적 방법론을 지향하는 경향이 있음을 동시에 확인할 수 있었다. 역사적으로 과학적 방법론에 기반한 비판적 사고의 모델은 배타적이며 제한적인 모습을 보였다는 것을 살펴볼 수 있었다.

    제3장에서는 현대의 철학자들이 비판적 사고 또는 '비형식 논리학

informal logic'이라고 불리는 것에 대해 어떤 견해를 가지고 있는지 논의할 것이다.1) 본 장에서 제시될 철학적 견해는 제1장에서 논의한 고대 그리스 패러다임에 담긴 비판적 사유자의 모델을 수용하기 때문에 여전히 '전통 철학traditional philosophy'의 범주에 있다고 할 수 있다. 그러나 발전된 형태의 전통적 패러다임은 균열과 틈을 보이기 시작했으며 이는 Ⅱ부와 Ⅲ부에서 더욱 발전적으로 논의될 것이다.

최근 들어 비판적 사고가 더욱 새롭게 주목받고 있는 것이 사실이다. 블레어Blair, A.는 이에 대한 여러 가지 증거들을 제시하고자 한 바 있다(Blair, 1987).2) 나는 실용주의 철학자인 퍼스와 듀이뿐만 아니라 블랙(1946/1952), 라일Ryle(1949), 셰플러(1949/1982) 등과 같은 철학자들에게 영감을 준 비트겐슈타인Wittgenstein(1953), 러셀Russell(1956), 포퍼Popper(1973), 콰인Quine(1960; 1981) 등 형식 논리학에 기여한 학자들에게 감사를 표하고 싶다. 폴(1985) 또한 글레이저의 『비판적 사고의 발달에 대한 실험An Experiment in Development of Critical Thinking』(1941)과 왓슨Watson, G.과의 공동 저작물인 『왓슨과 글레이저의 비판적 사고 시험Watson-Glaser Critical Thinking Test』(1940)이 비판적 사고 이론에 기여한 공적을 인정하였다. 또한 시걸(1988)은 『하버드 교육 평론Harvard Educational Review』에 기고한 에니스의 「비판적 사고의 개념A Concept of Critical Thinking」

---

1) 이 장에서 기술하는 내용의 일부는 나의 1991년 논문에서 처음 논의된 것이다(Thayer-Bacon, 1991).
2) 블레어는 다음과 같은 다양한 사례를 제시한다. "가장 눈여겨볼 만한 지표는 캘리포니아 주립 대학이 졸업요건으로 비판적 사고와 관련한 학점을 요구한다는 것이다(Blari, 1987: 5)." 또한 블레어는 비판적이고 창의적인 사고를 가르치는 교사를 양성하기 위한 대학원 과정 개설 요구를 예시로 제시한다. 뿐만 아니라 비판적 사고 센터, 비판적 사고 학회, 비판적 사고 학회지, 비판적 사고 교재에 대한 논의와 "교육과정과 교재, 교육 프로그램이 있는 어린이를 위한 철학 연구소(Blair, 1987: 5)"에 대한 요구를 증거로 제시하고 있다.

이 비판적 사고에 대한 시대적 관심을 불러일으켰다고 평가하였다.

현대의 모든 비판적 사고 이론을 자세히 기술하는 것은 불가능할 뿐만 아니라 내가 원하는 바도 아니다. 그 이론들에 대한 구체적인 설명은 누구나 수월하게 찾아볼 수 있다. 다양한 칼럼과 학술 논문에서 자주 논의되었기 때문이다. 그보다 나는 앞서 논의한 관점을 이어, 현대의 비판적 사고 이론에 나타나는 핵심적 특징인 기술과 기질, 합리성과 절대주의, 권력과 지식 등에 대해 탐구하고자 한다. 이러한 논의 흐름에서 특정한 일부 이론에 대해 좀 더 자세히 검토하며 내가 발전시키고자 하는 퀼팅비 은유와 그것을 비교하고 대조할 것이다. 따라서 우리는 현재의 비판적 사고 논의에 기여한 몇 가지 남성중심적 관점의 의미를 명료히 알아보고, 그것에 대한 '외부자들others'의 의문과 우려를 탐구하며 I부를 마무리할 필요가 있다.

기능과 기질

현대의 비판적 사고 이론에 대한 논의는 비판적 사고에 대한 정의에서부터 시작되어야 한다. 왜냐하면 그것을 정의하는 것 자체가 많은 철학자들의 화두였기 때문이다. 에니스는 비판적 사고를 기능 측면에서 논의하는 최근의 관점에 부합하도록, 비판적 사고를 "진술들에 대한 올바른 평가the correct assessing of statements(Ennis, 1962: 83)"로 정의하였다. 그는 비판적 사고의 12가지 특성(진술의 의미 파악, 결론의 필연적 도출 판단, 가설로서의 가치 판단 등)과 비판적 사고의 세 가지 관점(논리적 관점, 비판적 관점, 실용적 관점)에 대해 설명하고자 했다(Ennis, 1962: 83). 그는 비판적 사고의 12가지 측면의 특성을 명료히 하고 이러한 사고방식에 적용되는 기준 체계를 정교화하는 것에 대해 논의하고자 하였다. 비판적 사고의 특징을 식별하는 이면의 목표는 사고의 오류를 방지하고 진술을 올바르게 평가할 수 있도록 하기 위한 것이다. 그가 제시한 비판적 사고의 특성 목록은 많은 철학자들이 인정한 바와 같이 상세하고 다양하여 논의를 확장시키는 것에 유용하게 활용될 수 있다. 에니스는 최종적으로 비판적 사고를 측정하는 평가를 통해 사람들의 비판적 사고의 기능을 시험하고 비판적 사고를 교육하는 것과 관련된 문제로 논의를 확장시킨다.

에니스는 비판적 사고 기능을 평가하기 위한 평가를 지속적으로 설계했다. 그는 영향력이 있고 활용도도 높은『코넬대학 비판적 사고 평가*Corell Crtica Thinkin Tests, Ennis & Milman*』(1982)의 공저자이며, 「비형식 논리학, 비판적 사고, 추론 능력 평가의 난점*Problems in Testing Informal Logic/Critical Thinking/Reasoning Ability*」 등의 논문을 기고하면서 이 연구를 계속해 왔다. 또한 그는 일리노이 대학을 은퇴할 때까지 소속된 대학의 비판적 사고 프로젝트를 이끌었다. 그는 학생들의 비판적 사고가 교육을 통해 향상된다는 전통주의적 견해에 입각한 연구를 진행하였다. 비판적 사고에 대한 그의 접근법은 여타의 학자들에게 '순수 기능pure skills' 관점의 접근으로 불렸다.

그러나 에니스는 비판적 사고에 대한 다양한 논의에 참여하여 비판적 사고 이론에 대한 자신의 초기 견해를 수정하는 모습을 보였다. 진술을 평가하는 것을 과정이라 한다면, 그 진술의 진위를 파악하는 것은 결과일 것이다. 그러나 에니스의 초기 논의에서는 과정과 결과를 혼동하여 사용하는 경향이 있었다. 또한 에니스는 초기 논의에서 비판적 사고를 하는 사람들이 비판적 사고를 일상적으로 사용하는 경향이 있다는 것을 간과하였다. 때문에 에니스는 이후 비판적 사고에 대한 자신의 초기 견해를 수정하여, 비판적 사고에 대해 "무엇을 믿고 행할지를 결정하는 것에 초점을 둔 합리성에 기반한 성찰적 사고(Ennis, 187: 12)"라고 재정의하였다.3) 그는 이를 실용적 정의working definition라고 덧붙인다. 또한 그는 이 정의가 창조적 사고를 배제하고 있는 것은 아니라고 밝혔다. 그는 "무언가를 조사하기 위해 제시하는 가설, 문제, 질문, 가능한 해결책, 대안 모색 등에 관한 것이 비판적 사고의 정의에 부합하는 창조적 행위(Ennis, 1987: 10)"라고 설명한다. 그는 비판적 사고를 합리적인 신념 또는 행위를 목표로 하는 실용적 활동으로 여긴다. 그의 이러한 새로운 정의는 비판적 사고가 단순히 능력뿐만 아니라 자질을 갖추어야 향상될 수 있다는 것을 나타낸다. 따라서 에니스의 관점에서 비판적으로 사고하는 사람이 되기 위해서는 관련 기능뿐만 아니라, 이러한 기능을 사용하려는 기질을 갖추어야만 한다.

에니스가 초기 논의에서 제시한 비판적으로 사고하는 사람에게 요구되는 기능은 의문에 집중하고, 논증을 분석하고, 어떤 설명이나 도전에 대한 질문에 답하는 행위와 같은 논리적인 것들이었다(Ennis, 1987: 12~15). 그러나 비판적 사고에 요구되는 기능으로 에니스가 추가한 '질문에 대한 명확한 진술과 이유를 찾는 것', 그리고 '신뢰할 수 있는 충분한 정보를 찾고 출처를 밝히는 것' 등의 기능을 포함하여 총 14가지의 기능이 제시되고 있다.

---

3) 비판적 사고에 대한 에니스의 정의는 듀이가 논의한 '반성적 사고reflective thinking'를 포괄하는 듯하다. 듀이는 반성적 사고를 "그것을 뒷받침하는 근거와 예측되는 결과에 의해 지식이라 추정된 것과 어떤 신념들에 대해 적극적이며 지속적이고 신중하게 숙고하는 것(Dewey, 1945: xiv)"으로 정의한 바 있다.

맥펙은 블랙(1946/1952)의 논의를 따르던 캐나다의 철학자로, 1981
년에 『비판적 사고와 교육*Critical Thinking and Education*』을 발간하고 비판적
사고 이론가들과 비판적 사고의 본질에 대한 열띤 논쟁을 시작하였다.
그는 비형식 논리학informal logic 운동4)이 비판적 사고에 대해 제기하는
문제의식에 의문을 제기하였다. 맥펙에게 있어서 비판적 사고는 합리
적 사고의 부분 집합이다. 합리적 사고란 "어떤 문제를 해결하기 위해
가능한 모든 증거를 지능적으로 활용하는 것(MacPeck, 1981: 12)"이다.
맥펙은 비판적 사고에 대해 무엇이 증거의 범주에 '포함'되는지 판단하
거나, 사용 가능한 증거의 일부를 '무시'하겠다는 결정을 내리는 것과
같이 증거의 이용과 관련한 문제에 직면했을 때에만 발생하는 것으로
이해했다. 그에게 있어서 비판적 사고는 "정상적인 추론 과정에 있을
수 있는 어려움을 해결하는 기질과 기능(MacPeck, 1981: 12)"인 것이다.

맥펙은 사고한다는 것은 항상 무언가를 생각하는 것이라고 여겼다.
그는 비판적 사고는 특정 목적을 갖기에 교육할 수 있는 대상이 아니라
고 주장했다. 비판적 사고는 특정 주제에만 사용될 수 있기 때문에 보
편적으로 일반화하여 해석할 수 없다는 것이다. 그러므로 맥펙은 비판
적 사고를 일반 학문 범주에서 가르칠 수 없으며, 특정 분야의 전문적

---

4) 블레어와 존슨Johnson, R. H.은 비형식 논리학Informal logic을 주장한다. 논증에 사용되는 형식 언어
   와 일반적 논증 사이의 구별에 관한 철학자들의 논쟁이 있다. 이는 비판적 사고 기술 교육에 대
   한 형식 논리학과 비형식 논리학의 논쟁으로 이어진다. 비형식 논리 철학자 중 어떤 학자들은
   논쟁의 핵심적 측면은 특정 탐구 분야에 따라 상대적이라고 보았다. 그들은 논쟁 평가에 특정
   근거와 특정 인식론과 개별적 요건들이 고려되어야 한다고 보았으며, 논쟁을 차이와 독특한 양
   식을 갖는 특수한 영역으로 여겼다. 비형식 논리학의 또 다른 주창자들은 논증 분석을 하기 위해
   서는 다양한 탐구 영역에 적용될 수 있는 실질적 방법론과 추론적 원칙이 필요하다는 견해를
   거부한다. 그러한 견해는 형식논리학의 중립성과 주기성priority에 기반한 것이기 때문이다. 일
   반적으로 비형식 논리 운동은 형식 언어(아리스토텔레스의 삼단논법 등)를 사용하는 인습화된 논증보
   다는 일상 언어를 사용하여 실생활 문제 통해 논리를 교육할 것을 주장한다.

지식과 필연적으로 연결되어 있어야 하기에 특정 분야의 지식 내에서만 가르칠 수 있다고 보았다. 특정 주제에 대한 지식이 있어야만 비판적 사고가 가능하다고 주장한 것이다. 특정 주제에 대해 정통해야만 그 주제에 대해 비판적인 논의가 가능하다는 주장이다. "비판적 사고의 핵심적 의미는 성찰적 회의론을 통해 특정 활용에 참여하는 경향과 기능이다(MacPeck, 1981: 8)." 그러나 비판적 사고에 대한 맥펙의 접근은 무엇이 합리적 증거로서 제시될 수 있는가에 대한 이해를 보이기 위해 사용되는 만큼, 논리적이라기보다 인식론적인 것으로 여겨지는 것으로 보인다. 그는 "논리가 가설, 추측, 해결책을 변별하는 것에 기여할 수 있지만, 그것 자체를 제공할 수 있는 것은 아니다(MacPeck, 1981: 15)"라고 주장한다. 때문에 그는 논리 자체가 비판적 사고와 관련된 것이라고 보지 않았다. 맥펙은 논리와 특정 주제에 대한 정보를 구분하며, 합리적 명분은 비판적 사고가 아닌 정보에 의해 구분되는 것이라고 주장한다. 따라서 그는 반성적 회의론reflective skepticism을 사용하여 비판적 사고가 전문 지식 또는 지식의 특정 영역과 필연적으로 연관된다고 결론을 내린다.

이러한 맥펙의 주장은 비판적 사고를 연구하는 학자들 사이에 논쟁을 불러일으켰다. 에니스와 폴은 비판적 사고를 주제 특정적이라기보다 일반적인 기능이라 보았으며, 맥펙의 비판적 사고에 대한 접근이 원자론적atomistic이라고 주장했다. 또한 비판적 사고라는 기능의 일반적 측면과 특정적 측면을 모두 인정한 시걸은 맥펙, 에니스, 폴의 논의를 수용하는 입장을 취한다. 1990년 맥펙은 노리스Norris, S., 폴, 시걸과 함께 자신의 견해를 구체적으로 설명하고 더 다양한 논의를 가능하게 할 수 있는 기회를 갖고자 『비판적 사고 교육: 대화와 변증법*Teaching Critical*

Thinking: Dialogue and Dialectic』을 출간했다. 우리는 이 책을 통하여, 비형식 논리학을 지지하는 철학자와 맥펙의 견해가 다른 원인이 무엇인지 분명하게 알 수 있게 된다. 맥펙은 "논리와 언어는 근본적으로 다른 이해 방식으로 사고와 결합한다(MacPeck, 1990: 113)"라고 주장하며 다음과 같이 기술한다.

> 이것은 논리의 의미와 그것의 실용적 특징을 강조하는 논리, 언어, 사상의 본질에 대한 비트겐슈타인의 견해, 그리고 논리와 추론의 형식적이고 통사적인 특징을 강조하는 전형적인 북미의 견해 사이의 패러다임 충돌이다. 비트겐슈타인에게 있어 논리는 언어에 내재되어 있는 것으로 이해되며, 언어 능력은 스스로 작동하는 기능이다. 이와 대조적으로 논리학자(또는 북미 관점)들에게 논리는 언어가 변수로 연결될 수 있는 규칙과 원칙의 외재적 시스템이다. 비형식 논리학은 형식 논리학보다 덜 수학적이거나 덜 형식적이지만, 형식 논리학의 특징인 규칙과 추론의 원칙과 동일한 통사적 편견을 좀 더 약한 수준으로 공유한다(MacPeck, ets., 1990: 113~114).

비판적 사고에 대한 논의에 기여한 또 다른 철학자인 립맨은 아이들이 학교에서 문제를 풀어내고 추론하는 방법에 대해 잘 배우지 못할 뿐아니라, 학교생활을 즐기지도 못한다는 것에 대해 염려했다. 그는 이를 해결하기 위해 1960년대 후반에 어린이 철학 프로그램을 개발하였다. 립맨은 배움과 즐거움, 이 두 가지가 연관되어 있다고 보았다. 만약 아이들이 교육과정을 통해 철학적 사고 능력을 향상시키는 것에 도움을 받는다면, 이 교육과정은 아이들에게 더 의미 있고 즐거운 교육을 제공할 것이라고 본 것이다.

그는 뉴저지의 몽클레어 주립대에서 어린이 철학 진흥원을 설립했으며 진흥원의 프로그램에서 활용할 수 있는 다수의 어린이 철학 도서를 집필했다.5) 그가 아이들에게 철학을 가르치는 것에 주력한 이유는 "철학적인 학문만을 통해서도 현재 교육과정에서 부족한 기능 교육을 보완할 수 있고 학생들을 성취 기준에 도달하도록 할 수 있다(Lipman, 1988: 43)"고 믿었기 때문이다. 그는 철학이 좋은 추론과 나쁜 추론의 구분 기준(논리적 원칙)을 제공할 수 있는 유일한 학문이라고 보았다. 이러한 이유로 립맨은 철학이 전통적으로 "사고를 향상시키는 것에 주력하는 사고(Lipman, 1984: 51)"를 교육해 왔다고 주장했다.

립맨은 에니스가 비판적 사고에 대해 정의하였듯이, 비판적 사고를 '무엇을 해야 할지, 무엇을 믿어야 할지 결정하는 것에 초점을 둔 합리적이고 반성적인 사고'로 정의하는 현대적 관점의 정의가 비판적 사고의 본질적 특징보다 그 결과에 치중하고 있다고 비판했다. 그는 결과를 확장시키고, 정의의 특성을 확인시키고, 그것들 사이의 연관성을 드러낼 수 있는 정의의 방식이 요구된다고 주장했다(Lipman, 1988: 38). 그는 비판적 사고에 대해 "(비판적 사고는) 첫째, 기준에 의존하고 둘째, 자기 수정적이며 셋째, 맥락에 영향을 받기에 훌륭한 판단을 수월하게 할 수 있도록 하는 능숙하고 책임감 있는 사고(Lipman, 1988: 39)"라고 정의한다.

립맨에게 있어서 사고thinking란 개념, 의견, 믿음 등을 소유하는 것으

---

5) 립맨의 어린이 철학 도서는 『핸리 스토틀마이어의 발견*Harry Stottlemeier's Discovery*』(1982), 『리사*Lisa*』(1983), 『마크*Mark*』(1980), 『픽시*Pixie*』(1981) 등이 있다. 립맨 외에도 어린이 철학을 연구하는 학자는 매튜Matthews, G., 와인스타인Weinstein, M., 샤프Sharp, A., 리드Reed, R., 포테리Portelli, J. 등이 있다. 이와 관련해서는 포테리와 리드(Portelli & Reed, 1995)의 글을 참고할 수 있다.

로 이해되며, 올바른 판단이 요구되는 과정은 아니다. 립맨은 "의도적으로 또는 고의적으로 행동하는 것은 그게 무엇이든 사고가 관여될 수밖에 없다(Lipman, 1987: 157)"고 보았다. 그에 비해 비판적 사고는 기능적 사고이며, "일정의 인지적 책임(Lipman, 1988: 40)"이 따르는 것으로 보았다. 기준, 비교, 표준에 의존하는 것을 포함하는 모든 사고는 추론이다. 즉, 비판적 사고는 기능적 사고이며, 기능적 사고는 추론으로 수렴된다고 보는 그의 관점에서 비판적 사고는 곧 추론으로 여겨지는 것이다(Lipman, 1987: 157). 그는 의견이 이유reasons에 뒷받침되며, 판단은 기준criteria에 따라 이루어진다고 본 것이다.

사고, 추론, 비판적 사고의 관계에 대한 립맨의 견해를 블랙의 견해와 대조해 보면 흥미로운 지점이 있다. 립맨과 마찬가지로 블랙에게 있어서도 사고로 여겨질 수 있는 범주는 매우 넓어 거의 모든 종류의 정신 활동을 포함하며, 추론 또한 특별한 유형의 사고로 여겨진다. 그에게도 추론은 추정된 진리를 뒷받침하기 위해 다른 추정된 진리를 증거로서 활용하는 특수한 사고방식인 것이다. 그러나 그는 모든 추론이 필연적으로 옳다고 여겨질 수 없기에 비판적 사고는 추론으로 여겨질 수 없다고 주장한다. 모든 추론이 기능적 사고는 아니며, 따라서 모든 추론이 비판적 사고인 것도 아니라는 것이다. 블랙이 '논리'로 여긴 비판적 사고는 추론에 접근하여 기준과 원칙을 제시할 수 있으며 추론을 개선시킬 수 있는 사고의 영역이다. 블랙은 우리가 비판적 사고를 통해야만 올바른 추론에 도달할 것을 기대할 수 있다고 본 것이다. 여기서 립맨은 스케퍼Scheffer(1973)가 그러했듯 비판적 사고와 합리성을 동일한 용어로 여기는 실수(이 실수는 시걸에 의해 반복된다)를 저지른다. 그러나 합리성은 비판적 사고보다 더 상위의 논리적 범주에 속한다. 에니스는 교육철학회의 대표 연설에서 합리성에 대한 개념을 소개하며 비판적 사고 이론의 한계를 지적한 바 있다. 그는 자신과 다른 사람들이 정의한 비판적 사고의 개념은 단지 '판단하는 행위'에 제한된다고 주장했다. 즉, 에니스에게 있어서 비판적 사고는 관찰, 추론, 대안 구상, 정리된 추론 능력 등 자신이 '기여적 사고 행위contributory thinking activity'라고 명명한 활동들을 포함하지 않는 것이다(Ennis, 1988: 5).

이 절에서 기술한 많은 철학자들 가운데 립맨은 탐구 공동체에 대한 퍼스의 견해를 받아들인다는 점에서 눈여겨볼 필요가 있는 학자이다. 그의 아동 철학 프로그램은 인간을 관계적이고 사회적으로 바라보는 공동체적 추론 모델로 설계되었다. 탐구 공동체에 대한 이러한 견해는 이 책의 Ⅱ부와 Ⅲ부에서 다시 논의될 것이다. 탐구 공동체에 대한 견해를 수용하는 여성주의 학자도 있다. 하지만 어떤 학자들은 탐구 공동체가 이성과 논리를 공정하고 편견 없는 능력으로 여기는 근대적 신화에 기반하여 독점적이고 억압적인 잠재력을 갖는다며 이를 회의적으로 여긴다. 나의 퀼팅비 은유는 자아가 지닌 사회적 관계성을 전제하기에 이와 관련된 우려를 해소할 필요가 있다.

폴은 '약한 의미weak sense의 비판적 사고'와 '강한 의미strong sense의 비판적 사고'를 구분함으로써 비판적 사고를 사용하려는 사람들의 기질의 문제를 전면에 내세운 공로를 가장 인정받은 사람이다. 학생들을 대상으로 한 비판적 사고 교육은 폴의 연구 주제였다. 학생들이 블룸Bloom, B.의 분류법, 형식 논리학, 비형식 논리학 수업을 통해 비판적 사고 기능을 습득한 후에 비판적 사고 기능을 지속하여 사용하지 않은 이유는 무엇인가? 가정, 전제와 결론, 모순, 선결문제 요구의 오류 등에 대한 교육은 왜 학생들에게 더 나은 사고를 독려하지 못했는가? 왜 그들의 삶은 더 나은 방향으로 바뀌지 않았는가? 폴은 이러한 질문들에 대한 답을 찾고자 했다. 만약 우리가 학생들이 자신의 주장을 지지할 수 있도록 하는 정교한 비판적 사고를 가르친다면, 그것은 학생들을 자신의 신념 체계와 그들의 준거 틀에 더 깊게 속박되게 할 것이다. 그렇다면 우리는 비판적 사고 향상을 위해 학생들이 다양한 관점들을 면밀히 검토하도록 장려하거나 그들이 자신의 논점에 의문을 제기할 수 있도록 가르치지 못하고 있는 것이다. 때문에 학생들은 비판적으로 사고하는 법을 전혀 배우지 못할 것이고, 조잡한 사유자가 되거나 기껏해야 약한 의미에서의 비판적 사유자가 될 것이다. 그들은 강한 의미에서의 비판적 사유자가 되지 못하는 것이다.

이러한 이유로 폴은 비판적 사유자가 갖추어야 할 기질로서 지적 겸손, 판단의 보류, 지적 용기와 선의, 성실성, 지적 인내, 자신감 신장 등을 제시하였으며 시걸 또한 이에 동의하였다(Paul, 1990: 307). 폴은 비판적 사고에 대한 기능적 능숙함뿐만 아니라 그 사고 기능을 사용하려는 기질 또한 필요하다고 본 것이다. 앞서 언급한 바와 같이 에니스 또한 폴과 시걸의 이러한 견해를 수용하여 비판적 사고의 정의를 수정하는 모습을 보였다. 폴은 인간이 본래적으로 자기중심적이고 보수적이며, 비이성적 경향성을 가지고 있다고 보았다. 때문에 우리가 합리적이고 비판적으로 사고하는 것은 쉬운 작업이 아니며, 그것을 위한 노력이 요구된다고 주장하였다.

폴의 논의의 핵심은 강한 의미의 비판적 사고와 약한 의미의 비판적 사고 사이에 차이가 존재한다는 것이다. 약한 의미의 비판적 사유자는 자신의 견해를 발전시키고 뒷받침하기 위해 비판적 사고의 지적 능력을 선택적으로 사용하는 사람을 일컫는다. 약한 의미의 비판적 사유자에게 있어서 비판적 사고를 위해 필요한 기능은 그 사람 자체의 성향과는 무관하다. 반면에 강한 의미의 비판적 사유자는 다른 기준의 형식과 자신의 기준의 형식에 대해 비판적 사고의 기능을 사용한다. 강한 의미의 비판적 사유자는 자신의 내면에서 이 일련의 거시논리적macrological 기능을 통합하고 있으며, 그 기술들을 자신의 인지적, 정서적 과정에 대한 통찰에 활용한다. 폴은 비판적 사고의 질과 깊이를 나타내기 위해 '약함'과 '강함'으로 구분하여 설명하고자 한 것이다.

그렇다면 폴은 비판적 사고를 어떻게 정의하는가? 그는 비판적 사고의 다양한 견해에 대한 통찰을 유지하면서, 에니스의 정의를 비롯한 특정 정의의 한계로부터 벗어나기 위해 다수의 정의를 포용하기로 결정한다. 이러한 이유로 에니스의 이론보다 폴의 이론이 더 포괄적이고 비판적 사고 개념의 복합성을 총망라한다고 볼 수 있다. 폴은 "비판적 사고와 같은 복잡한 개념을 다룰 때 그것을 정의 내리는 과정 자체의 한계에 주목하기 위해(Paul, 1990: 1)" 노력했다. 그는 비판적 사고를 정의 내리는 것에 있어 다음과 같이 권고한다. 비판적 사고에 대해 하나의 정의를 내리기 위해 노력하는 대신, "다수의 정의를 포용하는 것이 더 바람직하며, 이것에는 두 가지 이유를 들 수 있다. 첫째는 그러한 방식이 대안적 정의가 강조하는 비판적 사고의 다양한 차원에 대한 통찰력을 유지하도록 하기 때문이다. 둘째는 그러한 방식이 주어진 정의의 한계를 스스로 벗어날 수 있도록 하기 때문이다(Paul, 1990: 1~2)." 비판적 사고를 정의하기 위한 폴의 다중적 접근 방식은 비판적 사고에 대한 폴의 기본적 견해를 보여 준다. 그는 색다른 관점과 대안적 견해를 가지고 문제를 바라보도록 권고하기 때문이다. 이러한 비판적 사고에 대한 폴의 정의를 요약하면 다음과 같다.

비판적 사고는 특정한 사고방식 또는 사고영역에 적합한 사고의 방식으로, 그것은 사고의 완벽함을 예시하며 체계적이고 자기 주도적이다. 이것은 두 가지 형식으로 나타날 수 있다. 만약 사유자가 특정한 개인이나 집단의 이익에 도움이 되기 위해 특정 관련자와 집단을 배제한다면, 그것은 궤변적 혹은 약한 의미의 비판적 사고일 것이다. 만약 사유자가 다양한 사람이나 집단의 이익을 고려할 것을 지향한다면, 그것은 공정하거나 강한 의미의 비판적 사고일 것이다(Paul, 1987: 2).

이러한 폴의 이론이 갖는 강점은 그의 비판적 사고에 대한 정의가 에니스, 맥펙, 립맨, 글레이저, 블랙 등의 우려를 해소시키고, 이전에 포용되지 못했던 비판적 사고의 측면을 포용할 수 있게 한다는 것이다. 그러나 폴의 이론의 약점은 비판적 사고에 대한 정의에 너무 많은 것을 포함시키려고 한 나머지 정확성과 배타성을 잃어버린 것이다. 또한 그는 용어 사용에 혼란을 보였다. 예를 들어 폴은 그가 말하는 강한 의미의 비판적 사고가 무엇을 의미하는 것인지 혼동하는 듯 보인다.6) 예컨대 그는 개인의 사고 과정에 일관적으로 적용되지 않는 사고를 약한 의미의 비판적 사고로 여기는 듯했으나, 다른 학자들은 그것을 비판적 사고로 분류하지 않는 경우도 있다. 이는 다음 절에서 시걸의 논의와 함께 살펴보도록 하겠다. 또한 폴은 강한 의미의 비판적 사고를 "**상반된 주장**one's antagonists과 동일한 엄격한 증거와 준칙을 고수함으로써 일관적인 지적 기준을 적용하는 숙련된 사고(Paul, 1987: 2)"라 정의함으로써, 비판적 사고 및 논리에 대한 고대 그리스의 전통적인 접근 방식을 강하

---

6) 폴의 이론에 대한 나의 논의는 1991년의 논문에 보다 자세히 기술되었다(Thayer-Bacon, 1991).

게 따르는 모습을 보인다. 또한 그는 비판적 사고에 대해 **"여러 가지 상반된 관점에 대한 공감을 요구하는 기능적 사고**(Paul, 1987: 2)", "**모든 관점에 대해 호의적으로 받아들이려는 의지를 보이는 기능적 사고**(Paul, 1987: 2)"라고 표현한다. 즉, 그는 다른 측면에서는 감정과 인식 주체가 앎에 영향을 미친다는 것을 고려하여 비판적 사고에 대한 보다 포용적nurturing이고 지지적인 방식으로 접근할 것을 강조한 것이다. 이러한 그의 논의는 이 책의 Ⅱ부와 Ⅲ부에서 논의될 주제와 관련이 있다.

폴의 논의 속 전통적인 접근 방식에서 강한 의미의 비판적 사고에 대한 정의는 비판적 사유자가 계속적으로 의문을 생성해야 하는 것으로 보인다. 그것은 비판적 사유자가 자신의 견해에 충분한 확신이 없기에 보이는, 오류를 줄이기 위한 행위hedging로 해석될 수 있다. 폴은 강한 의미의 비판적 사고를 비판적 사고의 이상으로 제시하며 우리 모두 강한 의미의 비판적 사고를 추구하고 시도하기를 권장한다(강한 의미의 비판적 사고는 밸런키Belenky, M. 등의 다른 절차적 지식과 비교될 수 있다. 제4장 참조). 폴이 주장한 강한 의미의 비판적 사고는 다른 사람들의 관점과 세계관을 이해할 것을 강조하면서 관계와 배려의 방향으로 기운 형태이다. 상호간의 관계성을 강조하며 상대주의적 입장을 지향하는 것이다. 즉, 우리는 폴의 비판적 사고 이론에서 건설적 사고의 가능성을 발견할 수 있다.

그러나 폴의 이론의 사유자를 건설적 사고의 주체로 해석하기에는 또 다른 문제가 있다. 자아self에 대한 폴의 관점 때문이다. 폴은 비판적 사고가 '사람들'에 의해 수행된다는 점, 그리고 논리적 기능 측면에서 오직 '사람들'이 이러한 기술을 적용할 때만 발휘된다는 점을 상기시킨다. 폴은 사유자가 있다는 것과 이 사유자가 주관적 존재라는 것을 인식한다. 그러나 그는 사유자의 주관성을 부정적으로 여긴다. 폴에게 있어서 인간의 자연적 기질은 이기적인 것으로 여겨진다. 즉, 인간은 자기중심적이며, 무언가를 평가하고, 타인을 굴복시키고, 우리의 관점을 공고히 하기 위해 추론한다고 본다. 우리가 주관적 관점을 갖고 있다는 것은 궁극적으로 우리를 이기적으로 만들고 우리의 나아갈 길을 방해하는 것이다. 폴이 비판적 사고를 '약한 의미'와 '강한 의미'로 구분하는 것은 비판적 사고의 기술이 스스로의 입장을 대변하기 위해 발휘되는지, 아니면 이러한 능력이 그 사람의 특성에 내재되어 자신의 정서적, 인지적 과정에 대한 통찰에 기여하는지에 초점을 맞춘 것이다. 즉, 그의 논점은 다른 사람들의 관점을 공정하게 이해하려고 노력하기 위해 비판적 사고의 과정에서 자아를 배제할 것을 전제하고 있다. 또한 우리가 다른 입장을 판단할 때 발휘하는 비판적 사고의 기능이 우리 자신에게 그대로 적용되어야 한다는 것이다.

Ⅱ부와 Ⅲ부에서 자세히 살펴보겠지만, 건설적 사고를 지지하는 사람들이 폴의 이러한 논의에 대해 어떻게 반응할지 알기는 어렵지 않다. 자아를 배제하고 타인의 입장을 이해하려고 노력한다면, 자신의 주장을 배제할 수 있게 되겠지만, 그 과정에서 자신의 정체성을 잃거나 약화시키게 될 것이다. 결국 스스로를 '카멜레온과 같은 느낌(Belenky, ets., 1986)'으로 인식하게 되는 것이다. 덧붙여, 포스트모더니스트들이 주장하듯 우리가 우리의 주관을 배제하는 것은 가능하지 않다.

폴은 우리가 이 책의 Ⅱ부와 Ⅲ부에서 더 발전시켜 논의를 이어 가야 할 중요한 문제를 제시해 주었다. 비판적 사고에서 자아가 하는 역할은 무엇일까? 우리는 폴이 여전히 고대 그리스인들의 고독하고 개인주의적인 모델을 통해 비판적 사고를 설명하고 있다는 점을 주의 깊게 살펴

필요가 있다. 타인과의 관계를 전제한 개인이라는 퀼터의 역할을 상정하는 퀼팅비 은유를 참고한다면 우리는 사유자가 고독한 개인이 아니라 복잡한 맥락 속에 내재한 사회적 존재라는 것을 알 수 있을 것이다. 우리는 사회적 존재이기에 그 배태성(자기중심주의에 대한 폴의 주장과 유사하다)에 의해 제한점을 갖지만, 다른 사람들과의 사회적 관계를 통해 그 제한적 관점을 뛰어넘을 수 있게 된다.

또한 나는 퀼터와 퀼팅의 과정을 분리시킬 수 없으며, 분리를 시도하는 것 자체가 위험한 오류라고 주장하고 있다(이 장의 후반부에서 프레이리와 다른 비판적 이론가들의 논의가 이러한 위험에 대해 이해하는 것을 도울 것이다). 에니스가 초기에 비판적 사고를 위한 기능으로서 제시했던 것들은 퀼팅비 은유에서 퀼터들이 재료를 정리, 측정, 고정할 때 도움을 주는 곧은 핀, 자, 가위 등과 같이 논리적인 종류의 도구와 유사하다. 그러나 에니스가 이러한 기술에 대한 설명을 정교화하고 시험하는 동안, 그는 자신이 다듬고 시험하는 것이 그 자체의 생명력을 갖지 않는 도구일 뿐이라는 사실을 망각한 듯하다. 맥펙이 지적한 바와 같이, 이러한 논리적 도구들은 우리에게 단지 그 정도의 역할만을 한다. 그것들은 새로운 지식의 퀼트를 창조하지 못한다. 에니스는 자신이 결과보다 과정에 초점을 맞추려고 노력했다고 주장하지만, 만약 그가 과정에 주목하고자 했다면 퀼터 자체를 설명의 중심에 두었어야 할 것이다. 비판적 사고에 대한 서술에 기질을 포함시키려는 그의 노력은 사람들의 의견을 비판적 사고의 정의에 추가하는 것에 기여한 것으로 보이지만, 사유자의 기질 자체는 폴이 부여한 의미에서 벗어나지 못했다. 즉, 폴이 생각한 비판적 사유자와 같이 에니스의 논의에서의 비판적 사유자도 고독한 개인으로서 존재하는 것이다.

논리적 기술보다는 영역별 정보로 논의의 중심을 옮기려는 맥펙의 움직임을 퀼팅비 은유에 대입한다면 핀, 가위 등에 대한 연구를 중단하고 퀼트에 사용되는 구체적 재료들을 연구하기 시작해야 할 것이다. 그러나 여기서 재료라는 것은 지식의 퀼트를 만들기 위해 사용되는 생각들을 일컫는다는 사실을 우리는 잊지 말아야 한다. 사고에 대한 정보 없이는 지식의 퀼트를 구성하지 못하기 때문에, 맥펙은 영역별 정보의 중요성을 올바르게 지적했다. 재료는 퀼트의 대부분을 차지한다. 그러나 구체적이고 독특한 정보의 중요성을 고려하더라도 우리는 여전히 사고(정보에 대한 비판)을 잘라서 맞추도록 도와줄 핀, 가위, 자가 필요하며, 재료를 함께 꿰매는 데 도움을 줄 실과 바늘(직관)이 필요하다. 게다가 어떤 색깔과 무늬와 질감의 원단을 사용할지, 또는 이 재료를 어떻게 효과적으로 조합하고 미적으로 만족스럽게 만들지 결정하는 것에 도움을 줄 감정과 상상력도 여전히 필요하다. 나는 지식의 퀼트를 만드는 데 사용되는 재료에만 집중하면 우리에게 필요한 다른 중요한 도구들이 보이지 않게 될 것이라고 주장한다. 그것은 퀼터를 우리의 중심적 논의에서 배제시키는 결과를 낳을 것이다. 에니스의 의도한 바와 같이 비판적 사고의 과정에 주목하기 위해서는 퀼터 자체를 논의의 중심에 두어야 한다. 정보에만 집중하는 것은 지식 그 자체를 창조하는 과정으로서의 퀼팅과 퀼터를 은폐시킬 수 있다. 맥펙의 접근 방식은 충분한 정보만 가지고 있다면 아름다운 지식의 퀼트를 만들 수 있을 것처럼 보이게 하지만, 그가 권장하는 방식의 교육은 배타적이고 제한적이며 편향된 접근 방식일 수밖에 없다(Martis, 1994a).

나의 입장은 후기 에니스, 맥펙, 폴, 시걸의 논의와 어느 정도 일치하는 부분이 있다. 그러나 에니스, 폴, 시걸, 맥펙의 의견과 불일치하는 부분은 '건설적 사고 이론과 비판적 사고 이론을 구분하는 요인'이 무엇인지를 알 수 있게 하며, 이는 이 책의 나머지 부분에서 더 발전시킬 것이다. 에니스는 맥펙에 대해 비판하면서 경험적 증거와 철학적 추론을 뚜렷하게 구분할 것을 전제한다. 맥펙은 에니스, 폴, 시걸에 대해 비판하면서, 논리, 언어, 정보를 뚜렷하게 구분할 것을 전제한다. 립맨은 사고력을 향상시키기 위한 핵심 규율로서 철학을 강조한다. 립맨을 제외하고는 모두 비판적 사유자를 개별적이고 독립된 지성적 주체로 설명한다. 이러한 구분에 대해서는 뒤에 다시 논의할 것이다. 우선 나는 합리성에 대한 시걸의 또 다른 구분에 대해 논의하고자 한다.

합리성과 절대주의

셰플러는 합리성rationality에 대해 "삶의 모든 영역에서 규칙과 원칙에 대한 비판적이고 개방적인 평가에 참여할 수 있는 능력(Scheffler, 1973: 62)"이라고 정의한다. 시걸은 이러한 셰플러의 정의를 수용하여 그것을 자신의 논문 「추론 교육: 합리성, 비판적 사고, 그리고 교육Educating Reason: Rationality, Critical Thinking, and Education」(1988)에서 통합하는 모습을 보인다.7) 시걸은 추론을 추구하기 위해서는 원칙을 인정하고 지켜야 한다고 주장한다. 추론의 타당성과 강점은 원칙에 근거하기 때문이다. "이러한 추론과 원칙의 연계 때문에 비판적 사고는 원칙적 사고이다. 원칙은 일관성을 내포하기 때문에 비판적 사고는 공정하고 일관적이며 비

---

7) 시걸의 이론에 대한 나의 논의는 이미 여러 글에서 밝힌 바 있다. 시걸은 나와 대조적으로 모더니즘적 관점을 분명히 드러내기 때문이다(Thayer-Bacon, 1993; 1996a; Thayer-Bacon & Bacon, 1998).

임의적이어야 한다. 그리고 비판적 사유자는 일관성, 공정성, 판단과 행동에 대한 공정함에 준하여 행동하고 생각하며, 이것들을 중요하게 여겨야 한다(Siegel, 1973: 34)." 시걸이 비판적 사고를 일관성 있는 원칙적 사고라고 강조하는 것은 비판적 사유자가 공정하고 일반화 가능한 원칙을 자유롭게 선택하고 준수하며, 사고와 행동에 있어서 일관성을 취하는 사람이어야 한다는 것을 의미한다. 이 자유롭게 선택된 원칙들은 합리적 정당성에 근거한다. 폴의 논의에서 약한 의미의 비판적 사유자는 시걸의 기준에서는 비판적 사고를 하는 것이라고 보기 어렵다.

시걸에게 있어서 비판적 사고의 두 가지 차원은 추론 평가 요소the reason assessment component와 비판적 정신 요소the critical spirit component이다. 그는 이 두 요소 모두 비판적 사고를 정의하기 위해 필요하다고 주장하며, 이 둘만으로 충분하다고 여긴다. 시걸은 비판적 사고에 대해 추론과 신념, 주장과 행동을 보증하거나 정당화하는 이성의 힘에 초점을 맞추어 해석한다. 이러한 해석에 따른다면 비판적 사유자는 '**이성에 따라 알맞게 행동**appropriately moved by reasons하는 사람'일 것이다. 시걸의 논의에서 비판적 사유자는 이성을 믿고 행동하는 성향이나 기질을 가지고 있으며, 이성이 제 역할을 하는 여러 맥락에서 이성의 힘을 평가할 수 있는 능력을 가지고 있다고 여겨진다(Siegel, 1988: 23, 원문 강조). 시걸은 "합리성과 비판적 사고가 이성과의 관련성 차원에서 유사한 논리(Siegel, 1988: 30)"를 갖는다고 보기에, 그에게 있어서 비판적 사고는 합리성의 일부가 아니라 같은 선상의 논리로 이해되어야 할 것이다. 따라서 시걸은 이성에 따른 행위가 "문제의 이유가 정당하다고 여겨질 수 있는 범위 내에서 행위(Siegel, 1988: 149, n. 5)"하는 것이기에 옳은 행위라는 것을 시사한다고 가정한다.

비판적 사고의 두 가지 필수 요소를 보다 자세히 들여다보면, 추론을 평가한다는 것은 비판적 사유자가 사고, 신념, 주장, 행위 등을 평가할 수 있다는 사실을 전제하는 것임을 알 수 있다. 시걸은 이를 위해서, 비판적 사유자가 이성의 판단을 좌우하는 특정 주체적 원칙과 주제 중립적(논리적인) 원칙을 잘 이해하고 사용할 수 있어야 한다고 주장한다. 비판적 사고 기능을 일반화할 수 있는가의 문제에 대한 '비형식 논리 운동'은 맥펙과 기타 다른 철학자들 사이에서 논쟁되어 왔다. 그러나 우리가 비판적 사고를 하기 위해서는 구체적'이면서' 일반적인 기술이 필요하기 때문에 이러한 논쟁은 무의미하다. 시걸이 추론을 평가하기 위한 구성 요소로서 주장하는 또 다른 요점은 "추론에 대한 일반적인 성격, 보증, 정의와 같은 관념들이 추론 평가의 활동을 수행하고 이해하기 위해 필요하다. 때문에 비판적 사유자는 이 관념들에 대해 전반적으로 잘 이해할 필요가 있다(Siegel, 1988: 38)"는 것이다. 이는 인식론이 추론reasons, 보증warrants, 정의justification 등에 대한 전반적인 연구이기 때문에 비판적 사유자가 이것을 반드시 인식론적으로 이해할 필요가 있다는 것을 의미한다.

비판적 사유자는 비판적 정신의 구성 요소로서 "특정 태도, 성향, 마음의 습관, 성격 특성(Siegel, 1988: 38)"등을 가져야 한다고 보는 것이다. 추론 자체를 어떻게 평가할 수 있는지를 아는 것만으로는 충분하지 않다. 그렇게 하고자 하는 경향성을 가져야만 한다. 마찬가지로 비판적 사고의 기능을 가지고 있는 것으로는 충분하지 않다. 그 기능을 활용해야만 한다. 시걸은 비판적 사고의 비판적 정신 구성 요소를 통해 비판적 사유자가 특정한 방식으로 행동하는 특정한 유類의 사람이라는 것을 보이고자 하였다. 시걸은 이성에 대한 애정과 판단, 행동을 이성에 맞추어 순응하려는 의지, 심지어는 가장 깊이 간직하고 있는 신념(폴이 주장한 강한 의미의 비판적 사고에 대한 요지)에 대한 경향성을 주장했다. "비판적 사유자라면 가능한 한 감정적으로 안정된 자존감을 가지고 잘못된 신념을 구분할 수 있어야 한다. 긍정적 자존감과 건전한 심리 건강 상태는 비판적 사유자에게 중요한 심리 상태인데, 이것들이 부재할 경우 비판적 사고를 발휘하는 것에 있어서 장애가 될 수 있다(Siegel, 1988: 41)"라고 말했다. 그리고 그는 각주를 통해 이것이 우리가 추구해야 할 이상이며 가능한 한 다양한 지점을 고려하는 방법이라고 언급했다(Siegel, 1988: 153, 34).

비판적 사고에 대한 시걸의 정의를 두고 폴 등은 "사고는 이성적 추론에 의해 적절히 변화된다(Paul et al., 1987: 1)"라고 언급하면서 "이러한 정의는 우리의 마음이 종종 욕망, 두려움, 사회적 보상, 처벌 등의 이성이 아닌 힘에 의해 부적절하게 변화될 수 있다는 점을 상기시킨다. 또한 이러한 정의는 비판적 사고와 고전 철학의 이상적 합리성 사이의 연관성을 지적한다. 그러나 분명히 합리성의 이상 자체는 복수적 해석에 개방적인 입장을 취한다(Paul et al., 1987: 1)"라고 말한다. 비판적 사고를 용어로 정의하는 것 이외에 시걸이 문제 삼고 있는 또 다른 지점은 비판적 사고를 합리성과 동일시할 수 있는가의 문제인데, 여타의 철학자들은 동일하게 해석할 수 없다고 주장하는 경우가 많다(Ennis, 1990; Siegel, 1990). 추론에 의해 견해가 바뀐다고 해서 반드시 바뀐 견해가 좋은 추론의 결과가 아닐 수 있으며, '적절하게appropriately'라는 용어를 추가한다고 해서 그 문제가 해결되는 것도 아니기 때문이다. 추론에 의해 적절하게 변화된다는 것이 그 문제를 보증하는 범주에서의 변화를 의미한다면, 우리는 좋은 추론에 도달할 수는 있겠지만 최선의 추론에 도달하지는 못할 것이다. 합리성을 평가하는 단계 외에도 추론의 과정에는 다양한 '좋은' 추론 중 무엇이 가장 좋은 추론인지 판별할 수 있는 단계가 필요하다. 이 단계가 바로 비판적 사고이며, 그것은 일종의 전문화된 이성적 사고인 것이다.

여기서 우리는 시걸이 정의하는 비판적 정신의 구성 요소와 관련한 논의에서, 비판적 사고 주체의 사적 주관성personal subjectivity에 관한 언급을 찾아볼 수 있다. 시걸은 사람들의 비판적 사고 여부에 대한 주관성을 인정한다. 우리는 논의를 통해 비판적 사유자가 자신의 '목소리voice'의 작용을 계속해서 의식한다면, 시걸의 논의가 건설적 사고의 논의로 전환될 수도 있다는 것을 알게 될 것이다. 시걸은 주관적 이해의 중요성을 인지하고 있기 때문이다. 그러나 그는 심리적으로 충분히 건강하지 않다면 비판적 사고를 하는 것에 방해가 된다고 여길 정도로 주관적 이해의 중요성을 인지했다. 만약 자기 자신에 대해 좋지 않게 생각하거나 자신감이 부족하다면, 자신의 추론에 대한 바람직한 평가를 하기 어려울 수 있다는 정도이다. 즉, 언뜻 보기에는 시걸의 이론이 개인적이고 주관적인 방향의 논의를 하고 있던 것으로 보이지만, 시걸 논의의 자아에는 우리가 함께하고 있으며, 또 함께 해야만 한다는 것에 대한 인식이 없는 것으로 보인다. 에니스와 폴과 같이, 시걸 또한 사람의 성격이 비판적 사고의 실행에 방해가 될 수 있고, 자아의 비판적 사고의 성격적인 경과에 영향을 줄 수도 있다고 우려하는 정도인 것이다.

시걸이 비판적 사고를 어떻게 정의해 왔는지에 대한 문제보다 더 심각한 것은 그의 논의가 고대 그리스의 진리, 원칙, 표준 등에 관한 초월적 입장을 전반적으로 포용하는 듯 보인다는 것이다. 우리는 이러한 입장에 대한 격렬한 비판의 입장을 III부에서 확인할 것이다. 시걸은 절대주의와 상대주의의 명료한 분류에 입각하여 비판적 사고를 절대주의와 일치시키려 하는 시도를 보인다. 시걸에게 있어 명료한 분류가 없는 상황이라면, 우리는 분명한 진리의 개념을 잃는 위험을 감수해야 하기에 어떤 것도 옳거나 그르다는 주장을 할 수 없는 상황에 처할 수 있다. 누구나 현실을 사실적으로(공정하고, 일관되고, 비임의적으로) 표현하거나, 주장을 보편적으로(일반화 가능하도록) 진술할 수 있다는 포스트모던적인 도전으로 인해 시걸은 그의 저서, 『상대주의 논박*Relativism Refuted*』(1987), 『합리주의의 회복*Rationality Redeemed*』(1997)에서 이러한 논의를 다시 다루고자 하였다.

　시걸은 명료한 개념이 없다면 무엇이 옳거나 그른지, 맞거나 틀린지, 진실 또는 거짓인지에 대한 평가를 하거나 결정할 수 없기에 "절대주의는 인식론적 논의의 필수 전제(Siegel, 1987: 165)"라는 입장을 취한다. 시걸은 『상대주의 논박*Relativism Refuted*』(1987)에서 절대주의가 의미하는 바를 상세하게 설명하고, 그것을 '저속한vulgar 절대주의'와 구별하기 위해 많은 노력을 기울였다. 그는 절대주의가 수정 불가능성, 확신성, 특권적privilege 성격을 갖는다는 비판에 대해 잘 알고 있다. 그러나 그는 이것들을 피하고자 한다면 절대주의가 "비교조적non-dogmatic, 불확실성non-certain, 수정가능성, 오류가능성, 비고유적non-unique인 절대주의(Siegel, 1987: 164)"가 될 것이라고 우려했다. 이러한 그의 주장은 논리적이면서 설득력이 있다. 절대주의는 무엇을 절대적으로 정의하는가? 시걸은 여전히 자신의 절대주의 논의가 "지식이라고 추정되는 것에 대한 객관적이고, 질문의 여지가 없는 평가를 요구하는 것을 가능(Siegel, 1987: 162)"하도록 한다고 주장한다. 이처럼 그는 '무관함이 아닌 무능함을 방지하는 가치의 규범적 기준(Siegel, 1987: 127)'의 필요성을 여전히 주장하고 수용하고 있는 것으로 보인다.

또한 시걸은 『상대주의 논박Relativism Refuted』(1987)에서 브라운Brown, H. I.(1977)뿐만 아니라 쿤Kuhn, T.(1970)의 과학에 대한 진술에 대해 비판적으로 논하며 다음과 같이 기술한다. "쿤은 각 패러다임은 패러다임 내에서 특정한 증거나 실험의 부분이 패러다임에 입각되어 설정된 기준에 따라서만 해석되거나 평가될 수 있도록 기준을 설정할 수 있다고 주장한다(Kuhn, 1970: 55). 쿤의 이러한 견해는 일부 타당해 보인다. 그러나 쿤은 외적 기준(즉, 패러다임 자체가 판단되는 것에 따른 기준)이 반드시 패러다임에 포함되어야 한다고 주장하는 것에 대한 타당한 이유를 제시하지 못하고 있다." 또한 시걸은 브라운의 논의에 대해 다음과 같이 평가한다. "브라운이 합리성rationality을 알고리즘에 의한 계산이 아닌 정의의 기능으로 해석하는 것은 타당하지만, 이 해석 자체가 합리성에 대한 충분한 설명이 되는 것은 아니다. 브라운은 당위적 결론justifiability of decisions을 향한 기준을 제공하고 있지 못하는 것이다."

이러한 시걸의 논의를 통해 우리는 시걸이 내적 기준과 외적 기준을 구분하는 것은 물론, '체제 상대주의framework relativism'의 논의에서 체제 구분적framework-bound 기준과 체제 중립적 framework-neutral 기준을 구분하는 태도를 취한다는 것을 알 수 있다. 그는 내적이고 체제 구분적인 기준들이 오류가 있거나 변할 수 있다는 것을 인정하면서도, 다음과 같은 주장을 고수하는 것이다. "우리는 그 지식이 확실하거나 오류가 없는 것이 아니라 단지 보증될 뿐이라고 설명하면서, 또는 진리를 '궁극적으로ultimately' 확실한 것으로 정의하는 것이 아니라 과학적 지식을 통해 설명 가능한 것으로 여기면서, 상대주의를 수용하지 않고서도 무오류주의infallibilism를 거부할 수 있다(Siegel, 1987: 114)."

시걸이 퍼스의 오류가능주의에 대한 입장을 수용하여, 진리를 확실하거나 수정 불가능한 것이라 여기는 것은 아니다. 그러나 시걸은 오류가능주의가 가능하기 위해서는 대안적 신념이나 체제를 판단할 수 있는 평가 기준standard이 필요하다고 제시한다. 그리고 그는 이러한 기준을 통제적이고 규범적이며, 앞서 언급한 바와 같이 절대적인 것으로 주장한다. 다음은 이에 대한 시걸의 구체적 논의이다.

> 원칙principles은 그 전통에 따라 합리성을 구현하고 추론reason을 정의하고 평가한다. 전통이 진화함에 따라 추론을 정의하고 평가하는 원칙들도 진화한다. 그래서 전통적으로 괜찮은 추론이라 여겨졌던 것들도 시간이 흐르면서 바뀔 수 있다. 오늘날 타당하다고 여겨진 추론도 내일은 타당성을 의심받을 수 있다. …(중략)… 하지만 여전히 추론의 타당성을 결정하는 원칙들은 추정되는 모든 근거들에 공정하고 보편적으로 적용된다. 또한 그러한 원칙들은 여전히 합리성을 구현하는 것에 기여한다. …(중략)… 추론을 정의하고 그 영향력을 판단하는 원칙은 변할 수 있기 때문에 이성적인 정당성과 힘을 보증하는 것으로 여겨진 전통적 자질도 바뀔 수는 있겠으나, 합리적 전통을 기반으로 개별적으로 공고히 된 원칙(그들 자체로서 정의된 것처럼)들에 의해, 합리성의 가치는 여전히 동일하게 유지될 수 있는 것이다(Siegel, 1987: 134~135).[8]

이와 같이, 오류가능주의에 대한 시걸의 해석은 나 또는 버블레스

---

8) 이 인용문은 버블레스Burbules, N. C.가 시걸의 『상대주의 논박』과 『추론 교육』에 대한 토론문에 활용하여 알게 되었다. 시걸의 논의를 이해하는 데 버블레스의 논의에 도움을 받은 것이다.

Burbules, N. C. 등의 해석과는 차이가 있으며, 이러한 차이에서 우리는 제2장에서 서술된 퍼스, 제임스, 듀이의 논쟁과의 유사점을 인식할 수 있다. 버블레스는 오류가능주의가 "신념, 가치, 행동 등에 타당성을 부여하거나 그것들을 구성하기도 하지만, 판단 과정을 통한 맥락에서 해석되고 적용되어야 하는 규범, 원칙, 경험 법칙 등과 같은 표준들에 대해 더 유연하고 문맥적인 관점(Burbules, 1992: 217)"을 제시하기도 한다고 주장한다. 버블레스는 시걸의 연구에 대한 자신의 담화 형식 리뷰에서 "평가 이론에 적용할 수 있는 '체계 중립적framework-neutral' 기준이 있다는 당신의 주장이 옳을 수 있지만, 어떤 특정 경우에는 이것을 적용하는 것이 문제가 될 수 있는 것도 사실이다. 왜냐하면 당신이 말한 바와 같이 기준standard을 적용시키는 것은 종종 개념, 정의의 기준, 또는 '체계 기반framework-bound적' 절차를 포함하기 때문이다(Burbules, 1992: 238, 원문 강조)"라고 말하였다.

시걸은 버블레스가 "합리성을 합리적 관계의 문맥을 포함하는 실제적인 인식론적 개념으로 간주해(Siegel, 1992: 228)"야 한다고 본 것에 대해 동의의 입장을 취했다. 그러나 버블레스가 "합리성의 문맥적 차원을 과대평가(Siegel, 1992: 228)"하는 경향이 있다고 보았다. 시걸은 다음과 같이 주장한다. "만일 합리성이 사람들의 실제 행위, 결정, 판단에 의해 결정되는 것이라면 그것은 큰 문제를 야기할 것이다. 그 경우, 기준이 특정 활동이나 결정, 판단의 합리성 여부를 평가하는 기능을 수행할 수 없기 때문에 실제 행위, 결론 평가 등이 합리성을 담보할 수 없기 때문이다(Siegel, 1992: 229)."

시걸과의 논의에서9) 나는 만약 누군가가 오류가능주의를 받아들인

---

9) 시걸과 나는 1994년 8월부터 1995년 5월 사이에 개인적인 서신으로 이러한 문제들에 대해 논

다면, '지금 바로' 현재 받아들여진 기준이 잘못되었을 수 있다는 것을 인정해야 한다고 제안한다. 나는 오류가능주의(그리고 다원주의, 이하 참조)는 현실 세계가 사회적으로 구성된 것임을 인정하는 이론이라고 주장하는 바이다. 그러나 시걸은 나와 다른 입장을 취한다. 그는 현재 믿는 것의 오류가능성을 인정하지만 그것 자체가 지금 당장 틀렸다는 것을 의미하는 것은 아니라고 주장한다. 만약 그렇다면 사실fact에 입각한 모든 것 또한 틀렸다고 여겨져야 하기 때문이다. 시걸은 틀린 것이 아니라면, 사람들이 현재 믿는 것은 옳은 것이라고 주장한다. 그들이 믿는 것이 전적으로 옳기에(옳다는 것은 그르다는 것의 대조어이다), 그들의 추론 또한 절대적이라는 것이다.

즉, 시걸의 요점은 다음과 같다. "내가 p가 진실이라고 믿는 한, 그리고 p가 진실이라고 믿을 만한 설득력 있는 근거가 있는 한, 나는 p가 옳다고 주장할 수 있다. 왜냐하면 나의 주장이 항상 오류가능주의의 대상이 될 수 있을지라도, p는 아직까지 사실fact이기 때문이다. 내가 절대적으로 옳다는 것은 내가 옳다는 것을 보여 주는 여부와는 무관하다. 왜냐하면 내가 옳다는 것을 보여줄 수 있는지 없는지와 무관하게 그 자체로 p는 옳기 때문이다." 즉, 시걸의 주장은 '내가 믿는 것이 옳다면, 나는 절대적으로 옳다'는 것으로 정리될 수 있다. Ⅲ부에서 살펴보겠지만, 내가 묘사할 건설적 사유자는 '제한적 상대주의자qualified relativist'의 입장을 수반한다. 그것은 다음의 의미를 갖는다. "나는 내가 옳다는 것을 사회적으로 구성된 관점에 의해 제한적으로 신뢰할 수 있기 때문에 내가 옳다는 것을 확신할 수는 없다. 사실상, 나는 내가 틀릴 수도 있다는 것을 알지만, 그것이 곧 내가 틀렸다는 것을 의미하는 것은 아니다."

의했다.

시걸은 그의 저서 『상대주의 논박*Relativism Refuted*』(1987)에서 사람들은 '다원주의pluralism'의 개념과는 또 다른 관점의 가치를 수용하기를 바란다고 기술한다. 그는 진리의 개념이 내포한 독단주의를 스스로 알고 있으며, 자신이 어딘가에 신의 견해가 있다는 것을 주장하려는 것은 아니라고 설명한다. 그러나 시걸의 논의에는 '저속하지 않은non-vulgar' 절대주의와 다원주의가 완벽하게 양립할 수 있다는 것을 확신하는 것 외에는, 다원주의의 역할에 대한 논의가 거의 이루어지지 않고 있다.

시걸이 굿맨Goodman, N.의 『세계를 만드는 방법*Ways of Worldmaking*』 (1978)에 대해 논평하는 글을 보면, 그가 다원주의와 상대주의 개념을 구별하고 있음이 드러난다.

> 다원주의자들은 비중립적이거나 의심의 여지가 없다고 평가될 수 있는 대안적 주장, 이론, 계획, 설명 등이 존재하는 것은 불가능하다는 상대주의자들의 의견에 동의하지 않는다. 다원주의자들은 오히려 다양한 아이디어와 접근 방식을 수용하고 활용하려는 의지를 가지며 동시에, 다양한 대안에 대한 객관적인 비교와 평가의 가능성을 제공하는 기준을 인정한다(Siegel, 1987: 163).

시걸은 1995년 교육철학회에서 「포용의 가치*What Price Inclusion?*」 (1996)라는 주제로 연설하면서, 자신의 인식론에서 다원주의의 역할을 탐구하는 것에 노력을 기울였음을 밝힌 바 있다. 그는 비록 도덕적인 관점에서는 다원주의가 필요하며 그것의 중요성이 인정될 수 있지만, 인식론적 관점에서는 그럴 필요가 없다는 주장을 펼친다.[10] 그는 많은

---

10) 시걸의 다원주의 논의에 대한 나의 논의는 1998년 8월 보스턴에서 열린 제20차 세계철학학회

의견이 반드시 더 나은 것은 아니라고 주장한다. 그는 사실상 더 많은 의견은 해답과 해결을 요구하는 지성인들의 담론에 혼란을 가중시킬 뿐이라고 주장한다. 그는 "참가자들의 소통이 충분히 기능적이고 흥미롭고 유익하며 원활하기 위해서는 일부 잠재적 참여자들을 배제하는 것이 좋을 수도 있다(Siegel, 1996: 13)"라고 주장하는 것이다. 즉, 그는 우리가 옳다는 것을 확신하기 위해서 가장 높은 수준의 교육을 받은 사람들, 우리 연구 분야의 전문가인 사람들을 담화에 포함시켜야 한다는 엘리트주의적 견해를 밝힌 것이다. 시걸은 포괄적 담론은 덜 포괄적 담론보다 가치 있는 이론을 산출할 가능성이 높을 수도 있지만, "포용과 인식론적 가치, 또는 배제와 인식론적 결함 사이에 '**필연적**' 연관성은 존재하지 않는다(Siegel, 1996: 4, 원문 강조)"라고 주장하는 것이다. 그는 연구 실행을 좌우하는 규칙에는 포용성이 필요할 수 있지만, 연구의 결과를 평가하는 데에는 필요하지 않다(Siegel, 196:, 17, n. 17)고 보고 있다. 우리는 이 책의 Ⅱ장에서 이러한 엘리트주의에 대해 비판하는 학자들에 대해 이어서 살펴볼 것이다.

지금까지 살펴본 바와 같이, 시걸은 지식에 대한 자신의 의견을 주장하기 위해서 인식론적 특권에 의존하는 경향을 보였다. 그는 검토 중인 질문과 관련된 분야의 전문가들이 '지식이 없는non-knowledgeable' 이들보다 그 질문에서 특권을 갖는다고 주장했다. 이와 대조적으로, 하딩Harding, S.은 특정 연구 분야의 외부인들이 그 분야의 전문가보다 더 특정적 이해를 제공할 수도 있다는 주장을 펼친다. 그러나 하딩은 자신의 입장을 주장하기 위해 인식론적 특권에 의존하는 모습을 보이기도 한다. 만약 우리가 지식을 구성하는 사람의 범주에 포함된다는 주장을

에서 「인문교육으로서의 철학*Humanity Educating Philosophy*」의 주제로 발표한 논문에서 참고하였다.

하면서 인식론적 특권이나 공인된 발언에 의존하지 않는다면 어떻게 보일까? 그러한 주장이 가능하기 위해서는 지식을 이해하는 방법의 변화, 즉 패러다임의 변화가 필요하다. 우리는 Ⅲ장에서 이러한 변화를 만들 것이다.

나는 인식론적으로만이 아니라 도덕적으로도, 다원주의를 수용할 수 있는 포괄적 인식론 모델을 통해서만 우리의 통찰력을 향상시키고 더 나은 이해를 얻을 수 있을 것이라고 주장할 것이다. 시걸이 주장한 바와 같이 우리는 포용적이어야 한다. 왜냐하면 그렇게 하는 것이 친절하고 공정하며 정당하게 행동하는 것이기 때문이다. 또한 하딩이 주장한 바와 같이 우리는 우리의 세계와 우리의 제한적 관점을 더 잘 이해할 수 있는 인류애를 갖기 위해 다원주의를 수용해야 한다(제5장 참조). 우리는 앎의 행위를 우리와 관계있는 사람들과의 능동적 활동으로 이해해야 한다. 그래야만 앎의 주체knower를 독자적으로 세계에 통달하여 '그것'을 다른 사람에게 설명하려 하는 자율적인 개별 주체로 여기는 관점에서 벗어날 수 있게 된다. 우리는 목소리voice들의 아우성이 혼재하는 상호주관적 세계의 구성원으로서 우리 자신에 대해 상상할 수 있다. 우리는 그러한 세계에서 서로에게 더 잘 배울 수 있고, 서로를 더 잘 배려할 수 있다. 우리는 모든 사람들의 기여, 심지어 모호하고 부조화스럽고 불일치하는 기여마저도 가치 있게 여기는 포용적이고 관계적인 인식론이 이념적 남용에 덜 취약하다는 것을 알고 있다. 지식을 만들기 위해서는 서로가 필요한 것이다.

지금까지 우리는 시걸이 절대주의와 상대주의를 뚜렷하게 구분하면서, 절대주의의 개념을 보다 유연하고 비판을 수용할 수 있는 것으로 변화시키면서까지 합리성과 인식론을 절대주의와 연결시키고 있다는 것을 살펴보았다. 나는 이 장을 현대 비판적 사고 이론에 상당한 공헌을 한 또 다른 학자, 프레이리에 대한 짧은 논의로 마무리하고자 한다.

권력과 지식

프레이리Preire, P.(1921~1977)는 본인이 브라질 문부성의 국가문맹퇴치프로그램National Literacy Program 책임자일 때 일어난 1964년의 군사 쿠데타로 인해 유배된 브라질의 철학자 겸 교사였다. 그가 유배된 이유 중 하나는 문맹인 저소득층 성인들에게 독서교육을 했기 때문이었다. 특히 그 교육 내용에 성인 학습자들의 삶에 영향을 미치는 공적 권력에 대한 비판적 논의가 포함된 것이 이유가 되었다. 프레이리는 마르크스 이론에서 받은 영향을 교육, 특히 학교 교육에 적용하고자 했다. 그는 칠레에서 유배 생활을 하는 중 저명한 도서인 『억압받는 이들의 페다고지*Pedagogy of the Oppressed*』(1970)를 저술했다.

프레이리의 비판적 사고 개념은 앞에서 설명한 대부분의 북미 철학자들의 비판적 사고 이론과는 다소 다르다. 프레이리가 사용한 '꼰시에띠자자오conscientização'라는 포르투갈어는 '현실에 대한 비판적 인식', 또는 '비판적 이해'로 주로 번역된다. 이는 "사회적, 정치적, 경제적 모순을 인식하는 것, 그리고 현실의 억압적 요소들에 반해 행동할 수 있도록 배우는 것(Freire, trans., Ramos, 1970: 9)"을 의미한다. 그는 대화를 통해 비판적 사고를 가르쳐야 한다는 신념에서 에니스, 맥펙, 시걸, 폴, 립맨 등의 학자들과 유사한 관점을 갖는다. 프레이리는 또한 특정 결정을 내릴 때 스스로가 중심적 위치에 있어야 하기에 학생들을 자율적인 개인으로 교육해야 한다는 것에 대해서도 그들과 유사한 관점을 갖는다. 이들 학자들은 모두 비판적 사유자가 진리에 도달하기 위해서는 스스로 생각할 수 있어야 한다고 주장하기 때문이다. 그러나 폴의 경우를 제외하고는 위의 모든 비판적 사고 이론의 문제는 역사적 분석이 부족하다는 것이었다. 이들 대부분은 비판적 사고에 대해 순전히 인지론적으로만 이해하고 있었으며, 비판적 사고와 관련한 문제가 이성의 결여로부터 비롯되었다고만 여겼다. '꼰시에띠자자오conscientização'에 대한 프레이리의 신념은 철저히 역사적이었다. "즉, 프레이리에게 있어서 현실에 대한 비판적 인식은 학생으로 하여금 '정상'이라고 여겨지는 주어진 상황들을 역사적으로 객관화하여 볼 수 있도록 하는 기제로 여겨졌다(Rivage-Seul, 1987: 236)."

프레이리는 사회 구조에 대한 명확한 인식을 달성하는 것에 교육의 목표를 두었다. 그 결과, 그의 비판적 사고 개념은 비판적 사고에 대한 두 가지 별개의 문제의식을 드러냈다. "첫 번째는 배움의 과정에 있는 교사와 학생 모두가 나누는 상호존중의 대화에 대한 것이다. 두 번째는 더 심도 있는 지식에 대한 것이다. 그것은 프레이리가 말하는 '구조적 인식structural perception', 즉 사람들이 특정 혜택을 경험하지 못하도록 방해하는 폭력적인 사회 시스템에 대한 인식을 포함하는 것이다(Rivage-Seul, 1987: 236)."

이는 앞서 다루어진 비판적 사고에 대한 미국 학자들의 정의 중, 폴의 정의와 관련된다. 폴은 비판적 사고에는 두 가지 단계, 약한 의미와 강한 의미의 비판적 사고가 있다고 지적한다. 그가 말하는 강한 의미의 비판적 사고는 프레이리의 비판적 사고에 대한 보다 정확한 설명이라 할 수 있다. 우리는 우리가 지식을 발전시켜 왔다는 것을 알기 위해 지식의 구조를 이해할 필요가 있다. 우리는 우리 자신의 관점을 더 잘 이해하고, 다른 사람들의 관점을 명확하게 파악하기 위해 비판적 사고를 강화하고자 한다. 폴과 프레이리의 차이는 폴은 인간의 본성이 자기중심적이라는 가정으로부터 출발하기에 정치적으로 고전적 자유주의와 개인주의적 관점으로 수렴된다는 것이다. 그에 반하여 프레이리는 사람들이 본질적으로 어떤 특정한 방식으로 존재하는 것이 아니며, 사람들이 그들 자신과 환경(사회 권력 기관에 의한) 사이의 교류를 통해 현재의 모습이 된다고 가정한다. 이것은 마르크스의 역사적 유물론의 관점에서 출발하여 마르크스 이후의 지형으로 나아가는 근본적radical 민주주의적 견해이다.11) 폴과 프레이리 둘 다 문화적 인식을 논하며 문화가 우리 삶에 영향을 미친다는 것을 주장한 것으로 보이지만, 프레이리는 그의 논의에서 역사적, 사회적, 정치적, 경제적 인식에 대한 것을 더 많이 다루고자 했다. 그러나 그의 연구에는 젠더에 관한 논의가 빠져 있다.

프레이리의 작업은 많은 논의와 연구를 촉발시켰다. 그는 다른 많은 학자들에게 영향을 주었고 그의 연구는 다른 비판적 연구자들의 연구를 통해 지속되고 있다.12) 우리는 제5장, 제6장에서 프레이리가 여성주의자와 여성 학자들에게 미친 영향을 알 수 있을 것이며, 그가 나의 연구에 미친 영향을 또한 알 수 있을 것이다. 사실 이 책의 제목은 특정 공론이 우리 삶에 미치는 영향을 살펴보고, 만약 그것이 우리를 억압한

---

11) 나는 『철학의 교육적 적용Philosophy Applied to Education: Nurturing a Democratic Community in the Classroom』(1998: chap.1)에서 고전적 자유주의/개인주의와 사회구성주의 관점의 사회 정치적 범주를 논의한 바 있다.

12) 프레이리의 연구에 영향을 받은 후속 세대의 학자로는 아로노위츠Aronowitz, S., 엘스워스Ellsworth, E., 지루Giroux, H. A., 킨첼로Kincheloe, J. L., 래더Lather, P., 맥라렌McLaren, P., 리바쥬슬RivageSeul, M., 스타인버그Steinberg, S. R. 등이 있다. 이외에도 더 많은 연구자가 있다.

다면 그것들을 변화시킬 수 있도록 격려해야 한다고 주장한 프레이리의 영향을 받은 것이다. 이제 몇몇 여성 학자들의 관점을 소개하도록 하겠다.

II

여성주의적 관점
구축

비 판 적 사 고 의 전 환

상상, 감정, 직관을 활용하는 건설적 사고

제4장

젠더 이론

지금 우리는 새로운 패러다임을 수용하여 비판적 사고를 건설적 사고로 전환해야만 한다는 논의를 진행 중이다. 이 장에서는 서구 유럽식 비판적 사고 이론에서 무시되거나 평가절하된 여성적 기능과 관련한 대표적인 연구들을 '젠더 이론'으로써 살펴볼 것이다. 그림쇼Grimshaw, J.의 정의에 따르면 이 장에 등장하는 학자들은 모두 여성주의자라고 볼 수 있을 것이다. 그림쇼는 "(그 동안) 여성이 억압받고 부당한 대우를 받아왔다는 것, 그리고 여성에게 사회적 제도 및 사회적 관계에서의 훼손적이고 파괴적인 측면에 대한 비판을 개선시킬 수 있는 특정 능력이 있다는 것에 대한 믿음"을 여성주의의 정의로서 제시하였다. 나는 밸런키, 클린치Clinchy, B., 골드버거Goldberger, N., 테이루어Tarule, J.의 『여성들이 지식을 구성하는 방법Women's Way of Knowing』(1986), 길리건Gilligan, G.의 『다른 목소리로In a Different Voice』(1982), 나딩스Noddings, N.의 『배려Caring』(1984), 러딕Ruddick, S.의 『모성적 사유Maternal Thinking』(1989), 마틴Martin, J. R.의 『소통의 회복Reclaiming a Conversation』(1985), 『교육 풍토의 변화Changing the Educational Landscape』

(1994) 등의 연구를 살펴볼 것이다. 또한 그림쇼의『철학 그리고 여성주의적 사유*Philosophy and Feminist Thinking*』(1986)와 위 학자들의 후기 연구들을 통해 이들 이론에 대한 비판적 논의를 이어갈 것이다.

이 장에서 등장하는 학자들은 내가 변혁의 필요성을 인식하는 데에 중요한 영감을 준 사람들이다. 왜냐하면 그들은 너무나 만연하여 드러나지 않았던 일반화되고 규범화된 인식을 명명했고, 그것과 대조적인 젠더 이론의 관점을 드러내고자 했기 때문이다. 이들은 전통적 패러다임에서 '타자other'라고 명명했던 것들을 탐구하고 평가함으로써 전통적 패러다임을 맥락화하는 것에 기여했다. 또한 이들은 편향되고 제한된 개인들의 관점이 마치 초월적 가치를 갖는 것, 즉 진실인 것처럼 여겨진다는 것을 비판했다. 우리는 이미 확립된 우리의 퀼팅 도면을 따라, 개인의 목소리, 주체성subjectivity, 관계적 자아, 젠더 관점에서의 사유 등의 주제에 대한 퀼팅비 은유에 도움을 준 학자들의 중요한 공헌을 살펴볼 것이다.

개인의 목소리와 주체성

이 첫 번째 주제는 비판적 사고를 할 때 우리의 자아가 어떤 역할을 하는가와 관련된다. 이 주제는 우리가 비판적 사고의 주체성에 대한 전통적 관점에서의 우려를 다른 관점에서 검토할 수 있도록 돕는 역할을 할 것이다. 밸런키, 클린치, 골드버거, 테이루어의 연구는 비판적 사고에서 자아의 역할이 얼마나 중요한지를 알려준다(Belenky et al., 1986). 또한 우리가 비판적 사고에 대해 이해할 때, 자아의 불완전성, 제한된 맥락성 등 모든 것을 포괄해야 함을 알려 준다. 이들의 유명한 연구가 개인주의적 모델을 완전히 극복한 것은 아니지만, 이들의 연구를 통해 개인주의적 모델을 극복해야 할 이유가 더욱 분명해진 것은 사실이다. 또한 내가 사용하는 '건설적 사고constructive thinking'라는 용어는 이들 연구에 등장한 '건설적 앎constructive knowing'에 대한 설명에서 비롯되었다. 우리는 지식을 구축하는 것에 대한 우려들에 대해 살펴보고, 그러한 우려를 어떻게 해소할 수 있을지 논의할 것이다. 그리고 이 논의는 Ⅲ부의 건설적 사고에 대한 추가적 논의에서 더 자세하게 이어질 것이다.

나는 밸런키, 클린치, 골드버거, 테이루어가 그들의 저서, 『여성들이 지식을 구성하는 방법Women's Way of Knowing』(이하 WWK로 지칭, 1986)[1])에서 보고한 내용을 기술한 후, 건설적 사고의 관점에서 그들의 연구를 비평할 것이다. 『여성들이 지식을 구성하는 방법』은 밸런키 등이 계급, 인종, 가족 배경, 교육 수준 등이 다른 여성들을 5년간 인터뷰한 협력적 연구의 결과이다. 골드버거가 이후에 설명한 바와 같이, 그들은 이 연구를 통해 추론reason을 재정의하고자 하였다. 또한 그들은 여성의 지식 습득 방법을 제시하면서 남성적 경험에 기반한 다른 방식들이 배제되지 않도록 노력했다고 밝히고 있다.

인간적 경험을 정의할 때, 남성적 경험만을 고려하는 경향이 가장 두드러지게 나타나는 분야는 지적 발달 모델 분야일 것이다. 추상적인

---

1) 밸런키 등(1986)의 연구에 대한 논의는 나의 1991년 논문에서 이미 밝힌 바 있다. 또한 나는 1992년 미국교육연구학회에서 밸런키 등의 '절차적 지식'과 폴Paul, R.의 약한 의미에서의 비판적 사고와 강한 의미에서의 비판적 사고를 비교한 논문을 발표했다. 이는 1992년에 『리처드 폴의 강한 의미의 비판적 사고와 절차적 앎의 비교Richard Paul's strong-sense critical thinking and procedural knowing: A comparison』라는 제목으로 출판되었다.

것과 비인격적impersonal인 것을 고려하는 데 관여하는 정신의 과정들은 '사유thinking'로 분류되어 왔다. 그리고 이것들은 주로 남성적인 것으로 여겨졌다. 반면, 사적이고 관계적인 것을 다루는 것은 '감정emotion'으로 구분되어 주로 여성적인 것으로 여겨져 왔다(Belenky, et al., 1986: 7).

WWK의 연구자들은 그들의 연구에서 다섯 가지 지적 범주를 제시하고자 했다. 그들이 그 범주를 고정적이고 완전하고 보편적이라고 주장한 것은 아니다. 그 범주들이 단지 여성에게만 적용된다고 여기는 것도 아니었으며, 일반적인 사람들의 생각과 삶의 복잡성을 포괄한다고 주장한 것도 아니다. 일부 WWK에 대한 비평에서 이들이 '여성women'이라는 특수한 카테고리로 분류한 것에 대해 비판하기도 하지만, 그것은 그들의 연구를 지나치게 단순화하여 이해한 것이다. 그들의 연구를 주의 깊게 살펴보면, 그들은 자신들이 제시한 다섯 가지 지적 범주가 '여성적female'인 것이라고 기술한 바가 없다(Goldberger, 1996, intro).

그들이 책을 집필한 목적은 인터뷰에 응한 여성들의 목소리를 통해 다섯 가지 지적의 범주를 제시하기 위해서였다. 이를 위해 밸런키 등은 '목소리voice'라는 용어를 사용한다. 그렇지만 그들이 '목소리'를 단순히 특정 세계관이나 관점에 대한 은유로서 사용한 것은 아니다. 오히려, 여성들의 지적이고 윤리적인 발달을 표현하기 위해 사용했다. 목소리의 발달은 마음, 그리고 자아와 밀접하게 관련되어 있다. 밸런키 등은 연결성과 소통에 대한 여성적 경향성을 드러내기 위해 시각적 은유 대신에 '목소리'라는 청각적 은유를 사용하는 것이 더 적합하다고 보았다. 무언가에 경청하기 위해서는 물리적 친밀감이 필요하기 때문이다. 이와 대조적으로, 남성적 인식 방식은 시각적인 방식으로 표현될 수 있다. 시각적인 방식은 관계에 얽이지 않고 한발 물러서 있을 것을 요구하기 때문이다.

밸런키 등이 제시하는 다섯 가지 지적 범주는 다음과 같다.

(1) 침묵: 아무 생각 없이 자신의 주장을 갖지 않으면서, 외부 권위에 따르는 것을 경험한다.

(2) 지식의 수용: 외부 지식을 수용할 수 있고, 그것을 재생산할 수 있다고 여기지만, 스스로 지식을 구성하지는 못한다고 생각한다.

(3) 지식의 주체: 진리와 지식을 사적이고 주관적인 것으로 이해한다. 진리와 지식을 주관적으로 알게 된 것 또는 직관적인 것이라고 여긴다.

(4) 절차적 지식: 지식을 습득하고자 의지를 갖고, 지식 획득 및 전달을 위한 객관적 절차를 수용한다.

(5) 건설된 지식: 모든 지식을 맥락적인 것으로 이해하고 지식의 창조자로서 자신을 경험하며 지식 획득을 위한 주관적이고 객관적인 전략 모두를 중시한다.

(Belenky, et al., 1986: 15)

밸런키 등이 설명한 5가지 지적 범주가 사고 발달의 스키마를 포함하는가에 대한 여부는 다소 모호한 것으로 여겨진다. 그러나 나는 건설적 사고가 발달을 의도하는 것이라기보다 오히려 우리가 지식을 건설할 때마다 다양한 형태로 발생되는 것이라고 주장하고자 한다. 이러한 나의 주장은 WWK의 논의를 여성의 지식 습득 방식의 위계적 질서나 단계를 제시한 것으로 이해하여 건설적 사고를 가장 높은 단계로 여기는 의견들과는 반대되는 관점이다. 『지식, 차이, 힘*Knowledge, Difference, and Power*』(1996)에서 골드버거는 '발달'에 대한 저자들의 서로 다른 입장을 언급하면서 "WWK 연구가 발달 단계에 대한 것인가의 논의는 계속될 것(Goldberger, et al. 1996: 12)"이라고 언급했다. 또한 그는 한편으로 4명의 WWK 작가들이 "다섯 가지 지적 범주가 지식 구성의 발달 단계를 나타낼 수 있는지의 여부, 또는 그것을 나타낼 수 있어야 하는지의 여부에 대해 어느 정도는 부정적인 의견을 갖는다(Goldberger, et al., 1996: 362)"라고 언급한다. 골드버거는 "문화와 맥락의 측면에서 고려한다면, 그것을 단계화하는 것에 대한 논의는 거의 의미를 갖지 않는다(Goldberger, et al. 1996: 362)"라고 보는 것이다. 그의 견해와 같이 문화와 맥락을 고려한다면, WWK의 연구 성과는 지식을 습득하는 다섯 가지 방식으로 이해되는 것이 바람직하다. 예컨대 '침묵'의 방식은 단순히 모르는 입장(무관심하며 무지한 상태)을 상징하기 위한 전략으로 이해될 수 있다. 또한 침묵은 존경과 지혜를 상징하는 방식으로 이해될 수도 있고(많은 동아시아 문화와 미국 원주민 문화가 그러하듯이), 자신의 목소리가 도용되고 오용되는 것에 대한 저항의 상징(소수민족 문화가 그러하듯이)으로도 이해될 수도 있을 것이다.

우리는 이 네 명의 심리학자가 지식을 습득하는 유형이나 방식을 정리하려 하기보다 독창적이고 개별적인 인간의 지식습득법을 드러내고자 하는 관점으로 연구를 진행한 것에 주목해야 한다. 이 개별적 관점에 대한 연구는 내가 제시하는 사회적 관점에 대한 연구와 대비되기 때문이다. 이에 대해 골드버거는 "우리는 자신도 모르게 우리가 그동안 교육받아 온 것처럼 개별 인간을 중심으로 여기는 심리학자와 같이 행동하고 있었다(Goldberger, 1996: 361)"는 의견을 남겼다. 이들은 그동안 경시되었던 여성들의 목소리에 관심을 가지려 노력했다. 그러나 그들의 연구 방법론은 지식 구성의 주체를 개별 인간으로 상정하는 방식에서 벗어나지 못한 것이다. 그들이 사용한 '목소리'라는 용어가 다른 사람들로부터 고립된 개별적 지식 구성의 주체들을 표상하는 고대 그리스 모델을 강화한다는 비판이 있을 수 있다. 때문에 서구 유럽의 개인주의적 가치를 일부 내재했다고 볼 수 있다. 테이루어는 자신의 에세이 『대본에서의 목소리Voices in Dialogue』(1996)에서 목소리가 어떻게 사유와 언어적으로 연결되는지, '대본dialogue'이 어떻게 개별 참가자들의 역할을 강화시키는지, '대화conversation'가 어떻게 관계적 주안점을 드러내는지 밝히면서 목소리의 개념을 더욱 발전시킨다. 그리고 그는 목소리에 대해 "개인의 학습을 통합시킴으로써 학습에 대한 것을 재정의하도록 하고, 대본에서의 사회적 파트너인 타인의 역할과 맥락의 중요성을 강조하여 지식의 생산을 공동의 프로젝트로 보는 것을 가능하게 한다(Tarule, 1996: 286)"라고 정리한다.

또한 밸런키 등은 '목소리'라는 용어를 정신mind 또는 자아self와 구별하여 사용하고 있다(제목에서도). 나는 이러한 구별에 대해 이해하고자 노력했지만,[2] 이 구별이 서구 유럽의 전통을 내재화한 밸런키 등 연구진이 가진 또 다른 배태성의 예시라고 결론지어야만 했다. 어떻게 사람의 지적이고 윤리적인 발달을 드러내는 목소리를 그 자신의 자아와 구별할 수 있는 것인가? 자신의 목소리는 자아의 표현이 아닌가? WWK 연구의 '침묵' 범주에서도 목소리가 그 사람의 자아를 표현한다는 것

---

2) 개인의 목소리에 대한 구체적인 논의는 나의 다른 논문을 참고할 수 있다(Thayer-Bacon, 1995; Thayer-Bacon & Bacon, 1998: chap 4).

이 명확하게 드러난다. 침묵한 것으로 나타난 여성들은 건강하지 못하고 고립되고 학대받는 극한의 환경에 처한 경우가 많았다. 그들은 긍정적 자아의식을 발달시키기 어려운 환경이었고, 때문에 표현할 수 있는 목소리를 갖고 있지 않기에 침묵할 수밖에 없던 것이다.

밸런키, 클린치, 골드버거, 테이루어에 의해 '주체적 인식 주체'로 분류되었던 여성들은 스스로의 생각에 귀를 기울이며, 자신들이 특별한 관점을 가지고 있다는 것을 깨닫기 시작한 여성들이다. 그들은 자아의식을 발달시키고 자신들의 목소리를 표현하기 시작한 것이다. 그러나 그들은 자신들이 지식 구성에 적극적으로 기여한다고 인식하지는 못했고 오히려 자신들을 '진리를 드러내는 전달매개conduits'로 이해하는 경향이 있었다(Belenky, et al., 1986: 69). 주체적 인식 주체들은 지식을 더 수월하게 습득하기 위해 자신의 직관적 능력에 의존한다. 그들은 진리를 주관적이고 개인적인 것, 즉 "나에게 가장 잘 맞는 것(Belenky, et al., 1986: 70)"으로 여기는 경향이 있다. 그들은 자신의 자아와 목소리를 유사하게 인식하며, 자신의 관점을 표현하는 것을 신뢰하도록 배운 사람들이다. 그러나 그들은 자아(목소리)를 정신과 구별된 것으로 이해했고, 자신의 자아를 타인으로부터 고립된 것으로 여기는 서구 유럽의 견해를 수용하는 모습을 보였다. 그들은 외롭고, 소외되고, 타인과 거리감을 느끼는 것에 대해 이야기했다. 또한 그들은 추론이 숨 막히고 신뢰할 수 없는 것이라고 이야기했다. 그들은 추론이 사람들로 하여금 자신을 어리석은 자로 느끼도록 한다고 여겼다. 이로써 스스로의 자아 감각을 상실하여 결과적으로 자신의 목소리를 상실하는 모습을 보였다. 이제 막 자아의 목소리를 발전시키고 인정한 그들은 추론의 가혹한 비판의 대상이 됨으로써 발전된 자아를 잃는 위험을 무릅쓰기를 원하지 않은 것이다.

　WWK에서 추론 또는 '절차적 지식(현재 비판적 사고라고 여겨지는 것)'으로 설명되는 것은 직관과 관련 있는 것이며, 주체적인 앎의 행위와는 다소 대조적으로 이해된다. 이러한 대조를 통해 밸런키 등은 그들이 모호하게 내포하던 자아와 정신의 서구 유럽식 구별을 강화한다. 정신은 추론을 가능하게 하는 것으로 여기고, 목소리는 개인적이고 주관적이며 직관적인 것을 나타내는 기능을 수행하는 것으로 여기는 것이다. 절차적 방식으로 지식을 구성한다고 분류된 여성들은 그들 자신의 목소리를 희생시키면서 자신의 정신을 사용하는 법을 배운 여성들이다. 목소리와 정신을 이렇게 구별하여 이해하는 것은 개인적이고 주관적이며 직관적인 목소리와 대중적이고 객관적인 추론의 목소리가 구별되어 발전된다고 보는 그들의 관점을 드러내는 것이다.

　절차적 지식 안에서 밸런키, 클린치, 골드버거, 테이루어는 분절적 앎separate knowing과 연계적 앎connected knowing을 구별한다. 다음 장에서 논의될 길리건의 연구는 이 두 가지 방법을 구별하는 것에 대한 선행 연구의 역할을 하였다. 밸런키 등에 따르면, 분절적 앎의 방법에서 "분절된 자아separate self는 타자가 원하는 대로 타자를 대해 주는 호혜적 관점에서의 관계맺음을 경험(Belenky, et al., 1986: 102)"한다. 연계적 앎의 방식에서는 "연계된 자아connected self는 자신의 방식으로 타자에게 반응하며 관계맺음을 경험(Belenky, et al., 1986: 102)"한다. 분절적 앎의 핵심은 비판적 사고이다. 비판적 사고의 목적은 자신을 포함한 모든 사람의 오류가능성을 의심하고 가정하는 것이다. 그것은 일종의 자기 해방을 위한 대립적 논쟁의 형태로서, 자신을 절제하고 비인격적으로 여기면서 자신을 투사하도록 한다. 여기서 목소리는 공적의 언어로 표현되는 전문화된 영역으로 여겨진다. 분절적 앎과 관련된 절차적 지식은 폴이 언급한 강한 의미에서의 비판적 사고방식과 유사한 면이 있으며, 비판적 사고에 대해 보다 논쟁적인 접근 방식을 강조하는 경향이 있다.

밸런키 등이 논의한 또 다른 절차적 지식의 형태로써 연계적 앎의 방식은 "가장 신뢰할 수 있는 지식은 권력에 기반하여 공표된 것이 아니라, 개인적 경험에서 비롯된다는 주관론자들의 신념에 기초(Belenky, et al., 1986: 112~113)"한다. 연계적 앎의 방식은 자아의 참여를 담보하며, 공감empaty을 통해 타인의 앎에 접근할 수 있는 절차를 제공하는 방식이다. 이 방식은 의심을 조장하기보다 믿음을 강조한다. 연계적 앎의 주체는 무언가를 판단하려 하기보다 인격적 앎personal knowledge에 기반하여 타자의 상황과 사고방식을 이해하려고 노력한다. 인격에는 사적 인식이 반영되기에, 연계적 앎을 능숙하게 발휘하는 주체는 자신의 사적 관점을 분명하게 알고 있어야만 한다. 때문에 보다 복합적인 연계적 앎을 탐색하기 위해서는 자기 분석self-analysis이 요구된다. 이는 다음 장에서 살펴볼 나딩스가 논의한 '배려care'의 관점에서와 같이 '관대한 사고generous thinking'와 '수용적 합리성receptive rationality'이 요구되는 행위이다(Noddings, 1984: 1, 186). 밸런키 등은 "연계적 앎의 관점에서 권위를 갖는 것은 힘, 지위, 자격 등이 아니라 경험적 평범성이다(Belenky, et al., 1986: 118)"라고 주장했다. 이러한 형태의 절차적 지식은 보다 지지적이고 공감적인 비판적 사고의 접근 방식을 강조한다는 점에서 폴의 강한 의미의 비판적 사고의 유연한 변형version이라고 볼 수 있을 것이다.

연계적 앎은 진리가 배려적 관점에서 드러난다는 것을 강조하는 인식론에 근거한다. 이러한 이유로 여성주의적 모델에서는 맥락적 상대주의contextual relativism를 강조한다. 여성주의자들은 진리가 추상적 원칙에 대한 논리적 계급 구조를 통해 드러나는 것이 아니라, 각각의 사람들의 관점, 필요, 추구하는 바의 맥락 등을 바탕으로 상황을 이해하려고 노력하면서 발견되는 것이라고 여긴다. 연계된 자아는 타자의 관점에 반응하면서 관계 맺음을 경험한다. 그러나 분절된 자아는 타자가 원하는 방식으로 타자를 대하는 호혜적 관점에서 관계맺음을 경험할 수밖에 없다.

밸런키, 클린치, 골드버거, 테이루어는 연계되거나 분절된 앎을 사용하는 것 모두를 절차적 지식이라고 해석하고 있다. 이것의 목표는 타자의 사고를 자신의 관점이 아닌 그들의 관점에서 이해하는 것이다. 절차적 지식의 주체는 타자의 관점을 이해하기 위해 자신의 목소리를 무력화하는 카멜레온과 같이 묘사되기도 한다. 이 과정에서 그들은 자신의 정체성이 약해지거나 무력화되는 것을 경험할 것이다. 이는 골드버거가 1996년 기고한 자신의 글 머리말에서 분절적 앎으로서 절차적 지식(전통적으로 기술된 비판적 사고)을 평가절하할 의도가 없었음을 설명한 것과 관련이 있을 것이다. 골드버거는 주관주의적 인식론subjectivist epistemology이 제안하는 상대주의 관점에 대해 우려하며 이를 건설적 앎constructive knowing과 구별하여 논의하고자 한 바 있다.

이들의 1996년 편저서에는 건설적 앎보다는 절차적 앎에 대한 논의가 두드러진다. 이 당시에는 건설적 앎이라는 용어 대신 '협력적 앎collaborative knowing'이라는 용어를 유사한 의미로 사용하였으나 지금은 거의 사용하지 않는 용어이다. 뿐만 아니라, 클린치는 자신의 에세이 「연계되고 분절된 앎: 두 정신의 합일을 위하여Connected and separate knowing: Toward a marriage of two minds」(1996)에서 여전히 자아(목소리)와 정신을 분리하여 이해하고 있음을 여실히 드러내기도 했다.

왜 이들은 나의 비판적 사고 이론에 영감을 주었던 '건설적 앎'에 대한 연구를 지속하지 않은 것일까? 그 이유는 그들의 연구에 대한 비평들에 드러난다. 그들은 다양하고 포괄적인 연구를 수행하면서 권력으로 발생하는 문제 또한 우회적으로 다루고자 했을 것이다. 그러나 이들은 인터뷰 대상을 '노동하지 않는not working' 여성으로만 제한하는 우를 범한다. 즉, 일하는 계급의 여성은 이들 연구에서 제외된 것이다. 가정 밖에서 일하지 않는 여성들만이 연구의 대상이 되었다는 것은 이들의 연구 관점이 일부 제한적이었다는 것을 의미한다. 즉, 밸런키 등은 정치 운동가, 노조 조직원 등과 같은 여성들의 목소리를 포괄하지 못했다. 이에 대해 골드버거는 다양한 표본을 수집하고 싶었으나 사회 계급과 억압의 측면에서 표본에 대한 정보를 분석하지는 못했음을 인정한다는 입장을 보였다(Goldberger, 1996, Intro). 권력이 그들의 연구에 있어서 절대적인 고려 대상이었음에도, 그들은 인종과 계급을 분석 범주에서 제외시킨 것이다.

때문에 이들은 백인 여성만을 옹호하는 엘리트주의 계급제를 지지한다는 비난을 받아왔다. 어쩌면 이것이 그들이 '건설적 앎'에 대한 연구를 발전시키지 못한 것과 관련이 있을 것이다. 그럼에도 불구하고, 나는 '건설적 앎'에 대한 그들의 설명에 내재된 중요한 특성들이 비판적 사고의 전환을 지향하고 있다고 주장하고 싶다. 밸런키 등은 피험자들의 타자와의 관계성을 내재한 자아가 그들의 목소리, 자아, 정신의 총체적 표현이라는 것을 인정해야 하며, 자신들의 실수가 연구 설계에서 비롯되었다는 것을 깨달을 필요가 있다. 나는 이 내용을 특히 강조하며 밸런키 등의 연구에 제시된 '건설적 앎'에 대한 논의가 비판적 사고의 전환을 요구하는 연구라는 것을 보이고자 한다. 건설적 지식에 대한 연구는 '목소리를 통합하고, 자아를 되찾고, 개인적 지식과 전문적 지식을 통합하려는 시도'로 이해되어야 한다. 건설적 인식 주체에 대한 이들의 기본 견해는 다음과 같다. "**모든 지식은 건설된 것이며, 인식 주체는 이 지식의 개별적 측면을 인식하는 것이라고 할 수 있다** (Belenky, et al., 1986: 137, 원문 강조)." 이러한 입장에서 본다면, '지식은 경험을 추정하기 위한 모델'로 해석될 수 있을 것이다. 건설적 지식의 인식 주체가 되기 위해서는 내적 모순과 모호함에 관대해져야 하며, 우리가 자신이 갈등이 있을 수밖에 없는 환경에 살고 있음을 인정해야 한다. 건설적 지식의 인식 주체는 '절차적 지식을 염두에 두는 태도'를 버려야 하며, 고유하고 진실된 자신의 목소리를 찾을 수 있어야 한다. 건설적 인식 주체는 체제를 넘어서기도 하며, 자신의 상황에 맞게 그 체제를 활용하기도 한다. "**진리의 탐구를 앎의 주체들이 참여하는 건설적 과정**으로 이해할 때 비로소 학문에 대한 의지가 더욱 발현(Belenky, et al., 1986: 140)"되는 것이다.

맥클린톡McClintock, B.은 WWK 연구에서 건설적 인식 주체의 예로서 다뤄진다. 맥클린톡에 대한 이야기는 켈러Keller, E. F.의 저서 『생명체에 대한 태도: 맥클린톡의 삶과 연구*A Feeling for the Organism: The life and work of Barbara McClintock*』(1983)를 통해 전해졌으며 이후 많은 여성주의 연구자들에게 참고가 되었다. 맥클린톡은 옥수수 유전학의 연구자로서 노벨상을 수상한 유전학자이다. 맥클린톡은 과학적 방법론으로 친밀함intimacy의 관점에 대해 설명한다. 맥클린톡은 다음과 같이 설명한다. "나는 그들을 상세하게 알고 있으며, 그것들에 대해 알게 된 것을 기쁘게 생각한다(Keller, 1983)." 그는 옥수수와 관계를 맺으려 노력했으며,

옥수수가 그에게 무엇을 말하고자 하는지 알기 위해 노력했다. 그는 옥수수와의 관계를 확고히 하고, 열린 마음을 가지고 "옥수수가 자신에게 다가오도록 했다(Keller, 1983: 198)". 켈러는 이러한 유형을 '애정에 기반한 연구'라고 설명하며 다음과 같이 말했다. "맥클린톡은 다른 사람들이 인간 세계에 대해 이상적인 관심을 갖는 것과 같이, 자연 세계를 바라본다. …(중략)… 애정과 공감처럼 관심이 요구되는 능력은 각자의 다름에 대한 이해와 그에 요구되는 시간을 견딜 수 있을 만큼의 안정적인 자아의식을 필요로 한다(Keller, 1985: 117~118)."

우리는 앞서 제3장에서 폴이 언급한 강한 의미의 비판적 사고와 약한 의미의 비판적 사고에 대한 구분을 살펴보았다. 이처럼 일부 비판적 사고 연구자들은 비판적 사고의 과정에서 비판적 사유자가 특정 역할을 수행해야 한다는 것을 인정하기도 했다. 폴의 연구 중점은 타자의 관점을 공정한 관점에서 이해해야 한다는 것이었다. 폴의 연구에서 우리가 자아를 인식해야 하는 이유는 우리가 타자를 판단하는 데 발휘한 비판적 사고 능력을 스스로에게도 적용할 수 있어야 하기 때문인 정도였다. 그러나 밸런키 등은 건설적 인식 주체(자아)가 사유의 산물로서 여겨지는 지식에 보다 밀접하게 연계되어 있다고 설명한다. 즉, 이들은 적극적으로 지식의 퀼트를 생성하는 퀼터로 여겨지는 것이다. 밸런키 등이 연구한 건설적 앎에 대한 논의는 우리가 자기 스스로를 돌아보도록 권고한다. 비록 그들이 내적이고 개별적인 지식과 외적이고 전문적인 지식을 구분 지어 논의하는 우를 범하였지만, 이들이 제시한 모델은 다수의 목소리들을 통합시키기 위해 두 가지 지식을 통합시키는 모델인 것이다(Thayer-Bacon, 1995).

이로써 우리는 이제 추론뿐만 아니라 직관과 감정의 가치를 수용하는 건설적 사고의 모델을 구상할 수 있게 되었다. 비록 밸런키 등의 연구가 개별 인식 주체에 초점을 맞추는 경향이 있지만, 그들의 연구는 우리가 타자와의 사회적 상호작용으로 지식을 구성해 나갈 것을 격려함으로써 자아에 대한 관계적 관점의 논의를 가능하도록 했다. 우리는 많은 사람들이 우리의 퀼팅비 은유에 다양한 방식으로 참여한다는 것을 알 수 있게 되었다. 우리는 퍼스가 주장한 바와 같이 지식이 인식 주체로서의 우리 자신들에 의해 진화된다는 것, 그리고 우리가 추론, 직관, 감정적 느낌emotional feeling, 상상 등 다양한 도구에 의존하여 다양한 방식으로 지식 구성에 참여한다는 것을 깨달아야 한다. 그럼으로써 우리는 그동안 묵인되고, 무조건적으로 수용되던 주체 중심의 절차적 앎의 흑백 논리에서 벗어나 우리 자신의 고유하고 진정한 목소리를 되찾을 수 있게 될 것이다. 또한 우리는 자아를 되찾는 것과 함께, 우리가 지식의 퀼트 과정에 얼마나 적극적이고 직접적으로 관여하고 있는지 깨달을 수 있게 될 것이다. 그리고 이로써 지식 구축에 대한 우리의 새로운 열망을 확인할 수 있게 될 것이다.

비판적 사고 이론을 전환시키는 것에 대한 WWK의 기여를 이해한 후, 우리는 이들 연구에 영향을 미쳤다고 언급된 길리건과 나딩스에 대해 논의할 필요가 있다. 이들은 우리가 타자와의 관계 속에서 우리 각각의 자아를 이해할 수 있도록 도울 것이다.

관계적 자아

길리건과 나딩스의 연구는 자아에 대한 여러 논의들을 재정립하는 데에 상당히 기여했다. 이들의 연구는 자아에 대한 정의가 서구 유럽 중심의 개인주의적 접근 방식과 이와 관련된 편견들로부터 영향을 받았다는 것을 이해하는 데 도움을 주었다. 길리건과 나딩스는 도덕 교육의 범주에서 연구를 수행하지만 길리건은 심리학자로서 도덕 발달에, 나딩스는 교육철학자로서 윤리적인 이론에 초점을 맞추어 논의를 진행한다는 차이가 있다. 이들은 모두 도덕성을 젠더 관점에서 논의한다(길리건은 여성과 여자 아이의 도덕적 발달에 대해, 나딩스는 윤리와 도덕 교육의 여성 경험적 접근에 대해). 이들은 남성과 여성을 첨예하게 대조시키며, 과거와 현재에서, 그리고 중심적 이론들에서 어떤 것들이 평가절하되어 왔는지를 이해할 수 있도록 한다. 그러나 이들 연구에 대한 그림쇼의 분석을 살펴보면, 이들의 젠더 구별적 논의가 몇 가지 문제를 야기한 것을 알 수 있다. 먼저 길리건과 나딩스의 이론이 무엇을 제시하는지부터 살펴보도록 하겠다.

길리건은 여성의 심리 발달에 대한 자신의 획기적인 연구에서, 그동안 진행된 여성의 도덕성 발달에 대한 연구는 모든 여성이 모든 남성과 동일한 발달 과정을 거칠 것이라는 잘못된 가정에서 시작되었다고 주장한다(이것은 잘못된 두 가지 가정 중 하나이며 다른 하나는 남성이나 여성이나 모두 동일할 것이라는 가정이다). 이러한 잘못된 가정은 여성의 본질적 범주를 보편적 '사람person'의 범주에 수렴되도록 강제하는데, 여기서 일컫는 '사람'은 남성들의 스키마에 기반하는 주체적 남성을 상정하는 것이기 때문이다.

길리건은 윤리적인 측면에서 여성들이 책임과 배려의 관점으로 자신들의 도덕성을 발전시켜 왔다는 것을 발견했다. 이는 남성들이 권리와 규칙을 중심으로 도덕성을 발전시키는 것과 대조적이다. 피아제Piaget, J.와 콜버그Kohlberg, L.가 강조한 도덕 발달의 남성적 모델은 맹목적으로 공정하며 타당한 면만을 강조한다. 이 논의는 진리의 확립을 위한 공정한 절차를 중시하는 인식론에 바탕을 두고 있다. 이러한 권리 지향성rights orientation은 독립적이고 자율적인 관점에서 자아를 정의하는 사람들에게 두드러지게 나타난다. 그리고 길리건이 연구했던 여성들에게 관찰되는 책임 지향성responsibility orientation은 타자와의 연계성과 관계성에 기반하여 자아를 이해하는 사람들에게 두드러지게 나타난다.

길리건은 도덕성에 대한 이 두 가지 관점이 위계적이거나 대조적이기보다 상호 보완적인 것이라고 강조한다(Gilligan, 1982: 33). 때문에 그는 정의와 배려의 필요성을 인식하고, 도덕적 추론과 판단에 대한 통합적 접근을 추구하고자 했다.

> 권리의 윤리는 평등equality에 입각하고, 공정성fairness에 대한 이해에 중심을 둔다. 반면에 책임의 윤리는 형평성equity의 개념과 욕구need의 차이를 인식하는 것을 중시한다. 권리의 윤리는 타자의 견해를 나의 견해와 동등하게 존중하며 균형을 갖추려 하지만, 책임의 윤리는 연민과 배려를 가능하게 하는 이해를 요구한다. 따라서 유년기 이후, 성인기 이전 사이에 정체성identity과 친밀성으로 드러나는 차이는 상호 보완이 요구되는 두 가지 서로 다른 도덕성의 척도에 의해 분명히 표현된다(Gilligan, 1982: 165).

이러한 이유로, 길리건은 도덕 발달 연구에 여성적 경험을 포함시켜야 한다고 주장한다.

> 정체성의 개념은 상호 관계적인 경험들을 포괄하면서 확장될 수 있
> 다. 도덕적 영역 또한 관계에서 책임과 배려를 고려함으로써 확장될
> 수 있다. 그리고 이에 따라 근본적인 인식론 또한 변화된다. 인식론
> 은 정신과 형식 사이의 대응으로 여겨지던 그리스적 인식론에서 인
> 간의 관계맺음 과정이라는 인식론으로, 거대한 전환을 맞이하게 되
> 는 것이다(Gilligan, 1982: 173).

위와 같이 길리건은 도덕적 추론과 판단에 대해 보완적이고 통합적으로 접근하는 입장을 취한다. 그러나 이와 대조적으로, 나딩스는 원칙에 입각한 윤리 정향에 대해 "그것은 모호하고 불안정하며, 언제나 예외적인 원칙이 있고 이는 때로 우리를 분열시킨다(Noddings, 1984: 5)"라고 주장하는 모습을 보인다. 나딩스는 원칙적 윤리principled ethic를 아버지의 목소리로, 배려 윤리를 어머니의 목소리로 묘사한다. 그는 원칙적 윤리의 대안으로 배려 윤리를 제안한다. 나딩스에게 있어서 배려의 의미는 '타자'와 공감하는 것(수용적 합리성), 친분acquaintance, 현재에 전념하는 것being present and engrossed, '타자'를 너그럽게 대하는 것(관대한 사고), '타자'에 대한 동기적 전치offering a total presence 등을 의미한다. 또한 그는 배려 행위를 배려를 하는 사람과 받는 사람 사이의 관계적 행위로 정의한다. 이에 많은 사람들이 원칙적 윤리와 배려 윤리의 구분에 의문을 제기하기도 했다. 나딩스는 이러한 의문에 대해 "정의라는 개념이 필요하다는 의견이 옳을 수 있으나, 나는 그것이 정확히 무엇에

기여하는지에 대해 더 많은 연구가 필요하다고 생각한다(Noddings, 1990: 122)"라고 답했다.

이와 같이 길리건이 서구 유럽식의 개별적이고 분절적인 자아관을 보완하기 위해 관계적 자아의 개념을 발전시킨 반면, 나딩스는 모든 사람들의 자아를 관계적으로 여기는 관계적 자아관을 제시한다. 나딩스는 "배려하는 태도, 즉 배려를 받은 생의 초기의 기억과 배려하고 배려받는 것에 대한 누적된 기억들(Noddings, 1984: 5)"이 배려 윤리가 보편적으로 존재한다는 주장에 대한 근거라고 답한다. 그는 이러한 배려의 자세가 여성에게만 있는 것이 아니라 모든 사람들의 삶과 그들의 자아 개념에 내재해 있다고 주장한다. 나딩스는 "모두가 배려 행위를 배워야 한다. 배려 윤리는 우리가 서로의 도덕적 발전에 상호 책임이 있음을 상기시킨다(Noddings, 1990: 123)"라고 주장하는 것이다.

나딩스는 다음의 글을 통해 자신의 관계적 자아의 관점을 명료히 하고자 했다.

> 나는 본래적으로 혼자가 아니다. 나는 본래적으로 양육되고 지도받는 관계에 놓여 있다. 내가 스스로 분리되었든, 상황상 분리되었든지 간에 나는 혼자가 되었을 때, 가장 먼저 그리고 가장 자연스럽게 관계들을 재건하기 위해 노력한다. 나의 개성은 일련의 관계에서 정의될 수 있다(Noddings, 1984: 51).

이후 나딩스는 관계적 존재론에 대해 "관계의 근본적이고 창의적인 역할을 제시한다(Noddins, 1992: 124)"라고 주장하며 다음의 견해를 밝힌다.

우리가 인간을 관계로써 정의할 때, (엄격하게 말해서) 우리는 서로 분리 될 수 없는 궁극의 실체임을 알게 된다. '우리'는 관계의 구성 요소가 아닌 그 자체로 관계의 산물이다. 때문에 우리가 '타자'를 위해 하는 일들의 한 부분은 '우리' 스스로를 위해서 하는 일이라고 여겨져야 한다. …(중략)… 배려 윤리는 존재론적 타자성otherness의 개념을 거부 하고 우리에게 새로운 자아관으로서 관계적 '자아'의 개념을 제시한 다(Noddins, 1992: 124).

이러한 길리건과 나딩스의 논의는 많은 학자들에게 영향을 주었으 며 다양한 측면에서 비판적으로 논의되었다. 두 사람은 특히 '여성 women'과 '여성성feminine'의 특징을 제한적으로 범주화한 것에 대해 비 판을 받았다. 이는 1992년 미국의 대통령 선거 운동에서 증명된 바와 같이 잠재적 폭력성을 내재하기 때문이다. 퀘일Quale, M.(당시 부통령의 부 인)은 여성들이 책임의 윤리를 지지하기 때문에, 자녀와 가족을 돌볼 의무가 있다고 주장하며 길리건의 연구를 인용한 바 있다. 이는 "여성 들 사이에서 합의된 바가 아니며, 여성의 의무라고 여겨질 수 있는 윤 리적 우선순위나 도덕적인 관점이란 것은 존재하지 않는 것(Grimshaw, 1986: 224)"이라는 반박을 받았다. 그림쇼는 길리건의 견해를 부분적으 로 지지하면서 추가적인 자신의 견해를 밝혔다. 그림쇼는 "여성들은 남성들에 비하여 타자와의 관계에서 타자를 돌보는 것을 인생의 중심 적 역할로 여기는 경향이 있다(Grimshaw, 1986: 178)"라고 말한다. 그러 나 그는 대체로 여성이 남성보다 타인의 감정을 더 잘 이해한다고 해서 천성적으로 여성이 다른 도덕적 접근법을 가지고 있을 가능성이 묵인 되는 것은 문제라고 지적했다. 여성들이 다른 사람들의 감정을 더 잘 이해할 수 있는 것은 그들이 이 능력의 개발을 요구받았고 이 능력을 개발할 기회들을 제공받았기 때문이라고 보는 것이다. 여성들은 이 능력을 배우고 발전시킴으로써 그에 대한 보상을 지속적으로 받아 왔다. 대부분의 다른 소수자 집단이 그러하듯, 그러한 필요와 기회가 제공된 것은 여성이 권력 관계에서의 처벌과 고통을 피하기 위해 기득권의 감정을 읽는 능력을 발달시킨 것으로 해석되어야 한다는 것이다.

그림쇼는 이러한 본질적 딜레마가 젠더gender와 성sex을 구별하여 인식하는 것으로 해소될 수 있을 것이라고 보았다. 그는 우리가 남성과 여성 사이에 어떤 종류의 정신적 차이를 초래하는 것으로 보이는 생물학적 차이가 있다는 생각을 아예 무시할 수는 없겠지만, 거기에 생물학적이고 문화적인 변증법적 관계 또한 영향을 미쳤다는 것을 인식해야 한다고 보았다(Grimshaw, 1986: 132~133). 그것들에는 특별한 차이가 있는 것이 아니기에, 성차sexual differentiation의 의미도 전환되어야 한다고 보는 것이다. 이 주제와 관련된 구체적 논의는 제5장을 통해 진행될 것이다.

그림쇼는 '추상적abstract인 것'과 '구체적concrete인 것' 또는 '원칙적 판단'과 '상황적 판단' 등과 같은 개념을 날카롭게 구별하지 않을 것을 제안한다. 이것들이 구별된다는 것은 면밀하게 검토되지 않은 문제 있는 가설이기 때문이다. 그는 또한 젠더 접근법이 "오랫동안 양극화되어 논의된 '추론'과 '직관'의 대립을 드러내는 경향이 있지만, 이것은 가정되기보다 의심되어야 할 것(Grimshaw, 1986: 224)"이라고 주장한다. 또한 그는 '배려'를 여성성과 연관시켜 이해하는 것은 여성에 대한 억압의 근거로 사용될 수 있다고 경고한다. 따라서 우리는 "이 개념들을 사회 규범적으로 다시 논의하기 이전에, 과거의 관점을 전환시킬 필요(Grimshaw, 1986: 224)"가 있다는 것을 인식해야 한다. 이에 대해 나딩스는 여성들이 "역사적 맥락과 사회문화적 전통에 많은 관심을 가져야 한다(Noddings, 1990: 126)"는 그림쇼의 주장에 동의한다고 밝혔다.

그림쇼는 나딩스에게 원칙principle과 규범rule을 구별해야 한다는 메시지를 전하고자 하였다. 그림쇼는 다음과 같이 주장했다. "규범은 어떤 종류의 행동을 명시하거나 금지하는 것이다. …(중략)… 원칙은 반석적 사고를 차단하기보다 요구하는 것이다(Grimshaw, 1986: 207)." 원칙은 우리에게 세부적인 것에 주의를 기울이도록 하지만, 규범은 그렇지 않다. 그림쇼는 여성이 남성과 마찬가지로 그들의 원칙에 따라 행동하지만, 그것이 남성에게 덜 가치 있다고 여겨진다고 주장했다. 그림쇼는 그 예로서 남성들은 과도한 맥락성을 배제시킨 원칙에 입각한 판단을 가치 있게 여기지만, 관계 지속의 가치에 근거한 원칙적 판단은 "잘못된 행동이라 확신하며, 이를 원칙의 **실패**이자 결함으로 여기는 점(Grimshaw, 1986: 210, 원문 강조)"을 지적한다. 그리고 그것은 단순한 우선순위의 차이라고 보는 것이 더 적절하다고 덧붙인다(Grimshaw, 1986: 210)."

길리건과 나딩스의 연구를 퀼팅비 은유의 맥락에서 살펴본다면, 우리는 길리건이 자아의 관계성을 염두에 둔다는 것을 알 수 있다. 그리고 나딩스는 자아의 관계성 개념을 더욱 발전시켜 여자아이와 여성뿐만 아니라 모든 자아까지 확대하여 적용할 것을 주장한다고 알 수 있다. 이는 우리가 지식의 구성 과정에 참여하는 사람들을 퀼터로서 고려해야 하는 필요성을 드러내는 것이며, 더 나아가 '사람'에 대한 정의를 전환시킬 필요를 인식하도록 한다. 또한 길리건은 관계에 근거한 자아관에 대해 개인주의적 접근 방식과 대조하여 이해할 수 있도록 했다.

개인주의적 접근 방식은 서구 유럽식의 정의에 따라 우리가 친숙하게 여기는 방식이다. 나딩스는 자아에 대한 개인주의적 접근에 존재하는 철학적 결함과 그동안 은폐되었던 자아의 관계적 영역을 드러냄으로써 관계적 자아에 대한 우리의 이해를 더욱 확장시켰다. 우리가 사용하는 퀼팅비 은유 또한 퀼터를 개별적 개인으로 상정하지 않는다. 지식의 건설에 참여하는 퀼터는 타자와의 관계성을 내재한 사람들이다. 때문에 퀼터의 관계성을 강조하는 퀼팅비 은유는 비판적 사고의 전환에 대한 은유로서 의미를 갖게 된다.

젠더 편향적 사고

철학자 러딕과 마틴은 사적인 영역으로 여겨지던 여성의 가사노동에 대한 논의를 공적 관심으로 끌어올리는 것에 공헌했다.3) 특히 마틴은 은폐되고 잊혀진 여성적 경험에 대한 철학적 논의를 재개하였다. 러딕과 마틴의 논의는 철학자들이 역사적으로 '여성성feminity'을 이성과 첨예하게 대조되는 것으로 묘사한 것이 여성혐오적 관점이라는 것을 고발하였다. 러딕의 논의는 '모성적 사유maternal thinking'로 집약될 수 있다. 또한 마틴은 '재생산reproductive'의 범주를 '생산production'과 대조하여 설명한다. 나는 먼저, 러딕의 연구에 대해 논의한 후, 마틴의 연구를 살펴볼 것이다.

러딕은 사유가 실행practice으로부터 발생되고 점검된다는 "실용주의자 관점(실용주의적 관점)"을 설명하고자 했다. 이러한 관점에서 사유는

---

3) 러딕과 마틴의 연구에 대한 나의 논의는 이전 논문에서 구체화되었다(Thayer-Bacon, 1998b).

적어도 개념이 언어를 통해 정의된다는 점에서 사회적 행위로 해석될 수 있다. 그 언어는 필연적으로 공적이며 그 의미가 진리와 관련한 공적 기준에 의해 통제되기 때문이다. 때문에 러딕은 "사유는 그것의 사회적인 기원을 넘어설 수 없다(Ruddick, 1989: 15)"라고 주장한다. 그는 진리에 관하여 "그것이 만들어지는 관행과 관련이 있음(Ruddick, 1989: 15)"을 설명하고자 하는 것이다.

이러한 기본적인 가정에서, 러딕은 이성적 사고와 대조되는 '모성 행위mothering' 4)적 사고를 설명하고자 했다. 이러한 '모성적 사유maternal thinking'는 이성(합리성)에 대한 집착이 아니라 인간을 둘러싼 욕구(즐거움, 고통)에 중심을 두고 있다. 모성적 사유는 추상적 사고와 반대되며, 타인에 대한 배려와 관심의 '일상성dailiness'과 관련이 있다. 러딕이 '모성 행위'를 반드시 여성들에 의해 행해지는 행위로 주장하는 것은 아니지만(모성 행위는 성별 관계없이 행해질 수 있다), 그가 '모성 행위'를 다른 행위와 구별하여 명명하는 방식은 역사적으로 그러하듯 여성적 행위들과 관련이 있어 보인다.

러딕에게 있어서 '어머니'란 "아이들의 삶을 책임지는 것과 아이들을 보살피는 것을 인생의 가장 중요한 행위로 여기는 사람(Ruddick, 1989: 40)"으로 규정된다. 이러한 관점의 '어머니'에게 보살핌 행위가 당위적인 것은 아니다. 때문에 생물학적 관점에서의 '어머니' 개념과는 차이가 있다. 즉, 누군가가 어머니가 되기로 결정을 해야 어머니가 될 수 있다는 점에서 보살피는 행위는 선택적 행위라고 볼 수 있다. 이러한 의미에서 모든 어머니는 '승인적adoptive' 특성을 갖는다. 여기서

---

4) 러딕은 'mothering'을 '모성에 기반한 돌봄 행위'의 의미로 사용하고 있기에 이를 모성 행위로 번역한다. - 역자주

'승인adopt'한다는 것은 '나에게 좋은 행위를 할 것이고, 나쁜 행위를 하지 않을 것'이라는 어린 자녀의 믿음에 대한 응답으로 이해될 수 있다. 어머니가 되는 것을 승인한다는 것은 "탄생의 언약이 지속될 수 있는 '평화peace' 그 자체로서의 세계를 만드는 것(Ruddick, 1989: 218)"을 의미하는 것이기도 하다.

따라서 모성적 사유는 생물학적 어머니에게만 국한되지 않고, 더 넓은 범주의 사람들에게 적용될 수 있다. 그러나 러딕의 모성적 사유는 아이를 돌보는 것을 중점적으로 다루기에, 다소 배타적으로 보일 수 있다. 러딕에게 있어서 어머니의 권위는 보살핌에 근거하며, 아버지의 권위는 문화적인 행위에서 발현된다. 이러한 구별은 모성 행위를 문화와 분리시킬 뿐만 아니라, 모성 행위가 문화 활동으로 여겨지지 않는다는 것을 드러내는 것이다. 모성 행위와 같은 배려 행위caring work5)는 아이들의 요구에 의해 결정되는, 가정이라는 사적 영역의 행위로 이해되는데 이것이 문화적이라고 여겨지지 않는 것이다. 이에 대해 러딕은 모성 행위에 요구되는 세 가지 요구사항을 제시하며 반박한다. 아이들 삶의 보존(보호), 성장을 위한 지원(양육), 사회화 교육(훈육) 등이 그것이다 (Ruddick, 1986: 17). 이 중 세 번째 요구 사항은 문화가 모성 행위에 영

---

5) 영문 'care' 또는 'caring'은 국내에서 주로 배려, 돌봄, 보살핌, 보호 등으로 번역된다. 본 역서는 배려 윤리에 기반한 비판적 사고의 논의를 다루고 있는 만큼 '배려'로 번역하고 있다. 그러나 'care work'의 경우에는 윤리학적인 논의보다 간호학, 사회복지학에서 등장하는 용어이기에 국내에서 주로 '돌봄 노동'으로 번역된다. 그러나 '돌봄'의 동사형은 '돌보다'는 사전상으로 관심을 가지고 살피는 행위를 의미하며 '도와주다', '보호하다' 등의 유의어로 사용된다. 때문에 'care work'를 '돌봄 노동'으로 번역할 경우 돌보는 행위자와 도움을 받거나 보호가 필요한 대상 사이가 비대칭적 권력관계를 내포하는 것으로 여겨질 수 있다. 따라서 비권력 배려 관계를 드러내고 번역어의 혼용을 지양하기 위해 본 역서에서는 'care work'를 배려 행위로 번역한다. - 역자주

향을 미친다는 것을 의미하며, 배려 행위가 언제나 아이들의 요구만을 고려하여 이루어지지는 않는다는 것을 의미하기도 한다. 사회화 교육은 어머니가 속한 사회 집단의 영향을 받기 때문이다(Ruddick, 1986: 21). 이렇듯 모성적 사유를 문화적 영향력이 있는 공적 영역과 구별하여 여성의 사적 영역으로 규정하고자 했던 시도들은 러딕이 자녀들의 사회화와 관련된 모성 행위로서의 책임감을 제시하며 좌절된다. 러딕은 모성적 사유가 젠더, 인종, 사회 계급 등에 의해 얼마나 관행적으로 구속되어 왔는가를 드러내고자 한 것이다.

그림쇼 또한 러딕이 논의한 주제에 대한 견해를 밝힌다. 그림쇼는 모성 행위가 사회적 관계와 제도에 내재해 있다고 지적한다. 그는 '여성이 존재하는 맥락과 별개'로 여성에 대한 사회적 관행을 논의할 수 없다고 주장한다(Grimshaw, 1986: 257). 그림쇼는 러딕의 논의가 "요구와 반응을 분절적인 구성 요소로 여기며 어머니와 아이의 관계를 분리시키는 경향이 있다(Grimshaw, 1986: 247)"고 지적한다. 또한 그는 모성 행위에 대한 우리의 개념이 문화뿐만 아니라 시대적 영향을 받아 변모되었다는 것을 드러내고자 하였다. 내가 미국에서 네 명의 아이들을 '모성 행위mothered' 하여 성인이 되기까지 키우는 사이에, 선호되는 자녀 양육의 방식이 많이 바뀐 것도 이와 관련될 것이다. 그림쇼가 언급한 바와 같이, 전문가들은 모성 행위를 정의하고 명명하는 것에 관여해 왔다. 그리고 역사적으로 그러한 전문가들은 주로 남성들이었다.

이러한 비판에도 불구하고, 러딕의 모성적 사유에 대한 논의는 전통적으로 젠더 중립적 자질이라고 여겨졌던 이성적 또는 비판적 사고의 젠더 편향된 특성을 분명하게 보여 주는 것에 기여했음이 분명하다. 이와 관련된 또 다른 연구는 마틴의 논의를 제시할 수 있다. 마틴은 전통적인 합리성 개념과 교육 영역에서의 젠더 편향성을 드러내고자 하였다. 마틴은 그의 혁신적 저서인 『소통의 회복Reclaiming a Conversation』(1985)에서 교육철학사에 드러나는 교육받은 여성의 이상적 모델에 대해 신중하고 체계적인 논의를 시작한다. 그는 교육철학의 역사에서 여성에 대한 교육이 무시되어 온 점과 여성들이 논의에서 배제되어 왔음을 보이고자 했다. 일부 철학자들이 여성을 중심으로 교육적 논의를 전개했을 때, 그들의 노력은 플라톤이 그러하였듯 무시되거나 루소가 그러하였듯 교육에 대한 지속적 논의에 포함되지 못했다. 여성들의 교육적 이상에 대한 여성들의 글은 대부분 기록되지 않았다. 여성의 교육에 대한 논의에서 여성과 여성들의 연구 성과가 무시되었다는 것은 여성의 주체성이 무시되었다는 것을 의미한다. 또한 이는 여성이 진지한 철학적 성찰을 할 수 없다고 여기는 것이며, 따라서 남성과 여성의 교육적 이상의 범주를 왜곡하는 결과를 낳게 된다.

마틴은 자신의 초기 연구에서 교육철학에서의 두드러진 젠더 편향을 강조하기 위해 생산productive 과정과 재생산reproductive 과정을 구별하여 논의한다. 그는 가정과 가족이 '존재론적 토대ontological basement'로 귀속된다고 주장한다.6) 러딕의 모성적 사유와 유사하게, 마틴은 사회의 재생산 과정을 "단순한 임신과 출산만을 의미하는 것이 아니라 아이를 성숙하게 양육하고, 아픈 사람을 돌보고, 가족의 필요를 채워 주고, 가정을 꾸려 나가는 것과 관련된 행위(Martin, 1985: 6)"로 정의한다. 또한 그는 사회의 생산 과정에 대해 "경제 활동뿐만 아니라 정치적, 문화적 활동(Martin, 1985: 6)"이 포함되는 것으로 정의한다.

---

6) 마틴은 생산·재생산이라는 용어의 사용과 그와 관련한 자신의 통찰에 대해 클라크Clark, L.의 논의를 참고했음을 밝히고 있다.

마틴은 그의 저서, 『교육 풍토의 변화*Changing the Educational Landscape*』 (1994a)의 서문에서 자신이 생산 과정과 재생산 과정을 구별한 것은 "지배적인 교육 이상에서 여성적 특징이라고 여겨지는 것들이 배제되어 왔으며, 문화·역사적으로 남성적 특징으로 여겨지는 것들만이 통합(Martin, 1994a: 7)"되어 왔음을 보이기 위한 것이라고 밝힌다. 또한 그러한 구별이 "자유 교육이 상정하는 교육받은 자에 대한 이상이 노동, 시민적 삶 등, 공적 세계에 대비하고자 하는 사람들의 욕구만을 반영해 왔다는 것 …(중략)… 이는 사회의 재생산 과정이 아닌 생산 과정을 수행하기 위한 것(Martin, 1994a: 7)"을 설명한다고 덧붙인다.

마틴은 마르크스주의적 표현을 비非마르크스주의적 방식으로 사용한다는 비판을 받기도 했다. 이에 대해 그는 마르크스 이론 자체가 여성에 대한 배제를 인식하지 못한 논의이기 때문이라고 반박한다. 어떤 이들은 '재생산'이라는 개념이 경제와 같은 다른 영역의 담론에 적합한 용어이기에 혼란을 야기한다는 비판을 하기도 했다. 또한 어떤 이들은 '재생산'이라는 개념이 내포하는 생물학적 함축성이 문제가 된다고 지적하기도 했다(Martin, 1994a: 14). 이러한 이유로 이후 논의에서 마틴은 "가정에 대한 논의에서 그동안 적절하다고 여겼던 용어가 지나치게 건조하고 기능적인 것으로 여겨지는 경향이 있었다(Martin 1994a: 14)"는 이유로 '생산·재생산'이라는 용어의 사용을 중단한다고 밝혔다.

때문에 마틴은 『학교가정*Schoolhome*』(1992)에서 '재생산'이라는 개념이 아닌, '가정성domesticity'이라는 개념을 좀 더 대중적으로 사용할 수 있도록 연구한다. 그는 '가정home'이라는 친숙한 은유를 사용함으로써 생산적 세계와 재생산적 세계 사이의 대조를 완화시키고자 노력했다. 또한 마틴은 가정을 위계적이고 통합적인 용어로 정의하지 않으려 했다. 오히려 그는 자신의 철학적 이상을 담아 가정에 대해 다음과 같이 정의했다. "가정은 따뜻하고 애정이 있으며 물리적으로나 심리적으로 학대하지 않고, 남성과 여성의 평등함을 신뢰하며 이를 위해 노력하는 곳이다(Martin, 1992: 46)." 마틴은 이러한 이상적인 의미를 통해 '가정'의 다양한 문화적 형식을 드러낼 여지를 남긴다. 마틴은 그가 언급한 '학교가정'을 통해 통일성이 아닌, 다양한 목소리를 표현하고 들을 수 있는 다원주의의 가치와 중요성을 주장하고자 했다. 또한 그는 배려 행위가 모든 문화의 남성과 여성 즉, '모든 사람들의 과업everyone's business'으로서 공식적으로 인정되어야 한다고 주장했다(제2장 참조). 마틴은 배려 행위가 공적으로나 사적으로나 우리 삶에 중요한 영향을 미친다고 보았다. 왜냐하면 이 두 가지는 상호 연관되어 있고 상호 영향을 미치기 때문이다.

이러한 이유로, 마틴은 우리의 학교가 가정생활과 관련한 교과 과정을 채택해야 한다고 보았다. 모든 학생들이 생산적 교육과정과 함께 가정생활에 대한 것을 배워야 한다고 주장하는 것이다. 이러한 배려 행위에 대한 사회적 인식을 개선시키려는 시도를 통해, 마틴은 사적인 영역과 공적인 영역 사이의 경계를 완화시키고자 하였다. 그러나 우리는 그가 여전히 가정(일반적으로 우리 삶의 사적 영역으로 여겨지는 것)과 배려 행위를 연결시키고 있는 것에 주목해야 한다. 이는 사적 영역의 중요성을 논의하면서, 한편으로 마틴이 완화시키고자 한 사적 영역과 공적 영역의 경계를 공고히 할 위험을 내포하기 때문이다. 마틴은 이러한 양면성을 인식하고 있었다. 이는 인종과 인종 차별을 논의하는 학자들이 직면하는 문제와 유사하다. 우리는 사회적 범주로서의 인종을 넘어서기를 기대하는 한편, 우리 사회에 존재하는 인종 문제가 은폐되는 것을 원하지 않는다. 마틴은 단순히 '여성에 대한 승인과 융합'을 기대하는 것이 아니다. 그는 사적인 영역과 공적인 영역을 구별함으로써 세계의 절반인 여성들의 가치를 천명하고자 하는 것이다. 이는 그가 여전히 이분법을 고수하고 있다는 것을 의미하는 것이기도 하다.

> 양육nurturance, 배려 행위, 관심, 연계성의 관점에서 교육의 목표를 구성할 때, 우리는 사회의 생산적인 과정과 재생산적인 과정 사이의 분열을 교육과정에 투영하는 것을 경계해야 한다. 만약 우리가 양육 능력, 배려 행위, 관심, 연계성에 대한 교육을 재생산 과정과 관련된 가정경제학과 같은 과목에서만 다룬다면, 우리는 이러한 특성이 갖는 **일반적**인 가치 즉, 도덕적, 사회적, 정치적 가치를 간과할 수밖에 없다(Martin, 1985: 197~198, 원문 강조).

이렇듯 마틴은 사람들이 우리 삶의 가정적 측면이 갖는 가치를 알아야 한다고 주장했다. 또한 그는 우리가 우리의 사적 영역과 공적 영역 사이의 잘못된 구별을 타파하기 위해서는 '패러다임 전환'이 필요하다고 주장하며 그와 관련된 사례를 제시하였다(Martin, 1985: 197~198). 어떤 사람들은 마틴이 '가정'이라는 용어를 공적인 배려, 관심, 연계에 대한 은유로 사용하는 것에 비판적 의견을 제기하기도 한다. 그러나 우리는 그러한 비판적 논의를 통해 오히려 공적 영역과 사적 영역을 구별하는 방식을 변화시킬 필요가 있다는 것을 드러낼 수 있을 것이다.

주지하다시피, 마틴은 연구의 상당 부분을 배려 행위의 실천과 관련하여 논의하였다. 또한 그는 『학교가정』의 제5장에서 국가를 우리의 '가정'으로, 세계를 우리의 '세계 공동체global community'로 상정하면서 배려 행위에 대해 논의하였다(Martin, 1992: chap 5). 그럼에도 불구하고, 마틴은 배려 행위를 '전적으로 모성 행위와의 연계에서 비롯된 양육 자질(여성만이 가정성과 재생산에 관계되어 있다는 잘못된 가정에 기초한 비판)'로 여기고 있다는 오해를 받기도 한다(Davis, 1996: 534). 또한 마틴은 여성성에 대한 정의에서 성애erotic와 욕망desire에 대한 것을 '비의도적으로 누락'하였으며, 권력과 지식의 관계에 대한 분석을 소홀히 했다는 비판을 받기도 한다(Davis, 1996: 534; Thompson, 1997: 334). 그러나 마틴이 여성성이 정의되는 방식, 그리고 배려 행위와 젠더의 관계에 초점을 맞추어 연구를 진행한 것은 분명하다. 이는 우리로 하여금 권력과 지식의 관계에 주목하도록 하여, 이러한 개념이 재정의되고 변형될 수 있도록 하기 위함이었다(Martin, 1994: 서문). 이상에서 살펴본 바와 같이, 마틴은 사적인 영역과 관련 되는 개념인 '가정'을 학교와 같은 공적인 개념과 연관 지어 사용하고 있다. 그리고 이것은 사적인 영역과 공적인 영역의 구분을 공고히 하고자 하는 사람들에게 비판의 지점이 되기도 했다.

마틴은 자신의 에세이 『방법론적 본질주의, 조작된 차이, 그리고 또 다른 위험한 함정들*Methodological Essentialism, False Difference, and Other Dangerous Traps*』(1994b)을 통해 본 장에서 논의한 학문적 비판들에 대해 다루었다. 그는 1980년대를 '연구 한랭기chilly research climate'로 표현한다. 왜냐하면 이 시기 여성들은 서로 다른 논의들에 대해 본질주의, 반역사주의ahistoricism, 일반화의 오류 또는 이것들의 아류라고 비난했기 때문이다. 마틴은 이러한 비난 풍조가 "여성주의 이론과 연구를 발전시키는 것에 치명적인 악영향을 불러일으킬 수 있다(Martin, 1994b: 630~631)"고 우려했다. 이에 대해 마틴은 잘못된 통합의 위험을 피하고자 했던 시도의 결과가 아이러니하게도 잘못된 통합으로 이어졌다고 지적했다. 또한 우리가 "사전에 결정된 분석 범주에 특권적 지위를 부여하고, 차이의 존재를 확인하는 선험적(Martin, 1994b: 630~631)" 경향의 본질주의에 대해 과대평가하고 있다고 지적했다. 그러한 과대평가가 사실이라면, 만약 우리가 '여성', '젠더'와 같은 개념을 본질주의에 입각하여 표기해야 할 때, 우리는 사용된 모든 개념에 각주를 달아야만 할 것이다. 왜냐하면 일반적으로 사용되는 개념들은 유사성이 강조되는 경향이 있기에 각자의 차이가 은폐될 수 있기 때문이다. 마틴은 "어떤 범주의 용어를 사용하더라도, 몇 가지 차이들은 가려질 수도 있다(Martin, 1994b: 637)"고 본 것이다. 그는 자신이 여전히 여성이라는 용어를 사용하는 것에 대해, 어떤 면에서는 '위기를 모면했다'고 느끼기는 하지만, 한편으로는 "차이를 가로지르는 유사성을 찾는 연구에서 멀어지는 위험(Martin, 1994a: 18)"을 감수한 것이라고도 표현했다. 그는 자신의 연구에서 '여자 아이'나 '여성'이라는 용어를 제거하는 것은 신의에 맞지 않는 행위act of betrayal라고 여기면서 다음과 같이 질문한다. "이러한 범주를 피하지 않고도, 이 범주가 가리는 놀라운 다양성을 고려할 수 있는 방법은 대체 무엇인가?(Martin, 1994a: 18)"

마틴은 우리에게 "본질주의로 빠질 수 있는 일반화의 오류와 조작된 차이점의 중간점(Martin, 1994b: 647)"을 찾는 현명한 방법을 조언한다. 그는 본질주의에 매몰되지 않고 자신의 연구 기획을 일반화할 수 있는 방법을 설명하고자 하였으며, 자신의 진술을 검증하고 명료히 하여 논문으로 드러내었다. 그는 또한 여성주의자들이 남성들(마르크스, 퍼스, 푸코, 리오타르, 이들은 여성과 젠더를 주제로서 다루는 것을 경시한 학자들이다)의 이론에 대해서는 호의적으로 평가하면서, 이 장에서 논의된 것과 같은 여성들의 이론에 대해서는 엄격하게 평가하고자 하는, 이중 잣대를 사용하고 있다고 지적하였다. 마틴은 우리가 타인들의 연구와 이론의 발전에 대해 건설적으로 접근해야 한다고 권고하며, '상호 보완을 통한 완전한 이해의 가능성'을 신뢰해야 한다고 주장한다(Martin, 1994b: 652). 그러한 면에서 이 책은 그러한 마틴의 권고에 따르는 시도 중 하나라고 할 수 있다.

이상에서 살펴본 러딕과 마틴의 연구는 노동이 분열된 방식(남성적 또는 여성적으로)을 드러냈다. 또한 어떻게 여성들이 가정이라는 사적 영역(소우주microcosm)에 구속되어 왔는지를 드러내고, 그것이 남성들의 공적 생활에서의 자유와 관련 있음을 밝혔다. 그동안 여성들의 소우주는 남성들에 의해 열등하다고 평가되어 왔다. 러딕은 '여성적'이라고 낙인된 것들에 대해 진지하게 논의하고자 했으며, 전통적으로 서술된 비판적 사고와는 대조적인 방식으로 모성적 사유와 관련한 이론을 발전시키고자 하였다. 마틴은 비판적 사고에 대한 논의에 '여성'에 대한 논의가 더해질 때, 비판적 사고의 개념 자체가 전환될 수 있다는 것을 보여주고자 하였다. 이와 관련하여 그림쇼는 다음과 같이 기술한다. "여성적인 것을 평가절하하는 것은 여성적 가치를 왜곡시켰고, 그것은 여성들에게 불리하게 작용되었다. …(중략)… 뿐만 아니라, 그것은 인간 일반에게 영향을 미치는 가치, 관심, 우선 사항priorities 등을 왜곡시키는 결과로까지 이어졌다(Grimshaw, 1986: 74)."

퀼팅비 은유는 지식의 구축을 다양한 퀼터들을 포함하는 공동의 작업으로 인식하도록 돕는다. 각 퀼터들은 자신의 독특한 견해를 가지며 그것의 개별적 기여를 인정받으며 동시에 여전히 그들이 공동으로 공유하는 것들 때문에 함께 행위할 수 있다. 퀼팅비는 지식의 퀼팅이 건설적으로 확장될 수 있도록 모든 수준에서 포용적이고 개방적인 분위기를 갖출 것을 요구받는다. 이것은 우리가 나 자신과 서로를 위해 기준을 낮춰야 한다거나 서로의 작업물에 대해 건설적인 비판을 할 수 없다는 것을 의미하는 것이 아니다. 중요한 것은 우리가 타자의 전문 지식을 배울 수 있다는 것, 그리고 우리의 연구에는 차이도 오류도 존재할 수 있다는 것을 인식하는 것이다. 우리의 퀼팅에는 실수가 있을 수 있지만, 우리는 서로의 실수를 발견하고 수정할 수 있도록 도와줄 수 있다. 우리의 지식의 퀼트는 결코 완벽하지 않다. 우리가 완벽의 기준을 따르고자 한다면, 지식의 공동체는 분열될 것이고 모든 사람들은 퀼트를 포기하게 될 것이다. 이러한 배려의 관점에서 관대한 인간애의 정신을 가지고, 이제 제5장의 논의로 넘어가고자 한다. 제5장의 논의는 합리주의에 대한 포스트모더니즘, 실용주의, 비판적 여성주의의 일반적 논의에 대한 것이며, 특히 비판적 사고와 관련한 논의를 주의 깊게 살펴볼 것이다.

제5장

차이 이론

　우리는 제4장에서 저명한 여성주의 학자들인 밸런키, 클린치, 골드버거, 테이루어, 길리건, 나딩스, 러딕, 마틴, 그림쇼 등의 도움을 받아 비판적 사고의 전환에 대한 논의를 시작할 수 있었다. 우리는 자신의 목소리와 주체성, 관계적 자아, 그리고 젠더 편향적 사고 등을 주제로 그들의 연구를 탐색했다. 우리는 1980년대에 여성학자들이 서로를 본질주의, 반역사주의, 일반화의 오류, 또는 그것들의 아류라고 서로를 비난하는 것으로부터 비롯된 '연구 한랭기'에 대한 반성적 논의로 제4장을 마무리하였다. 우리는 여성주의 학자들이 여타의 사람들과 마찬가지로 뿌리 깊은 맥락성contextuality을 내재하고 있다는 것, 그리고 그로 인한 위협적인 장애물들을 계속해서 경계해야 한다는 것을 알 수 있었다. 우리는 제4장의 마지막에서 언급된 '맥락성'과 관련한 논의를 이어, 이번 장에서는 차이difference를 주제로 논의할 것이다. 이 장에서 발전시킬 논의는 내재되고 체화된 자아, 사회적 지식으로서의 과학, 확장된 사고와 널리 깨어있음 등에 대한 것이다.

다시 강조하지만, 이러한 주제에 기여하는 엄청난 분량의 여성주의 이론을 심도 있게 논의하는 것은 불가능할 뿐만 아니라 내가 원하는 바도 아니다. 내 논의에서 다뤄지지 않은 학자들의 목소리가 여성주의 이론에 덜 기여했다는 것을 의미하는 것도 아니다. 나뿐만 아니라 많은 학자들은 자신의 논의에 무엇을 포함시키고 무엇을 생략할 것인지를 결정하는 데 어려움을 느낄 것이다. 나의 경우는, 내 문제의식과 논의 주제들에 직접적으로 영향을 준 연구자들의 연구만을 포함시키고 있다. 즉, 내가 논의하는 학자들은 나의 이론에 상당한 기여를 제공한 사람들이다. 나는 이 글을 읽는 사람들이 내가 이 연구를 지속하는 것처럼 우리의 주제와 관련한 다른 참고 자료를 찾고 다양한 관점을 발견하기를 바란다. 본 장과 그 다음 장에서는 비판적 사고와 관련된 차이와 권력의 문제가 다뤄질 것이다. 우리는 퀼터들이 침핀을 제거하고 이불의 윗부분을 떼어 내 숨겨진 솜층을 드러내는 것처럼 우리에게 내재한 맥락의 층을 인식하는 작업을 수행할 것이다.

내재되고 체화된 자아

밸런키, 클린치, 골드버거, 테이루어의 저명한 연구인 『여성들이 지식을 구성하는 방법Women's Way of Knowing』(1986)은 비판적 사고를 연구한 학자들도 완전하지 않은 주관적 인간이라는 것을 우리에게 상기시켜 주었다. 확실한 것은 플라톤과 아리스토텔레스 또한 인간적 결점에 대해 염두에 두었고, 퍼스 또한 연구자의 오류가능성을 고려했다는 것이다. 제3장에서 우리는 현재의 비판적 사고의 이론가들, 특히 시걸과 폴의 비판적 사유자로서 자기 자신의 주관성을 다루려는 시도를 살펴볼 수 있었다. 제4장에서 다루어진 학자들은, 내가 비판적 사유자의 모델로 진리가 무엇인지 성찰하고 비판할 수 있는 객관적이고 공정한 존재로서 독립적이고 자율적인 개인을 상정하도록 하는 매듭thread을 제거할 수 있도록 독려하였다. 그렇다면 비판적 사고 이론이 우리 모두가 특정한 시대와 문화, 독특한 환경을 가진 특별한 존재라는 가정을 수용한다면 어떻게 될 것인가? 인간이 생존하기 위해 타인에게 의존할 수밖에 없는 유약한fragile 어린 아이의 모습으로 삶을 시작한다는 가정에, 이 유약한 의존 상황에서 각 인간은 개인의 목소리, 즉 자아의식을 발달시킨다는 가정을 덧붙여 보자. 우리는 우리 자신의 질적으로 독특한 유전 코드와 생물학적 반응들이 사회적 환경에 영향을 미칠 수 있다고는 생각할 것이다. 거기에 더 나아가, 우리 모두가 생존을 위해 사회적 환경에 의존하고 있으며 우리의 독특한 관점이 사회적 논쟁에 영향을 미치기에, 우리 스스로가 지식 형성에 기여할 수 있을 정도라는 것을 인식했을 때, 비판적 사고 이론은 어떻게 될 것인가? 우리는 비판적 사유자가 유약하고, 사회 의존적이며, 주관성을 갖는 인간이라는 관점을 수용할 때, 비판적 사고의 이론의 전환이 필요하다는 것을 비로소 깨달을 수 있다.

우리가 독립적, 자율적, 합리적인 사유자에 대한 인식의 매듭을 제거한다면 고대 그리스부터 시작된 서구 유럽의 비판적 사고 이론의 패턴은 풀어지게 될 것이고 이음새 또한 벌어지게 될 것이다. 그렇게 되면 비판적 사고에 대한 논의에서 더 이상 윤리적이고 정치적인 문제를 무시하거나, 존재론과 인식론을 분리하여 다룰 수 없게 된다. 우리가 성장하고 발전할 수 있는 중요한 조건들을 인정해야만 하기 때문이다.

우리는 이러한 조건들이 우리가 어떤 사람이 되고, 어떻게 우리 자신을 표현하는지에 중대한 영향을 미친다는 것을 알게 된다. 일단 우리가 사회적으로 구성된 관계성을 내재한 자아관을 수용하게 된다면, 우리는 이렇게 유약하고 주관적인 자아가 무얼 의미하는지, 그리고 우리가 그 것을 어떻게 발전시킬 수 있는지를 논의할 수 있게 된다. 이러한 논의를 통해 우리는 이러한 관계적 자아들이 지식을 컬트하는 컬터라는 것을 알게 될 것이며, 그 자아들이 진리를 만들어가고 있음을 알 수 있게 된다. 우리는 이미 만들어진 '그것it'을 발견하는 것이 아닌 것이다.

나는 벤하비브Benhabib, S.의 『자아의 위상Situation the self, Gender, Community and Postmodernism in contemporary ethics』(1992)에서 '내재되고 체화된embedded and embodied'이라는 표현을 처음 접하였다. 다른 여성주의자들은 특이성particularity, 관점standpoint, 내재성situatedness 등과 같은 용어로 이를 표현하기도 한다. 인간(주체)을 묘사하는 이러한 표현들은 인간의 유한하고 유약한 면을 드러낸다. 이는 "하나 또는 이 그 이상의 몸에 속할 수 있는 초월적 통각transcendental apperception의 분리된 코기토cogito 또는 추상화된 일체(Benhabib, 1992: 5)"로서 자아를 바라보는 시각과는 대조적이다. 벤하비브는 자아를 묘사하면서 "나는 추론의 주체인 원초적 인간human infant을 생동적이며, 충족 가능한 욕망을 가진 인간으로 상정한다. 또한 그 인간 자아는 오직 그가 태어난 인간 공동체 내에서 성장할 수 있다고 가정한다(Benhabib, 1992: 5)"라고 밝힌다. 따라서 이러한 주체는 공동체 구성원들과의 상호작용을 통해 자아의식을 발달시킬 수 있는 것이다.

내가 벤하비브의 '내재되고 체화된'이라는 표현을 소개하고 있지만, 나의 관점은 그의 확장된 사유인 '일반화된 타자the generalized'와 '구체적 타자concrete other'에서 영감을 받았다. 나는 이 장의 후반부에서 이를 다시 논의할 것이다. 나의 유약한 자아에 대한 관점을 깊이 살펴보기 위해서는 플랙스의 논의를 먼저 살펴볼 필요가 있다. 플랙스는 자아에 대한 여성주의의 논의에 정신분석학적 관점을 더하여, 자아를 내재되고 체화된 인간으로 이해하는 것에 기여했다.『사유의 조각들Thinking Fragments』(1990)에서 드러나는 플랙스의 논의는 주체성의 완전한 복합성이 정당화될 수 있는 자아 개념의 재건설과 관련된 논의이다.

플랙스는 정신분석학의 특정 형식으로서 대상관계이론object relations theory을 제시한다. 이는 여성주의 철학에서 중요하게 다뤄지는 이론적 도구로서 "그것의 내용은 인간의 본성을 생물학적 상호작용으로서 사회적 관계의 산물로 이해하려는 체계적인 시도(Flax, 1983: 249)"를 드러낸다. 플랙스는 철학이 유아기의 인간 경험을 부정하고 억압했다고 주장한다. 철학은 전통적으로 이성에 대해 "어렵게 습득된 능력이 아니라 선천적인 잠재적 능력(Flax, 1983: 249)"으로 표현해 왔다. 플랙스가 철학이 인간 생의 초기 경험을 누락하고 있다는 것을 보이는 지점에서, 우리는 철학에 내재한 여성혐오적 경향을 다시 발견하게 된다. 인간 생의 초기 경험으로서 유아기는 자아가 출현하는 시기이며, 그것은 여성적인 맥락 안에서 이해되어 왔다. 플랙스가 지적한 바와 같이, 대상관계이론과 심리학 전반에서는 초기 유아기의 보살핌에 대해 모든 사회에 걸쳐 여성의 책임으로 간주해 온 것이다.

플랙스에 따르면, 대상관계이론은 다음의 7가지 기본 원칙에 기초한다.

(1) 유아기의 '심리적 탄생'은 약 3년이 소요되며, 이는 복잡한 과정이다.

(2) 이 심리적 탄생은 오직 사회적 관계 안에서 생성되며, 사회적 관계를 통해서만 발현될 수 있다. 즉, 인간 발달의 초기에는 공동체, 그리고 그 안에서의 상호작용이 필수적으로 요구된다.

(3) 생후 3년간 유아에게 가장 중요한 과제는 양육자caregiver와 긴밀한 관계를 확립한 후, 양육자에게 분리되어 개별화될 수 있는 준비를 하는 것이다. 3년이 지난 이후에는 개별적인 '핵심 정체성 core identity'을 가져야 한다.

(4) 아동의 심리는 양육자와 아이 사이의 변화하는 관계, 그리고 이를 통해 수행되는 변증법적 과정에서 발달된다.

(5) 발달의 사회적 맥락은 양육자child-caretaker와의 직접적 관계뿐만 아니라, 양육자와의 상호작용을 통해 아동에게 영향을 미친, 보다 일반적인 사회적 관계들을 포함한다.

(6) 이 긴 발달의 과정은 인간 유類에게만 있는 특수한 것이다.

(7) 어린 시절, 이 발달 시기의 경험은 매우 강렬하게 인식된다. '정신병이나 종교적 또는 약물적인 경험과 같은 변이된 정신 상태'를 제외하고는 결코 반복되지 않을 정도로 강렬하다. 이 시기는 이성적으로 사고할 수 있거나 발화 가능하기 이전이기에 기록되기 어렵지만, 이러한 경험은 결코 사라지지 않는 것이다.

(Flax, 1983: 250~254)

플랙스는 철학이 초기 유아 경험을 억압하는 것이 어떻게 철학에서 발견되는 문제들을 발생시켰는지 보여 주고자 했다. 특히, 그는 플라톤, 데카르트, 홉스, 루소의 철학 작품들을 분석했다. 그는 "모든 인간의 지식은(타자 간에) 방어적인 기능을 제공한다(Frax, 1983: 269)"고 보았다. 그는 또한 다음과 같이 주장하였다. "건강하지 못한 자아는 세계에 자신의 딜레마를 투영하고 그것을 '인간의 조건human condition'인양 규정한다. 철학적 논의에는 개인 역사의 가장 이른 시기, 즉 여성(또는 여성 등)과의 관계 맥락에서 자아가 발현되는 시기에 대한 설명이 결여되어 있다(Frax, 1983: 269~270)." 그는 여성주의자들이 자기반성과 자기비판적 방법으로서의 변증법을 활용하여 지식의 모든 형태에 대해 인식론적 분석을 해야 한다고 권한다. 플랙스는 여성의 경험에 대한 논의가 그 자체로 충분한 이론적 배경을 갖추지 못하고 있음을 우려했다. 따라서 그는 여성주의자들이 이론과 경험을 바탕으로 이러한 상황에 대해 처방적therapeutic으로 접근할 수 있어야 한다고 보았다. 또한 이론적 기반을 닦을 수 있는 의식의 고양 측면을 포함시킬 것을 제안했다(Flax, 1983: 269~271). 그리고 나는 이 연구에서 그의 제안을 마음에 새기고자 노력하고 있다.

전통적으로 철학자들은 지식, 진리, 선함, 아름다움 등의 철학적 주제 범주가 인식 주체knower라는 심리학적 주제 범주와 구별된다고 가정하였다. 우리는 제4장의 논의에서 심리학적 관점이 연구의 대상을 사회학적 관점에서의 사회적 구성원이 아닌, 개별 인간에 둠으로써 이러한 구별을 명료히 하였다는 것을 살펴보았다. 그러나 플랙스는 심리학을 배경으로 하는 자신의 연구관을 철학적 사유에 적용하여 철학자가 자신의 연구를 자기 스스로와 분리시킬 수 없다는 것을 보이고자 하였다. 철학자들의 사고 또한 그들의 사회적 맥락에 영향을 받기 때문이다. 이러한 주장은 듀이를 비롯한 다른 전통적 배경의 철학자들에게 '추론을 자연화시킨다naturalizing reason'는 비판을 받기도 했다. 플랙스와 나는 이러한 비판에 대해 논의할 필요가 있다. 이러한 비판과 관련해서는 III장에서 논의하도록 하겠다.

　재거Jaggar, A.의 연구는 우리가 개별 자아들에 내재된 사회성에 대해 이해하는 것에 도움을 준다. 그는 이러한 내재성이 어떻게 우리의 철학적 견해에 영향을 미칠 수 있는지를 감정emotion과 관련하여 논의했다. 그는 감정이라는 것이 이성과 대조되어 어떻게 열등한 지위를 갖게 되었는지를 보이기 위하여 플라톤에서부터 자신의 논의를 시작했다. 또한 그는 여성주의 학자로서 감정이라는 것이 과거에서부터 지금까지 여성, 하층민, 유색인종 등과 관련되어 온 반면, 이성은 서구 유럽의 전통에서 재력 있는 백인과 관련되어 있어 온 것에 주목했다. 재거는 다음과 같이 주장했다. "그러므로 현재 우리의 사회적 맥락을 바탕으로 이해한다면, 냉철한 연구자들의 이상ideal은 계급주의, 인종차별주의, 남성우월주의의 신화라고 볼 수 있다(Jaggar, 1992: 143)."

　재거는 감정을 지식을 구성하는 하나의 도구로서 다루고자 하며, 지식 구성에 대한 이념적 편향성을 이해시키고자 했다. 또한 그는 감정emotion을 '자동적 신체 반응, 또는 배고픔과 같은 비의도적인 감각으로서의 느낌feeling'과 구별하여 정의하고자 하였다(Jaggar, 1992: 132). 재거는 감정에 대해 역사적인 고찰을 수행하였다. 이러한 고찰을 통해 우리는 감정을 지식의 퀼트를 완성시키기 위한 도구로서 이해할 수 있게 되며, 이 도구에 대한 다양한 관점이 있음을 알 수 있게 된다.

　재거는 "플라톤이 『파이드로스Phaedrus』에서 분노나 호기심과 같은 감정을 항상 이성(전차를 모는 사람)에 의해 통제되어야 하는 비이성적인 충동(말)으로 묘사(Jaggar, 1992: 129)"하는 것을 제시하며, 감정은 완전히 억제될 수 있는 것이 아니라 방향 제시와 통제가 필요한 것으로 해석되어 왔다고 주장했다. 이때 감정은 "적절한 방향 제시가 필요한 필수불가결한 원동력(Jaggar,1992: 129~130)"으로 묘사되는 것이다. 이렇듯 감정에 대한 실증주의적 설명은 감정을 감각feeling과 동일시하는 문화에서 비롯되었다. 그들은 감정에 의도가 반영될 수 있는 것을 인정하지 않은 것이다(우매한 견해이다)(Jaggar, 1992: 133). 인지주의자들 또한 감정을 의도성 여부로 식별하려 했으나, 감정을 두 가지의 요소로 설명하려고 시도함으로써 감정(사적인 것)과 사고(공적인 것)의 구별 양상을 재현하는 정도에 그쳤다. 그 두 가지의 요소는 정서적·감각적인 요소와 감각을 해석하거나 식별하는 인지적인 요소이다(Jaggar, 199: 134). 인지주의자들은 '감정의 인지적 측면과 정서적인 측면과 사이의 관계를 설명하는 것에 실패'했고 여전히 지적 요소를 감정적 측면보다 우선시하는 우를 범하고 있는 것이다(Jaggar, 199: 134).

재거는 서구 유럽 세계에서 특수하게 여겨졌던 '사랑love'이라는 감정의 역사를 추적하여 사회적으로 구성된 감정의 개념을 탐구하고자 했다. 그는 사랑이라는 감정을 통해, 적어도 어떤 감정은 역사적 또는 문화적으로 특수하게 여겨진다는 것을 보이고자 한 것이다(낭만적 사랑은 중세 시대에서야 비소로 인식되기 시작한 것으로 보이며, 일부 문화권에서는 낭만적인 사랑에 대한 문화가 전혀 존재하지 않기도 하다). 또 다른 예로서, 우리는 아이들에게 상황에 따른 적절한 반응(특정한 감정에 대한 인식)과 그러한 반응을 표현하는 적절한 방법을 교육한다. 재거는 사회적으로 허용되지 않는 감정을 '추방된outlaw' 감정이라고 일컫는다(Jaggar, 1992: 144). 추방된 감정은 지배적인 사회 규범과 양립할 수 없다고 판정된 감정이다. 그러나 추방된 감정은 대안적인 삶의 방식을 인지하고 탐색할 수 있는 동기를 부여함으로써 한 사회의 패권적 관념과 가치를 전복시킬 수 있는 중요한 기능을 수행할 수 있다.

재거는 감정에 대해 다음과 같이 주장했다. "정신적이고 육체적인 측면을 모두 가지고 있다. …(중략)… 어떤 면에서 감정은 선택적으로 작용하지만, 또 다른 측면에서는 비자발적으로 작동한다. 감정이 언어와 사회적 질서의 영향을 받기 때문이다(Jaggar, 1992: 137)." 이러한 이유로 재거는 지식을 구축하는 과정에서 감정이 갖는 가치에 대한 논의를 넘어서, 지식 구축의 과정에 감정을 제거하는 것은 불가능하다고 주장했다. 고려할 가치가 있다고 판단되는 문제, 검증할 필요가 있다고 여겨지는 가설, 수용할 가치가 있다고 간주되는 문제들에 대해, 우리의 감정적 가치 판단이 반영될 수밖에 없기 때문이다(Jaggar, 1992: 140). 그는 감정이 인간 생존에 필수적이라는 것을 보이고자 하였다. 왜냐하면 감정은 우리의 적합한 행위를 독려하는 기능을 수행하기 때문이다. 그러나 재거의 견해는 감정이라는 것이 논의의 여지없이 필수불가결하다는 주장이라기보다는, 인식론적으로 가치가 있다는 정도의 주장으로 해석될 수 있을 것이다(Jaggar, 1992: 147).

감정은 우리가 지식을 구성하는 데 사용할 수 있는 다른 여러 도구들처럼 역사성을 가진, 사회적으로 구성된 도구이다. 따라서 감정에는 고유의 사회적 특성이 반영된다(이는 Ⅲ장에서 구체적으로 논의될 것이다). 때문에 우리의 통제하에 있는 감정의 영역은 제한적이다. 우리의 자아는 사회의 기준과 가치의 영향을 받는 관계성을 내재하고 있기 때문이다. 감정에는 오해가 있을 수 있으며 때문에 항상 재해석되고 검토될 수 있다. 그러나 감정이 역사적이고 사회적인 영향을 받는다는 것을 인정하는 것이 이제까지 많은 사람들이 결론지은 바와 같이 감정이 지식 구성의 과정과 결과에 혼돈을 준다는 것을 의미하는 것은 아니다. 오히려 이러한 감정의 내재적 특성에 대한 인식은 그동안 이성적인 연구자들에 의해 신화적으로 포섭되었던 정치적 관점에서의 위협을 우리에게 상기시키는 역할을 수행한다.

감정은 일종의 습관화된 반응이기에 이것을 재교육시키는 것은 용이한 일이 아니다. 때문에 재거는 감정에 대해 진지하게 숙고해야 함을 권고하면서, 지금 내가 하고 있는 연구와 같은 이론적 탐색이 자기반성적이고 자기비판적인 방향으로 지속되어야 한다고 조언했다. 그는 다음과 같이 주장한다. "감정에 대한 비판적 성찰을 통해 정치적인 분석 및 행위를 자의적으로 대체해야 한다고 주장하는 것이 아니다. 감정에 대한 비판적 성찰은 그 자체로 정치적 이론이자 정치적 실천이며, 이는 적합한 사회 이론을 구축하여 사회를 변혁시키기 위한 필수적 과정으로 이해되어야 한다(Jaggar, 1992: 149)."

재거는 감정이 지식의 발달에 중요한 역할을 수행한다는 것을 고려한다면, 여성에게 인식론적 이점이 있을 수 있다고 보았다. 왜냐하면 여성들은 역사적으로 감정 및 배려 행위와 관련되었으며, 그들은 다른 사람들에게 정서적 안정과 배려 행위를 제공할 것이라는 기대를 받아 왔기 때문이다. 여성들은 추방된 감정outlaw emotion을 경험하도록 강요받아 왔으며, 이러한 감정을 식별하는 것에 능숙해졌다. 또한 이를 통해 감정을 부정하거나 억압하지 않을 수 있는 방법을 습득하게 되었다. 재거는 다음과 같이 주장한다. "이 감정 기반 통찰력은 정치적인 분석의 기술로 이해되어야 한다. 또한 이는 지배적 매커니즘을 이해하기 위한, 그리고 보다 자유로운 삶의 방식을 구상하기 위한 상황에서 여성들에게 이점으로 작용될 것이다(Jaggaer, 1992: 149)."

여성들이 가진 감정이라는 도구가 지식 구축의 과정에서 인식론적 이점을 가지고 있다는 재거의 주장은 감정이 지식의 퀼트를 만드는 데 사용되는 하나의 도구일 뿐이라는 점을 제외한다면 여성들의 환대를 받을 만한 이론이다. 그러나 나는 이 연구를 통해 우리가 감정뿐 아니라 상상, 직관, 추론과 같은 다른 도구들 또한 사용한다는 것을 증명하는 과정에 있다. 상상과 직관이라는 도구는 그동안 여성이나 제3세계 등 비유럽 문화권과 관련지어 논의되어 왔기에 여성의 인식론적 이점에 대한 주장과 관련될 수도 있을 것이다. 그러나 역사적으로, 이성은 서구 유럽 세계에서 가장 높이 평가되는 도구였다. 과거에는 부유한 백인 남성이 추론에 능숙하기에 지식 구성에 있어서 인식론적 우위를 가지고 있다고 지속적으로 주장되어 왔다. 부유한 백인 남성들은 기꺼이 여성 등에게 '더 낮은' 수준의 도구를 양도하였고, '더 높은' 수준의 도구를 점유할 수 있게 된 것이다.

이렇듯 인식론적 우위를 논의하는 게임은 여성들과 또 다른 타자들에게 한 번도 유리하게 작용된 적이 없었다. 나는 엄밀성acuity의 함정을 피하기를 권고한다. 왜냐하면 그러한 입장은 우리가 진행하고 있는 다원주의적 관점, 지식 구성에 대한 다양한 접근, 지식의 퀼트를 구축하기 위한 도구 활용의 필요성 등에 대한 주장과 모순되는 지점이 있기 때문이다. 로데Lorde, A.의 "주인의 도구는 결코 주인의 집을 해체하지 않을 것(Lorde, 1948)"이라는 주장과 같이, 만일 우리가 인식론적 엄밀성에 기댄다면, 우리는 결국 우리가 여기서 전환시키고자 하는 바로 그 고착된 구조를 재현하게 될 것이다.

지금까지 우리는 지식 구성자로서 퀼터, 그리고 퀼터의 지위가 우리의 퀼팅비 은유에 어떤 의미를 갖는지 살펴보았다. 우리는 지식 구성자로서의 퀼터들이 모두 유약한 어린아이 시기를 거친다는 것을 알 수 있었다. 유약한 어린아이는 사회적 맥락으로부터 자아 감각을 발달시킨다. 우리는 또한 이러한 맥락성이 지식을 구성하는 데 도움이 되는 감정, 상상, 추론과 같은 도구에 미치는 영향을 알 수 있었다. 이제 우리는 다음의 주제로 넘어갈 것이다. 다음 주제는 자신과 다른 관점들을 탐색하는 것이 어떻게 자신의 신념과 가치를 더 잘 이해하도록 하는가, 그리고 그것이 어떻게 자신의 상황과 맥락을 더 잘 인식할 수 있도록 하는가와 관련된 논의이다.

사회적 지식으로서의 과학

감정이 지식 구축 과정에 영향력을 갖는다는 논의에서, 여성들이 인식론적 이점을 가지고 있다는 재거의 주장을 통해 우리는 자연스럽게 인식론에 대한 논의를 지속할 수 있다. 하딩은 우리에게 여성주의 인식론 관점의 좋은 사례가 된다.[1] 하딩, 하트삭Hartsock, N., 스미스Smith, D., 콜린스Collings, P. H. 등의 학자들은 퍼스의 논의에서 누가 과학계science community의 담론에서 지속적으로 소외되어 왔는지에 대해 지적했다. 그들은 여성, 유색인종, 경제적 약자계급들과 같은 전통적으로 논의에서 소외되었던 사람들을 소외시키지 않기 위해 인식론적 사유 공동체를 확장시킬 필요가 있다고 주장했다.

여성주의에 기반한 연구자들은 마르크스, 엥겔스Engels, F., 루카스

---

[1] 입장론적 인식론을 주장하는 다른 학자로는 하트삭Hartsock. N.(1983), 콜린스Collins, P. H.(1990), 스미스Smith, D.(1987; 1990) 등이 있다. 여성학술지 『사인Signs』의 편집위원회는 1997년 겨울호 (Signs, 22(2), 341~402)의 상당 부분을 여성주의적 입장론적 인식론에 대한 헤크만Hekman, S.의 논의와 그에 대한 하트삭, 콜린스, 하딩, 스미스의 토론, 그리고 그에 대한 헤크만의 답변을 수록하는 것에 할애한 바 있다.

Lukacs, R., 헤겔Hegels, G. W. F. 등의 이론을 원천으로 삼아 권력과 지식의 관계에 대해 집합적 주체collective subjects, 역사를 공유하는 집단, 지리적 권력 관계 등을 살펴봄으로써 이해하고자 하였다. 그들은 지배적 견해와 다른 견해를 만들고자 하였으며, 서로 다른 외부적 관점(유색인종 여성주의자, 게이와 레즈비언의 관점을 포함함. 이와 관련해서는 제6장에서 다시 논의함)들의 교차점을 탐구하고자 하였다.

하딩은 「입장론적 인식론에 대한 재고Rethinking Standpoint Epistemology」(1993)에서 입장론적 인식론에 대한 질문과 오해를 논의하였다. 이 글에서 그는 다른 이들이 입장론적 인식론을 "객관주의나 일종의 전통적 토대주의 또는 철학과 사회과학에서의 자민족중심주의, 상대주의, 현상학적 접근(Harding, 1993: 50)"이라 비판하는 주장들에 대해, 그것이 잘못된 이해에서 비롯되었다는 것을 보이고자 하였다. 이러한 비판은 주관성과 객관성에 대한 이원론적 함정을 탈피하기 위해 제시하는 입장론적 인식론의 관점을 왜곡하거나 은폐하는 것에서 비롯된 오해라는 것이다.

하딩은 입장론적 인식론이 '좋은 도구good method', 즉 '강한 객관주의strong objectivity'를 추구함으로써 이론을 더 엄격하게 하거나 객관화시키는 강한 기준을 만들 수 있다고 주장했다.[2] 이는 주변적 삶의 관점에

---

2) 버블레스는 그의 에세이 「타당한 의심: 포스트모더니즘적 옹호주의에 대하여Reasonable Doubt: Toward a Postmodern Defense」에서 객관성objectivity에 대해 논의한다. 버블레스는 이성을 인간이 고안한 것으로 여기는 자신의 관점과 이성중심적이고 계몽주의적 전통에서의 관점을 구별하기 위해 '합리적reasonable'이라는 용어를 사용한다고 밝힌다. 그리곤 합리적인 사람들의 성향에 대해 논의한다. 버블레스가 합리적인 사람이라 여기는 부류는 아리스토텔레스 관점의 '미덕virtues'을 선호하는 사람들이다. 그는 합리적인 사람들의 4가지 상호 관련된 특성을 객관성objectivity, 오류가능성fallibility, 실제성pragmatism, 신중성judiciousness으로 기술한다. 버블레스는 이 중 객관성이 관용의 태도와 자제력을 포함하는 개념이며 "헌신, 배려, 감정 등의 결핍과는 무관하다

대한 추상을 통해 일상적인 것들을 문제시하여 지배적 관점을 더 넓은 시야에서 볼 수 있도록 한다는 것이다. 상황을 주변부margin에서 바라보는 것은 지배적 문화가 갖는 사회적 상황에서의 특혜와 그것이 갖는 우월성에 대한 가정을 비판적이고 과학적으로 추궁할 수 있도록 하기 때문이다. 이러한 논의를 통해 하딩은 지배적 관점이 지배적 문화의 지식 구축에 영향을 미친다는 것을 밝히고자 했다. 주변부에서의 관망은 지배적 관점에서 보이지 않던 것들을 보이도록 하고, 설명이 필요한 문제들을 드러내는 것에 기여한다. 그리고 이러한 방식은 철학적 논의보다 사회적 질서를 우선시하는 경향이 있다.

하딩은 지식이 사회적 지위를 갖는다는 것을 명백한 모순으로 여기려는 시도들에도 불구하고, 그러한 관점이 지속적으로 유지된 이유를 밝히고자 하였다. 우리가 제1장에서 플라톤과 아리스토텔레스를 통해 논의하였듯, 전통적인 관점에서 사회적 신념은 지식으로 분류되지 않았다. "신념이 지식으로서의 지위를 갖기 위해서는 지역성, 역사적 관심, 가치, 의제agenda 등과의 관련성을 초월(Harding, 1993: 50)"해야 한다고 여겨졌기 때문이다. 그러나 하딩은 해러웨이Haraway, D.의 말을 인용하며 "의미meaning 생성에 요구되는 우리의 '기호학적 능력semiotic technology'을 인식하기 위한 비판적인 실천으로서, 모든 지식의 권위와

(Burbules,1995: 90)"고 제시한다. 버블레스는 객관적인 사람을 아무 견해도 갖지 않는 사람이 아니라, '최선Best'이 존재한다는 관점과 거리를 둔 사람으로 묘사한다. 왜냐하면 객관적인 사람을 제시된 다양한 견해에 대해 사려 깊고 호의적으로 사유하는 다원주의자로 여기기 때문이다. 그는 "객관성은 무관심한 중립론의 결과나 표면적으로 아무 입장도 취하지 않은 결과가 아니(Burbules, 1995: 91)"라고 설명한다. 버블레스에게 객관성은 대립되는 관점을 듣고 그것들의 장점을 고려할 수 있기에 필수적인 것으로 여겨진다. 그는 또한 개인의 특정 관점이 "다른 관점들에 대해 더 자아 인식적self-conscious이고 반성적이며 사려 깊을 때(Burbules, 1995: 92)" 더 객관적일 수 있다고 주장한다.

앎의 주체들에 대한 급진적인 역사적 우연성을 설명하는 것, 그리고 '실재 세계'를 충실하게 구현해야 한다는 명료한 책무를 수행하는 것(Hardins, 1993: 50)", 이 두 가지를 모두 취하는 것이 가능하다고 주장하고자 했다(Haraway, 1988: 579; Harding, 1993: 50 재인용).

하딩은 이 '두 가지 방식을 모두 채택'하여 사회적 위상situated을 갖는 실재 지식의 개념을 수용할 수 있는지에 대한 논의에서 여성주의 입장론적 인식론자들의 논의를 참고한다. 그는 모든 요구된 지식에는 사회적 위상이 있다고 주장했다. 하딩은 만약 우리가 철저히 '발견의 논리'로 이 논의를 바라본다면, 우리는 연구 결과의 객관성을 극대화할 수 있을 것이라고 보았다(Harding, 1993: 56). 입장론적 인식론은 "지식을 추구하는 모든 연구가 예외 없이 사회적 위상을 갖는다는 것을 인식하는 것을 돕고, 더 나아가 그것을 활용 가능한 과학적 자원으로 전환시키는 것에 기여한다(Harding, 1993: 58)."

하딩은 전통적 철학 관점을 가진 학자들이 이러한 논의를 상대주의적이라 비판할 것에 대응하여, 입장론적 인식론자들을 사회적 상대주의자social relativist로 표현한다. 입장론적 인식론자는 서로 다른 사람들이 서로 다른 신념을 가지고 있다는 것을 인정하지만, 인식론적 상대주의나 운명론을 인정하지는 않기 때문이다(Harding, 1993: 61). 사실 입장론적 인식론자들은 "지식 탐구를 위한 과제를 시작하는 지점에서 어떤 사회적 상황은 다른 것보다 더 과학적일 수 있다(Harding, 1993: 61)"라고 주장하면서 전통 철학자들의 견해에 일부 동의하는 입장을 취한다.

하딩은 객관성이라는 개념이 복원이 어려울 만큼 오염되었기에 이를 포기해야 한다는 다른 여성주의자들의 우려에 대해서도 논의했다. 하딩은 그들이 '객관성이라는 개념이 앎의 주체와 객체를 엄격하게 분리시키는 자아 이론과 결부되어, 과학의 중심부heart of science에 있는 특정 종류의 무법주의lawlessness을 제도화institutionalize시킨다'고 보는 경향이 있다고 보았다(Harding, 1993: 71). 이에 대해 하딩은 여성주의 입장론적 인식론이 객관성이라는 개념을 재고하는 것에 도움이 된다고 제안하며, '강한 객관성'이라는 개념을 통해 실재 세상이 어떠한지를 설명할 수 있다고 주장했다. 이 지점에서 우리는 하딩이 우리의 인식과 분리된 독립된 세계의 존재를 인정하는 퍼스의 학문적 사실주의와 유사한 관점을 갖고 있음을 알 수 있다. 이것은 제임스의 근본적 경험주의 견해와 경험이 곧 현실이라는 듀이의 자연주의적 경험주의 견해에 반하는 것이라고 볼 수 있다.

나는 지식이 사회적 위상을 가질 수 있다는 하딩의 견해에 동의하며 이를 본 연구 전체에 걸쳐 제시하고 있다. 입장론적 인식론은 과학적이며 철학적인 이론이 갖는 편향된 인식에 대한 이해를 돕는다. 연구자는 어떤 문제가 연구할 가치가 있는가, 그리고 그것을 어떻게 연구할 것인가를 결정한다. 그러나 그 연구자는 오류가능성을 가지며, 제한적이고, 내재되고 체화된 존재이다. 때문에 입장론적 인식론의 논의는 지식과 그 지식의 인식 주체가 상호 연계적이며 밀접한 관계에 있기에, 지식에 내재된 권력관계를 은폐하는 위험을 감수하지 않고서는 이 두 가지를 분리시킬 수 없다는 것을 상기시킨다. 내재되고 체화된 탐구자로서 우리가 무언가를 시도하기 위해 그것에 접근하는 과정에서, 세상을 보고 경험하는 또 다른 방식들은 예외 없이 소외될 수밖에 없기 때문이다. 또한 입장론적 인식론은 우리의 관점이 아닌 다양한 관점을 모색하거나 우리 공동체의 일원이 아닌 타자들을 위해 말하고 해석하려 하기보다는, 우리 자신의 목소리에 귀기울임으로써 우리 자신의 맥락성을 더 잘 인식할 수 있는 방법을 보여 준다. 우리 공동체 외부의, 다른 문화를 가진 주체들은 우리 자신이 가진 성향과 편견, 즉 우리의 문화를 더 잘 인식할 수 있도록 돕는 대상이다.

그러나 하딩이 특정 관점이 다른 관점에 비해 더 많은 것을 드러낸다고 주장하는 것에 대한 비판적 논의가 있을 수 있다. 이는 하딩 자신이 인식 주체를 본질적으로 해석하고 있다고 비판했던 다른 학자들의 논의와 같은 맥락에서, 본질주의 함정에 빠진 논의가 될 수 있기 때문이다. 또한 그는 외부자outsider들을 포함시키는 방향으로 연구 공동체의 범주를 넓히는 것에 기여하지만, 내부자insider와 외부자의 구별을 유지함으로써 이원론적 논의로 해석될 여지를 남겼다. 그는 주변화된 관점을 지배적 문화 관점보다 주체적으로 제시하는 것을 이상화하는 경향을 보였다. 여타 다수의 여성주의자들, 특히 제3세계의 비서구권 여성주의자들은 입장론적 인식론의 이러한 문제를 지적했다(이는 제6장에서 다시 살펴볼 것이다). 바론Bar-On, B.은 로데가 기득권master의 도구에 대해 주장한 것을 바탕으로 다음과 같이 논의했다.

> 비록 도구로서의 인식론적 특권에 대한 주장이 억압받는 사람들the oppressed의 주장으로 여겨질 수 있지만, 그것은 역사적으로 드러난 바와 같이 여전히 기득권master의 도구이다. 인식론적 특권을 대체할 수 있는 다른 도구에 대한 논의는 존재하지도 않거니와, 그것이 필요하지도 않다. 왜냐하면 억압받는 자들이 발언권을 요구한다는 것은 그들이 억압이 불러일으키는 감정feelings에 따라 행위한다는 것을 의미하기 때문이다. 어떤 담화Speech가 허가를 필요로 한다는 것은, 그 담화가 본래 침묵의 원칙하에 있었다는 것을 의미한다(Bar-On, 1993: 97).

소외된 관점을 이상화하는 것과 관련하여 입장론적 인식론자들이 범하는 또 다른 실수가 있다. 플랙스가 주장한 바와 같이 우리 모두가 우리의 공동체로부터 받는 영향을 내재하고 있다면(내가 주장한 바와 같이 자아와 타자 사이의 교류적 관점을 수용하더라도), 자신을 소외시키고 억압한 세계에서 자란 소외된 사람들은 자신이 자라 온 환경에 영향을 받아 오염된 관점을 갖게 될 수 있기 때문이다(Thayer-Bacon & Bacon, 1998: 69~70).

우리가 우리를 둘러싼 상황과 사회적 관계들의 영향을 받는 내재되고 체화된 사람들이라면, 그것은 우리가 지배적인 문화의 일원이라는 것을 의미하며 따라서 우리 **모두** 우리를 둘러싼 맥락에 영향을 받는다는 것을 의미할 것이다. 플랙스의 요점은 여성적 경험은 현실을 재해석하는 것에 유용하지만, 한편으로 그들에게 심리적 어려움을 부과하기도 한다는 것이었다(Flax, 1983: 270). 여성이 남성 중심 사회에서 여성에게 강요되어 온 전형적인 여성적 태도와 인식 방식에 의해 양육되었다는 것은 그들이 직면한 또 하나의 장애물인 것이다.

나라얀Narayan, U.은 여성주의 입장론적 인식론자들에게 소외된 집단의 출신이라고 해서 지배적 문화에 접근하는 것만으로 "개인의 입장에서 필연적으로 비판적 입장을 취하게 된다는 것을 의미하지는 않는(Narayan, 1989: 267)"다는 것을 상기시켰다. 나라얀은 그러한 사람이 '두 가지 맥락 모두에 대해 외부인'으로서 소외감을 느낄 수 있고, 이중언어를 구사하는 많은 사람들이 느끼는 바와 같이 '어설프거나 유창하지 못한 느낌'을 받을 수 있다고 경고한다(Narayan, 1989: 267). 그는 "억압이 인식론적 이점을 줄 수 있다는 주장이 차별과 억압을 이상적이고 낭만적인 것으로 여기도록 해서는 안 되며, 억압이 가져오는 실재하는 물질적이고 정신적인 박탈을 가려서는 안 된다(Narayan, 1989: 264)"라고 덧붙였다.

하딩이 현실주의를 포용하는 입장을 취한 것은, 기득권의 도구를 사용하는 것에 대한 또 다른 관점을 제시한 것으로 해석되어야 한다. 그는 현실주의를 수용함으로써 인식 주체와 앎을 구별하는 관점을 유지한 것이다. 실용주의자들에게 진리는 자신에게 "독립적인 현실에 대응하는 것이면서, 만족스러운 경험들의 결과로서 의미를 갖는다. …(중략)… 권한적 진리truth claims에 내재된 현실은 우리가 다른 시기에 다양한 방식으로 경험하고 이해하는 구체적 실재인 것이다(Seigfried, 1996: 273)." 내게 있어서 '진리truth'란 듀이가 말한 '보증된 주장가능성'이며, '실재reality'는 '경험'이다. 나는 우리가 '저 밖에 있는' 것에서 '실재'를 찾으려 하는 것을 멈춰야 한다고 주장한다. 이러한 관점에서 우리는 하딩이 다른 여성주의 과학자들을 비판하면서 그들이 왜 현실주의를 포용할 필요가 있다고 생각했는지 알아볼 필요가 있다.

하딩은 자신의 입장론적 관점을 그가 '자발적spontaneous 여성주의적 경험론자'로 분류한 과학계의 다른 여성주의자, 롱기노Longino, H.와 넬슨Nelson, H.의 견해와 대조한다. 하딩은 다음과 같이 기술한다. "자발적 여성주의적 경험론자들은 성차별적이고 남성중심적 연구 결과가 나오는 이유로 그들이 주의를 충분히 기울이지 않은 점, 그리고 관행적인 연구 도구와 규범을 엄격하게 적용하고자 한 점을 제시한다. 그리고 이러한 조건에서 그들이 이를 실증적으로 증명하기 위해 타당한 수치를 도출하기 위해 노력한다고 보았다. 이로써 연구의 결과가 이론적이고 경험적으로 적절한 조건을 갖춘 듯 보이도록 했다는 것이다(Harding, 1993: 52)." 자발적 여성주의적 경험론자들은 과학자들이 과거에 행한 것은 '형편없는 과학bad science'이며, 과학의 내용이 사회적으로 영향을 미친다는 것을 감안하여 과학자로서 더 신중하고 엄격한 연구를 진행한다면 경험론을 수정할 수 있을 것이라고 생각하는 경향이 있다. 그러나 하딩은 이에 대해 "연구자들이 전체 과학계 또는 사실상 그 모든 것들이 공유하는 사회적 가치와 관심, 의제 등을 **체계적으로**systematically 식별하고 제외하도록 하기에는 그 분야의 방법과 규범이 너무 힘이 없다(Harding, 1993: 52)"는 점을 지적한다. 과학적 방법론은 자체의 편견을 없앨 만큼의 힘이 없기 때문에 하딩은 강한 객관성을 도구로서 제시하는 것이다.

롱기노와 넬슨, 포터Potter, E.와 같은 사람들이 권고하는 것은 어떤 것인가? 앞서 논의한 롱기노의 연구를 통해 우리는 과학과 철학의 여성에 대한 깊은 적의hostility에 대해 더욱 이해할 수 있게 되었다. 우리는 이들의 연구를 통해 어떻게 여성이 과학적 실험론에서 배제되었는지, 어떻게 여성의 건강에 대한 문제가 소홀하게 여겨지게 됐는지에 대해 알 수 있게 된다. 또한 우리는 이들의 과학적 은유에 대한 분석을 통해 남성은 능동적으로, 여성은 수동적으로, 남성은 과학적 방법을 사용하는 존재로, 여성은 본능에 충실한 존재로 묘사되어 왔음을 알 수 있다. 즉, 과학은 체계적으로 여성들과 다른 소수자들의 인지적, 정치적 박탈감을 영구화하고 있던 것이다(Longino, 1993: 104).

여성주의자들은 이러한 과학의 적대에 맞서기 위해 몇 가지 전략을 시도해 왔다. 첫 번째 전략은 주제를 변경하는 방식이었다. 롱기노는 이 지점에서 하딩의 입장론적 인식론과 켈러의 역동적 자율성dynamic autonomy, 이 두 가지 접근법에 대해 고찰한다. 그리고 그는 두 가지 접근법이 선결 문제 요구의 오류를 범하고 있음을 지적한다. 그들의 논의는 결국 다른 주제를 통해 다른 형식의 인식론적 특권을 가정하게 되기 때문이다. 두 번째 전략은 주제 범주를 확장시켜 상호 문답적 공동체로서 과학에 대해 논의하도록 하는 방식이었다. 이는 롱기노가 따르는 전략이며 포터와 넬슨 또한 그 뒤를 잇는다. 롱기노는 이 전략에 대해 '다양한 상황wheres를 고려한 관점'이라고 설명한다(Longino, 1993: 113).

롱기노는 인지적 권한authority의 구조 자체가 변화해야 한다고 주장했다. 우리는 과학적 지식에 대한 합의된 관점으로부터 거리를 두고, 과학을 절대적이고 단일한 진리를 찾는 과정으로 여기는 관점을 탈피할 필요가 있다는 것이다. 우리는 과학을 진행 중인 연구로서 이해하고 각 이론을 전체의 한 부분으로 간주할 필요가 있다. 그렇게 한다면 "우리는 우리의 공동체에서 다원주의를 과학 지식의 지속적 발전을 위한 조건 중 한 가지로 인식할 수 있게 된다(Logino, 1993: 116)." 롱기노는 공동체의 그 어떤 부분도 인식적 특권을 주장할 수 없다고 결론짓는다(Longino, 1993: 118). 그는 대중적이고 흔한 기준을 통해 그가 '민주적 과학democratic science'의 '인지 민주주의cognitive democracy'라고 칭하던 것을 생성할 수 있을 것이라고 주장했다. 그리고 우리는 이것이 제2장에서 논의했던 듀이의 주장과 유사하다는 것을 발견할 수 있다.

포터와 넬슨은 인식론적 공동체의 과학적 범주에서 진행되는 협의의 과정을 조명한다. 넬슨은 우리가 본질적으로 공동체주의적이라고 여겨진다는 것을 근거로 하여, 공동체를 지식의 생성자generators of knowledge라고 주장한다(Nelson, 1993: 123~124). 또한 인식 주체와 증거evidence들에 대한 공동체주의적 승인을 주장하며, 우리가 개인주의를 포기해야 한다고 권고한다(Nelson, 1993: 129). 그는 개인들이 앎을 구현시키는 것을 부정하지는 않지만, "공동체가 앎을 구현시키는 개인보다 인식론적으로 앞선다(Nelson, 1993: 124)"고 강조한다. 넬슨에게 있어서 공동체는 "주요한 인식론적 주체이며 지식의 생성자이자 저장소(Nelson, 1993: 151)"로 여겨진다. 또한 공동체는 증거에 기반한 앎과 그것의 방법론을 구축하는 것으로 여겨진다. 그리고 그 공동체를 '우리가 만든 것of our own making'으로 보았다(Nelson, 1993: 141). 이러한 그의 주장은 다음의 세 가지 가정을 근거로 한다. 첫째, 인식의 주체는 내재되고 체화되었다. 둘째, 인식의 주체는 타자와 관계를 맺는다. 셋째, 인식론은 다른 지식, 또는 합의된 것들undertakings에 대해 근본적으로 상호의존적이다.

넬슨은 콰인Quine, W. V. O.의 논의를 주로 참고하여, 자연주의적 인식론에 대해서도 서술한다. 그는 인식론적 공동체에 대해 "그것은 다양하고, 역사성을 지니며, 역동적이다. 그것은 모호성이 있으며 때로는 경계를 넘나든다. 그것은 진화되고, 분해되고, 재결합하기도 한다. 그리고 그것은 **과학계와 마찬가지로** 다양한 '목적'과 계획을 내포하지만, 지식생산 자체를 **우선순위로** 여기지 않는 경우가 많다(Nelson, 1993: 148). 넬슨은 "인식론적 공동체의 공유된 지식, 기준, 관행으로부터 정체성이 규정(Nelson, 1993: 148)"된다고 여기는 것이다.

포터도 인식론적 개인주의의 문제를 다룬다. 그는 비트겐슈타인(1953)의 사적 언어 불가능성 논의를 근거로 언어의 관점에서 개인주의에 대한 가정을 반박한다. 인식론적 개인주의는 사적 언어 불가능성 논의 개념에 달려 있다. 만약 우리가 사적 언어로부터 출발한다면, 우리는 유아론에 빠질 수밖에 없기 때문이다. "만약 비트겐슈타인이 옳다면, 그리고 개인이 언어학적으로 공동체에 앞선 것이 아니라면, 그 개인도 인식론적으로 앞서 있을 수 없다(Potter, 1953: 165)." 이로써 우리는 다시, 지식이 사회적으로 논의되어야 할 문제이고 공동체는 인식론적으로 상호의존적인 관계 내의 자아들로 구성되어 있음을 알 수 있다.

포터는 모든 신념이 언제든`지 수정될 가능성을 가지며, 기준criteria 이라는 것 또한 오류로 여겨져 변경될 수 있다는 것을 보이기 위해 과학적으로 도출된 합의가 어떻게 협의되는지에 대한 몇 가지 예를 제시한다. 그는 그 예시들을 통해 우리의 위상이 어떻게 우리의 선택을 제약하는지 보여 준다. 포터의 요점은 우리가 사는 세상이 인식된 세계에 대한 현실주의적 상model이 아니라는 것이다. 그러한 세상에서 우리가 할 수 있는 유일한 것은 '무엇인가what is'를 인식하는 것 정도일 것이다. 때문에 우리는 상호간의 협력을 통해 '무엇이다what is'를 결정할 수 있어야 한다. 결정할 수 있어야 한다는 것은 우리가 하는 것이 형편없는 과학bad science이라는 것을 의미하는 것이 아니다. 결정할 수 있다는 것은 앎과 앎의 주체는 분리되지 않는다는 것, 그리고 과학이 비정치적이지 않다는 것을 우리에게 상기시켜 주는 것이다. 포터는 다음과 같이 결론짓는다. "자신의 세계관과 연결된 이론을 선택하는 것이 합리적으로 여겨지기 위해서는, 제공되는 정보data가 단 하나의 이론만을 유일하게 선택해야 하는 상황이 아니어야 한다(Potter, 1993: 182)."

하딩의 논의는 퀼팅비 일원으로서 우리가 지식을 구축하는 것에 참여시킬 소외된 타자를 찾아야 한다는 것을 일깨워 준다. 그 소외된 타자들은 우리가 새로운 방식으로 퀼트를 볼 수 있도록 도와주며, 우리가 가진 편견과 제한적 관점에 대해 알 수 있도록 해 준다. 우리 모두는 우리의 관점에 영향을 주는 어떤 사회적 공동체 안에서 성장하기 때문에 소외된 타자들 또한 그들의 퀼팅비 공동체의 구성원이다. 롱기노, 넬슨, 포터 등은 우리가 퀼트를 위한 기준과 지침을 조정할 때 가장 첫 번째로 고려해야 하는 것은 함께 작업하는 퀼터 공동체라는 것을 상기시켜 준다. 우리의 공동체는 변화하거나 전환될 수 있고, 확장되거나 축소될 수도 있으며, 때로는 협력하고 때로는 분열할 때도 있을 것이다. 그렇지만 우리 각자는 우리가 속한 공동체에 항상 영향을 미칠 것이다. 과학을 포함한 모든 지식은 사회적 지식이다. 때문에 우리는 지속적인 자기반성과 자기비판이 가능한 방법을 모색해야 한다.

확장된 사고와 널리 깨어있음

일부 학자들은 지식이 내재되고 체화된 관계적 자아에 의해 사회적으로 구축되는 것이라면, 서로 다른 지위에 있는 사람들은 결코 타자의 경험에 대해 이해할 수 없을 것이라고 결론짓기도 한다. '북미 원주민 native american(이들은 토착민indigenous people으로 호명되는 것을 더 선호한다)이 아닌 사람은 북미 원주민의 경험과 생각을 결코 알 수 없을 것'이라는 말은 의사소통을 시도할 필요가 없다는 것을 의미하는 것이기도 하다. 이러한 관점은 사회 결정론으로 회귀하여 상호작용의 가능성을 부정하도록 한다. 때문에 나는 그린Greene, M.과 벤하비브의 도움을 받아 우리가 어떻게 다른 사람들의 경험을 조금이라도 이해할 수 있는지에 대해 더 탐구하여 이에 대한 결론을 내리고자 한다. 이 학자들의 논의는 우리가 우리 자아의 위상에 대한 인식을 넓힐 수 있도록 돕는다. 벤하비브는 '확장된 사고enlarged thinking'에 대해 논하고 그린은 '널리 깨어있음 wide awakeness'에 대해 논한다. 확장된 사고와 널리 깨어있음은 우리가 함께 살펴볼 상상과 감정(배려)이라는 도구에 달려 있다.

벤하비브는 『자아의 위상situating the self』에서 계몽 이후 제안된 보편주

의에 대한 방어책으로서 '대화형 보편주의interactive universalism'를 옹호
한다. 그는 (하버마스와 같이) 실재론적 개념을 합리주의에 입각한 담론
적·의사소통적 개념으로 전환함으로써 후기 형이상학적 보편주의의
입장을 공고히 하고자 했다. 그는 주체(사람)가 유한하며, 내재되고 체
화된 존재라는 것, 그리고 유약한 유아기를 지난다는 것을 인정했다.
또한 그는 우리가 자아의식을 발달시키는 것에 도움을 주는 사회화의
조건부 과정을 인정하며, 이성을 "언어적으로 사회화되고 유한한 존재
creature에 체화된 조건부 성과물"로 정의했다(Benhabib, 1992: 6). 그는
"보편주의의 원칙, 미래 정체성, 그 외 아직 드러나지 않은 공동체의 이
름으로 위치지어진 것들에 도전하기 위하여 개인의 담화적 권력
discursive power을 주장하고자 했다.

　이후, 벤하비브는 자신의 공동체에 대한 참여적 전망에 입각하여,
우리가 스스로의 위상에 도전하기 위해서는 다른 사람들과 소통해야
만 한다는 것으로 논의를 선회하였다. 이러한 그의 선회는 우리가 우리
자신의 상황을 더 잘 이해하기 위해서 다른 사람들과 소통할 필요가 있
음을 상기시키는 견해였다. 입장론적 인식론자들도 공동체 밖의 사람
들과의 의사소통을 모색하는 것의 중요성을 강조하지만, 벤하비브는
더 나아가 아직 만나지 않은 사람들과의 의사소통을 시도하도록 권고
하였다. 그는 이러한 종류의 의사소통이 '확장된 사고enlarged thinking'로
이어진다고 보았다. 그는 자신의 확장된 사고 개념을 '일반화된 타자
generalized other'와 '구체적 타자concrete other'의 두 가지 개념에 기초하여
논의했다. 확장된 사고는 아렌트Arendt, H.의 '재현적 사유representative
thinking' 개념을 추적한 논의이며, 이는 칸트Kant, I.의 '반성적 판단
reflective judgment' 개념을 추적한 논의이다. '일반화된 타자'는 미드로부

터 차용한 용어이지만, 벤하비브가 사용하는 의미는 미드의 개념과 다소 차이가 있다.

확장된 사고 또는 재현적 사유는 혼자서 할 수 있는 것이 아니다. 그것은 타자의 관점에서 추론하려는 의지와 타자의 목소리에 경청하고자 하는 세심함이 요구되는 행위이다. 또한 다른 누군가가 자신의 관점을 말해줘야 하기에, 독자적으로 할 수 있는 행위도 아니다. 확장된 사고는 관점의 가역성을 의미한다. 벤하비브는 이러한 확장된 사고를 '내가 종국에는 합의를 도출해야만 하는, 타자들과의 예측된anticipated 의사소통'이라고 정의한다(Benhabib, 1993: 9). 그가 말하는 '합의'는 만장일치나 보증된 합의 관점에서의 동의를 의미하는 것이 아니다. 우리가 서로를 이해한다는 점에서의 합의를 의미한다.

> '구체적 타자'의 구체성과 다름은 상대방의 **목소리**가 없는 상태에서는 알 수 없다. 구체적 타자의 관점은 오직 자기 정의의 결과로만 뚜렷하게 구별될 수 있다. 우리가 타자의 구체성과 타자성을 인식하게 되는 것은 오직 타자들에 의해서만 가능한 것이다(Benhabib, 1993: 168, 원문 강조).

벤하비브에게 자아는 단지 사회적, 언어적, 담화적 관행의 맥락에서 위치지어지는 대상이 아니라, 무언가에 기여하는 주체이다(Behabib, 1993: 224). 벤하비브에게 있어서, 벤하비브에게 있어서 사람들의 자아는 사회적으로 결정된 자아관이 아니라, 듀이와 내가 설명한 자아관처럼 좀 더 교류적이다.

벤하비브는 우리 각각을 구체적 타자로 설명하는 것 외에, 우리가 타자를 어떻게 일반화시키는지에 대해서도 이야기한다. 미드는 일반화된 타자에 대해 "개인에게 통일된 자아를 부여하는 조직화된 공동체 또는 사회집단(Mead, 1934: 154)"라고 정의한 바 있다. 그러나 벤하비브는 자신의 담화 윤리 이론에 보편화 원리를 상정하기 위해 일반화된 타자 개념을 사용한다. 구체적 타자의 개념이 우리 각각의 질적인 독창성과 차이를 부각시키는 역할을 수행한다면, 일반화된 타자의 개념은 우리의 공통적 특성을 강조하기에, 우리가 많은 공통점을 가지고 있다는 것을 확인시켜주는 역할을 한다고 볼 수 있다. 벤하비브는 우리가 가진 공통적인 것에 대해 다음과 같이 밝힌다. "각 개인들은 우리 자신과 같은 도덕적 권리를 부여받은 도덕적 존재들이다. 도덕적인 사람은 또한 정의에 입각하여 추론하고 행위하는 존재이며, 선good을 상정하고, 장기적 관점을 가지고 행위할 수 있는 존재들이다(Benhabib, 1990: 10)."

벤하비브는 구체적 타자와 일반화된 타자의 관계에 대해 '연속체 continuum 모델'을 따라 구상했다고 밝혔다(Benhabib, 1990: 10). 벤하비브는 이 연속체의 논의를 마무리하는 일반화된 타자 논의에서 자신의 도덕 이론을 정의 개념에 기반하여 기술하는 입장을 취했다. 그러나 구체적 타자 논의에 대해서는 길리건과 동일한 입장에서 배려 행위의 개념에 기반하여 기술하는 입장을 취했다. 그는 나딩스(1984)가 배려 윤리와 정의 윤리를 뚜렷하게 구별하는 것에 대해 비판하며(Noddings, N., 1984, 제4장에서 논의함), 자신의 접근 방식은 이분법적이라기보다는 통합적인 방식이라고 밝혔다. 또한 그는 자신이 공감과 자애의 감정을 신뢰하지 않기에 자신의 윤리 이론이 배려 행위보다는 정의를 더 신뢰하는 입장이라고 밝히기도 했다.

나는 나딩스가 정의와 배려 행위의 윤리적 논쟁에 또 다시 휘말리는 것을 바라지 않는다. 그보다 나는 제4장에서 논의한 바와 같이 나딩스가 또 다른 인간의 보편적 자질을 발견했다는 것에 중점을 두고 논의하고자 한다. 나딩스에 따르면, 우리는 배려하는 능력과 배려 행위자로 인식되기를 바라는 욕망을 보편적으로 갖고 있다(Noddings, 1984). 나딩스는 이것을 '배려적 사고방식an attitude of care'이라고 명명했다. 분명한 것은 나딩스가 우리의 추론 능력과 정의감보다는 공감과 관대한 포용력을 도덕적 인간의 자질로서 신뢰한다는 지점이다.

여기서 나의 연구 목적과 관련하여, 나는 적극적으로 타자들의 관점에서 추론하고 그들의 목소리를 들을 수 있는 세심함 속에서 배려 행위를 할 것을 강조하고 싶다(우리는 그들이 필연적으로 자신의 관점에서 이야기한다는 것을 알아야 한다. 그것을 대체할 수 있는 다른 방식은 없다). 배려는 우리가 타자의 관점을 비판적으로 점검하기 이전에, 그들에 대한 나의 이해를 확신하기 위해 타자를 신뢰하려고 노력하는 것이다. 이해하기 위해 타자를 믿는 노력은 우리 자신의 관점을 보류하고 타자에게 열린 마음을 갖도록 한다. 우리가 무언가에 대해 배려한다는 것은 우리가 무엇에 관심을 갖고, 무엇에 전념engrossed하고, 무엇을 수용하는가를 의미하는 것이다. 우리가 타자를 배려하지 않는다면 우리는 그들의 목소리를 들을 수도, 우리의 사고를 확장enlarge thinking시킬 수도 없을 것이다.

우리는 우리 자신의 위상을 다른 사람과 비교하고 대조하며 자신의 상황과 맥락에 대해 더 잘 알게 된다. 거기에 더하여, 우리는 다른 사람들의 연결된articulated 경험에 대해 배우면서, 우리 자신의 연결되지 않은inarticulated 경험에 대해 더 잘 이해할 수 있게 된다. 타자는 우리에게 새로운 상상을 펼치도록 하고, 새로운 방식의 경험을 할 수 있도록 한다. 타자, 심지어 가상의 타자와도 배려하는 자세로 소통하고 관계를 맺을수록, 우리는 스스로에 대해 더 많은 것을 알게 되고 자신과 타자에 대해 새로운 관점에서 상상할 수 있게 된다. 이렇듯 배려 관계caring relationship는 우리가 확장된 사고를 성취할 수 있도록 한다. 또한 그것은 우리에게 그린(1995)이 언급했던 '널리 깨어있음wide awakeness'을 가능하게 한다.

　그린은 상상에 대한 강력한 논의를 통해, 감정 외에도 우리가 서로를 이해하기 위해 사용할 수 있는 도구가 다양하다는 것을 상기시키는 일에 기여했다. 그는 우리가 '널리 깨어있고, 상상력을 발휘하고, 가능성을 자각'하기 위해서는 계속 새로운 세계를 경험하고 우리 자신을 자극해야 한다고 주장했다(Greene, 1995: 43). 그는 우리가 일상적이거나 일상적이지 않은 경험에 대응하고, 다양한 세계에 있을 수 있는 양식 pattern과 공통점을 인식할 수 있는 주의력과 능력을 발전시키기 위해서는 예술, 특히 문학예술에 관심을 가져야 한다고 보았다. 문학예술을 하기 위해서는 상상력을 자극해야 하기 때문이다. "상상은 그 무엇보다도 공감을 가능하게 한다. 상상은 우리가 대안적 현실을 믿을 수 있도록 하는 유일한 인지 능력이다(Greene, 1995 3)."

　그린은 사람들이 작은 세상을 더 크게 볼 수 있도록 돕고자 했다. 그는 '관점의 전환과 또 다른 시점들'에 관심을 두었다. 그것은 사람이나 사물을 단지 숫자나 대상object으로 보도록 하는 것이 아니다. 그것은 사물을 가깝거나 멀리서 보도록 하고, 사람들을 '온전하고 특별하게' 보도록 하는 것이다(Greene, 1995: 10). 그린은 "나는 무엇도 동일하지 않은 세상이기에 우리가 다양한 방식으로 보고 다양한 대화를 나눌 수 있다고 믿는다(Greene, 1995: 16)"라고 말했다. 또한 그린은 어떻게 예술이 상상력을 불러일으키고 새로운 관점을 개척시키는지 보이고자 했다. 그는 예술이 우리가 우리의 주변부과 침묵을 의식하도록 하고 "그러한 것들로 우리의 살아 있는 세계에서 충분히 드러나지 않은 것들(Greene, 1995: 11)"에 이름을 붙일 수 있게 돕는다고 보았다. 예술은 우리의 편협함과 안일함을 전복시킨다. 예술은 이미지에 가시적으로 접근할 수 있도록 한다. 그것은 우리가 문을 열고 스스로 변화할 수 있도록 돕는다. 즉, 예술은 우리의 인식 주체로서의 감각을 개발시키는 것이다.

그린은 풍부한 상상력에 대한 요구는 곧 "사물을 마치 다른 것이 된 것처럼 바라볼 수 있는 능력을 위한 작업(Greene, 1995: 19)"에 대한 요구를 의미한다고 보았다. 또한 그린은 우리가 서로를 이해하기 위해서는 벤하비브의 '확장된 사고'와 자신의 '널리 깨어있음'을 개발시켜야 한다고 보았으며, 이것을 개발하는 방법을 이해시키기 위해 아렌트(1958)의 '틈in-between'과 '관계망web of relations' 개념을 언급한다(Greene, 1995: 39).

> 우리가 할 수 있는 일은 최대한 열정적이고 능숙하게 타자와 말하는 것이다. 같은 맥락에서, 우리가 할 수 있는 또 다른 일은 서로의 눈을 바라보며 새로운 시작을 위해 서로를 격려하는 것이다. 우리들의 교실은 보살핌nurturing과 사려 깊음이 있어야 하며, 인간됨과 삶이 무엇인지에 대한 다양한 논의로 가득 차야 한다. 학교는 항상 미완성된 담론에 대한 청소년들의 명료한 목소리가 울려 퍼져야 한다. 학교는 항상 더 많은 것을 발견할 수 있고 더 많이 말할 수 있는 공간이어야 한다. 우리는 널리 깨어있도록 하기 위해, 창의적인 행동을 하도록 하기 위해, 가능성에 대한 의식을 재개하기 위해, 우리의 학생들이 또래 관계를 만들어 갈 수 있게 해야 한다(Greene, 1995: 43).

우리 모두가 풍부한 수준의 맥락을 내재한 사회적 존재라는 것을 감안했을 때, 확장된 사고와 널리 깨어있음을 가능하도록 하는 도구는 무엇일까? 우리는 사회적 존재로서 확장된 사고와 널리 깨어있음을 위한 능력을 선험적으로 내재했을 수도 있다. 그러나 우리는 다른 사람들을 이해하기 위해, 그리고 우리 자신의 관점에 대한 통찰력을 획득하기 위해, 그것에 도움이 되는 기술들을 연습하고 개발할 필요가 있다. 확장된 사고와 널리 깨어있음은 우리가 타고난 능력이라기보다 고통의 과정을 통해 획득해야 하는 능력이다. 내가 언급하는 확장된 사고와 널리 깨어있음을 위해 필요한 기술은 관계 및 의사소통 기술, 직관과 감정에 전념하는 능력, 상상력의 발달, 추론 능력 등이다. 그리고 이것들이 내가 건설적 사고라고 부르는 것과 관련이 있다.

Ⅲ부로 넘어가기 전에, 그리고 건설적인 사고에 대한 심도 있는 설명과 토론에 앞서, 비판적 사고와 관련된 차이와 권력에 대해 논의해야 할 주제가 있다. 우리는 이번 장에서 지식을 구성하는 퀼터들에 대해 더 잘 이해할 수 있었다. 우리는 이제 사람들이 앎의 주체로서 삶을 시작하는 것이 아니라, 앎의 주체가 되기 위해 열심히 행위해야 하는 잠재적 앎의 주체로 삶을 시작한다는 것을 이해하게 되었다. 사람들은 유약한 어린 아이의 모습으로 삶을 시작하고 타자, 특히 주양육자와의 관계를 통해 자신의 핵심 정체성이라고 할 수 있는 자아의식을 발달시킨다. 퀼팅비 은유에서 퀼터들은 타자와의 관계성을 내재하고 있으면서 그러한 관계성을 체화한 존재로 여겨진다. 우리는 이번 장에서 감정과 상상에 대한 논의를 통해 앎의 퀼트를 구성하는 것에 도움이 될 몇 가지 도구들에 대해 탐색했다. 이로써 우리는 상황과 맥락이 퀼터인 우리 자신뿐만 아니라 우리가 사용하는 도구에도 중요한 영향을 미친다는

것을 이해하게 되었다.

　우리는 또한 다른 관점을 가진 타자들과 비교하며 우리가 논의하는 앎의 주체인 퀼터에 대해 더 많은 것을 알 수 있었다. 우리는 이제 퀼팅 비 은유를 통해 포용력을 갖고 타자의 관점을 찾음으로써 우리 자신에 대한 이해와 한계를 명료하게 할 수 있다는 것을 깨달았다. 또한 우리는 어떤 도구와 재료를 포함시키고 어떤 것을 포함시키지 않을 것인가를 결정하기 위해 퀼터 간의 논의가 필요하다는 것을 알게 되었다. 우리는 우리의 협력 여부에 따라 제작되는 퀼트의 품질이 향상되거나 저하된다는 것 또한 알게 된 것이다.

　이로써 우리는 우리가 서로에 대해 열린 마음을 갖고, 스스로의 관점을 넓혀 확장된 사고를 발휘하기 위해서는 배려심과 상상력을 바탕으로 타자의 목소리에 귀를 기울여야 한다는 것을 깨달을 수 있다. 여전히 이 논의에 참고해야 하는 목소리가 많이 남아 있다. 특히 우리가 참고해야 하는 소외된 사람들outsider에 대한 논의가 남아 있다. 때문에 나는 제6장에서 인종과 민족, 사회 계급, 성적 지향sexual orientation 등에 대한 장벽을 허물기 위해 목소리에 대해 다시 논의할 것이다. 이러한 논의를 바탕으로, 우리가 서로 협력하여 함께 행위하고 확장된 사고와 널리 깨어있음을 획득하려고 노력한다면 아름답고 다문화적이고 다채로운 지식의 퀼트를 구축할 수 있게 될 것이다.

제6장

젠더 이론과 차이 이론의
교차점과 해체

우리는 제5장에서 내재되고 체화된 자아, 사회적 지식으로서의 과학, 확장된 사고와 널리 깨어있음이라는 주제를 통해 차이와 권력에 대해 탐구했다. 우리는 비판적 사고를 한다고 여겨지는 사람들이 누구인지 더 면밀히 살펴보았고, 그들이 오류가능성을 가진 인간이라는 것이 무엇을 의미하는지에 대해 더 많은 것을 알게 되었다. 또한 우리는 그들이 위치지어진situated, 유약한 사회적 존재라는 것을 알게 되었다. 우리는 상황과 맥락이라는 것이 여러 가지 측면에서 삶에 다양한 영향을 미친다는 것을 이해하고 있다. 아직 삶의 과정 중에 있기에 우리의 상황과 맥락이 앞으로의 삶에 어떤 영향을 미칠지를 다 알 수 있지는 못할 것이다. 그러나 타자의 목소리를 경청하고 그들이 진심으로 말하고자 하는 것을 듣기 위해 노력한다면, 그러한 노력은 사고를 확장시키고 널리 깨어있도록 하는 데 도움이 될 것이다. 때문에 우리는 계속적으로 타자들에게 귀 기울여야 한다. 또한 대화 가능한 타자를 이해하려는 노력을 결코 중단해서는 안 될 것이다.

비판적 사고와 관련하여, 나의 사유를 지속적으로 확장시키기 위해 그리고 널리 깨어있기 위해, 나는 더 다양한 목소리를 들어 보고자 한다. 흔히 '근본적radical' 목소리(선택적 소수자에 의해)로 불리는 이들은 인종, 민족, 사회 계급, 성적 지향 등에 대한 관심을 통해 차이와 권력에 대한 우려를 드러내는 경향이 있다. 그들의 논의는 우리가 젠더 이론과 차이 이론의 교차점Intersection에 대해 논의할 때 도움이 될 것이다. 그들의 젠더 이론과 차이 이론에 대한 해체Deconstruction 시도는, 비판적 사고의 관점에서 우리가 기득권의 도구만을 사용하는 것을 피할 수 있도록 한다. 나는 구체적으로 분열된 자아들fragmented selves, 젠더 해체, 차이의 해체 등을 주제로 논의할 것이다.

분열된 자아들

이리가레이Irigaray, L.는 언어학과 철학에서 박사학위를 받은 프랑스의 철학자이자 정신분석학자이다. 그는 언어와 심리학의 관계를 탐구했으며, 그 스스로가 자신의 연구에 모델이 된다고 밝히기도 했다.

그의 글은 시적이고 시각적visual이다. 그는 우리의 언어와 '담론의 띠the belt of discourse'에 관심을 끌기 위해 단어와 언어의 구조를 유희적으로 활용한다. 그의 관점에 대해서 어떤 사람들은 '서구 문화에 대한 혼란스럽고 체제 전복적인 시각'이라고 평하기도 한다(Irigaray, 1985a). 특히, 이리가레이는 프로이트 학파에서 퇴출당하고 빈센네스의 교수직을 사직하도록 한 자신의 글 『다른 여성의 스페큘럼Speculum of the Other Woman』에서 '주체'에 대해 탐구한다.

이리가레이는 '여성'은 항상 '남성'에 비해 열등한 타자로서 정의되어 왔으며 '주체와 관련한 모든 이론은 항상 남성에 의해 전유되어 왔다'고 강하게 주장했다(Irigaray, 1974/1985a: 133). 이리가레이는 여성들에게 다음과 같이 경고했다. "여성들이 '그러한' 이론에 굴복할 때, 그들은 가상에 기반한 자신의 관계적 특수성이 포기되고 있다는 사실조차 인지하지 못한다. '여성이 됨으로써, 스스로를 담론의 객체로 종속시키는 것이다(Irigaray, 1974/1985a: 133). 이리가레이는 남성들이 오직 '누군가를 대상화하거나, 또는 어떤 대상'에 반동함으로써, 남성 자아를 공고히 해 왔다고 주장했다(Irigaray, 1974/1985a: 133). 그리고 그 대상은 주로 '여성'이었다. 또한 이리가레이는 '대지the earth'라는 용어를 '여성'이라는 용어와 동질하게 사용하는 경향에 대해서도 논의했다. 남성들이 대지를 딛고 위로 일어서고, 대지에 자신에 힘을 행사하며, 대지를 발판으로 더 높이 도약한다는 것이다.

이리가레이는 코페르니쿠스적 은유를 활용하여 남성을 '태양the sun'으로 묘사했다. 그리고 "모든 것은 태양을 중심으로 돌아간다(Irigaray, 1974/1985a: 134)"라고 덧붙였다. 태양으로서의 남성이 자신의 대비로 여성과 지구를 규정함으로써, 여성과 지구는 '자아로서의 주체가 붕괴될 위험'에 처하게 되었다는 것이다(Irigaray, 1974/1985a: 134). 이 위험은 주체가 기표signifier가 연결된 다양한 복수인 경우에도 존재한다. 이리가레이는 복수적인 주체는 하나로 다시 합쳐질 수 있는 신기루에 불과하다고 보기 때문이다. 그것은 그저 "환상적이고 공상적인 파편(Irigaray, 1974/1985a: 135)"일 뿐이다. 기표로 구분되는 이러한 유類의 구분은 그러한 종들을 소환하고 소집하는 남성들의 유아론을 다시 한번 설명할 뿐이라는 것이다(Irigaray, 1974/1985a: 135~136).

이리가레이는 초월적 자아에 대한 관념의 결함이 드러났을 때, 남성들이 어떻게 그들의 무의식 속 깊은 곳에서 자신들의 우월성을 담보하기 위한 새로운 경계를 찾는가에 대해 설명하고자 했다. "별빛 하늘에서 있던 타자들the other이 마음psyche의 골짜기로 떨어질 때(Irigaray, 1974/1985a: 136)"에 말이다. "방식은 다를 수 있지만, 그들은 **이질성**heterogeneity과 **타자성**otherness을 갖는 자아에 대한 일률적 표상의 역설을 기꺼이 감수(Irigaray, 1974/1985a: 137, 원문 강조)"하는 것이다. 이리가레이는 자신의 저서 전반에서 스페큘룸의 은유를 활용한다. 스페큘룸은 남성이 여성의 신체 내부를 살피기 위하여 만든 도구이며, 여성 인체에 삽입하여 관찰하는 데에 사용되는 것이다. 이리가레이는 남성의 눈이 페니스를 대체하고, 스페큘룸은 "눈이 **내부**interior를 침투할 수 있도록, 입술, 구멍, 벽을 **확장시키는**dilate 도구(Irigaray, 1974/1985a: 144, 원문 강조)"라고 표현했다. 이때 남성의 눈과 언어는 여성을 대상화하는데 사용된다. 이리가레이는 다음과 같이 주장했다. "오역되고, 은폐되고, 진열장에 박제되고, 은유로 포장되고, 정밀하게 정형화된 수치에 매장되어, 틀린 관념상으로만 드러나던 여성들은 이제 관찰되어야 할 또는 의식적으로 고려되어야 할 '대상'이 되었다. 여성들은 이러한 행위의 명목하에 이론의 일부가 될 것이다(Irigaray, 1974/1985a: 144~145)."

이리가레이는 여성이 주제로서 대상화되는 것을 방지하기 위해 무엇을 하라고 권하는가? 그는 "모든 것을 잃기 전인 지금이 행동해야 할 때"라고 주장하며, 우리는 반드시 "완전히 경작되었다고 여겨지는 그 밭을 다시 한번 파헤쳐야 한다"라고 주장했다(Irigaray, 1974/1985a: 136). 이리가레이는 "중심이 분열되었다고 하더라도, 비전과 자기 이해, 자기 조절의 능력을 얻기까지는 **전략**strategy, **전술**tactic, **실행**practice

으로 이어지는 우회로가 필요하다(Irigaray, 1974/1985a: 136, 원문 강조)"라고 주장했다. 또한 그는 '주제'로 정중하게 '여성'을 포장하는 용어들을 계속적으로 의심해야 한다고 주장했다(Irigaray, 1974/1985a: 142). 그는 여성들이 "비유에 사로잡혀 포위"되는 것 보다는 "수수께끼, 암시, 비유, 우화로 표현되는 것이 더 나을 것"이라고 여겼다(Irigaray, 1974/1985a: 143). 이리가레이의 문제의식은 다음과 같다. "이 값싼 기사도chivalric 장식들 아래서 어떻게 여성이 분명한 소리를 낼 수 있는가? 어떻게 여성들이 장식용 장막을 걷어 낼 만큼 충분히 강하고 절묘한 subtle 목소리를 찾을 수 있을까?(Irigaray, 1974/1985a: 143)" 이리가레이는 자신의 연구 과제가 주체로서 남성 본체의 생산물을 그들에게 돌려주는 것이라고 여겼다. 이를 위해 그는 주변부margin에서부터 싸우고 구축하는 방법을 채택하고자 했다. 여성들이 스스로를 새로운 방식으로 상상할 수 있도록 하는 목소리를 발전시키고자 한다면, 주변부에서만이 그들의 목소리가 가부장제로 통합되는 것을 지연시킬 수 있기 때문이다.

보르도Bordo, S.와 그로즈Grosz, E.는 지식에 대한 논의를 위해 몸이라는 개념을 명시적으로 도입했다. 그로즈는 이리가레이의 연구를 참고하고 있다고 밝힌다. 그는 우리의 몸이 서구 전통 철학에서 수행하는 역할에 주목하며 '이성의 위기'에 대한 논의를 심화시켰다. 그로즈는 우리의 몸을 '사회적 비문inscription의 표층surfaces'으로서 그리고 '생동하는 몸'으로서 표현했다. 그는 사회적 비문의 표층에 의해 우리의 몸이 기호로서 코드화되는 방식을 보여 주고자 했다. 그는 문신, 할례, 피어싱, 흉터와 같은 물리적 예시들을 통해 어떻게 우리의 '문명이 몸 안팎에 의미를 새겨 왔는지'를 보이고자 하였다(Grosz, 1993: 197). 우리의 몸은 사회적인 법, 도덕, 가치관이 새겨지는 표층인 것이다. 그로즈에게 살아 있는 몸, 즉 육체의 형태gestalt는 육체의 내적이고 정신적인 것을 담아낸 비문으로 해석되었다.

그로즈는 우리가 제1장에서 논의했던 서구 유럽 철학의 이성의 위기에 대해 '몸은 없고 정신만 있기 때문'이라고 기술하였다. 그가 지적하는 이성의 맹점은 앎의 주체를 알지 못하여 그 자체의 역사성과 구체성을 인식할 수 없다는 것이었다. 전통적으로 우리는 지식을 행위나 실천으로 여기기보다 '순전히 개념적이거나 단순히 지적인' 것으로 취급해 온 경향이 있다. 그러나 그로즈는 '그것이 **무언가를 한다**It does things'고 보았다(Grosz, 1993: 203, 원문 강조). 앎의 주체들이 지식이라고 간주되는 것을 논의 가능한 대상으로 여긴다면, 더 이상 그와 대립되는 관점을 규정하기 위한 논의가 진행될 수 없다고 볼 수 있다. 이는 '관점주의perspectivism적 위기'를 불러일으킨다. 만약 몸이 지식이라 여겨진 것으로서 논의의 주제가 된다면, 우리의 몸은 항상 성적으로 코드화되어 왔기에 우리는 성별화된 육체를 가진 것이 된다. 전통적으로 정신은 남성과 육체는 여성과 관련되어 왔고, 정신은 지식을 육체는 쾌락과 욕망을 나타내는 것으로 여겨졌다. 때문에 여성주의 학자들은 육체를 공인되지 못한 이성의 조건으로 간주하고, 앎의 주체에 내재된 지식을 발견하고자 했다. 여기서 앎의 주체는 우리의 사회적 조건이 새겨진, 외적인 영향만큼 내적인 영향을 주는, 성별화된 신체를 가지고 있는 존재이다.

그로즈는 지식을 탐구하는 여러 형태나 방법을 만드는 예로서 이리가레이의 연구를 언급했다. 그로즈는 이리가레이가 '진리, 논리, 이성'의 정치에 대한 폭로를 시도한다고 보았다. 그는 이리가레이의 방식에 대해 '역사적이고 맥락적인 것을 드러내고자 했으며, 기습적'이라고 평했다. 이리가레이는 지식이라는 것은 관점적이기에 "언제나 다른 방식의 진행이 존재할 수 있다"라고 주장하였다(Grosz, 1993: 209~201). 보르도는 프랑스 철학자 푸코(1978, 1979)를 인용하여, "몸은 문화의 **텍스트**일 뿐만 아니라 …(중략)… 사회적 통제가 드러나는 **실제적**이고 직접적인 장locus(Bordo, 1989: 13)"이라고 주장했다. 보르도에게 있어서 푸코는 그의 계보학을 통해 믿음보다 실천이 우선임을 상기시키는 존재로 여겨졌다. 보르도는 "한 집단에 의해 소유된 권력이 다른 집단을 억압하는 것이 아닌, 집단 내에서 지배와 종속의 위치를 유지하는 관행, 제도, 기술의 네트워크(Bordo, 1989: 15)"로 보기 위해 푸코의 권력 분석을 따른다고 밝혔다. 이로써 우리는 권력의 중심 매커니즘이 억압에 의한 것만이 아니라, 구성적이며 존재의 방식을 형성하고 확산하는 방식으로 진행된다는 것을 이해할 수 있게 된다.

보르도는 히스테리, 광장공포증, 거식증 등에 대한 연구를 통해 여성의 신체에 대한 규율과 표준화가 나이, 인종, 계급, 성적 지향의 범주를 넘나드는 사회 통제의 전략임을 보이고자 했다. 그가 제시한 세 가지 예시는 그가 검토하는 특정 역사적 시기의 여성에 대한 문화적 성역할 고정관념을 논리적이고 극단적으로 확장시킨 것이었다. 히스테리, 광장공포증, 거식증은 여성들의 저항의 표현이지만, 역효과를 낳았을 뿐만 아니라 비극적이라고 여겨질 만큼 자기 패배적 표현이었다. 여성들은 목소리를 잃고 집에 갇힌 죄수, 말 그대로 굶어 죽는 사람들이 된 것이다. 이러한 여성 저항의 병리적 측면은 그들이 저항하고자 하는 대상을 변화시키지 못하고 그것을 재생산하는 기능을 수행했다. 보르도는 이러한 예시를 통해 '잠재적인 저항이 단순히 과소평가되는 정도로 끝나는 것이 아니라, 기존 권력 관계를 고착시키고 재생산하는 것에 **이용됨**utilized'을 보이고자 했다(Bordo, 1989: 15, 원문 강조).

보르도는 다이어트, 메이크업, 의상 등의 예를 통해 여성의 신체가 어떻게 종속적으로 유지되도록 규제되고 요구되어 왔는지를 상기시키고자 했다. 보르도는 "우리는 부족함, 불충족, 절대 충분히 괜찮을 수 없는 느낌과 확신을 우리 몸에 새기고 있다(Bordo, 1989: 14)"라고 보았다. 여성주의 이론은 여성에 대한 이론(우리의 몸에 대한 과학적, 철학적, 미학적 표현, 몸에 대한 문화적 신념conception, 미의 표준, 건강의 표본 등)을 드러내며, '이해될 수 있는 몸intelligible body'을 드러내는 것에 큰 역할을 하였다(Bordo, 1989: 25). 그러나 보르도의 논의는 '사용되는 몸useful body(살아 있는 신체를 통해 실천적 규범과 규칙을 습관화한, 형성되고 순응하고 반응하는 사회적으로 적응된 유용한 신체)'[1]에 대해서는 세심하게 주의를 기울이지 못하고 있는 모습을 보인다. 우리는 신체에 대한 실제적 삶, 즉 우리가 실제로 어떻게 몸을 관리하는지에 대해 더 세심한 주의를 기울일 필요가 있다. 우리는 수사학적이고 현실적인 이미지와 관행이 있다는 것을 인식할 필요가 있는 것이다.

우리는 우리의 중심 논의를 한때 여성주의 정치에서 주목받았던 여성주의 실천praxis에 대한 논의로 되돌려야 한다. 이에 대해 보르도는 "나는 우리의 몸을 '순종'과 젠더 표준화를 위한 것이 아닌, 젠더 지배domination에 대한 저항을 위해 일상적이고 실천적으로 행위하는 투쟁의 장으로 보고 있다(Bordo, 1989: 28)"라고 말했다.

지금까지 우리는 비판적 사고이론을 재설계하고 변화시키는 것에 탈근대적 여성주의자인 이리가레이, 그로즈, 보르도의 논의를 참고했다. 이들 논의에서 퀼팅비 은유에 대한 몇 가지 지지와 우려의 표현들

---

1) 이와 관련하여 푸코의 몸에 대한 해석을 참고할 수 있다(Foucault, 1979: 136).

이 발견되었다. 퀼팅비들은 퀼트를 구성하기 위해 활기차고 생동적으로 함께 행위해야 한다. 또한 이것은 질적인 차이가 있을 수 있는 신체적 행위이다. 이들은 재고, 바르고, 바느질하는 행위만큼이나 노래하고, 먹고, 마시고, 웃고, 우는 생동적 존재들이다. 이들은 퀼트를 만들기 위해 그들의 몸과 마음을 활용해야 한다. 우리는 우리의 몸과 마음을 세심하게 관리해야 한다는 것을 깨달아야 한다. 이러한 우리의 행위는 우리의 퀼트에 영향을 줄 것이기 때문이다.

퀼팅비는 여성 및 다양한 문화적 배경을 가진 사람들과 연계된 공간이며, 이러한 공간은 타자로부터 각인된 것으로 규정된 곳이 아니라, 여성 또는 남성이 자신의 내재된 목소리를 채우고 표현할 수 있는 장소이다. 퀼팅비는 분화된decenteredness 상태에서도 사람들, 특히 여성들이 비전, 자기 이해, 자기 조절의 능력을 획득할 수 있는 공간으로서 유지된다. 우리는 문화가 퀼팅비에 흔적을 남긴다는 것을 알아야 한다. 또한 문화적 권력이 우리를 억압하고 제약하는 것들에만 영향을 미치는 것이 아니라, 우리를 구축하고 형성하는 것에도 영향을 미친다는 것을 알 필요가 있다.

지식의 생산자로서 퀼터의 이미지를 통해, 우리는 이 글의 Ⅰ부와 Ⅱ부 전체에 걸쳐 개별적이고, 자율적이며, 비판적인 사유자로서의 자아에 대해 논하였다. 우리는 관계적 자아론을 탐구하며 퀼터를 타자와의 관계를 내재한 자아로 묘사하고 있다. 우리는 지식이 이미 완성된 퀼트로서 가게의 선반에서 우리의 발견을 기다리는 형식으로 존재하는 것이 아니라는 것을 인식해야 한다. 그리고 나는 지식의 구축자인 사람들을 지식 구축을 위한 토론에 참여시키는 것이 중요하다고 주장하고 있다. 우리는 지식을 개발하고 건설한다. 우리는 퀼터로서 우리 자신만을 '주체'화하는 것의 위험성을 알게 되었다. 우리 자신만을 '주체'화하는 것은 타자를 '대상'화하여 마치 상품인양 취급하도록 하기 때문이다. 우리는 다른 전략과 전술을 시도하며 우리의 퀼트 주변부에 있는 것들을 가치 있게 여길 수 있어야 한다. 우리는 퀼트의 결과물이 무엇을 어떻게 해야 하는지에 대한 타자들의 목소리를 통합시킨 제도나 시스템으로 만들어지는 것이 아니라, 타자들이 스스로 상상하고 시도하는 방식으로 만들어진다는 것을 알게 된 것이다.

젠더 해체

우리는 Ⅱ부에서 여성적인 경험으로 여겨진 것들에 초점을 맞추고 그것들의 가치를 살펴보고 있다. 그러나 우리는 여성의 다양한 경험을 구체적으로 다루지는 못했고, 여성주의 연구의 근본으로서 '여성'에 대한 규정이 필요한가에 대한 의문을 제기하지 못했다. 보르도는 이러한 의문에 우려를 표하기도 했다. 때문에 나는 본 절에서 범주로서 '젠더' 해체에 대한 더 많은 의견을 구하기 위해 리치Rich, A., 버틀러Butler, J., 해러웨이 등의 논의를 살펴보고자 한다. 또한 이리가레이의 주장도 여전히 이 논의에 기여하고 있음을 살펴볼 것이다.

리치는 여성주의 이론을 포함한 다양한 학문들이 대부분의 남녀의 젠더 성향을 이성애heterosexuality로 규정하고 이것이 자연적인 것이라고 추정하는 것에 대하여, 이것들을 의심하거나 비판하지 않는 것을 비판하는 에세이를 집필하였다. 리치는 이성애가 자연스럽다는 전제에 대해 의문을 제기하고, 그것이 자연스럽지 않다는 것을 입증하려 했다.

사실, 그것은 역사적으로나 세계적으로 강제되어 왔다. 리치는 여성들이 이성애에 협력하지 않았던 오랜 역사가 있고, 협력하지 '않은' 여성들이 이단으로 낙인찍혀 소외되거나 보이지 않는 존재가 되었음을 밝히려 했다. "이성애는 여성에게 강압적이고 무의식적으로 부여되었다. 그러나 여성들은 언제나 육체적 고문, 감금, 정신 개조psychosurgery, 사회적 배척, 극심한 빈곤 등을 감수하면서 이에 저항해 왔다(Rich, 1982: 653)." 리치는 "이성애도 모성애와 마찬가지로 '정치적인 관행'으로 인식되고 연구되어야 한다. 이것은 특히 개인적인 경험상, 자신이 남녀 간의 새로운 사회적 관계의 전조가 된다고 생각하는 여성주의자들에 의해 연구될 수 있을 것(Rich, 1980: 637)"이라고 보았다.

리치는 남성이 여성에게 권력을 행사하는 방식에 대해 설명하고자 했다. 그는 남성이 여성을 통제하려는 욕구를 '여성에 대한 원초적 두려움'의 결과로 해석하는 정신분석학적 관점을 포함하여, 남성의 욕구와 동기에 대한 몇 가지 근거 없는 믿음에 의문을 제기하고자 했다. 그는 "남성들이 정말 두려워하는 것은 …(중략)… 여성들이 그들에게 완전히 무관심할 수 있다는 것(Rich, 1980: 643)" 같다고 의견을 제시했다. 남성에 대한 또 다른 신화는 그들의 성욕이 우월하고 통제할 수 없다는 것과 관련되는데, 리치는 이것을 초기의 여성에 대한 세뇌의 한 형태일 뿐이며 그것은 독단적인 도그마이자 폭력에 대한 변명일 뿐이라고 일갈했다(Rich, 1980: 645). 리치는 그의 기고문을 통해 여성이 어떻게 남성의 신뢰와 지위에 세뇌되는지에 대한 관심을 드러냈다. 또한 그는 "여성에게 이성애를 강요하는 것"은 여성에 대한 "남성의 신체적, 경제적, 정서적 접근권을 보장하는 수단"이 된다고 주장했다(Rich, 1980: 647).

리치는 모든 여성이 여성 정체성woman-identification의 경험 범주 안에서 '레즈비언 연속체lesbian continuum'로 존재한다고 주장했다. 리치는 많은 여성들이 레즈비언임에도 불구하고 생존을 위해 이성애자처럼 보이고자 하는, 즉 결혼하고 결혼한 상태를 지속하는 '여성적 이중생활'을 하고 있다고 보았다. 그는 "여성 정체성은 에너지의 원천이며, 이성애 제도하에서 심각하게 평가절하되고 낭비되는 여성 권력의 잠재적 발판"이라고 보았다(Rich, 1980: 657). 우리는 종종 여성 정체성에 기반한 경험을 남성적 권력 또는 권위로부터의 도피처로 제시한다. 그러나 리치는 여성 정체성에 기반한 경험이 그 자체로 열광적인 추진력을 가질 수 있다고 보았다. 그리고 그는 "선택권의 부재가 인정되지 못한 거대한 현실이 남아 있다(Rich, 1980: 659)"고 결론지었다.

버틀러의 논의는 여성의 이성애에 대해 의문을 제기하는 리치의 논의를 넘어선다. 버틀러는 여성주의 연구의 근본적 논점으로서 '여성women' 자체에 대한 의문을 제기했다. 그는 이전에는 여성 자체가 인식되지 못했기에 **여성** 자체가 여성주의 연구의 중요한 범주였다는 것을 인정한다. 그러나 그는 **여성**이 "일련의 가치나 기질을 갖는 존재로 이해될 때, 그러한 가치와 기질은 규범적 특성을 띠게 되어 원칙적인 배타성을 갖게 된다(Butler, 1990b: 325)"고 보았다. 즉, 여성 개념 자체가 레즈비언 여성을 배제하는 범주로 이용된다고 보는 것이다. 우리는 이 장의 뒷부분에서 다른 여성들이 인종, 민족성, 계급의 관점에서 이와 유사한 문제들을 지적했다는 것을 살펴볼 것이다. 버틀러는 "여성의 범주는 몇 가지 예만 들어도 계급, 피부색, 나이, 인종에 따라 세분화된다(Butler, 1990b: 327)"라고 지적했다.

버틀러는 자아 형성self development과 젠더 구성에 대한 라캉학파의 논의와 정신분석학적 논의를 통해 그들이 젠더 일관성gender coherence을 어떻게 규정하는가를 살펴보았다. 그들은 유아 발달의 메타 서사를 안 정화하여 일관된 여성 주체상을 구성하고자 시도하였다(Butler, 1990b: 328). 그러나 버틀러는 그들이 주체를 파괴하고 남성 권력을 드러내기 위해 여성주의적 전략을 사용하지만, 결국 그들은 각각 사실상 본질주 의에 기반한 서사 전략을 제공하고 있다고 지적했다. 정신분석이론(제 5장의 플랙스의 논의 참조)이 정당성과 보편성에 대해 잘못된 인식을 부여 하는 경향이 있다는 것이다. 이에 대해 버틀러는 라캉학파의 이론이 언 어보다 앞선prior, 그러나 우리가 어떻게든 접근할 수 있는 언어의 테두 리 내에 있는, 법칙 이전의 상태를 가정하는 순환론적 이론일 뿐이라고 보았다(Butler, 1990b: 330). 버틀러는 "이들 각각이 젠더 경험에 대한 서 사를 중단시키고 여성 범주에 대한 잘못된 규정을 불러일으키는 젠더 습득의 구상story line을 제공한다(Butler, 1990b: 329)"라고 지적했다. 그 들은 여성 또는 다른 타자로부터 폭로될 "발달 법칙인 것처럼 위장된 규준이자 허구로서"의 규제적 이상ideal을 제공하는 역할을 할 뿐인 것 이다(Butler, 1990b: 336). 내재적 기원에 의한 신화에 대한 저항은 필수 적이다. 버틀러는 이리가레이의 연구를 언급하며, 주체에 대한 바로 그 개념 자체가 문화적 관점에서 남성적 특권이기에, 여성들은 이 틀에 서 배제되고 타자화othered될 수밖에 없다는 것을 재차 강조했다. 대상 object 없는 주체는 있을 수 없기에, 버틀러는 여성을 주체의 범주로 논 의하지 않을 것을 주장하는 것이다.

　버틀러는 리치와 이리가레이의 논의에 동조하며, 존재를 하나의 젠 더 정체성으로 규정하여, 그들이 이성에게 욕정하는 것을 전제하는 정 신분석 이론의 이분법적 접근을 비판했다. 그는 정신분석학과 여성주 의 이론 모두 성sex을 젠더gender로부터 분리시키는 경향이 있음에 주목했다. "젠더가 반드시 성sex에 귀속되는 것이 아니며, 일반적으로 욕망 또는 섹슈얼리티 또한 젠더에 귀속되는 것이 아니다. 획일성coherence를 구축하는 것은 이성애자, 양성애자, 게이, 레즈비언의 문맥에 만연하는 젠더 불연속성discontinuities을 은폐시킨다. 실제로 이러한 중요한 유형성corporeality의 차원이 서로 '표현express'되거나 투영되지 못하는 것이다(Butler, 1990b: 336)." 버틀러는 젠더 자체가 조작된 것이며, 사회적으로 구축된 규범일 뿐이라고 보았다. 젠더에 대한 진리는 그것이 판타지일 뿐이라는 것이다. 버틀러는 외적인 것과 내적 본질 사이의 구별을 뒤집는 방법으로 '드랙drag'이라는 은유를 제안했다. 드랙은 표현되는 젠더 모델과 실제 젠더 정체성의 관념을 조롱하는 은유이다(Butler, 1990b: 336). 드랙의 퍼포먼스가 "성 자체의 모방적 구조와 우발성을 암시적으로 폭로(Butler, 1990b: 338)"하기 때문이다. 즉, 버틀러는 젠더 관계의 물상화reification를 상실시키는 것이 가능성을 확증하는 방안이라고 제안한 것이다. 젠더를 정형화하는 것은 정치적 근간에서가 아닌 그 결과로서 작동하기 때문이다(Butler, 1990b: 339).

해러웨이는 젠더를 해체하기 위해 '사이보그cyborg'라는 은유를 활용한다. 그는 생물학 박사학위를 가진 과학사학자이다. 그는 원숭이, 유인원, 면역 체계 등에 대한 연구를 통해 문화과학사적 관점에서 성별화gendered에 대한 근원을 추척해 왔다. 해러웨이는 공상과학과 사회현실의 경계가 착시 현상임을 강조하기 위해 사이보그를 신화의 형태로 묘사했다(Haraway, 1990; 1991). 그의 입장은 "여성주의자(그리고 또 다른 타자들)는 계속적으로 문화적 재창조, 포스트모더니즘 비평, 역사적 유물론을 필요로 한다. 그리고 오직 사이보그만이 이러한 기회를 가질 수 있다(Haraway, 1990: 194)"는 것이다. 그의 사이보그 신화는 "진보적인 사람들이 정치 작업의 필요에 의해 탐색할 수 있는, 경계의 탈피, 강력한 융합, 공격적인 가능성들에 대한 것이다(Haraway, 1990: 196)." 해러웨이는 우리가 동물과 사람, 유기체와 기계들, 물질적인 것과 비물질적인 것 사이에서 만든 '불완전한 구분'을 강조하고자 하였다. 그는 또한 우리로 하여금 "반과학적인 형이상학과 기술에 대한 악마론을 거부"하고 과학과 기술의 사회적 관계에 대해 책임을 질 수 있도록 권고했다. 이것은 "타자들과 부분적인 관계를 맺고 우리의 모든 부분들과 소통하면서, 일상적인 경계들을 재구성하는 능숙한 과업을 포함하는 것(Haraway, 1990: 223)"을 의미한다.

사이보그란 무엇인가? 사이보그는 "이원론의 미로에서 벗어나는 방법(Haraway, 1990: 223)"을 제안하기 위한 것이다. "사이보그란 기계와 유기체의 혼합체로서 가상의 창조물이자 사회적 실재를 반영한 창조물이다(Haraway, 1990: 191)." 해러웨이의 책 표지에는 긴 검은 머리의 어두운 피부색의 여성이 어깨와 머리 위에 고양이과(어쩌면 개과일수도 있는) 동물을 드리운 모습이 그려져 있다. 그의 가슴은 컴퓨터의 회로 내부가 되고 그의 손은 키보드 위에 있다. 그는 별이 떠있는 어두운 하늘을 배경으로 산맥과 사막으로 둘러싸인 땅에서 솟아난 것처럼 보인다. 그의 뒤에는 신체 내부와 우주 바깥(활동적인 세포와 나선형 은하)을 나타내는 수학 공식과 이미지가 그려진 도표가 있다. 이것이 바로 사이보그이다.

> 사이보그는 서구적 의미에서 자연적 정체성으로 본질적 통합시키는 단계를 건너뛴다. …(중략)… 사이보그는 편견, 모순, 불륜, 도착 perversity을 저지를 수 있다. 그것은 반항적이고 이상적이고 순진무구

하다(Haraway, 1990: 192).

　범주로서 **여성**에 대한 논의를 폐기하자는 권고에 대해 어떤 여성주의자들은 두려움을 느낄 수도 있다. **여성**을 논외로 한다면, 우리는 여성주의자들의 당위적 주장에 대한 명확한 근거를 잃지는 않는가? 만약 주체가 없다면, 해방의 주체는 누구인가? 이러한 제안이 우리에 대한 억압을 다시 재현하는 것은 아닌가? 보르도는 그의 에세이 『여성주의, 포스트모더니즘, 그리고 젠더 회의주의*Feminism, Postmodernism, and Gender-Skepticism*』에서 젠더를 분석의 범주로 여기는 것의 회의론에 대한 자신의 주장을 밝혔다. 그는 이러한 회의주의를 조장하는 4개의 흐름, 즉 탈구조주의 관점의 여성주의, 해체주의 관점의 여성주의(두 흐름은 모두 위상의 이론적 재구축의 관점), 탈여성타자화 관점, 탈사회적비평 관점(두 흐름은 위상에 대한 명확한 거부 관점)에 대해 논의했다. 보르도는 '젠더'를 바라보는 것은 성구별적인 사회에 살고 있는 현실에서 하나의 목적을 갖도록 한다고 보았다. 그는 특수성과 위상locatedness에 대한 논의가 중요하다는 것을 인정하였다. 하지만 보편성과 일반성이 우리의 목적을 보다 명확하게 만드는 데 기여한다고 보았다. 때문에 보르도는 전략적 관점에서 '여성'에 대한 범주가 필요하다고 주장하는 입장이다.

　보르도는 "여성주의자들은 역사, 문화, 사회의 **성구별적** 성격을 폭로하고 표현하는 문화적 작업을 시작(Bordo, 1990: 137, 원문 강조)"했다고 주장하였다. 60~70년대 여성주의자들의 이러한 정치적 실천이, 관념idea이 사회적 존재를 창조한다는 로티의 이론의 발견을 앞당겼다고 본 것이다. 젠더 이론가들은 계속적으로 성구별적 문화가 만드는 차이를 주장했다. 이러한 젠더 이론이 갖는 편향성을 지적한 사람들은 이러한 논의의 장에서 제외된 사람들(특히 이 장에서 다양하게 다룬 유색 인종 여성, 레즈비언, 제3세계 여성 등)이다. 보르도는 젠더는 하나의 중심축일 뿐이며, 젠더뿐만 아니라 인종, 계급을 가로지르는 주의가 필요하다는 것에 동의했다(이 장의 뒷부분 참조). 그러나 그는 또한 우리가 아무리 여러 가지를 고려하고 배려한다고 하더라도 항상 무시되는 축은 있을 것이고, 어떤 축은 선택적으로 논의되고 다른 축은 그렇지 않을 것이라고 지적했다. 보르도는 다음과 같이 주장했다. "더군다나 이러한 선택은 결코 무고하지 않다. 우리는 항상 사회적, 정치적, 개인적으로 유익한 관점에서 '관찰한다.' 심지어 이질성heterogeneity을 인정하는 정의를 실현하고자 하는 욕구를 가졌더라도 우리는 피할 수 없이 '중추적centric' 관점에 있을 수밖에 없다(Bordo, 1990: 140)."

보르도는 어떤 논의를 잘못되었다고 판단할 권한을 어느 누가 가졌는지 질문했다. 그러한 논의가 본질주의에 대한 불안으로 경직된 연구 풍토를 조성하고 있지는 않은가? 이것은 우리가 제4장 말미에 마틴(1994b)의 논의를 탐구하며 도달한 것과 같은 우려이다. 보르도는 "여성주의에 입각한 젠더 이론은 현재 쓰이고 있는 것과는 다소 다른 역사적 평가를 받을 자격이 있다. 우리 모두는, 특히 포스트모더니스트들은 이 작업의 어깨 위에 올라서 있다." 모든 여성은 종속적subordinate 위치에 있으며 모든 여성주의자들은 주변부의 관점에서 논의해 왔다. 여성주의의 논의는 항상 배제와 소외의 문제를 다루어 온 것이다.

또한 보르도는 여성주의가 "**모든 분야**에서 꿈꾸던 객관주의적 분리에 대한 새로운 포스트모더니즘 관점의 구성, 탈체화disembodiment에 대한 새로운 상상" 등으로 여겨졌던 데카르트주의의 관점의 오류를 드러냈다고 주장했다(Bordo, 1990: 143). 보르도는 이 주장을 증명하기 위해 몸body의 역할에 대해 살펴봤다. 데카르트주의 인식론에서는 몸이 제약과 장애의 장으로 여겨지기 때문에 몸에 대해 관조해야 한다는 관점을 취한다. 포스트모더니즘 이론에서 몸은 일종의 '형상변형체shape shifter'로 "인간이 세상을 만들고 재구성하는 수단으로서, 끊임없이 위치를 바꿀 수 있으며 사물에 대한 새로운 '관점'을 끝없이 드러낼 수 있는 수단(Bordo, 1990: 144)"으로 재조명되었다. 그러나 보르도는 포스트모던 관점의 몸이 형상에 대한 책임을 거부한다면, 더 이상 몸이라 여겨지기 어렵다고 지적했다. 유동성과 변화, 경계의 완화를 강조하는 형상변형체 관점은 "위상을 불분명하게 하고 제한적이고 필연적으로 불완전하며, 인간의 '역사story making'를 통해 자연적으로 부여받은 인격을 **항상** 모호하게 만든다(Bordo, 1990: 144)"고 보는 것이다. 우리는 항상 **어딘가에 위치하고** 제약을 받는다. 우리가 필연성과 통합성, 또는 가능성과 다양성의 논의에 매여 있다면 진리를 발견할 수 없게 된다. 이러한 두 가지의 유형의 노력은 여전히 적절한 표상에 대한 갈망을 드러낸다. 그러나 그것은 기득권의 관점에 유익할 뿐이다.

보르도는 우리가 비판에 있어 선택적 입장을 취하는 것에 특히 주목했다. 우리가 인종과 계급과 관련한 논의보다 젠더와 관련한 논의를 더 비판적으로 바라본다는 것이다(다음 절 참조). 그는 이렇게 질문한다. "왜 …(중략)… 우리는 인족과 계급의 축에 대한 권위와 위상에 근본적으로 **매여 있으면서**, 성별의 축만을 해체하려고 하는 것인가?(Bordo, 1990: 146, 원문 강조)" 보르도는 여성주의 연구를 현재의 맥락을 직면하도록 하기 위한 방안으로 여겼다. 때문에 그는 "우리가 대응해야 하는 위협은 텍스트 속에 있는 것이 아니라 우리의 사회적 현실과 우리 자신에게 있다(Bordo, 1990: 147)"라고 암시했다. 많은 여성들이 그들의 학문 영역과 전문 영역에 진출하여, 여성 타자의 의미를 변화시키고자 한다. 남성중심적 세계에서 '여성으로서'의 사회진출은 축하받을 필요가 있는 것이었다. 그러나 지금, '여성임'은 한계로 여겨지고 있으며, '여성스러움'의 가치를 처음 논의한 사람들은 그것을 낭만적으로 표현했다는 비판을 받고 있다.

보르도는 "이중적 **혹은** 다중적 틀에 너무 얽매이는 것은 위험(Bordo, 1990: 149, 원문 강조)"하다고 경고한다. 성별화가 결코 완전하다고 볼 수는 없지만, 여성들의 경험들에 강한 유사점이 있는 것 또한 사실이기 때문이다. 만약 우리가 인간 경험의 극단적 변이들을 충분하게 표현해야 한다는 관점을 기준으로 사회비판을 바라본다면, 우리는 "거의 **모든** 사회 비판이 방법론적으로 부정하고, 관념을 왜곡한다는 점에서 혐의가 있음을 알게 될 것이다. 제의된 표준화 방안을 무력화할 몇 가지 다른 항목이 항상 생성될 수밖에 없기 때문이다(Bordo, 1990: 150~151, 원문 강조)." 이러한 이유로, 보르도는 젠더를 해체하는 것이 여성주의의 붕괴로 이어질 수 있다고 것을 경고했다. 젠더 논의는 지금까지 그래왔듯 여성주의의 변혁 가능성의 원천이다. "지금의 문화 상황에서 '젠더 중립gender neutral'이란 존재할 수 없기 때문(Bordo, 1990: 152)"이다.

리치, 버틀러, 해러웨이는 우리를 억압하고 고착시키는 것에 저항할 것을 독려하고자 했다. 그들은 우리를 얽매는 범주를 재검토할 것과 모호한 지도를 움직여 변화시킬 것을 독려하였다. 이 학자들은 특히 젠더의 범주를 다루고 있으며, 그것을 범주화하는 정치에 관심을 가졌다. 우리는 이미 그려진 경계지움에 우리의 세계를 끼워 넣을 것을, 그리고 사회적으로 구성된 경계를 마치 '실재'인양 유지할 것을 강요받아 왔다. 우리는 이러한 경계지움이 계획된 관행에 의해 이루어져 왔다는 것을 잊곤 한다. 그러나 이러한 관행은 결코 본래적으로 존재하는 것이 아니다.

우리는 퀼팅비 은유를 통해 경계지움을 이동시키고 그것의 질적 특성을 변화시킬 수 있다. 우리는 지식의 퀼트를 만들기 위한 틀frame을 가지고 있지만, 그 틀은 조정 가능하고 유연하며 퀼터들의 필요에 맞게 지속적으로 변경될 수 있는 것이다. 그 틀은 임시적인 것이며 사회적으로 구성된 것이다. 그러나 틀이 없다면 하나의 특정한 퀼트를 필요에 맞게 완성시키는 것은 불가능할 것이다. 그 틀이 복잡하고 까다로울 필요는 없지만 경계가 없다면 퀼트는 결코 끝나지 않을 것이고, 따라서 따뜻한 이불로 보온을 유지하듯이 실용적으로 활용될 일도 없을 것이다.

경계지움이 없고 퀼트를 완성할 가능성이 없다고 하더라도 우리의 퀼팅비는 지속적인 행위의 원천이자, 우리가 함께 모여 시간을 나누는 이유이자, 자원을 활용하는 방법이 될 수 있다. 우리는 계속해서 경계지움을 재검토할 것을 상기하지만, 보르도는 경계지움을 피할 수 있는가에 대해 지속적으로 반문했다. 경계지움은 현실적인 활용을 가능하게 할 뿐만 아니라 감시하는 역할도 수행하기 때문이다. 형태를 제한하는 것은 다른 형태 또한 취할 수 없도록 하는 측면이 있다. 그러나 우리는 퀼트에 특정 형태를 유지함으로써 다른 범주에 맞서며 실제적 영향을 미칠 수 있는 방안을 모색해야 한다. 또한 우리는 새로운 퀼트 모임에서 다른 형태의 퀼트를 디자인하기 전까지, 우리가 만든 퀼트, 즉 우리가 만든 결과물의 모양에 대해 책임을 져야만 한다. 이 퀼트를 만드는 동안 우리는 개인적으로 시간을 들이며, 특정한 위치에서 제한적이고 부분적인 방법으로 그것을 수행한다. 이것이 우리가 지식의 퀼트를 구축하는 자연스러운 과정인 것이다.

젠더 해체에 대한 이슈는 인종, 민족, 계급에 대한 논의로 이어질 수 있다. 우리 모두가 문화적으로 이러한 범주에 의해 규정되어 왔기 때문이다. 이미 우리의 논의에는 이러한 불완전한 경계지움이 드러나고 있었다. 이제 인종, 민족, 계급에 우리의 관심을 돌리고, 건설적 사고와 관련이 있을 수 있는 흑인 여성주의자를 비롯한 제3세계 여성주의자들의 논의를 살펴보겠다.

차이 해체

백인이면서 중산층 여성주의자 학자들은 성별화와 자아 정체성 측면의 범주에 대한 논의에 크게 기여하였다. 흑인과 제3세계 여성주의자들의 논의는 인종, 민족, 계급의 측면에서 우리의 관심을 이끈다. 특히 그들은 '말대답talk back(훅스Hooks, B.)'을 통한 식민화된 국가의 국민으로서 자기 세계에 대한 이해, 기득권의 집에서 노예로 전락하게 되는 상황(로데), 혼혈인으로서 정체성 혼돈(앤잘두아Anzaldúa, G.), 불가피한 '세계 여행자(루고네즈Lugones, M.)'가 된 사연 등을 이해하도록 한다. 이 중 훅스와 로데는 나의 연구에 계속적으로 도움을 주는 친구이며, 다른 이들 또한 나의 새로운 친구이다. 이들이 글을 쓰는 방식은 시적이고 문학적이고 개인적인 측면이 있다. 이들이 이제까지 논의된 다양한 학자들과 같이 학문적인 철학자의 글을 쓴 것은 아니다. 그러나 그들은 문학적 문체를 통해 그들의 목소리를 분명히 드러내었고, 강력한 표상을 통해 분명한 메시지를 전하고자 했다. 그들은 나에게 등대 같은 존재로 나를 안내하고 조언해 주며 내가 가야 할 길을 비춰 준다. 내가 학문적 언어의 안개 속에 서서 길을 잃고 있다고 느낄 때, 나는 나의 길을 찾고 나의 관점을 유지하기 위해 그들에게 의지한다. 내가 수많은 사람 중 나에게 특히 영감을 주는 프레이히의 언어로 I부를 마무리하였듯이, 내가 이들의 목소리로 II부를 마무리하는 것은 너무나 당연한 일이다.

스탠포드 대학의 학부생이었던 훅스는 『나는 여성이 아니다: 흑인 여성과 여성주의*Ain't I a Woman: Black Women and Feminism*』(1981)를 집필하였다. 흑인여성인권운동가인 트루스Truth, S.로부터 제목을 빌려 온 그의 강력한 저서는, 백인 여성 관점 여성주의 이론의 인종차별적 경향에 대해 다루고 있으며, 이들의 차별 대상에 흑인 여성이 포함된다고 주장한다. 비록 훅스가 레즈비언이나 다른 식민지화 관점을 구체적으로 언급하지는 않지만, 그의 질문은 다양한 여성들에게 진심으로 다가갔다. 여성주의 이론은 젠더 문제에 국한되지 않는다. 많은 여성들이 그들의 삶에서 인종과 계급과 같은 삶의 다른 경계지움에 의해 억압받기 때문이다, 그 억압은 때로는 젠더 억압만큼, 심지어 그 이상으로 강력하다. 훅스는 남성을 여성 투쟁의 유일한 대상으로 여기는 전제에 도전하면서, 흑인 여성들이 반인종차별 투쟁에서 흑인 남성과 어떻게 유대감을 느끼는지에 대해 묘사했다. 그는 남녀 모두에게 성차별을 종식시켜야 할 책임을 지운다. 그는 또한 많은 흑인 여성들에게 있어서 가정은 그들이 경험하는 가장 덜 억압적인 공동체일 것이라고 설명했다. 가사일은 인간적인 노동이기 때문에 '사랑과 배려를 보여 줄 수 있는, 인간으로서 그리고 여성으로서의 정체성을 확인하는 작업'이라고 본 것이다.

훅스는 『말대답*talking back*』(1989/1990)에서 자신이 훅스라는 필명을 사용하게 된 계기를 언급했다. 그는 어렸을 때, 누가 말을 걸지 않는 이상 말을 하지 말라고 **가르침** 받았던 것에 대해 이야기한다. "누군가 말을 걸지 않았는데 말을 하는 것은 용기가 필요한, 위험하고 대담한 행동이었다(Hooks, 1990: 207)." 그는 말을 할 때 마치 '말대답'하거나 반항하는 것처럼 여겨져 벌을 받았고, 이러한 벌은 여자 아이였던 그를 침묵시켰다고 이야기한다. 반항적 발화 행위는 발화자의 안전과 안위를 위태롭게 하기 때문이다. "나는 절대적인 침묵을 배운 적은 없으나, 말하는 것이 중요하긴 하지만 대화 자체가 침묵인 대화를 하도록 가르침을 받아왔다(Hooks, 1990: 208)." 억압받는 모든 사람이 그러하듯, 글을 쓰는 작업은 훅스에게도 매우 중요했다. 왜냐하면 "글쓰기는 발화를 포착하고 붙잡아 가까이 두는 방법(Hooks, 1990: 208)"이었기 때문이다. 훅스에게 '말대답'은 해방된 목소리를 의미했다. 그의 첫 번째 저서가 학부생으로서 여성학 과목을 수강하면서 써진 것은 어쩌면 당연한 것이었다. 그는 우리에게 이렇게 말한다.

> 가족 이름 중 벨 훅스라는 가명을 사용해 글을 쓰기로 한 여러 가지 이유 중 하나는 …(중략)… 작가로서의 정체성을 구축하기 위한 것이다. 그것은 나를 발화에서 침묵으로 이끌었던 모든 충동에 대한 도전이고 제압이었다. 벨 훅스는 신랄한 언어를 소유한 여자, 생각 그대로를 말하는 여자, 말대답을 두려워하지 않는 여자이다. 내가 발견하고 주장하고 발명한 벨 훅스는 나의 동맹이자 나의 지지자이다 (Hooks, 1990: 210).

루고네즈 또한 그가 스펠만Spelman, E.과 공동 기고 하여 자주 인용되는 기고문을 통해 이 문제에 대한 중요한 통찰을 제공하고자 했다. 그것은 「우리가 너에게 보여줄 이론이 있어! 페미니스트 이론, 문화 제국주의, '여성의 목소리'에 대한 요구*Have we got a theory for you! Feminist theory, cultural imperialism, and the demand for 'the woman's voice'*」(1983/1990)이다. 이 글에서 루고네 즈는 자신이 종종 그래왔듯 스페인어뿐만 아니라 영어를 사용한다. 그 것은 그가 자신의 '다차원성multidimensionality을 표현하는 방법'이었다. 루고네즈는 "다차원성을 발휘하지 않는 것은 자학적인 것이며, 사람들 이 당신을 보는 딱 그 사람이 되는 것(Lugones, 1990: 46)"이라고 경고했 다. 그는 1967년부터 미국에 거주한 아르헨티나의 철학자이다. 그는 자신이 영어를 사용하여 말해야 하지만, 백인들의 이론과 언어가 "우 리 히스패닉 경험을 표현하는 것에 불충분하다(Lugones, 1990: 23)"고 여겼다. 때문에 그는 훅스와 마찬가지로 자신의 여성 정체성과 **히스패 닉** 정체성 사이의 정신분열적 감정을 묘사하고자 했다.

루고네즈는 **히스패닉** 여성들이 백인 여성들의 세계를 이해해야 하 는 것에 비해 백인 여성들은 히스패닉 여성들의 세계를 이해할 필요가 없다는 것을 설명했다. "여성에 대한 이론이 가장 많이 생성될 수 있는 곳은 바로 당신의 자리이다(Lugones, 1990: 23)." 만약 백인 여성들이 히 스패닉의 세계로 온다면, 그것은 단순히 짧은 방문을 위한 것일 것이 다. 그들은 그들이 원할 때 언제든 떠나 그들의 집으로 돌아갈 수 있다. 그러나 히스패닉들은 백인인 그들의 집을 떠날 수 없다. 때문에 어떤 여성주의 이론도 히스패닉들의 경험을 명확히 하는 것에 도움을 주지 못한다. 여성주의 이론이 모든 여성들의 목소리를 대변한다는 것을 확 신하기 위해서는 '내부자들insiders'과 '외부자들outsiders' 사이의 진심 어 린 상호 대화가 필요하다(Lugones, 1990: 26).

루고네스는 백인 여성들이 우정에 기반하여 루고네스 자신에 대해 궁금해할 것을 권고했다. 백인의 의무나 죄의식, 자기 이익이나 스파

이 형태로서 호기심을 발휘해서는 안 된다는 것이다. 백인 여성들은 스스로 여성주의 이론에 대한 권위를 소유한 것이 아니라는 것을 인식하고, '유색' 여성의 텍스트를 배울 필요가 있는 것이다. 백인 여성들은 개방성, 민감성, 집중성, 자기 성찰, 신중함을 갖추고 유색인종 여성들에게 다가가야 한다. 그들은 히스패닉 문화에 대해 수동적으로 접근할 것이 아니라, 히스패닉들의 "목소리가 내는 말을 이해하기 위해 적극적으로 노력(Lugones, 1990: 33)"하는 자세로 다가가야 한다. 그래야만 상호적인 대화가 가능한 것이다.

로데는 정치 운동가 겸 시인으로서 1979년 제2차 젠더 콘퍼런스에서 백인 여성주의자들과 그들과 자신의 인종차별적 경향에 대해 논쟁하였다. 그는 왜 콘퍼런스 발표자나 토론자에 흑인 여성주의자와 레즈비언이 오직 한 명만 있었는지, 그리고 왜 두 명의 흑인 여성주의자가 마지막 순서에 이름 불려서야 발견되었는지에 대해 항의했다. 이에 대해 로데는 다음과 같이 질문했다. "가부장적 도구인 인종차별적 관행이 가부장제의 결과를 연구하는 상황에 발휘된다는 것은 무엇을 의미하는가? 그것은 가장 좁은 범위에서의 변화만이 가능하도록 허용되고 있다는 것을 의미한다(Lorde, 1983: 98)."

로데는 백인 여성들이 차이를 '변화를 위한 힘'으로 여기지 못하고 그것들을 무시하거나 의심스럽게 여기는 것에 대해 지적했다(Lorde, 1983: 99). 차이에 대한 너무 협소한 관용은 차이의 창조적 기능을 부정하는 것이기 때문이다. 로데는 우리의 창의적 관점을 확장시키기 위해서라도 차이에 대한 넓은 이해가 **필요**하다고 보았다. 그렇다면 우리의 상호의존을 위협적이지 않은 것으로 여길 수 있게 된다는 것이다. "차이점은 우리 각각의 힘이 강화되는 원초적이고 강력한 연결(Lorde,

1983: 99)"이기 때문이다.

> 우리는 우리 사이의 차이를 인정하고 그것들을 우리의 강점으로 만
> 드는 방법을 배워야 한다. **기득권의 도구는 결코 기득권의 집의 무너**
> **뜨리지 못하기 때문이다.** 기득권이 일시적으로 우리의 승리를 허용
> 할 수도 있지만, 그들은 결코 진정한 변화를 허용하지 않을 것이다.
> 그리고 이 사실은 여전히 기득권의 논의를 그들 자신의 힘의 원천으
> 로 여기는 여성들에게 위협이 될 것이다(Lorde, 1983: 99, 원문 강조).

로데는 흑인과 제3세계 여성주의자들에게 백인 여성을 교육시키도
록 요구하는 것은 모든 압제자들이 행해 왔던 오래된 방식이라고 지적
한다. 그런 방식은 억압받는 사람들로 하여금 기득권에 대해 관심 갖게
하면서 그들의 에너지를 소모시키는 방식이다. 때문에 백인 여성주의
자들은 그들 자신의 교육에 대해 스스로 책임질 수 있어야 한다. 로데
는 그의 연설을 다음과 같이 끝맺었다. "나는 우리 각자가 자기 내면의
깊은 지성의 장소에 손을 뻗어 그곳에 있는 차이에 대한 공포와 혐오를
마주할 것을 촉구한다. 그리고 그것이 누구의 두겁을 쓰고 있는지 보라
(Lorde, 1983: 101)."

로데는 메드가에버스대학의 여성 센터에서 진행된 한 연설에서 흑
인 여성과 흑인 레즈비언에 대한 동성애 혐오적 공포에 대해 논했다.
여기서 로데는 동성애 혐오증과 이성애주의를 많은 사람들이 두려워
하는 또 다른 형태의 차이로서 다루었다. 그는 동성애자이자 레즈비언
인 다른 유명한 흑인들의 이름을 언급하며, 레즈비언에 대한 여러 두려
움과 근거 없는 믿음을 논하고자 했다. 또한 그는 자신의 삶에서 어떻

게 이 근거 없는 믿음을 불식시켰는지를 보이고자 했다. 로데는 동성애 혐오증이 '경계지움과 정복'의 또 다른 예에 지나지 않는다는 것을 보이고자 한 것이다. 그는 그것들이 "내가 아니라 당신들이 해결해야 할 (Lorde, 1983: 325)" 고정관념이라고 주장했다. 그리고 그는 계속해서 다음과 같이 주장했다.

> 나는 너의 적이 아니다. 나는 묵인되거나 오명을 쓰고 싶지 않다. 나는 인정받고 싶다. 나는 흑인 레즈비언이고 나는 너의 자매**이다**
>
> (Lorde, 1983: 325, 원문 강조).

앤잘두아는 자신의 글에서 맥시코계 레즈비언의 관점에서 동성애 혐오와 인종차별을 다룬다. 그는 루고네즈처럼 스페인어와 영어로 글을 쓰는 여성주의 시인이자 소설 작가이다. 그는 자신의 글에서 "보이지 않는 백인의 프레임에서 벗어나 자신의 민족적 기반에 선 존재가 되기 위해 고군분투(Anzaldúa, 1990: 148)"하는 모습을 보였다. 그는 친밀하고 즉각적인 글이 필요할 때 편지를 쓰곤 했다. 앤잘두아는 편지 형식의 글인 『방언*Speaking in Tongues*』(1983)에서 왜 글쓰기가 자신에게 어색하면서도 중요한지 자문했다. 그는 작가가 되기 위해서는 스스로 할 말이 있다는 믿음이 필요하다는 것에 대해 탐구했다. 그는 주의가 분산되는 것과 몰입하고 전념하는 것의 문제에 대해서도 이야기했다. 또한 그는 자신들이 백인 여성들의 숙제를 대신할 수는 없다는 로데의 주장을 언급하며 그러한 행위는 그들을 소모시키고, 그들이 가진 많은 에너지를 고갈시킬 것이라고 주장했다.

앤잘두아Anzaldúa, G.는 여성들에게 필요한 것은 상상력보다 언어라고 생각했다. 또한 훅스와 같이 앤잘두아는 자신의 저항 정신을 위해, 그리고 스스로 살아남기 위해 글을 쓴다고 말했다. 그는 무사 안일주의를 두려워하였으며, 묵인하지 않는 것에는 엄청난 에너지와 용기가 필요하다는 것을 알게 되었다고 밝힌다. 글쓰기는 그가 하는 일 중 가장 대담하고 위험한 일이었다. 그는 글쓰기를 통해 자신을 위험에 빠뜨릴 만큼 "모든 것을 다 드러낸 채로 글을 썼다." 그러나 "글을 쓰는 여자는 힘을 갖기에" 자신의 글쓰기가 자신의 생명줄이라고 느끼기도 했다(Anzaldúa, 1990: 171). 앤잘두아는 제3세계 여성에게 이렇게 권고했다.

> **화가의 눈으로, 음악가의 귀로, 안무가의 발로 글을 쓰라. 당신은 깃펜과 횃불을 든 진리를 말하는 자이다. 방언과 같이 글을 써라. 펜이 너를 떨치지 않게 하라. 펜의 잉크가 마르지 않게 하라. 검열관이 너의 불꽃을 꺼뜨리고, 속임수가 너의 목소리를 둘러싸게 하지 말라. 너의 의지를 지면에 옮겨라**(Anzaldúa, 1990: 173, 원문 강조).

앤잘두아는 『우리에게 청구되는 것들*En rapport, In Opposition: Cobrando cuentas a las nuestras*』(1990)에서 식민지 사람들이 어떻게 "민족에 대한 자부심의 바탕 위에 차이에 근거한 대립 방식을 취하여 정복과 지배의 낡은 제국주의의 방식을 채택하도록 세뇌되었는지"에 대해 논했다(Anzaldúa, 1990: 142). 앤잘두아는 이러한 제국주의적 방식이 어떻게 자신의 민족과 자기 자신에 대한 혐오를 불러일으켰는지 묘사했다. 그리고 이는 이후 다른 사람들(그와 같은 인종의 여성들을 포함한)에게 투영시킨다. 그는 자아와 타자 사이의 관계 회복을 권하며 융합적syncretic인 관계를 구축하도록 권고했다. 그는 과거의 고충을 잊기보다 용서하라고 권한다. 그리고 이것이 사람들이 다른 대처방안을 개발하는 것에 도움이 될 것이라고 보았다.

앤잘두아는 왼손잡이의 세계el mundo zurdo를 자신이 건설하는 자신만의 세계로서 제시한다. 이 세계는 퀴어queer 집단이 함께 살며 성장하고 자신들이 사는 행성을 변화시킬 수 있는 유토피아적인 세계이다(Anzaldúa, 1983: 209). "나는 우리 자신을 변화시킴으로써 세상을 변화시킬 수 있다고 믿는다(Anzaldúaa, 1983: 208)." 또한 최근에는 라 메스티자La Mestiza(인디언 혼혈 여성)에 대해 "풍부한 유전적 가능성을 가진, 가변적이고 발전 가능성이 있는 사람들(Anzaldúa, 1990: 377)"로 묘사했다. 앤잘두아의 라 메스티자는 해러웨이의 형태변환적이고 해체와 건설을 시도하는 사이보그에 대한 묘사와 유사한 측면이 있다. 앤잘두아는 라 메스티자를 "각각의 새로운 패러다임의 단일한 측면(Anzaldúa, 1990: 379)"을 전복시키는 은유로 활용하는 것이다.

루고네즈는 '세계 여행'에 대한 논의에서 '유희성playfulness'으로 다원성을 이해하고 긍정적으로 이해할 필요가 있다고 강조한다. 유색인종 여성들은 미국의 주류 사회에서 외부자로 여겨져 왔다. 그들은 그들의 세계와 백인들의 세계를 번갈아가며 여행해야 하는 '세계 여행자들'이다. 여기서 '세계'는 반드시 어떤 한 사회만큼 큰 공간일 필요는 없다. 그것은 공유된 역사와 합의된 규범을 가진 인간적 유대를 가진 소수의 사람들에게도 적용 가능한 개념이다. 모든 제3세계 여성들이 그러하듯, 우리는 둘 이상의 세계를 살아간다. 사람은 그 세계의 규범을 이해할 때 그 세계의 언어에도 능통해질 수 있다. "내가 '여행'이라고 부르는 것은 어떤 사람이었다가 다른 사람으로 전환하는 것을 의미한다(Lugones, 1987: 11)." 이러한 변화는 자발적으로 행해질 수도 있고, 무의식적으로 행해질 수도 있지만, 그것은 연기 같은 인위적인 것이 아니다. 한 세계에서 다른 세계로 여행함으로써 사기꾼이나 광대처럼 두 가지 표상으로 존재할 수도 있다. 우리가 어떤 세계를 여행하는지에 따라 우리 스스로의 표상이 다르게 인식될 수도 있기 때문이다.

루고네스는 우리가 서로를 오만한 관점으로 인식하도록 가르치는 제국주의적 방식에 대해 비판적인 입장을 취했다. 그것이 우리를 타자와 동일하지 않게 여기도록 하여 우리가 서로 애정을 갖지 못하도록 한다고 보았다. 우리가 타자와 우리의 차이점으로 서로를 구별하는 법을 배운다면, 그것은 오만한 인식arrogant perception에 의한 것이다. 이러한 오만함에서 벗어나기 위해서 우리는 서로가 불완전하고 비현실적 존재라는 것을 인식해야 한다. "우리는 다른 사람들의 부하, 노예, 하인이 될 필요 없이 그들에게 깊이 의존하고 있다. 왜냐하면 우리는 이해될 수 있는 가능성에 대해 서로를 필요로 하며, 이러한 이해 없이 우리는 깨달을 수 없기 때문이다(Lugones, 1987: 8)." 루고네즈는 우리가 서로를 더 사랑할 수 있는 법을 배우기 위해서는 서로의 세계로 여행할수 있어야 한다고 보았다. 즉, 우리가 서로의 세계를 여행하는 것을 가치 있게 여겨야 한다고 권고하는 것이다(Lugones, 1987: 4).

우리가 세계를 여행할 때 애정 어린 태도로 접근하는 것이 바람직한데, 루고네스는 이를 '유희적playfulness'이라고 표현했다. 그가 유희적이라고 하는 것은 능력 중심의 경쟁적 놀이를 의미하는 것이 아니다. 그는 경쟁적 놀이를 불가지론적agnostic 장난이라고 칭했다(Lugones, 1987: 15). 불가지론적인 여행자는 정복자이자 제국주의자로서 다른 세계를 지워 버린다. 누군가의 세계로 여행한다는 것은 경탄하고, 천진해지고, 자아 구축하기 위해 개방적인 태도를 취한다는 것을 의미한다. 이로써 유희적인 세계 여행자는 타자를 이해하는 법으로써 **"그들이 된다는 것은 무엇을 의미하며, 그들의 눈에 우리 스스로가 되는 것은 무엇을 의미하는지**(Lugones, 1987: 17, 원문 강조)"에 대해 배우게 된다. 루고네즈는 "우리 자아에 내재되어 있는 오만한 인식 주체를 포함한, 오만한 인식 주체들 그리고 그들이 구축하려 하는 여성상(Lugones, 1987: 18)"이 불충분하다는 것을 경계하도록 권고하는 것이다.

이 장에서 언급한 여성주의자들은 우리의 퀼팅비가 인종, 민족, 계급, 젠더의 권력에 유의해야 한다는 것을 상기시켰다. 그들은 제국주의 그리고 식민화된 사람이 된다는 것이 어떤 것인지에 대해 관심을 갖도록 했다. 이들의 논의처럼, 우리는 권력이 가진 힘에 주의를 기울여야 하며 지식의 퀼트에 기여하려는 퀼터에게 억압적인 장을 재현하지 않도록 해야 할 것이다. 또한 우리는 함께 세계 여행에 참여하는 여행자들에게 주목해야 한다. 차이를 가치 있게 여겨야 하며, 우리와 우리 자신에 대해 더 잘 이해할 수 있도록 서로의 세계로 세계 여행을 할 수 있어야 한다. 억압을 종식시키기 위해서는 친밀한 대상인 서로의 차이에 대해 애정 어린 접근을 시도해야 한다. 그리고 우리는 우리의 퀼터들이 말대답할 수 있는 충분한 공간을 허용해야 한다. 그래야만 노예로 취급될 수밖에 없는 기득권의 집을 재현하지 않을 수 있다. 우리가 형태변환체, 마술사, 사이보그, 라 메스티자로서 퀼터에 대해 이해한다면, 그리고 만약 우리가 이러한 권고들을 수용한다면, 우리는 분명히 기존의 비판적 사고에 대한 전환점을 발견할 수 있게 될 것이다.

III

여성주의적 재조명
: 건설적 사고

비판적 사고의 전환

상상, 감정, 직관을 활용하는 건설적 사고

제7장

건설적 사고 이론을 적용한 학급

나는 이 책의 서문에서 몬테소리 학급의 초등학생들에 대해 언급했다. 나는 다시 그 학급에 대한 논의로 돌아가서, 전통적인 서구 유럽의 비판적 사고 모델과 내가 제안하는 건설적 사고 모델이 학생들의 탐구 과정에 어떻게 기여하는가를 비교하며 설명하고자 한다. 이러한 접근을 통해 비판적 사고의 연구자들의 건설적 사고 모델에 대한 우려 지점들을 설명하며 Ⅰ부와 Ⅱ부의 내용을 요약하고자 한다. 또한 그러한 우려에 대한 나의 해소 방안을 함께 논의할 것이다. 이후 '건설적 사고'라는 용어를 명확하게 하기 위해 다른 구성주의적 이론에 대한 논의를 이어가도록 하겠다.

서문에서 언급하였듯, 나의 학생들(3~6학년)은 시험을 쳐본 경험이 많지 않았고 다양한 능력 수준을 가지고 있었다. 또한 그들이 배운 교육과정은 평가를 위한 내용과 다소 상이했다. 그럼에도 불구하고 그들은 표준화된 성취 시험에서 지속적으로 높은 점수를 받아왔었다. 학생들이 시험에서 좋은 평가를 받는 이유는 그들이 훌륭한 건설적 사고주의자(일반적으로 비판적 사고주의자로 불리는)가 되는 법을 배우고 있었기 때문이었다고 생각한다. 내가 학생들이 건설적인 사고를 하도록 특정 교육과정을 운영한 것은 아니지만, 건설적인 사고를 할 수 있도록 지속적으로 가르쳤음을 앞에서 언급하였다. 그렇다면 비판적 사고의 관점을 가진 수업 관찰자가 나의 학급에서 경험할 수 있는 것은 무엇일까? 비판적 사고에 대한 과거의 모델과 현재의 모델들은 그들의 수업 참관에 어떤 영향을 미칠까?1)

비판적 사고

비록 나의 학생들은 한 학년에 일주일 정도 성취도 평가를 치르는 것이 전부이지만, 비판적 사고의 관점을 가지고 나의 학급을 바라보는 수업 관찰자들은 그 성취도 평가부터 관찰을 시작하는 것이 좋을 것이다. 왜냐하면 내가 비판적 사고에 대한 나의 새로운 모델을 인식한 시점이 바로 성취도 평가 시점이기 때문이다. 비판적 사고는 논증을 비판하고 정당성을 제시하고 무엇이 좋은 추론인지 혹은 옳은 답인지를 판단하는 데 사용되는 특수한 형태의 사고로 정의되기에, 논리적으로 보았을 때 평가는 비판적 사고를 발견할 수 있는 중요한 지점일 것이다. 만약 시험 당일 수업 관찰자 누군가가 나의 학급에 들어온다면, 그는 각자의 책상에 앉아 자신들의 2HB 연필로 시험지의 빈칸을 채우는 20

---

1) 나는 현재 몬테소리 초등학교에서 교편을 잡고 있지 않다. 하지만 이 논의를 원활하게 진행하기 위해 현재 시제로 교실 상황을 설명하고자 한다. 현재 나는 대학생과 대학원생을 가르치고 있다. 그리고 나는 내 연구가 그들의 더 나은 건설적 사고에 도움이 되길 바란다. 나의 교실 비유는 당연히 대학 강의에도 적용되는 것이다.

여 명의 학생들을 관찰하게 될 것이다.

비판적 사고 관점의 수업 관찰자들이 나의 학급에서 가장 먼저 보게 되는 것은 자신의 수준에서 시험 질문의 정답을 찾고자 노력하는 학생들일 것이다. 시험을 잘 치르기 위해서는 각 학생들이 타인의 도움을 받지 않고 스스로 추론하여 답을 도출해야 하기 때문이다. 각 학생들은 질문에 대한 가장 논리적인 답을 도출하기 위해 가장 정답이 아닌 것부터 지워 나갈 것이다. 에니스에 따르면, 최선의 답을 도출하기 위해서는 질문에 중심을 두고, 각 용어를 정의하고, 문항을 명료하게 하며, 출처를 판단하고, 논리적인 유도와 추론을 발휘해야 하기 때문이다 (Ennis, 1987).

전통적인 비판적 사고의 모델들은 각 개인을 인식론적 주체로 설명한다. 이러한 입장에서 개인으로서의 우리는 스스로 문제를 해결하거나 해결책을 찾을 수 있는 존재가 된다. 이들은 지식을 얻는 과정에서 다른 사람들과 인간적 상호작용을 해야 할 필요가 없다고 본다. 이 경우 플라톤이 주장한 바와 같이, 우리는 우리 자신의 영혼에 귀를 기울이고, 이미 알고 있는 것을 기억하기만 하면 된다(Plato, trans., 1953/1970). 또한 아리스토텔레스가 말했듯이 우리는 우리의 추론 능력과 관찰 능력을 활용하여 우리의 경험 속에서 우리의 이상을 점검하여 진리에 도달할 수 있는 것이다.

비판적 사고 관점의 수업 관찰자는 나의 학생들을 비판적 사고 주체로서 자신의 정신에 의존하여 추론하는 자들로 묘사할 것이다. 그리고 학생들의 육체는 그들이 좋은 추론가가 되는 것을 저지하고 방해하는 것으로 묘사될 것이다. 때문에 나의 학생들은 탐구자로서 평가에 임할 때 그들의 몸이 야기하는 산만한 요소들을 걸려내기 위해 노력해야만 한다(예를 들어 그들은 방에서 소음을 들을 수도 있고, 배에서 꼬르륵 소리가 날 수도 있다). 교사로서 나의 책무는 학생들이 시험 날 집중하여 비판적 사고 능력을 최대한 발휘할 수 있도록 육체적 방해 요소를 저지시키는 것이다. 나는 학생과 부모님께 시험 날짜를 확실히 공지하여, 학생들이 잘 쉬고 잘 먹은 상태로 시험 시간에 맞춰 등교할 수 있도록 해야 한다. 나는 학생들이 시험 전에 화장실을 다녀오고, 물을 마시도록 해야 한다. 교실 문에 '정숙/방해 금지/시험 중'이라고 써 붙여야 하는 것도 바로 내가 해야 할 일일 것이다.

만약 어떤 수업 관찰자가 시험이 아닌 날 우리 교실에 온다면, 무엇에 관심을 가질 것인가? 교실에서는 어떤 종류의 비판적 사고를 촉진하는 활동이 진행되고 있을 것인가? 20명의 학생들은 선생님이 제시한 동일한 과제를 수행 중이거나, 과제를 완료하고 자신들이 원하는 활동을 하고 있을 것이다. 또한 수업 관찰자는 어떤 학생들은 혼자서, 또 다른 학생들은 짝을 이루어서, 또 다른 학생들은 세네 명의 그룹으로 활동하는 모습을 관찰할 수도 있다. 아니면 그는 모둠 전체가 함께 수업에 참여하는 것을 보게 될 것이다. 만약 그가 모둠 수업 중에, 또는 학생들이 모두 독서하는 중에 교실에 들어온다면, 수업 관찰자는 그 공간을 학생들의 비판적 사고 능력을 발전시키기 좋은 조용하고 질서 정연한 곳으로 인식할 수 있다. 그러나 학생들이 모둠 활동, 짝꿍 활동, 또는 독자적인 활동을 각자 하는 중에 수업 관찰자가 들어온다면, 그는 이 교실이 비판적 사고를 하기에는 산만하고 정신없는 공간이라고 인식할 수도 있을 것이다. 학생들이 매일 정기적으로 사교 활동을 하는 것은 '과업 외의 행동'으로 분류될 가능성이 크기 때문이다.

만약 학생들이 탐구 보고서를 쓰거나, 컴퓨터로 작업하거나, 수업에 참여하거나, 조용히 독서하는 것을 관찰한다면, 수업 관찰자는 학생들이 질문하고, 답하고, 논쟁을 분석하고, 용어를 정의하고, 자신의 입장을 명료히 하고, 기존 입장에 도전하는 것을 배우고 있다는 것을 알게 될 것이다. 20명의 학생과 대화법으로 가르치는 교사(그리고 한 명의 시간제 도우미 선생님)로 구성된 학급에서, 수업 관찰자는 학생들이 비판적으로 사고할 수 있는 다양한 기회를 가지고 있으며 비판적 사고와 관련된 기질의 계발을 독려받는다는 것에 주목할 것이다. 시걸의 논의를 빌어 표현하자면 학생들은 그가 비판적 정신이라고 부르는 "확신 있는 태도, 기질, 마음 습관, 성격 특성(Siegel, 1988: 39)"을 계발할 수 있도록 교육받는 중인 것이다. 학생들은 논제에 대한 다양한 관점들을 배운다. 그들의 시사적 관심들은 탐구되고 논의되고 그들의 경험과 관련지어 진다. 나는 논리적 추론의 모델을 제공하기 위해 나의 생각을 그들과 공유한다. 그리고 그들은 그것을 따라하도록 격려받는다. 각 학생들은 충분한 발화 기회를 갖게 되고, 다른 학생들은 발표하는 학생의 관점에 귀 기울인다. 학급 규모가 작고 도우미 선생님이 있기 때문에 나는 학생들의 연구 과제를 끝까지 살펴보며 그들의 질문에 답을 해 줄 수 있다.

그러나 실제로 수업 관찰자는 나의 학급에서 학생들이 누구는 세계 지도에 그림을 그리거나 색칠하고, 누구는 손으로 뜨개질을 하고, 누구는 이야기 만들기 카드에 있는 극 연습을 하고, 누구는 기하학적 디자인 시트로 디자인을 만드는 것을 발견할 것이다. 학생들이 하는 이러한 활동의 대다수는 교사의 지시가 거의 없거나 전혀 없는 상태에서 진행된다. 수업 관찰자는 이러한 활동을 예술적이고 창조적인 표현이며 재미있고 유쾌한 것으로 여길 수도 있고, 눈과 손의 융합적 발달에 도움이 되는 것으로 여길 수도 있다. 그러나 그들은 이러한 형태의 수업을 더 나은 비판적 사고의 주체가 되는 것과 관련지어 이해하지는 않을 것이다. 대부분의 전통적인 비판적 사고의 모델들은 학생들이 논리적이고 추론적인 기술을 개발하는 것에 예술적 유형의 활동이 유용하거나 필요하다고 보지 않기 때문이다. 교사의 지시나 요청이 없는 탐구적이고 자기 발견적 활동들은 창조적 활동 범주에는 속할 수도 있지만, 비판적 사고의 범주로 이해되지는 않을 것이다. 그러나 만약 수업 관찰자가 바이린Bailin, S.의 창의성에 대한 연구를 알고 있다면, 그들은 학생들의 예술 활동이 비판적 사고를 계발시키는 데 매우 적합하다는 것을 알 수도 있다.

비판적 사고의 관점의 수업 관찰자는 이러한 환경의 학급에서 학생들의 사고를 독려하는 것이 가능하다는 것에 놀랄 수도 있다. 어떻게 그들은 몰입하는 것에 방해받지 않는가? 그들은 왜 미술활동을 할 수 있는 데에도 역사나 수학 과제를 하는 것일까? 만약 교사가 모든 학생들에게 자기 자리에 앉아서 자신들의 '학문적인academic' 과제를 조용히 수행하도록 한다면, 그들에게 비판적 사고 능력에 대해 더 많은 것을 가르칠 수 있지 않을까? 그 수업 관찰자는 내가 공신력 있고 논리 분석에 기초하는 교재를 선택할 수 있도록 조언해 줄 수도 있다. 또 그는 나에게 평가를 통해 학생들이 자신들의 비판적 사고 능력을 시험해 볼 기회를 갖도록 하고 학생들의 비판적 사고 수준을 가늠하라고 조언할지도 모른다. 그는 또한 나에게 나의 교육철학에 대해 비판적으로 바라봄으로써 비판적 사고의 모델을 구축하고 학생들이 이성을 기르고 비판적 사고를 가치 있게 여기며 추론 능력을 개발하도록 할 것을 조언할 수도 있다.

내가 사용하는 교재는 무엇인가? 각 학년 수준에 맞는 각 과목의 교과서 외에는 교재라고 불릴 만한 것이 없다. 각 과목의 교과서는 사전과 백과사전 등과 같은 자료들과 함께 선반에 놓여 있을 뿐이다. 나의 학급에는 내가 지속적으로 보충하고 있는 풍부한 자료들을 보유한 도서관이 있다. 또한 학생들은 도서관 카드를 가지고 격주로 지역도서관을 방문한다. 나는 학생들이 창의적 결과물을 생성하여 그것을 사고의 건설에 활용하도록 하기 전에, 학생들이 개념을 조작하고 연습할 수 있는 구체적 자료들을 만들 수 있도록 하는 일에 시간을 할애한다. 예를 들어 나는 역사를 가르치기 위해 25피트에서 50피트 길이의 종이나 천으로 만든 연대표를 만든다. 연대표에는 역사 정보가 적힌 카드와 삽화가 더해진다. 학생들은 이러한 구체적인 자료를 만들고, 그들이 배우는 개념을 숙달하는 것을 돕는 그들만의 연대표를 만들게 된다.

놀랍게도 내가 역사를 제대로 배운 것은 교과서로 미국사를 배운 학생 때가 아니라, 교사로서 학생들을 위한 연대표를 만들기 위해 공부했을 때이다. 나는 역사적 사건에 대한 다양한 관점을 제시하는 자료들을 탐색하면서 나의 비판적 사고 능력을 향상시킬 수 있었던 것이다. 하지만 이것은 내가 학생이었을 당시에 배우던 방식은 아니다. 나의 학생들은 다양한 자료를 찾으며 이야기와 사건들을 배울 기회를 갖고, 또 그렇게 하도록 지지받는다. 그들은 그들이 찾은 내용을 정리하여 학급에서의 논의 주제로 활용할 수 있으며, 이로써 우리는 다양한 관점에 대해 토론하고 논쟁할 수 있게 된다. 우리는 최종적인 결론이나 결정적 진술에 도달할 것을 의도하지는 않지만, 어떻게 논쟁을 분석하고 자료를 비판하고 용어를 명료히 할 수 있는지에 대해 배운다. 나는 이러한 방식이 더 많은 배움을 제공한다고 주장하지만, 비판적 사고의 관점으로 나의 교실을 바라보는 수업 관찰자는 그것에 동의하지 않을 것이다.

내 학급에 있는 수업 관찰자는 내가 학생들의 성취를 어떻게 평가하는지 궁금해할 것이다. 나는 한 학년 동안 시험을 몇 번 치르지 않는다. 그래서 학생들은 시험을 위한 기술을 배울 기회를 별로 갖지 못한다. 그러나 성취도 평가를 치르기 2주 전 쯤, 나는 학생들에게 내가 생각하는 시험 치르는 '효율적인 방법'을 가르친다. 학생들은 답안지와 친숙해지고 답안을 채우는 방법에 익숙해진다. 심지어는 답을 지우고 바꾸는 방법을 습득한다. 그들은 정해진 시간 내에 시험을 치르는 것이 무엇을 의미하는지 배운다. 그리고 그들은 시험을 치르기 위해 필요한 조건들을 알게 된다. 혼자 앉는 것, 자신의 시험지에 눈을 맞추는 것, 말하지 않는 것 등에 대해서 말이다. 그리고 그들은 질문의 형식과 유형에 더 익숙해지기 위한 모의시험을 보기도 한다. 그들에게 있어서 시험을 치르는 것 또한 새로운 경험의 하나이기에 나의 학생들 대다수는 성취도 평가 보는 것을 즐긴다.

나는 정규 수업을 운영하는 동안 학생에게 수학 등과 같은 과목에서 과제를 제시한 후, 학생이 과제를 끝내고 다른 과제로 넘어가기 전에 이를 확인하고 오류를 점검한다. 또한 나는 학생이 오류를 수정하도록 하고, 다른 설명이 필요한지, 아니면 다른 자료가 필요한지 확인한다. 나는 학생이 실수 없이 과제를 끝내야만, 수학 개념을 이해한 것으로 판단하는 것이다. 독서 학습에 대해서는 학생들이 각자 읽어보게 함으로써 그들의 읽기 능력을 확인한다. 나는 그들이 읽은 것에 대해 질문을 하거나, 기록하도록 하거나, 보고서를 발표하게 함으로써 학생들의 이해도를 평가한다. 나는 내가 듣고, 관찰하고, 점검하는 것을 바탕으로 학생들을 평가하는 것이다.

나는 학생들에게 특정 개념을 가르칠 때 다양한 자료를 활용하려 했기 때문에, 만약 한 가지 방법이 학생에게 도움이 되지 않거나 학생들의 이해를 더 요구하는 방법이라면 다른 방법을 이용하도록 할 수 있다. 또한 학생들은 서로에게 도움을 제공하고자 하고, 서로의 학습을 점검해 준다. 나는 항상 노트를 가지고 다니면서 학생들의 발전을 점검한다. 나는 학생들이 무엇을 학습했는지, 어떤 자료를 만들고 완성했는지, 얼마나 성공적으로 그것들을 수행하였는지 주목한다. 학생이 어떤 개념을 완벽히 숙지했다면, 나는 그것을 기록한다. 나는 내 기록을 검토 및 구체화하여 학생들과 개별 면담을 한 후 학부모 회의를 준비한다. 이러한 기록은 학년이 끝나는 때에 보고서 형식으로 부모님과 학생들에게 전달된다.

비판적 사고 관점에서 나의 학급을 바라본 수업 관찰자는 학생들의 성취를 평가하는 방식이 주관적으로 이루어지기 때문에 무의미하다고 여길 수 있을 것이다. 전통적인 방식의 성취도 평가는 내가 처음 비판적 사고에 대해 의문을 던지도록 한 원인이다. 전통적인 성취도 평가는 다른 대안에 대한 고려의 기회가 없이 지식에 대한 특정한 내용만을 강조하려는 경향이 있기 때문이다. 전통적 관점의 성취도 평가는 지식을 하나의 과정으로 고려하는 것이 아니라 측정하고 계량할 수 있는 결과물이라고 여기며, 지식과 인식 주체를 연결된 것으로 간주하기보다는 분리된 것으로 상정한다. 지식을 보다 다원적이고 질적으로 상대주의적인 것으로 고려하기보다는 한 가지의 진실되고 옳은 정답만이 존재한다는 것을 강조하고자 하는 것이다.

이 시점에서 나는 I부에서 강조했던 비판적 사고의 전환과 관련한 나의 프로젝트에 제기될 비판들에 대해 다시 논의하고 싶다. 비판적 사고를 연구하는 학자들은 나의 건설적 사고 모델이 주관주의, 자연주의, 상대주의로 이어지는 것이 아닌가 하는 의문을 제기할 수 있을 것이다. 어떤 사람들은 심지어 내가 다양한 입장과 사상을 비판하기 위해 보편적인 기준들을 고려하지 않고 연구를 마무리하고 있다고 비난할 수도 있다. 또한 내 논의에 대해 논리적 모순이 있다고 비판할 수도 있다. 그리고 그들은 내가 나의 이론에 대한 우월성을 주장하기 위해서는 인식론적 기반에서 논의해야 한다고 생각할 수 있다. 어떤 이들은 '다원주의가 반드시 진리로 이어지는 것이 아니라면, 왜 사회적인 지식의 구성 모델이 필요하며 그것이 어떤 가치를 갖는가' 하는 의문을 가질 수 있다. 왜 나는 비판적 사고에 대한 논의에 예술적 기능들을 포함시키고자 하는가? 내가 비판적 사고와 창의적 사고를 혼돈하고 있는 것은 아닌가? 현대의 비판적 사고를 연구하는 학자들은 경험적 증거와 철학적 추론, 논리와 언어에 기반한 정보, 한 사람의 주관적이고 개인적인 목소리와 전문적인 추론에 기반한 목소리 사이의 구별을 완화시키고자 하는 나의 노고에 의문을 가질지도 모른다. 어떤 비판적 사고 연구자들은 내가 여기서 설명하는 교육의 방식에 대해 그들도 동의한다고 말할 수도 있다. 그러나 그들은 내가 가르치는 것의 대다수에 심리적이고 사회적인 효과가 있을 수 있지만 그것이 비판적 사고와 같은 철학적인 것은 아니라고 할 것이다.

이제 다시 나의 학급에 대한 이야기로 돌아가 보자. 건설적 사고의 관점에서 바라보는 수업 관찰자는 나의 학급에서 벌어지는 일들에 대해 어떻게 설명할까? 그러한 접근 방식은 전통적인 비판적 사고 모델의 정의에서 배제되거나, 관계가 모호하다 여겨져 소외되거나, 잠재적으로 해로울 수 있다고 간주되던 무언가를 우리에게 보여줄 수 있는가? 나는 다음 절을 통해 건설적 사고 모델에 대한 앞선 우려의 논의들을 해소해 보일 것이다.

건설적 사고

만약 건설적 사고 관점의 수업 관찰자가 시험 날 우리 교실에 들어온다면, 그는 이 학급의 학생들이 서로 친밀한 사이인 것을 알 수 있을 것이다. 이 학생 중 대다수는 유치원부터 지금까지 이 학교에서 함께 생활했으며, 한 교사가 운영하는 복식학급에서 3년간 함께 지냈다. 매년 학급 이동이 있기는 하지만, 학생들은 그 다음 해에 같은 반 친구로 다시 만날 수도 있다. 이들은 3년간 같은 학급에서 수학하기에 마치 대가족처럼 서로를 잘 알고 있다. 수업 관찰자는 그것을 어렵지 않게 알 수 있을 것이다. 함께 보내는 시간의 연속성과 지속성은 교사, 학생, 가족들이 서로 강한 관계적 유대감을 형성할 수 있도록 하기 때문이다.[2)]

비판적 사고의 모델은 학급에서 학생과 교사 사이의 개별 관계에 주의를 기울이지 않지만, 건설적 사고 모델은 그것을 중요하게 여긴다. 전통적인 비판적 사고 모델은 개별적인 인식 주체의 추론에 기반한다. 그러나 건설적 사고 모델은 관계적 존재론과 관계적 인식론에 기반한다. 앞서 우리는 비판적 사고 관점의 수업 관찰자는 학급에서 일어나는 사회적 상호작용을 학업에 방해가 되는 소음이나 혼돈으로 여길 수 있다는 것에 대해 살펴보았다. 또한 건설적인 사고 관점의 수업 관찰자는 학생들이 타인의 도움을 받아 배우고, 배움 자체가 하나의 사회적인 사

---

2) 나는 나의 학생들과 강한 유대감을 가지며 여전히 많은 학생, 또 그 가족과 연락을 주고받는다.

건affair이라는 것을 쉽게 알아볼 수 있다는 것을 살펴보았다. 비록 내가 몬테소리 학교의 학생들을 가르치던 그 당시에는 이를 깨닫지 못했지만 나의 학급 구성, 교육과정, 교육 방식 등이 모두 관계적 존재론과 관계적 인식론에 기반하는 것이었다. 어떻게 그것이 가능했을까? 이는 학생들에 대한 이야기를 통해 설명이 가능하다.

학급의 학생들은 단절된 개인이 아닌 관계적 존재로 여겨져야 한다. 그들은 듀이가 이야기한 민주주의 공동체와 유사한 형태의 공동체이다 (Thayer-Bacon, 1998). 나는 나의 학생들을 알아가는 데 시간을 보내고, 나를 포함하여 우리가 서로를 더 잘 알 수 있는 방법들을 모색한다. 우리는 학년을 시작하면서 서로의 이름과 배경, 관심사에 대해 더 많이 알기 위해 서먹함을 해소할 수 있는 활동들을 수행한다. 더하여 나는 학생들이 점심 식사 이후 쉬고 있을 때 같이 놀기도 하고, 옛날부터 많이들 사용한 방법인 학급 수련회를 학년 초와 학년 말에 진행하기도 한다.

비판적 사고 관점으로 나의 학급을 본 수업 관찰자는 개별 사유자로서의 학생들의 목소리를 간과한다. 개별 사유자의 목소리에 대해 폴 (Paul, R., 1990)의 약한 의미의 비판적 사고와 강한 의미의 비판적 사고 분류 같은 전통적인 관점의 비판적 사고 이론을 바탕으로 논의한다면, 우리는 사고 과정에서 자신의 목소리를 소멸시키고 가능한 한 객관적이고 중립적인 것이 되도록 노력하도록 해야 할 것이다. 그러나 건설적 사고 모델은 우리의 개별 목소리의 중요성을 인식하고, 그것을 소멸시키는 것이 불가능하다는 것을 인정한다. 이러한 변혁적 모델의 관점에서는 개인적인 목소리 없이 지식을 생성할 수 없다고 여기기에 개별적목소리를 논의 주제로서 검토할 필요가 있다고 보는 것이다.

건설적 사고 관점으로 나의 학급에 참관하는 수업 관찰자는 내가 아이들이 자신의 의견을 표현할 수 있도록 하기 위해, 그리고 다른 친구들이 자신의 의견에 수용적인 태도를 가졌다는 것을 느끼도록 하기 위해 끊임없이 노력한다는 것을 알 수 있을 것이다. 나는 물리적으로나 정서적으로 학생들에게 안정적인 환경을 제공하고자 한다. 나와 학생들은 한 학년을 시작하기 전에 우리 학급이 안전한 환경이 되기 위해 무엇이 필요한지 논의한다. 이 논의에서 상호간의 협의를 통해 학급 내 행동 규칙을 정한다. 우리는 우리의 행동에 주의를 기울일 필요가 있으며, 누군가 안전 수칙을 어기고 있다면 그것에 대해 논의할 수 있는 권한을 갖고 있다. 만약 우리가 협의한 규칙들이 마음에 들지 않는다면 (이러한 규칙이 효과가 없거나 필요가 없다는 것을 발견한다면) 우리는 언제든 그 규칙에 대해 재협의를 요청할 수 있는 권한 또한 가지고 있다.

따라서 수업 관찰자는 우리 학급 구성원 모두가 발언의 기회를 가지고 있으며, 학급 구성원들이 자신의 이야기에 경청할 것을 확신한다는 것을 알게 될 것이다. 이것이 우리가 반드시 서로의 의견을 수용해야 한다는 것을 의미하는 것은 아니다(우리는 서로의 의견에 동의하지 않을 때도 있다). 그러나 우리는 모든 사람들의 목소리가 타인에게 전해질 것이라는 믿음을 갖고 있으며, 관대함과 수용성에 바탕을 둔 배려의 마음으로 타자의 목소리에 경청하고자 노력한다. 안전한 환경이 의미하는 것은 학생들이 위험과 실패를 감수하고서라도 실수로부터 배울 수 있는 환경이어야 한다는 것이다. 그렇다고 내가 학생들에게 별 기대를 하지 않거나, 학생들을 독려하지 않는다는 것은 아니다. 나는 학생들에게 기대를 하고 있고 그들을 독려한다. 그리고 그들은 나에게, 또 서로에게 긍정적인 자극이 되어 준다.

안전한 환경에서 개별적 목소리를 개발할 기회를 갖는다는 것은 긴

장감 있는 해결 과제가 없다거나, 성장을 위한 다양한 기회를 갖지 못한다는 것을 의미하는 것이 아니다. 듀이(1914/1966; 1938/1965)가 이야기한 바와 같이, 인생은 다양성과 변화 가능성으로 가득 차 있고, 너무나 많은 흥미로운 상황과 딜레마가 있다. 그리고 그것들은 언제나 학생들에게 배움의 기회가 되어 준다. 그러한 배움은 학생들이 자신의 목소리를 인식하고, 타인들이 그 목소리를 들어 줄 것이라고 느끼는 한 지속될 것이다. 이러한 이유로 건설적인 사고의 관점에서는 학생들이 앎의 주체가 되기 위해 자신들의 개별 목소리를 개발해야 하는 것이 강조되는 것이다.

당시에는 미처 깨닫지 못했지만 나의 수업 방식은 학생들이 개인적인 목소리를 발전시킬 수 있도록 격려하는 방식이었다. 학생들은 서로 소통하고 이해하는 방법을 연습하면서 자신의 세계관에 대해, 그리고 자신의 세계관이 타인의 세계관과 어떻게 다른지에 대해 알 수 있다. 그들은 관대한 분위기 속에서 자신의 목소리를 긍정적으로 인식할 수 있고, 서로의 목소리를 공유하면서 자신의 생각에 확신을 가질 수 있다. 학생들은 스스로가 지식을 구축하는 과정에 기여할 수 있다는 것을 배운다. 내가 학생들에 대해서 알아가려 하는 것, 그리고 그들의 목소리를 키울 수 있는 장을 제공하고자 하는 것은 지식의 인식 주체와 지식이 분리될 수 없다는 것을 전제로 한다. 또한 그것은 사회적 존재로서 우리가 서로 간의 상호작용을 통해 배우고 발전한다는 것을 의미하는 것이기도 하다.

이것은 대화식 교수법이 관계적 존재론과 관계적 인식론을 지지하는 방식과 관련이 있다. 대부분의 비판적 사고 이론가들은 대화적 접근의 교육적 가치를 인정한다. 소크라테스의 대화법은 훌륭한 가르침의 모범으로 제시되곤 한다. 앞서 언급한 바와 같이, 비판적 사고 관점의 대화형 교수법은 학생이 질문하고 대답하는 방식을 배우고, 용어를 정의하고, 입장을 명확히 할 수 있도록 장려하는 것이다. 이러한 대화형 교수법은 학생들의 비판적 정신뿐만 논리적 추론 기술을 발전시킨다. 그러나 건설적인 관점에서 대화형 교수법은 더 다양한 기능을 수행할 수 있다. 건설적 관점에서는 학생들이 대화를 통해 자신의 목소리를 표현하는 방법을 알게 되고 의사소통하며 공감할 수 있는 능력을 발달시킬 수 있기 때문이다.

교류적 관점에서 본다면 수업 관찰자는 교실에서 일어나는 사회적 상호작용을 여러 방면에서 교육과정의 유의미한 영역으로 이해할 수 있을 것이다. 수업 관찰자는 나와 나의 학생들이 우리의 의사를 타인에게 전달하고 그것을 이해시키기 위해 끊임없이 연습한다는 것을 알 수 있을 것이다. 우리는 매일 타인의 관점에서 세계에 대해 상상하고 타인의 감정과 생각을 이해하는 방법에 대해 공부한다. 우리는 우리의 직감을 활용하여 미묘하게 다른 타인의 의사소통 방식에 적응하고자 노력한다. 우리는 자신의 감정적 예감emotional feeling에 주의를 기울이고 나의 감정적 예감을 다른 반 친구들의 감정과 비교한다. 대화식 교수법은 학생들이 바람직한 건설적 사고를 하도록 하기 위해 그들의 목소리와 기타 도구(감정, 직감, 상상, 추론 등)를 사용하도록 계속적으로 독려한다.

대화식 교수법이 비판적 사고 능력을 향상시키는 것이 분명한지는 모르겠지만, 건설적인 사고의 관점에서 학생들의 사고 능력을 향상시키는 소통 기술과 관계적 기술을 발달시키는 것은 분명히 알 수 있다. 이는 학생들이 더 나은 인식 주체가 되도록 돕는 중요한 기능들이다. 학생들은 대화식 교수법을 통해 의사소통의 기회를 부여받고, 타인의 반응을 확인해 가며 잘못 전달된 내용을 바로잡는다. 대화식 교수법은 학생들이 바람직한 방향으로 의사소통을 진행할 수 있도록 다양한 방법을 제시하기에 학생들의 의사소통 능력을 발달시키는 데 도움이 된다. 의사소통의 기술은 관계맺음의 기술과 직접적으로 관련된다. 때문에 학생들은 이러한 방식의 수업을 통해 관계맺음의 기술을 연습하고 발전시킬 수 있는 것이다.

건설적 사고의 관점으로 나의 교실을 바라보는 수업 관찰자들은 내가 학생들을 건설적 인식 주체가 될 수 있도록 하는 교육과정을 운영한다고 생각하지 못할 수도 있다. 그러나 그들은 인식 주체의 건설적 사고를 촉진하는 교육과정이 있다는 것을 은연중에 알아차릴 것이다. 나는 학급에서 매일 학생들이 서로 의사소통하고 서로를 이해할 수 있도록 가르친다. 특히 20명의 서로 다른 사람들이 공동의 공간에서 의사소통을 하기 위해서는 안정적이고 건전한 환경을 조성하는 것이 필수적이다. 한 공간을 같이 사용하기 위해서는 서로 전혀 관심을 두지 않거나 서로 관계를 맺어야만 한다. 학생들은 언제나 이런 상황에 놓여 있으며 교사들은 종종 의사소통이나 관계맺음이 꼭 필요한 것이 아니라고 주장하기도 한다. 또한 우리는 상호적인 환경에서 관계를 무너뜨리는 의사소통을 경험하기도 한다. 억압과 소외가 만연한 이러한 상황에서는 대화와 관계를 장악하는 어떤 학생과 고통스럽게 침묵당하는 또 다른 학생들이 있을 것이다. 이것이 우리에게 안전한 소통 환경을 위한 규칙들이 필요한 이유이고, 이를 위한 협의의 과정이 내 교육과정에서 중요한 이유이다.

수업 관찰자는 나의 교실 구조 자체가 관계 기반 사유를 위해 배치되어 있다는 것에 주목할 것이다. 비판적 사고 관점으로 교실을 바라본다 해도, 수업 관찰자는 학생들이 자신의 독립된 책상에 종일 앉아 있기보다 함께 수행할 기회를 많이 갖는다는 것을 알 수 있을 것이다. 앞서 언급한 바와 같이, 비판적 사고 관점으로 바라보는 수업 관찰자는 이러한 환경 구조가 학생들의 비판적 사고 능력의 고양에 긍정적인지 부정적인지 의문을 가질 것이다. 그러나 나는 이러한 상호작용을 위한 환경이 학생들에게 의사소통의 기회와 공감의 기회를 더욱 다양하게 제공할 수 있다는 것을 주장한다. 그리고 그러한 기회가 건설적인 사고력의 향상에 기여한다는 것은 명백하다. 관계적 존재론과 관계적 인식론 관점의 논의만이 건설적 사고를 위한 모델을 지지하는 것은 아니다. 인식 주체를 앎 자체와 분리될 수 없는 사회적 존재라고 가정하는 것도 이러한 모델 구축의 근거가 될 수 있다. 또한 그것은 인식의 주체가 몸으로부터 분리된 정신만을 의미하는 것이 아니라 하나의 심신bodymind 총체이며, 그들의 정신이 몸과 직접적으로 연결되어 있다는 가정으로 이어지는 것이다. 학생들을 비판적 사고의 관점으로 바라보는 수업 관찰자는 시험 날 학생들의 정신mind이 어떠한가에 주목한다. 예컨대, 몸은 학생들의 정신 집중력을 흐트러지게 하는 방해 요소로 여겨질 수 있다. 그러나 건설적 사고의 관점에서 바라본다면, 수업 관찰자는 학생들을 심신을 가진 총체로서 이해할 수 있을 것이다.

개개인의 목소리의 중요성에 대한 설명을 다시 한번 살펴보자. 주체적 자아관을 벗어날 수 없다면, 몸의 반응에 대한 논의는 건설적 사고에 대한 우리의 논의 안에서 이루어져야만 할 것이다. 시험을 치르는 사유자는 신체적 감각뿐만 아니라 감정적인 예감을 가지고 있다. 사유자는 허기와 피로를 느낄 수 있고 소음에 의해 집중력이 흐트러질 수도 있다. 또한 시험에 대한 두려움을 느끼기도 하고 자신감을 가질 수도 있다. 그는 시험 문제에 흥미를 느끼거나 시시하게 여길 수 있다. 그는 학교 또는 학교 밖에서의 자신 삶의 맥락들, 그리고 타인들과의 관계와 그와 관련된 반응에 따라 더 약한 목소리 또는 강한 목소리를 가지고 시험장에 들어선다. 그가 무엇을 먹었는지, 잠을 얼마나 잤는지가 시험을 치르는 것에 영향을 줄 수 있으며 그가 가족 누군가와 말다툼을 했거나, 그의 부모 중 한 명이 실직했거나, 그가 집 문을 나설 때 누군가 그를 안아 주었거나 하는 상황들도 역시 시험 수행에 중요하게 작용될 것이다.

이제 학생들이 교실에서 어떻게 생활하는지에 대해, 나의 수업 계획과 나의 교육관에 입각하여 살펴보겠다. 학생들은 서로 이야기하거나, 서로의 귀에 속삭이거나, 농담을 하며 킥킥거린다. 이들은 언제든지 허락을 받고 화장실을 사용할 수 있고 필요하다면 점심 전 오전 시간에 간식을 먹거나 마실 수도 있다. 그들은 책상이나 테이블에 앉을 수도 있고 카페트 위에서 스트레칭을 할 수도 있고 소파에서 편히 있을 수도 있다. 이전에는 학생들이 교실을 돌아다니며 대화하는 것은 잠재적으로 주의를 산만하게 하는 요소로 지적되었다. 비판적 사유자에게 적합하지 않은 것으로 여겨진 것이다. 하지만 건설적 사고의 모델에 입각하여 바라본다면 수업 관찰자는 이러한 학급 경영의 다른 면모에 대해 깨달을 수 있을 것이다. 이러한 학급 경영 방식은 학생을 정신과 몸을 가진 총체로서의 인간으로 이해하는 것을 바탕으로 하기 때문이다. 이러한 총체로서의 학생들에게 타인과의 상호작용으로부터 고립되어 기본적인 신체 욕구를 무시한 채 몇 시간 동안 조용히 앉아 있으라고 요구하는 것은 고통스러운 요구일 것이다.

학생들이 교실에서 하는 활동을 다시 살펴보자. 건설적 사고의 관점을 가진 수업 관찰자는 내가 학생들의 효과적인 개념 이해를 돕기 위해 사용하는 자료들을 관찰할 수 있을 것이다. 학생들은 만지고, 보고, 듣고, 냄새 맡을 수 있는 자료들을 활용한다. 학생들은 25피트에서 50피트 사이의 연대표를 바닥에 펼치고, 그것을 따라 걷고, 알맞은 칸에 정보카드를 붙이면서 역사적 개념을 배운다. 그들은 자로 재어 자르고, 붙여 넣고, 색칠하고 기록하여 그들만의 연대표를 만든다. 그들은 시험관의 작은 비즈를 페트리 접시에 옮기면서 다항식의 나눗셈을 배운다. 그들은 녹색 비즈로 분모를 표시하고, 파란색 비즈로 십 단위를, 빨간색 비즈로 백 단위를 표현하여 물리적으로 여러 종류의 균등한 양을 나눌 수 있다. 건설적 사고는 보고 느끼고 들을 수 있는 몸의 인식론적 역할을 인정한다. 이러한 관점에 입각하여 수업 관찰자는 학생들이 단지 정신의 작업만으로 추상적인 개념을 배우고 있는 것이 아니라, 자신들의 몸과 정신의 총체를 통해 구체적인 것을 추상적으로 전환시키고 있다는 것을 알아차릴 수 있다.

건설적 사고 관점의 수업 관찰자는 예술적 활동 또한 학생들의 건설적 사고에 기여한다는 것을 알 수 있을 것이다. 예술적 활동을 통해 건설적으로 사유하는 데 필요한 도구적 기능을 어떻게 활용할 수 있는지 배우기 때문이다. 그 도구들에는 감정emotion, 직관intuition, 상상imagination 그리고 그동안 우리가 가진 유일한 도구로 여겨졌던 이성 기반 추론 등이 있다. 대부분의 사람들은 예술적 시도들이 우리의 상상, 감정, 직관을 발달시키는 데 도움을 준다는 것을 인정한다. 하지만 추론에 대해서는 어떻게 생각하는가? 극적인 장면을 연기하는 배우들은 타인들이 자신의 연기를 이해할 수 있도록 자신이 맡은 캐릭터를 표현하기 위해 이 모든 도구들을 사용한다. 화가, 무용수, 패션 디자이너도 마찬가지이다. 그들은 어떤 색과 질감을 사용할지 또는 어떤 춤을 출지 선택하기 위해 감정이라는 도구를 활용한다. 그들은 그들이 표현하고 싶은 것을 상상하며, 어떻게 '그것'을 표현할지 직관적으로 결정하고, 예술적 표현의 실행을 구상하기 위해 추론한다.

만약 우리가 추론이 예술적 표현을 하는 데 중요한 도구라고 인식할 수 있다면 상상, 감정, 직관 또한 건설적 사고의 중요한 도구라는 것을 인식할 수 있게 될 것이다(이 책의 마지막 두 장은 이와 관련하여 기술될 것이다). 그렇다면 건설적 사고 관점의 수업 관찰자는 학생들의 예술 활동에 대해 가치 있고 중요한 교육과정의 한 부분으로 이해할 수 있게 된다. 이러한 활동들이 단지 재미만을 위한 '스티커 붙이기' 활동이 아니긴 하지만, 분명 재미**있다**. 때문에 이러한 활동은 교육과정을 생동적으로 만들 뿐만 아니라, 학생들이 더 나은 건설적 사고를 할 수 있도록 하는 것에 기여한다.

내가 나의 교실에서 발생하는 모든 상황들을 건설적 사고의 예시라고 주장하는 것은 아니다. 또한 건설적 사고만이 학생들이 교실에서 배우는 가장 중요한 것이라고 이야기하는 것도 아니다. 나는 내가 설명하고 있는 나의 교육철학이 학생들로 하여금 감정적으로, 직관적으로, 상상력으로, 추론에 기반하여 인식할 수 있도록 돕는다고 믿는 것이다. 그리고 나의 교육철학이 학생들로 하여금 예술적으로, 운동감각적으로, 대인관계적으로, 개인적으로, 정신적으로, 도덕적으로 발전할 수 있도록 도울 것이라고 믿는 것이다. 내가 제안하고자 하는 것은 그저 관점의 확장을 통해 교실에서 일어나는 다양한 상황에 대한 이해의 폭을 넓혀 보자는 것이다. 그렇게 한다면 교실은 학생들을 건설적 사유자로 성장시키는 중요한 공간이 될 것이다.

앞서 언급한 바와 같이, 비판적 사고의 관점에서 보았을 때 건설적 사고 관점의 평가 방식은 지나치게 주관적이고 상대주의적으로 보일 수 있다. 수업 관찰자는 비판적 사고가 학생들이 숙지한 개념과 습득한 기술의 숙달을 평가하는 척도라고 언급할 수도 있다. 나 또한 학생들이 저지르는 실수의 횟수에 근거하여 그들의 숙달도를 평가했다는 측면에서 보편적인 기준을 적용하고 있다고 할 수 있을 것이다. 그러나 나의 방식은 중립적이고 객관적이기보다 주관적인 판단 기준을 적용하고 있다고 평가될 것이다. 따라서 나의 교실에 대한 비판적 사고 관점의 관찰은 상대주의에 대한 우려로 결론지어질 것이다.

그렇다면 건설적 사고의 관점에서 나의 평가 방식은 어떻게 보이는가? 건설적 사고 관점의 수업 관찰자는 나의 교실에서 다양한 형태의 평가가 진행되고 있다는 것을 알 수 있을 것이다. 때문에 만약 평가의 방식 중 한 가지가 학생 누군가의 학습 방식에 적합하지 않는다고 해도 그 학생들이 평가에서 소외되지 않을 수 있다. 학생들은 자신에게 유리한 평가 방식을 선택하여 자신들이 알게 된 것을 선생님에게 보여줄 수 있는 기회를 갖게 된다. 또한 수업 관찰자는 개인 맞춤식의 평가 방식이 학생들의 약점과 강점을 알도록 하고, 학생들에게 적합한 수업 방식을 확인시키는 진단 평가의 역할을 한다는 것을 발견할 것이다. 학생들을 관찰하고 그들의 활동 결과물을 확인하는 방식의 평가는 학생들이 이미 충분한 성과를 보일 때 수행하는 것이 좋을 것이다. 이러한 평가 방식은 학생들의 자존감을 떨어뜨리고 그들의 성취를 평가절하하는 것이 아니라 그들의 학습 성취를 확인하고 자존감을 높이는 역할을 할 수 있기 때문이다.

사실 나는 이 학급을 운영할 책임이 있는 교사로서 내가 속한 주의

법령상 요청되는 표준화된 성취도 시험을 시행했었다. 그 시험은 부모님과 학교 관리자에게 학생들이 배워야 할 것을 배우고 있다는 것을 확인시켜주는 역할을 하였지만, 내가 평소에 제시한 평가 척도만큼 정확하거나 의미 있는 수준의 진단 정보를 제공하지는 못했다. 나는 또한 그 시험으로 인해 몇몇 학생들이 좌절을 겪었다는 것, 그리고 우리 학급에 있었던 세 명의 학습장애 학생들이 실패를 경험했다는 것을 알 수 있었다(그중 한 명은 학급에서 IQ가 가장 높았으나, 능력과 성적의 일치도가 낮은 학생이었다). 때문에 나는 이후에 그 세 명의 학생을 동일한 방식으로 평가하는 것을 거부했다. 만약 수업 관찰자가 그 다음 해 시험 날 우리 교실에 왔다면, 그는 20명이 아닌 17명의 아이들이 시험에 임하는 것을 확인했을 것이다.

나는 이제 앞서 언급된 주관주의, 자연주의, 상대주의에 대한 우려에 대해 직접적으로 변하고자 한다. 그러나 이러한 논의에 대해 깊이 있게 대답하기에는 지면의 한계가 있다. 주제마다 그에 대한 책 한 권을 쓸 수 있을 만큼의 방대한 내용을 다루기 때문이다. 또한 이미 많은 사람들이 이러한 우려에 대해 변론하고자 많은 시간과 지면을 투자하고 있기 때문에 내가 굳이 그것을 모두 시도할 필요는 없다고 생각한다.

때문에 나는 특히 제2장에서 논의했던 고전적 실용주의 관점에 대해서 논하겠다. 퍼스, 제임스, 듀이 또한 직면했었던 이러한 우려들에 대해 보다 자세하고 다양한 답변을 준비하기 위해 제2장에서 논의했던 자료들을 다시 제시하며 나의 견해를 설명하고자 한다. 웨스트, 시그프리드, 게리슨, 그리고 나와 같은 현대의 실용주의자들은 이러한 우려에 대해 계속적으로 대응하고 있으며, 그에 대한 연구를 본 책의 제2장을 통해 제시했었다. 나의 입장은 이미 언급했던 제임스, 듀이의 입장과 비슷하다. 그럼에도 불구하고 각각의 우려에 대해 간략하게 논의하도록 하겠다.

건설적인 사고가 너무 주관적이라는 주장은 주관성과 객관성을 임의로 분절하여 이해해야만 가능한 주장이다. 나는 이러한 분리를 반대했으며, 제임스 또한 이에 대해 이미 반박하였다(제2장 참조). 개별적 목소리를 앎의 주체로서의 발전에 필요한 핵심적이고 필수적인 것으로 이해하는 관점에서는 주관성과 객관성에 대한 날카로운 구분이 해소되기 시작한다. 나는 무엇도 완전히 객관적이거나 주관적이지 않다고 주장한다. 이 개념들은 서로 간에도 존재하기에 어느 하나의 개념만이 단독으로 존재할 수 있을 것이라는 것은 관념적인 생각이다. 객관성을 유지하려고 노력할 수도 있지만, 그럼에도 주관성은 항상 존재할 것이다. 그 반대의 경우도 마찬가지이다. 내재되고 체화된 개인으로서, 우리 각자는 어떤 상황에서든 주관성을 지니고 있다. 우리는 그것을 뱀이 허물을 벗듯 벗을 수도 없고, 벗겨서 옷과 함께 옷장에 걸어 둘 수도 없다(II부 참조).

나는 주관주의과 객관주의 사이의 뚜렷한 이분법을 거부한다. 하지만 그것이 주관주의에 오류가 있다는 것을 의미하는 것은 아니다. 나는 주관주의에 대한 우려를 완화시키기 위해 타자에게 의지할 것을 권한다. 교실에서 우리는 단순히 개별적인 존재가 아니라 다른 이들과 관계를 맺는 개인들이다. 우리는 비록 각자의 주관적이고 제한적인 견해를 가지고 있지만, 이러한 질적으로 특수한 관점들을 공유함으로써 서로가 자신의 주관성을 보완하고 수정할 수 있도록 도울 수 있다. 우리가 관점을 공유하는 타자와의 공동체 범주를 넓힐수록 우리는 더욱 서로의 객관성을 담보할 수 있게 된다. 그러나 여전히 우리 중 누구도 완전히 객관적인 것은 아니다.

그렇다면 자연주의와 관련한 비판에 대해서는 어떠한가? 나는 초월적 세계를 상정하지 않고 자연적인 세계만을 상정한다. 그 점에서 나는 자연주의자라 여겨질 수 있을 것이다. 나는 지식에 대한 논의에 사물이나 관념적 논의뿐만 아니라 사람 존재와 관련된 것도 포함시키고자 한다. 나를 자연주의자라고 비판하는 사람들은 앎의 주체인 사람을 앎 자체와 분리시킬 수 있다는 잘못된 가정을 하고 있다. 우리가 우리 자신, 자신의 개별적인 목소리, 주관성을 결코 없앨 수 없다는 것을 이해한다면, 우리는 앎과 앎의 주체를 분리시킬 수 없다는 것을 이해하게 된다. 앎에 대해 설명할 때, 그것을 알고 있는 사람을 포함시키지 '않는' 것은 불가능한 것이다. 이것을 분리하는 것은 위험한 망상이다. 앎의 주체라는 것은 그 앎이 주장하는 바를 깊이 내재하고 있다는 것을 의미한다. 하딩(1993)이 언급한 바와 같이, 그들의 지문fingerprint은 어디에나 있다. 그러므로 앎의 주체와 지식을 분리시키는 것은 자연주의에 대한 우려와 함께 종식되어야 할 또 다른 논점이다. 이러한 이유로 나는 현실주의(앎과 앎의 주체를 분리시킬 수 있다는 가정)를 거부하고 제임스의 근본적 경험주의와 듀이의 자연주의적 견해를 수용하는 바이다(제2장 참조).

마지막으로 상대주의와 관련한 비판에 대해서는 어떠한가? 어떤 사람은 내가 학생들에게 협상 또는 재협상을 가능하도록 제시한 것을 보고 왜 상대주의를 모델로 삼았는지에 대한 의문을 가질 수 있다. 내가 학생들의 발언권을 허용하고, 유일한 최선의 방법 또는 가장 진리에 가까운 규칙이 없다고 가정하는 것이 교사로서의 권위를 훼손시키지는 않는가? 상대주의에 대한 비판은 상대주의와 절대주의 사이에 뚜렷한 구분이 있다고 가정할 수 있을 때에만 유효하다. 절대주의는 보편적으로 옳은 것을 나타내고 상대주의는 개별적으로 옳은 것을 나타낸다. 그러나 상대주의와 절대주의에 대한 이러한 잘못된 구별은 앎의 주체가 지식이라 여겨지는 것들과 단절되어 있음을 전제한다. 또한 그러한 구별은 실재 세계라는 것이 우리, 또는 우리가 의식하는 세계에 대해 독립적으로 존재한다는 가정에 기초한다. 나는 이러한 구별이 거짓인 이유를 이미 기술한 바 있다. 앎의 주체와 지식으로 여기지는 것 사이의 이원론이 무효하다면 상대주의와 절대주의 사이의 구별도 무효하다.

다원주의와 오류가능주의에 입각하여 주장하는 나의 입장은 제한적인 상대주의의 입장이다. 나는 이것만이 누구에게나 수용될 수 있는 유일한 입장이라고 주장하는 바이다.3) 절대주의를 지지하는 사람들은 내재되고 체화된 사회적 존재들의 추론 능력에 의해서는 보증될 수 없는, 믿음faith으로 도약할 것을 요구한다. 그러나 누구도 이러한 전지전능함에 대한 요구를 정당화할 수 없다.

권위에 의해 무언가를 가정하는 것은 잘못된 가정이 될 가능성이 높기 때문에 나는 안전한 교실을 위한 규칙을 만들 때 학생들과 협의한다. 나는 학생들과 마찬가지로 오류가능성을 가진 인간이다. 나는 그들의 선생님으로서 더 많은 것을 경험하고 더 많은 것을 교육 받았으며 더 넓은 관점을 가지고 있을 수도 있다. 그러나 그렇다고 내가 진리를 담보할 수 있는 것은 아니다. 내 관점은 그들의 관점과 마찬가지로 제한적이다. 나는 안전한 교실 환경을 위해 모두가 할 수 있는 것을 학생들이 이해하도록 학생들과 협의하여 우리의 기준을 정하는 것이다. 인

---

3) 이는 자격을 갖춘 절대주의자qualified absolutist로 오해받을 소지가 있는 설명일 수도 있다. 그러나 '저속하지 않은 상대주의non-vulgar absolutism'와 같은 용어는 이미 시걸과 같은 학자들이 약한 의미의 절대주의를 설명하기 위해 사용해 왔기 때문에 적합하지 않다. 차라리 나는 절대주의보다는 상대주의에 치우친 오류를 범했다고 오해받는 것이 나을 듯하다.

식의 주체는 다른 사람들과의 상호작용을 통해서만 확신을 얻을 수 있다. 또한 이러한 확신을 보장하는 근거는 미미하기에 그 이상의 변화 가능성을 염두에 두어야 한다. 과학자나 철학자로서 우리는 '무엇이 다'에 대한 합의를 도출하기 위해 서로 협의해야 하며, 다음 세대들이 더 토론하고 논의할 수 있도록 우리의 성과를 전할 수 있어야 한다. 개인은 지식을 구성하는 것에 개별적으로 기여할 수 있지만 공동체 구성원인 그들이 공동체와 무관하게 기여하는 것이 아니다. 우리가 비록 퍼스의 오류가능주의가 수반하는 논리적 문제들을 비판적으로 논의하였지만, 나는 대부분의 과학자와 철학자들이 수용하고 있는 진리에 대한 오류가능주의를 수용하는 입장이다. 나는 제2장에서 기술한 바와 같이 오류가능주의의 범주에 대해서는 듀이의 입장에 동의하는 바이다.

이제 내가 이렇게 자유롭게 사용하는 '건설적constructive'이라는 용어를 자세히 살펴보자. 내가 사용하는 이 용어가 구성주의 이론constructivist theory을 제시하는 다른 학자들의 견해와 어떻게 다른지 말이다.

구성주의 이론

많은 사람들이 현대의 다양한 이론, 주로 구성주의와 관련된 이론에서 '건설construction'이라는 용어를 사용한다. 다른 이들이 이 용어를 어떤 의미에서 사용하는지 검토한다면, 나의 관점에서 건설이라는 용어가 의미하는 바가 더 분명해질 것이다. 서론에서 밝힌 바와 같이, 나는 구성주의를 여성주의 이론, 특히 여성주의적 인식론에 기반하여 기술하고 있다. 또한 나는 제4장에서 밸런키(1986) 등이 사용한 건설적 지식constructive knowing이라는 용어에서 건설적 사고constructive thinking의 개념을 채택했다는 것을 밝힌 바 있다.

구성주의에 대해 더 자세히 알아보기 위해 필립스Philips, D.의 에세이 「선, 악, 추: 구성주의의 여러 면모The Good, The Bad, The Ugly: The Many Faces of Constructivism」를 살펴볼 필요가 있다. 필립스는 매우 광범위하고 유연한 관점에서 우리 모두를 구성주의자라고 규정한다. 왜냐하면 우리 모두가 "인간의 거대한 지식, 우리의 의문을 해소시켜 주는 기준과 방법이 모두 **구성되었다**(Philips, 1986: 5, 원문 강조)"는 견해에 동의한다고 보기 때문이다. 학습 과정의 사회적 본질에 대한 인식과 학습자의 적극적 참여 필요성에 대한 강조는 필립스가 언급하는 '바람직한 점(선)'에 해당할 것이다. 그러나 필립스는 다양한 형식의 구성주의적 인식론이 상대주의, 즉 '해로운 점(악)'으로 기울어지는 경향이 있음을 시사하며 이것을 진지하게 비판한다. 그리고 여기서 말하는 구성주의의 '추악한 점(추)'은 교조적이고 이념적인 측면을 말한다(Philips, 1995: 11).

필립스는 자신의 기고문을 통해 과학, 사회학, 철학, 여성주의 문학 등 다른 분야와 관련하여 인식론적 논의에 대해 비판한다. 때문에 그의 기고문은 다른 사람들의 구성주의적 견해뿐만 아니라 나 자신의 견해를 정리하는 데에 도움이 되었다. 필립스는 폰글라저펠트von Glaserfeld, E., 칸트, 쿤Kuhn, T., 피아제, 듀이, 제임스 등과 같은 다양한 학자들을 구성주의자로 분류한다.4) "그렇게 기초적이고 간략한 설명을 근거로 하더라도, 잠재적으로 어떤 의미에서는 구성주의자로 여겨질 수 있는 철학적 또는 이론적 범주 내의 수많은 학자들이 존재한다는 것을 분명히

---

4) 이들의 연구물은 예시로 다룰 뿐 길게 논의되지 않기에 참고문헌에 포함되지 않았다. 따라서 여기에 대해서는 필립스의 글을 참고하는 것이 좋을 것이다.

해야 한다(Philips, 1995: 6)." 이렇게 다양한 범주의 학자들을 우리는 어떻게 이해해야 하는가? 필립스는 우리가 구성주의자들의 논의를 비교할 수 있도록 기틀을 제공한다. 이 기틀 안에는 3개의 축axis이 있으며, 이 기준에 따라 학자들의 연결성을 고려하여 그들을 나열할 수 있을 것이다.

필립스는 첫 번째 축을 '개별적 심리individual psychology 대vs 공적 규범public discipline'으로 상정한다(Philips, 1995: 7). 어떤 구성주의자는 '개별 학습자의 정신에 입각한 인식론적 내용'에 중점을 둘 것이고(피아제, 비고츠키), 또 어떤 구성주의자는 '공적인 주제 영역'에 초점을 맞추고 있으며(넬슨과 같은 여성주의 인식론자), 또 어떤 구성주의자는 양쪽 모두를 고려(칸트, 포퍼)하기 때문이다(Philips, 1995: 7). 나는 개인들에게 영향을 미치는 공적 영역에 관심을 두고 있기에, 내 견해의 중점은 피아제나 비고츠키의 측면보다 넬슨의 측면에 가깝다. 그러나 나는 교류적인 관점의 여성주의적 견해를 가지고 있기 때문에 필립스가 상정하는 공적 영역과 사적 영역의 구별 자체에 의문을 제기할 수밖에 없다.

필립스가 제시하는 두 번째 축은 '창조자로서의 인간humans the creators 대vs 지시자로서의 자연nature the instructor'의 분류이다. 이 기준은 지식의 구성이 새로운 지식이 창조되는 것을 의미하는지, 혹은 발견되는 것을 의미하는지와 관련된 논의이다. 발견된다는 입장에서는 로크Locke, J.와 같은 철학자들이 있으며, 인간이 지식을 창조한다는 입장에는 20세기 후반 대부분의 구성주의자들이 속한다. 필립스는 지식을 창조하는 것이 전적으로 개인적인 것인지(폰글라저펠트), 아니면 공적이고 사회 정치적인지(반즈Barnes, B., 콜린스, 어쩌면 풀러Fuller, S.까지)에 근거하여 지식이 인간으로부터 창조된다는 견해를 세분화한다. 필립스는 포퍼를 "계획은 인간이, 성패는 자연이"라는 그의 지식 이론에 입각하여, 지식에 대해 인간이 창조했다는 입장과 발견했다는 입장의 중간 지점의 예로서 제시한다. 나는 공적인 것과 사회정치적인 관점에 초점을 맞추고 있기에 지식이 인간에 의해 창조된다는 입장이라고 볼 수 있겠지만, 필립스가 구별하는 개인과 타자의 경계에 대해 의문을 제기하는 입장에 더 가깝다. 나는 그것을 별도의 범주로 설명하기보다 오히려 교류적 범주라고 묘사하는 민주적 모델을 주장하고자 한다.

세 번째 축은 '개인의 능동적 인식 대 사회적이고 정치적인 과정에서의 능동적 인식' 또는 두 가지 모두와 관련된 관점으로서 능동적 과정으로서의 지식의 구성에 대한 것이다(Philips, 1995: 9). 이러한 활동은 신체적인 활동일 수도, 정신적인 활동일 수도, 둘 다일 수도 있다. 예컨대, 피아제는 개인의 인식에 초점을 맞추고 있으며 젊은 인식 주체들의 신체적이고 정신적인 활동을 강조한다. 듀이, 제임스, 로티도 인식 주체를 관객이 아니라 참여와 행동을 통해 학습할 수 있는 능동적 구성주의자로 여긴다. 필립스는 개인과 사회 활동을 바라보는 측면의 중간 지점에 듀이를 위치시킨다. 또한 필립스는 "개인이 아닌 단체나 공동체에 의해 수행되는 활동 과정에서의 지식 구성"을 강조하는 사람들의 예로서 넬슨과 롱기노(제5장 참조)를 인용한다(Philips, 1995: 9). 이들 학자 대부분은 지식의 구성이 어떤 규칙과 기준에 따라 이루어진다는 점에서 '합리적'인 것이라고 주장한다. 그러나 그 규칙과 기준은 사회적 과정에 의해 구성된다. 필립스가 언급한 바와 같이 대부분의 여성주의 인식론자들은 이에 대해 다양한 입장을 제시한다. 지식 구성을 강력한 사회적 과정으로 여기는 사회학자들(반즈, 콜린스)은 지식 체계가 사회 시스템의 결과라고 주장한다. 보다 보수적인 라카토슈Lakatos, I.와 같은 과학철학자들은 연구의 진보에 따라 지식이 구성되었다고 여기며, 유의미한 근거에 입각하여 합리적으로 최적의 가정을 신뢰할 수 없는 경우에만 사회 정치적 요인을 고려할 수 있다고 주장한다. 이러한 관점에서 나는 다시 능동적 구성주의자로서 듀이의 견해에 동의하며, 인식 주체들이 구성적 행위를 통해 학습한다고 주장할 것이다. 나는 특정 기준이 사회적 과정에 의해 구성된다는 것에 동의하는 입장이다. 나는 우리의 사회 시스템이 믿기 어려울 만큼 강력하게 존재한다고 주장하는 입장이기도 하지만, 각 개인들이 이러한 시스템을 변화시키는 데 중요한 기여를 하며 따라서 사회적 기준의 변화에도 영향을 미칠 수 있다고 주장하는 것이다.

필립스는 이 세 가지 축이 여전히 인식론적 문제와 관련되어 있다는 입장이다. 하지만 그는 인식론적 문제에 초점을 두는 구성주의자들과 교육적이고 사회정치적인 우려에 초점을 두는 사람이 구별된다고 여긴다. 그는 폰글라저펠트(수학과 과학 교육 측면), 듀이(진보적 교육 측면), 롱기노와 하딩과 같은 여성주의 인식론자(사회적 논점들, 예컨대 인종, 민족, 계급, 젠더, 성적지향 등의 측면) 등 대부분의 구성주의자들을 두 번째 부류로 분류한다. 나의 견해 또한 이러한 구분에 따라 롱기노, 하딩과 같이 두 번째 부류로 분류될 가능성이 높다.

이 모든 것이 복잡하게 여겨질 수 있지만, 필립스의 세 가지 축에 대한 논의는 다양한 구성주의자 관점을 해석하는 데 매우 도움이 된다. 예컨대, 1994년 기고문에서 코브Cobb, P.는 개인적 관점의 구성주의와 사회정치적 관점의 구성주의가 상반되는 것이 아니라 상호 보완적인 것이라고 주장한 바 있다. 그러나 그는 필립스의 연구와 같은 세심한 구별을 하지 않기 때문에 피아제와 비고츠키를 비교하면서 구성주의를 심리적이고 개별적인 것으로 가정하는 우를 범한다. 그리고 코브는 그 다음 해에 이전 글에 의해 야기된 혼란을 바로 잡고자 한다. 그는 1995년의 기고문에서 피아제에 기반한 심리적 구성주의와 최근 합동적 접근법 또는 신흥 관점으로 분류되는 상호작용주의를 구별한다. 코브는 심리적 구성주의뿐만 아니라 심리적 구성주의와 상호작용적 구성주의 모두를 언급한다. 또한 그는 신흥 이론과 사회문화 이론을 구별하고자 한다. 그러나 그는 사회문화 이론을 구성주의 이론과 대조하는 듯한 표현을 쓰기도 한다. 코브는 사회문화에 대한 설명에서 그것이 지역사회보다 더 큰 척도로 작동되는 것이라고 설명하면서 "역사적으로 개발된 문화적 도구를 학생들이 전유할 것(Cobb, 1995: 26)"을 강조하는 한편, 구성주의적 분석에서는 "지역 공동체를 기반으로 한 언어화 및 상징화 방식의 형성(Cobb, 1995: 26)"에 초점을 맞추는 모습을 보인다.

우리는 코브의 견해를 필립스의 구분 방식을 활용하여 해석할 수 있다. 코브의 견해는 인간을 지식 창조자로 상정하면서 지식의 구성에 대해 사회정치적 과정과 개인의 인식 모두에 초점을 두어 개별적 심리 상태와 공적 규율을 모두 강조하는 입장으로 명확히 정의될 수 있다. 코브의 견해에는 인식론적 우려뿐만 아니라 교육적이고 사회정치적인 우려 또한 다루어지고 있다. 비록 코브가 필립스와 같이 사회문화이론을 구성주의로 해석하고 있지 않지만, 그는 "이 각각의 관점에서 지식 구성에 대해 논의하는 것은 타당하다(Cobb, 1995: 26)"는 입장을 밝히고 있다.

이러한 논의들이 나의 구성주의 관점을 보다 명료히 제시하는 데 도움이 되었을 것이라 믿는다. 나는 공적이고 사회정치적인 방식으로 건설이라는 용어를 사용하는 동시에 공적 자아와 사적 자아를 구별하는 것에 의문을 제기하고 있다. 내가 건설이라는 용어를 사용하는 것은 앞의 주체들이 다른 사람들과의 교류적인 사회정치적 과정을 통해 지식을 구축하는 과정을 강조하기 위한 것이다. 즉, 나는 지식을 구축하는 것이 인식론적, 사회정치적, 교육적 관점 등 다양한 입장을 포괄해야 하는 활동임을 강조하고자 하는 것이다. 이제 퀼팅비 은유에 대한 좀 더 심도 있는 논의로 넘어가도록 하겠다.

제8장

표상에 대한 대조

　나는 제7장에서 몬테소리 초등학교 근무 당시 교실을 비판적 사고의 관점과 건설적 사고의 관점에서 살펴보았다. 비판적 사고 이론은 이성적 추론을 활용하여 문제를 해결하고 결론을 도출하고자 하는 독립된 개인들의 정신에 초점을 맞춘다. 반면, 건설적 사고 이론은 앎의 주체를 다양한 도구를 활용하여 지식을 구축하는, 내재되고 체화된 사회적 존재로 상정한다. 또한 나는 여타의 구성주의 학자들과의 비교를 통해 내가 건설이라는 용어를 사용하는 방식을 더욱 분명히 하고자 했다.

　이 장은 로댕의 〈생각하는 사람*The Thinker*〉의 표상과 내가 서론에서부터 지금까지 계속적으로 주장해 온 퀼팅비 은유의 표상을 대조하는 것으로 시작될 것이다. 그리고 퀼터들이 지식의 퀼트를 구축하기 위해 의존하는 다양한 도구들에 대해 자세히 설명하고 검토하여 퀼팅비 은유에 대한 논의를 이어갈 것이다. 퀼터들이 사용하는 도구로는 바늘, 실(직관), 패턴과 디자인(상상), 색과 질감(감정), 자, 가위, 침핀(추론) 등이 제시될 것이다.

생각하는 사람 vs 퀼팅비

제1장에서 언급한 바와 같이 로댕의 〈생각하는 사람〉은 비판적 사고의 훌륭한 표상이다. 〈생각하는 사람〉은 손으로 머리를 감싸고 이마를 찌푸린 채 깊은 생각에 빠져 있는 사람이다. 이 표상은 비판적 사고와 관련된 도서 또는 학회 및 워크샵 표지에 자주 활용된다. 현대 비판적 사고 이론의 뿌리를 고대 그리스까지 거슬러 올라간다면 비판적 사고의 표상으로 〈생각하는 사람〉이 제시되는 것은 우연이 아니다. 이 유능하고 건강하고 여유 있고 독립적인 남성의 표상은 진리를 찾기 위하여 자신의 논리에 기반한 이성적 정신에너지를 활용할 여건을 갖추었다. 이러한 표상은 인식 주체의 독립성, 보편적 본질, 몸과 정신의 이원론에 기반한 정신의 우월성, 앎의 주체로부터 분리된 지식, 논리만이 우리의 주장을 정당화할 수 있다는 믿음 등에 바탕을 두고 있다.

플라톤에게 있어서 〈생각하는 사람〉은 자신의 불멸의 영혼이 이미 알고 있는 그것을 진리라고 여기는 사람이다. 아리스토텔레스에게 있어서 〈생각하는 사람〉은 결론에 요구되는 필연적 원인에 논리적으로 도달할 수 있는 사람이다. 데카르트에게 있어서 〈생각하는 사람〉은 더 이상 의심할 수 없는 진리에 도달하기 위해 방법적 회의를 하는 사람이다. 후설Husserl, E.에게 있어서 〈생각하는 사람〉은 현상학적 방법을 통해 사상 자체의 본질적 특성에 필수적이지 않은 것들을 제외시킬 수 있는 사람이다. 현대 비판적 사고의 연구자들의 대다수는 여전히 로댕의 〈생각하는 사람〉을 비판적 사고를 하는 사람의 표상으로 언급하고 있다. 이것의 예외는 립맨 정도인데 그는 퍼스의 모델에 더 의존하는 경향을 보인다.

퍼스, 제임스, 듀이가 창시한 실용주의적 관점에 입각하여 바라본다면, 우리는 더 이상 로댕의 〈생각하는 사람〉을 비판적 사유자의 유일한 표상으로 고집할 수 없게 된다. 퍼스의 이론을 연구하는 사람들은 〈생각하는 사람〉의 표상이 생각하는 사람에 대한 전문가들의 또 다른 논의들과 함께 연구될 수 있어야 한다고 제안한다. 그럼으로써 우리는 〈생각하는 사람〉이 갖는 고독함의 표상을 지울 수 있게 된다는 것이다. 그러나 그것이 반드시 건강하고 튼튼한 남성으로서의 표상을 지우는 것으로 이어지는 것은 아니다. 제임스는 근본적 경험론을 통해 〈생각하는 사람〉의 표상 범주를 넓혀 이 엘리트주의 유물론에 대한 비판에서 벗어날 수 있어야 한다고 주장한다. 그렇지만 〈생각하는 사람〉의 표상은 여전히 남성적이며(Seigfried, 1996), 여전히 개인주의적이다(West, 1989). 듀이의 관점에서 로댕의 〈생각하는 사람〉은 더 이상 반성적 사고 주체(듀이가 비판적 사고 주체를 지칭한 용어)가 아니다. 듀이는 개인과 타자들의 교류를 강조하는 사회적 모델을 제시하며, 인식 주체의 고독한 표상을 지워냈다. 듀이의 민주적 공동체는 정치적 연합체, 공동체적 경험, 품앗이, 퀼팅비 등을 암시하게 된 것이다.

나는 퀼팅비에 대한 표상을 건설적 사고를 표현하기 위해 사용하고 있다. 건설적 사고는 내가 비판적 사고의 대조로서 제시하는 표상이다. 퀼팅비 표상은 무엇을 암시하는가? 가장 먼저 눈에 띄는 차이점은 퀼팅비는 여러 사람을 의미하는 표현인 반면, 〈생각하는 사람〉은 단 한 명의 사람을 의미한다는 것이다. 따라서 로댕의 〈생각하는 사람〉은 비판적 사고를 고독한 행위로 영속시키는 반면, 퀼팅비는 사고의 과정을 사회적인 시도로 해석하도록 한다. 퀼팅비는 사고의 과정을 사회적 표상으로 제시하면서 사고의 주체에 대한 사회적이고 다문화적인 관점을 제시하는 것이다. 퀼트에 참여하는 퀼터는 젊거나 나이든 사람일 것이고, 부유하거나 가난하며, 남성이거나 여성일 것이다. 그들은 전 세계, 전 세대에 걸쳐 존재한다. 따라서 우리는 퀼터의 범주에서 누구도 소외시키거나 제외시키지 않을 수 있다. 퀼팅비는 포용적 관점의 모델인 것이다.

건설적 사고를 퀼팅비로 은유하는 것은 지식이 사람들로부터 형성된다는 것, 그리고 지식이 외부 세계에서 발견되거나 우리 안에 내재한 것이 아니라는 것을 상기시킨다. 퀼팅비는 우리의 사회 공동체를 나타내며 우리 각자에 내재되어 있는 사회적 맥락을 드러내는 것에 기여한다. 로댕의 〈생각하는 사람〉은 이미 성인이 된 상태에서 땅에서 솟아난 사유자이다. 그는 문화를 가지고 있지 않으며 언제 어디에서든 중립적이고 편견 없이 객관적으로 사유할 수 있는 듯 묘사된다. 그러나 이러한 중립성은 허상illusion이다. 그는 '그녀her'보다 '그'를 우선하는 문화, 대우받으며 건강한 성인으로 성장할 수 있도록 하는 문화적 토대를 가지고 있다. 퀼터가 처음 퀼팅비에 참여할 때, 그들은 성인이 아니다. 그들은 부모의 등 뒤, 포대기, 유모차, 흔들의자 등에서 주변에서 무슨 일이 벌어지는지를 관찰하며 퀼팅비에 참여하기 시작했다. 그들은 낮잠을 자고 노는 동안 그들의 문화와 언어가 되는 청각, 시각, 후각, 촉각 등의 감각에 둘러싸여 있으며, 그것은 그들의 문화와 언어가 된다.

퀼터의 아이들은 퀼터 공동체에 안에서 성장하며 신체적, 정서적, 인지적 민감성을 발달시키면서 사회화된다. 그들은 퀼팅비의 다른 구성원들과의 상호작용을 통해 자신의 개별 목소리를 발달시키면서 자신이 누구인지 알게 된다. 그리고 그들이 퀼팅비에 기여할 수 있게 되었을 때 그들은 기꺼이 기여하고자 노력한다. 아마 처음에 퀼팅의 재료를 가지고 오는 것과 같은 사소한 것에서 시작할 것이다. 그들은 바느질을 배울 것이고, 연습을 통해 관련 기능을 향상시킬 것이다. 퀼팅 기술을 배우고 나면, 그들은 퀼트 지식의 구축에 기여할 준비를 마친다. 로댕의 〈생각하는 사람〉과는 달리, 퀼팅비 은유는 지식을 구성하는 퀼터가 한때는 유아였다는 것을 상기시킨다. 유아였던 퀼터들은 다른 사람과의 관계에 의존하며 생존하였고, 그 관계 속에서 자신의 목소리를 발전시켜 왔다. 즉 그들은 문화를 내재한 사람들인 것이다.

로댕의 〈생각하는 사람〉은 독자적으로 문제를 해결하며 더 큰 이해를 획득하는 것은 물론, 어쩌면 스스로 진리라고 여기는 결론에 도달할 수도 있는 사람이다. 그가 신중히 생각하는 모습을 하고 있기에, 그에 대한 표상은 지식에 관한 논의과 관련지어진다. 또한 〈생각하는 사람〉은 유명한 예술품이고 아름다운 조각상이기에 미학적 논의도 불러일으킨다. 〈생각하는 사람〉이 제기하는 윤리와 정치에 대한 질문은 쉽게 암시되는 것이 아니다. 그렇다면 퀼팅비는 미적, 윤리적, 정치적인 것과 관계되는가? 당연히 정치 목적의 집단은 퀼팅비보다는 권력 우위의 문제를 더 많이 다룰 것이다. 정치 목적의 집단은 미적인 논의를 제기할 가능성이 높지 않지만, 퀼팅비의 산물인 퀼트는 종종 기능적 특성뿐 아니라 미적 특성을 드러내기도 한다.

퀼팅비가 윤리적이고 정치적인 우려를 직접적으로 시사하고 있지는 않지만, 퀼팅비를 포함한 다원주의적 집단 대부분이 그러하듯, 이러한 종류의 문제를 피하는 것은 불가능할 것이다. 퀼팅비는 갈등과 분열의 가능성을 내재한다. 사람들이 서로 오해하거나 서로 다른 의견으로 대립하는 경우는 얼마든지 있기 때문이다. 집단에서의 억압은 침묵, 소외, 배제 등의 형태를 취한다. 또한 집단은 호혜, 공정, 정의에 대한 문제들을 다룰 기회를 갖는다. 사실 퀼팅비가 미적으로나 기능적으로나 만족할 만한 퀼트를 완성시키기 위해서는 이러한 문제들에 관심을 기울여야 한다.

우리는 퀼팅비 은유로 미적인 가능성을 쉽게 인지할 수 있다. 또한 사회적 차원을 고려하여 퀼팅비의 사회적이고 정치적인 면을 부각시킬 수 있다. 그렇다면 지식의 측면에서는 어떠한가? 언뜻 보기에 로댕의 〈생각하는 사람〉의 표상이 퀼팅비 은유보다 우리가 말하는 지식에 대한 것을 더욱 암시하고 있는 듯 보인다. 때문에 지식 측면에서 이 두 가지 표상을 더 구체적으로 살펴볼 필요가 있다.

로댕의 〈생각하는 사람〉은 움직이지 않으며, 사색적인 앉은 자세로 정지해 있는 모습이다. 이 비판적 사고의 표상에는 생동감이 없다. 그러나 퀼팅비는 생동감으로 가득 차 있다. 퀼팅비에는 생동하는 다양한 사람들이 혼재하기 때문이다. 우리는 퀼터들이 체화된embodied 존재라는 것을 상기한다. 사람들은 서로 이야기를 나누고, 어떤 때는 노래도 부르고, 손을 뻗어 패턴 조각을 함께 잇는다. 사람들은 방 안을 돌아다니기도 하고, 마시고 먹기도 하며 아이를 안기 위해 퀼팅을 멈추기도 한다. 퀼터가 조용히 앉아 바느질만 하는 것처럼 보이더라도(정말 이것이 가능한지는 의심이 된다!), 퀼트를 하기 위해 바늘과 실을 작물 안팎으로 이동시키는 신체적인 움직임이 필요하다. 퀼팅비의 표상은 체화된 존재인 우리들이 사고의 과정에 적극적으로 행위한다는 것을 드러낸다. 퀼팅비의 표상은 사고의 과정을 수동적 과정, 또는 명사형의 관찰 대상으로 여기는 것이 아니라 능동적 과정으로서 이해되게 한다. 로댕의 〈생각하는 사람〉의 표상에는 〈생각하는 사람〉이 생각하고 있는 대상, 즉 그와 동떨어진 '것'이 있다는 것이 암시된다. 〈생각하는 사람〉은 고된 관념적 사유 행위를 통해 최종 결과물, 즉 결론에 도달하고자 한다. 그러나 퀼팅비 은유 관점은 생각하는 것을 능동적이고 유동적인 과정으로서 이해한다. 또한 동시에 건설적 사고가 생성한 지식의 가치와 중요성에 대해 비판적으로 논의할 필요가 있다는 것을 인정한다.

이제까지 로댕의 〈생각하는 사람〉과 퀼팅비의 능동성을 대조하면서 비판적 사고와 건설적 사고에 대한 은유를 구체화시켰다. 이제 우리는 앎의 주체들이 지식을 구성할 때 활용하는 도구에 관심을 가져야 한다. 로댕의 〈생각하는 사람〉은 스스로 지식을 형성한다고 여기기보다 오히려 혼란과 의심을 종식시켜 무엇이 진리인가를 발견하거나 기억할 수 있다고 본다. 그는 그의 추론에 기반하여 논리적 **매듭**을 해소하고, 불필요하고 방해되며 오해의 소지가 있는 정보를 제거하고자 한다. 또한 그는 그가 가지고 있는 정보에 대해 비판적인 입장을 취한다. 진리에 가까운 결론을 도출하기 위해서는 자신의 정보와 가정의 신뢰성과 타당성을 의심할 수 있어야 하기 때문이다. 그는 그가 숙고하는 질문들에 관심을 갖는 동기로서 자신의 감정을 가치 있는 도구로 여길 수도 있다. 그는 '동화'되는 정도를 직관의 한 형태, 또는 상상을 활용하는 다른 선택지로서 고려할 수도 있다. 그러나 그는 상상, 감정, 직관을 도움되는 요소라기보다 방해가 되고 혼란을 주는 도구로 여길 가능성이 높다. 그에게 가장 가치 있는 유일한 도구는 이성에 기반한 추론일 것이다.

이러한 로댕의 〈생각하는 사람〉과는 대조적으로, 퀼팅비 은유는 기존에 '덜 중요'하다고 여겨진 도구들이 지식의 구축 과정에 중요하다고 설명하면서 이 도구들의 가치를 더 잘 이해하고 중시할 수 있도록 돕는다. 퀼터들은 가위, 자, 줄자, 침핀, 바늘, 재봉틀, 실, 원단 등과 같이 다양한 도구를 사용하여 퀼트를 만든다. 이 책의 중요한 전제는 우리가 지식을 구축하는 데 사용할 수 있는 다양한 도구가 있다는 것이다. 서구 유럽의 역사에서 가장 중요하다고 여겨졌던 추론이라는 도구뿐만 아니라 여러 가지 도구들이 모두 지식 구축에 가치 있고 중요한 기능을 수행할 수 있다는 것이다. 퀼팅비 은유는 우리가 사용하는 도구 중 오직 하나만 가치 있다고 여기는 것이 아니라 많은 도구들이 가치 있게 활용될 수 있다는 것을 알게 한다. 때문에 나는 퀼팅비가 로댕의 〈생각하는 사람〉의 표상보다 더 정확하게 지식의 구축을 표현하는 것이라고 주장하는 것이다.

내가 비록 경험적으로 건설적 사고의 특성을 드러내기 위해 '도구'라는 개념을 사용하고 있지만, 건설적 사고가 자질quality을 필요로 하지 않는다고 주장하는 것은 아니다. 도구도, 자질도, 건설적 사고에 유용하게 활용될 수 있기 때문이다. 이제 그동안 추론능력에 비해 '덜 중요한' 도구들로 여겨졌던 것들을 세심하게 검토해 보겠다(Thayer-Bacon & Bacon, 1998: chap. 4).

지식의 퀼팅을 위한 도구

추론은 대개 비판적 사고와 관련된 것으로 여겨지고 상상, 감정, 직관은 대개 창의적 사고와 관련된 것으로 여겨진다. 나는 바이린의 창의성과 비판적 사고에 대한 연구인 『비범한 성과: 창의성에 대한 에세이 *Achieving Extraordinary Ends: An Essay on Creativity*』(1988)를 참고하여 이성적 추론 외의 도구에 대한 논의를 시작하고자 한다. 바이린은 창의적 사고와 관련된 많은 신화들에 대해 논의하면서 비판적 사고와 창의적 사고 간의 구별에 의문을 제기했다. 그의 연구는 창의성과 비판적 탐구를 관련지어 논의하기에, 건설적 사고와 추론의 관계를 연구하는 것에 도움이 될 것이다.

자, 가위, 침핀: 추론

퀼팅비 은유의 관점에서 추론은 퀼터들이 새로운 원단(우리의 아이디어)를 꿰맬 수 있도록 맞추어 펼쳐 고정하는 도구를 상징한다. 이를 위해 사용되는 도구는 자, 줄자, 가위, 침핀 등이다. 추론은 우리가 지식의 퀼트를 구축하는 데 도움이 되는 중요한 도구이다. 추론은 생각을 명료하게 정리하도록 하며, 퀼팅 패턴을 서로 잘 고정시켜 계획된 그대로 배치될 수 있도록 한다. 지식의 구축 과정에서 추론은 무엇을 남기고 무엇을 뺄지, 어느 정도 크기의 원단 조각이 필요한지, 그것의 크기가 일치되는지를 알게 해 준다. 또한 우리는 직접적인 지식 구축의 과정에서 한 걸음 물러나 관점을 넓히기 위한 추론을 활용하기도 한다. 이성 기반 추론은 마치 침핀처럼 우리의 작업을 고정시켜 우리가 퀼트의 과정에서 벗어나 휴식을 취할 수 있도록 돕는 기능을 수행한다. 이러한 기능은 우리가 퀼트 과정에서 한걸음 물러나 확장된 관점에서 퀼트를 바라볼 기회를 제공한다는 점에서 중요한 기능이라 할 수 있다.

바이린은 현대 교육적 관점에서 비판적 사고와 대조적으로 창의성에 대한 대중적 인식이 평가절하되는 것이 자신이 책을 집필한 이유라고 밝힌다. 그는 우리가 창의성이 무엇인지 혼동하고 있으며, 그로 인해 우리가 장려하고 발전시키고자 하는 창의성의 질적 하락이 우려된다고 기술했다. 바이린은 역사적으로 창의성은 중요한 성취로 여겨졌으며 그것은 종종 가르치는 것이 불가능한 것으로 여겨지기도 했다고 보았다(예컨대, 창의성은 신적인 영감이나 개인의 천재성에서 기인한다고 여겨지기도 했다). 그러나 최근에는 창의성을 특별한 사고의 과정이나 방식으로 정의하는 경향이 확대되었다. 창의성을 이런 관점으로 본다면, 그것을 가르치는 것이 가능해진다. 창의성에 대한 다양한 견해가 있을 수 있지만, 바이린은 창의성의 본질에 대해 우리가 합의하고 있는 지점이 있다고 여겼다. 그것은 다음과 같다. (1) 창의성은 새롭고 색다른 것이기에, 과거 전통적인 것과의 근본적 단절을 의미한다. (2) 창의적 성과는 과거에서 벗어난 새로운 것이지만 평가의 기준은 과거의 가치에 근거하는 것이기 때문에 창의적 성과의 가치를 평가하는 것은 불가능하다. (3) 창의성은 결과물이라기보다 유형이나 과정으로 이해되어야 한다. (4) 규칙, 기술, 지식 등은 우리를 일반적 사고의 패러다임으로 구속한다. (5) 창의성은 "기술을 **넘어서는 무언가**something more로서, 탁월하고 대체불가능하고, 근본적 해석이 어려운 일종의 창의적인 원리(Bailin, 1988: 3, 원문 강조)"이다.

　바이린은 우리가 비범한 성과를 이뤄내기 위해 사용하는 비판적 사고의 최고 수준이 창의성이라고 주장하며 창의성과 비판적 사고를 분리시키는 것에 이의를 제기했다. 바이린은 창의성을 참신함, 비이성적인 과정, 규칙의 파괴 등으로 규정하기보다 그것의 의의를 밝히는 것에 주목했다. 따라서 창의성은 이전 성과와의 급진적 불연속성만으로 정의될 수 없는 것이다. 바이린의 관점에서 창의적 결과물의 독창성은 그것이 비롯된 전통적 방식을 참고해야만 평가될 수 있다. 바이린은 전통적 관점이 창의적인 시도에 대한 맥락적 이해에 필요하다는 것을 감안한다면, 창의적 성과는 전통적 기준에서 비롯된 객관적 기준으로 평가

될 수밖에 없다고 주장했다. 나아가 그는 창의적인가를 볼 수 있는 유일한 방법은 생성되는 성과물의 측면을 통한 것이라고 보았다. 원칙이 창의성을 제약하는 것만은 아니다. 오히려 지식, 원칙, 기술, 도구들은 우리가 결정을 내리는 데 결정적 역할을 수행한다. 따라서 바이린의 논의에서는 창의성은 본질적으로 규범을 무너뜨리려는 시도가 아닌 것이다. 이러한 관점에서는 우리가 상상력과 기술이 밀접하게 연관되어 있다는 것을 알 필요가 있고, 이것이 창의성을 설명하는 데 도움을 준다는 것을 깨달아야 하는 것이 된다. 바이린에게 있어서 비판적 사고는 우리의 창의적 사고에 중요한 기술을 제공하는 것으로 여기지기 때문이다.

만약 우리가 바이린의 주장을 퀼팅비 은유로 해석한다면, 그는 지식의 퀼트를 구축하는 것이 창의적인, 그리고 비판적인 시도라고 주장하는 것이다. 우리가 원단(우리의 생각)을 자르고 재고 정리할 때 사용하는 자, 가위, 침핀이 우리의 판단을 제한하는 것이 아니기 때문이다. 그것은 우리가 결정해서 결국은 완성될 결과물, 즉 퀼트를 만들 수 있도록 돕는 도구이다. 바이린은 우리가 현재 퀼트를 만드는 데 쓰는 원단의 미적인 요소에만 관심을 갖는 것을 우려한다. 그는 우리가 마음에 드는 원단으로 퀼트작품을 만들 때 이성적 도구가 반드시 필요하다는 것을 인식하지 못한다면 퀼트의 과정을 동경하기만 하는 것이 된다고 보았다. 이성적인 도구들이 있기에 창의적인 지식의 퀼트가 완성될 수 있고 보는 것이다. 그럼으로써 우리는 이 퀼트작품의 창의성이나 중요성을 우리가 구축했던 다른 지식과 비교하며 판단할 수 있는 것이다.

그러나 바이린의 주장에는 의문스러운 부분도 있다. 예를 들어 바이린은 창의성이 새롭거나 독창적인 것을 포함한다고 인정하는 모습을 보인다. 또한 그는 우리가 만든 새로운 것의 차별성이 오래된 것과의 대조를 통해서만 판단될 수 있다고 주장한다. 그러므로 새로운 것은 아무것도 없는 상태가 아니라, 그것이 극복할 수 있는 전통적인 것이 존재하는 상태에서 나올 수 있는 것이다. 여기까지 논의에 대해서, 대다수의 사람들은 창의적인 것의 바탕에 전통적 지식이 자리하고 있다는 것에 동의할 수도 있다. 그러나 바이린은 적합한 전통에 기반한 객관적인 기준에 의해 창의적인 성과가 평가될 수 있다는 그의 주장을 뒷받침하기 위해, 새롭고 독창적인 성과를 특정한 전통의 맥락 내에 위치시키는 우를 범한다. 이러한 비약은 Ⅱ부에서 언급한 많은 학자들과 내가 난제라고 느꼈던 지점이다.

창의적인 작업들이 앞선 작업들과 완전히 불연속적이라고 여기는 것은 오류일 수 있지만, 그것이 전통적인 것이 새로운 것을 판단하는 객관적 기준을 제공할 수 있다는 결론으로 이어지는 것은 아니다. 오히려 그와는 반대로, 기준이란 것은 객관적인 것이 아니라 전통적 사유를 하는 사람들에게 익숙한 문화적 관점에 의해 주관적인 영향을 받아 설정된 것이라고 이해되어야 할 것이다. 예를 들어, 바람직한 예술, 과학, 철학이 무엇인지 판단하는 데 사용되는 기준 등은 주제 영역에 대한 사람들의 이해에 따라 변화된다. 이는 기준이 변할 수 있다는 주장의 근거가 될 수 있을 것이다. 바이린은 특정한 평가 기준이 변경될 수 있다는 것을 인정하는 듯 보이지만, 과학 영역을 지지하는 근거나 예술 영역의 미적 특징에 기초한 판단은 변하지 않는다고 주장한다. 이것은 그가 주장하는 객관적 기준이 되는 것이다.

전통적 견해가 창의적인 시도들의 새로운 의의를 발견하는데 흔하게 활용된다는 바이린의 주장은 옳다. 그러한 주장을 뒷받침할 수 있는 많은 예시가 있다. 그러나 이러한 현상이 반드시 좋은 것은 아니다. 전통적 견해를 근거로 여러 분야의 다양한 독창적 의견들이 창의적 기여로 받아들여지지 못하고, 오히려 질이 낮은 것으로 분류되어 묵살되는 경우들이 있기 때문이다. Ⅱ부에서 논의된 많은 연구자들 또한 그들의 연구 방식에 대한 인식의 부재로 진가를 인정받지 못하고 있는 경우들이 있다. 그들의 연구 성과를 전통적 관점에서 본다면, 유용하고 특별하다고 평가되기보다 기이하고, 놀랍고, 전복적인 것으로 판단될 수 있을 것이다. 발명가들이 그들의 창의적 아이디어에 투자를 받기 위해 투자자들에게 접근하지만, 그들의 비범한 아이디어가 투자자들의 냉소적인 불신으로 인해 아무 지원도 받지 못하는 경우가 더러 있다. 이 것도 이와 유사한 지점일 것이다.

전통이 '객관적 기준'을 제시한다는 의견에 의문을 제기해야만, 사람들은 새롭고 독창적인 무언가를 수용할 수 있게 된다. 바이런은 창의성에 대한 객관적 판단 방법으로서 추론으로 눈을 돌린다. 그러나 그것은 추론에 범접할 수 없는 지위를 부여할 뿐이다. 우리는 추론을 통해 원단을 정리하고 맞추고 고정시킨다. 추론은 우리의 판단에 분명히 기여하지만, 그것이 전적으로 옳거나 객관적인 것이 아니다. 추론은 사람들이 활용할 수 있는 도구일 뿐이며, 사람은 오류가능성을 가진 내재되고 체화된 사회적 존재일 뿐이다. 따라서 추론은 인간이 어떻게 활용하는가에 따라 도움이 될 수도 해가 될 수도 있으며 창의적이거나 파괴적일수도 있는 것이다. 추론은 지식의 퀼팅 과정에 중요한 기여를 하는 도구이다. 그러나 우리는 추론만으로는 아름답고, 새롭고, 창의적인 지식의 퀼트를 완성시킬 수 없다.

바이런의 견해에 대한 또 다른 의문은 그가 창의성에 대해 과정을 배제한 성과 자체로만 인식하는 것과 관련된다. 바이런은 과정과 성과의 뚜렷한 구별을 전제한 상태에서 이러한 가정을 했고, 그의 가정 또한 객관적 기준에 대한 논의를 포함하고 있다. 그는 사람들의 경험과 생각, 앎의 주체와 앎 사이에 뚜렷한 구별이 있다고 가정하는 것이다. 바이린은 이러한 구별을 하는 동시에, 창의적 사고의 과정을 제거한 창의적 사고의 개념을 상정할 수 있다고 가정한다. 그러나 듀이가 주장한 바와 같이, 우리가 창의적 또는 비판적 사고와 같은 개념을 지속적으로 연구할 수 있는 유일한 방법은 그것들의 개념을 실제적 실천의 관점에서 다루는 방법뿐이다. 듀이는 탐구를 탐구자와 탐구 대상 사이의 변증법적 관계, 즉 역동적이고 유연하며 상호적인 관계로 설명한다. 듀이의 주장이 옳다면, 바이린은 성과물로부터 성과를 분리시키는 오류를 범하고 있는 것이다. 우리의 경험은 우리의 생각과 우리의 성과물을 형성하고, 우리의 생각과 성과물은 우리의 경험을 형성하게 한다. 과정과 성과물 사이의 관계에 대한 실용주의 관점의 주장은 이 책 전반에 걸쳐 내가 한 주장이기도 하다.

바늘과 실: 직관

바이린은 다른 이들이 창의적 사고에 대해 "상상력에 과의존, 비이성적인 과정, 규범 파괴, 판단에 대한 보류, 즉흥적 아이디어 생성(Bailin, 1988: 3)" 등으로 특징지어 정의하는 경향이 있다고 보았다. 그러나 그는 "일반적인 논리적 사고와 다른 독특한 창의적 과정이나 사고방식이 있다는 생각(Bailin, 1988: 5)" 자체에 의문을 제기하는 듯 보인다. 바이린의 의문은 창의적 사고와 논리적 사고를 구별하는 학자들의 논의에 대한 의문이기 때문이다. 이러한 구별은 창의적 사고를 전적으로 그저 생성되는 사고로, 논리적 사고를 선택적이며 판단을 수반하는 사고로 여기는 것을 전제로 한다. 그러나 그는 모든 종류의 사고는 발생과 선택의 과정을 수반하기 때문에 창의적 사고와 논리적 사고의 구별은 그렇게 쉬운 과정이 아니라고 주장한다(Bailin, 1988: 67). 이러한 이유로 바이린은 "그렇다면 창의성은 매우 신비롭고 비이성적이거나 독특한 것으로 여겨질 것이 아니라, 그것이 뛰어난 성과들에서 발견되는 한, 오히려 우리의 일상적 사고 과정을 훌륭하게 활용한 것으로 여겨져야 할 것(Bailin, 1988: 85)"이라고 주장한다.

바이린이 창의적 사고를 평범한 사고(이성적 사고)로 격하시키는 대신, 신비화하거나 미학적 관점에서의 사고 등 다른 방식으로 해석할 수도 있었을 것이다. 나는 "과의존, 비이성적인 과정, 규범 파괴, 판단에 대한 보류, 즉흥적 아이디어 생성(Bailin, 1988: 3)" 등의 경향이 있는 창의성을 단순히 이성적 도구를 훌륭하게 활용한 정도로 치부하는 것이 오히려 쉽지 않다고 생각한다. 상상, 감정, 직관 등을 건설적 사고에 활용될 수 있는 가치 있는 도구로 인식하는 것은 우리의 사유에 생life의 에너지를 부여하는 것들을 부정하는 것을 예방할 수 있도록 한다.

직관은 추론만큼이나 건설적 사고에서 중요하게 활용되는 도구이다. 추론이 재료를 바르게 정리하는 데 사용되는 도구라면, 직관은 우리의 생각을 한곳에 모아 그것들을 어떻게 정렬시킬지 고려하는 데 사용되는 도구이다. 직관은 원단 조각을 꿰는 바늘과 실의 역할을 한다. 직관은 우리가 경험을 통해 이해를 넓히도록 하고 그것을 통해 생각과 감정을 전환시키는 것을 돕는다. 퀼팅 과정에서 직관은 우리가 원단 조각들이 어떻게 연결되는지 이해하도록 하고 퀼트의 여러 겹, 즉 위 원단, 아래 원단, 솜층 등의 겹 사이를 이동할 수 있도록 돕는다. 바늘과 실의 역할을 하는 직관이 없다면 우리의 퀼트는 서로 연결되어 있지 않을 것이다. 직관은 이성적 추론과 함께 아이디어를 생성하고 판단하는 것에 도움을 준다. 추론이 우리의 아이디어를 정리하는 고유한 역할을 수행한다면, 직관은 우리의 아이디어가 형태를 갖춰 나갈 수 있도록 돕는 특별한 기능들을 수행하는 것이다.

나딩스와 쇼어Shore, P.가 집필한 『내면의 눈 깨우기: 교육에서의 직관Awakening the Inne Eye: Intuition in Education』(1984)은 건설적 사고를 위해 필요한 직관이라는 도구에 대해 논하기에 훌륭한 교재이다. 역사적으로 직관은 통찰력, 깨달음, 예술적 표현, 향후 예측 등과 관련되어 논의되었다. 직관은 비이성적인 것으로 묘사되었으며 비반성적인 의식의 한 형식으로 여겨졌다. 그리고 오랜 시간 동안 힌두, 그리스, 로마 등 여러 문화에서는 직관에 대해 반드시 사실인 것은 아니지만 지식의 원천인 것으로 여겼다. 직관은 개인적이고 주관적인 것이다(Noddings, & Shore, 1984: 15). 또한 "인간 삶의 총체적인 비전을 제시하고 몸과 마음의 조화에서 비롯된 사유들과 관련(Noddings, & Shore, 1984: 17)"되어 있다. 나딩스와 쇼어는 "직관이란 몸과 마음을 연결하는 지성의 한 부분(Noddings, & Shore, 1984: 204)"이라고 설명하였다. 직관은 추론에 기반한 분석에 저항한다. 추론 기반 분석을 직관에 적용한다면, 직관을 이성적 틀에 끼어 맞추게 되는데, 이것은 가치 없을 뿐만 아니라 불가능한 것이다.[1]

나딩스와 쇼어는 직관을 정의하기 위해 화이트헤드Whitehead, A. N., 칸트, 크로체Croce, B., 쇼펜하우어Schopenhauer, A., 후설 등의 논의를 참고한다. 그들은 직관이 어떻게 우리가 대상에 흥미를 갖도록 하는지, 또

---

[1] 나딩스와 쇼어는 이에 대해 융Jung, C.이 시도한 바 있으나 그것은 실패했다고 지적한다 (Noddings & Shore, 1984: 26).

어떻게 지식 구성의 과정을 역동적으로 만드는지를 시적인 언어로 설명하였다. 직관은 화이트헤드가 대상에 대한 '낭만romance'이라고 부르며 관심을 보였던 것과 관련된다(Noddings, & Shore, 1984: 32). 칸트는 직관에 대해 "앎의 대상에 직접 도달하는 정신의 기능, 즉 직접적 접촉(Noddings, & Shore, 1984: 66)"으로 표현한다. 또한 크로체는 직관을 "개념 대상의 속성으로 방향을 튼 지각(Noddings, & Shore, 1984: 47)", 즉 내면을 들여다보는 것으로 표현한다. 쇼펜하우어와 후설은 진술의 생성과 이해에 대해 직관이 기여하는 것을 강조한다(Noddings, & Shore, 1984: 45). 직관에는 두 가지 중요한 기능이 있다. 그것은 대상을 제시하는 기능과 경험을 가능하게 하는 기능이다. "직관은 지식으로 구축될 수 있는 경험을 가능(Noddings, & Shore, 1984: 49)"하게 하는 것이다. 즉 직관은 대상에 직접 접촉할 수 있는 능력이면서 동시에 그 대상에 대한 진술의 생성에 참여하는 능력이라 할 수 있다.

> 직관적인 방식은 안경 없이 보고, 필터 없이 듣고, 장갑을 끼지 않은 손으로 만지는 방식으로 표현될 수 있다. 정확성, 공정성, 도덕적 선함 등은 직관의 직접적 특성이 아니다. 직관은 그저 전념하고 확신을 갖도록 하는 것에 기여한다(Noddings & Shore, 1984: 57).

나딩스와 쇼어는 '직관과 추론을 세밀하게 구별하여 상호간을 고립시키는 것은 불가능'하다고 주장하며 직관이 추론과 보완적인 방식으로 작동된다고 설명한다. 직관은 선형적, 단계적, 절차적 사고이다. 그것은 분석적이지도 않고 알고리즘을 갖고 있지도 않다. 또한 직관적이라는 것은 지식의 대상, 감각의 대상에 직접적으로 접촉한다는 것을 의미한다. 우리가 직관적인 방식을 사용한다는 것은 "직관의 대상에 완전히 몰입한 것(Noddings, & Shore, 1984: 72)"을 의미하기 때문이다. 그것은 무언가 수용되고 있다는 느낌을 주기도 한다. 추론의 과정에서는 중도에 멈춘다 하더라도 중단한 지점에서 다시 추론을 할 수 있다. 그러나 "직관적 행위가 중단된다는 것은 …(중략)… 사고가 붕괴되었다는 것(Noddings, & Shore, 1984: 69)"을 의미한다. 직관은 완전한 집중과 몰입을 필요로 하며, 만약 그것이 중단된다면 처음부터 새롭게 시작되어야만 한다. "직관적 행위의 목표는 대체로 어떤 실재적인 결과물을 생성한다기보다, 무언가를 이해하는 데에 있다(Noddings, & Shore, 1984: 77)." 다시 말하자면, 우리는 추론과 직관이 생산 지향적 결과에 대한 논의에서 차이를 보인다는 것을 알 수 있다.

나딩스와 쇼어는 추론과 직관을 궁극적으로 구별하는 것은 주관적 확실성과 객관적 불확실성 사이의 긴장에 대한 것이라고 보았다. 나딩스와 쇼어는 직관에 대해 확신에 기반하여 확실하게 종결지을 수 있는 정신의 상태라고 묘사한다. 이것은 직관이 잠정적인 것일지라도 확신의 힘을 갖는다는 것을 의미한다. "직관적 방식이 잘 마무리되면, 성과물에 대한 초기의 우려는 종식되고, 어떻게 실행시킬 수 있을 것인가에 대한 물음만 남게 된다. 그리고 이 질문에 대해 답을 구하는 것은 또 다른 직관적 행위를 촉발시킨다(Noddings, & Shore, 1984: 87). 우리는 직관적으로 답을 가늠할 수도 있고, 무언가를 알고 있다고 확신을 가질 수도 있다. 그러나 우리는 그것에 대한 회의적 태도를 갖기 위해 추론을 필요로 한다. 직관과 추론은 "주관적 확실성과 객관적 불확실성 사이의 생산적인 긴장 상태에서 서로 충돌(Noddings, & Shore, 1984: 89)"하는 것이다.

이러한 나딩스와 쇼어의 직관에 대한 설명은 우리의 경험과 아이디어를 이해하는 데 도움이 되는 원천으로서 직관의 기능을 조명한다. 그러나 직관을 내적 세계와 외적 세계, 정신과 몸 사이의 연결고리라고 묘사한다면, 그것은 정신과 몸, 내적 세계와 외적 세계에 대한 잘못된 이분법으로 재조명될 수도 있다. 나딩스와 쇼어의 설명은 우리의 사적인 자아와 공적인 세계 사이의 뚜렷한 구별을 전제하는 듯하다. 이러한 분리는 이 책 전반에서 자아와 타자 사이의 경계, 안과 밖의 경계를 완화하기 위해 주장되었던 전환적 논의들과 상충된다. 퀼팅비 은유는 각 개인들을 서로에게 영향을 줄 수 있는 공동체 구성원으로 전제하고 있다. 퀼터들의 개별 목소리에 대한 퀼팅비 은유 관점에서의 논의는 개인들이 타자와의 관계에서 자아의식을 발전시킨다는 것을 다시 한번 상기시킨다. 그러나 나딩스와 쇼어가 사적인 것과 공적인 것을 뚜렷하게 구별하는 것은 그들이 주체와 객체가 구별된다는 것 또한 가정하고 있음을 의미한다. 그들이 추론을 객관적 불확실성으로, 직관을 주관적 확실성으로 기술한 것은 직관은 주관적일 뿐이고 이성은 항상 객관적이라는 주장을 뒷받침하는 것이다. 그리고 우리는 Ⅱ부에서 제시된 많은 논의들을 통해 이러한 구별의 오류를 지적하였다.

　지금까지 직관은 우리가 지식의 퀼트를 구축하는 데 도움이 되는, 대체불가능하고 이성기반적이지 않은nonrational 도구로 여겨져 왔다. 그러나 나는 이원론으로 빠지는 것을 피하기 위해 직관을 내적 세계와 외적 세계를 연결하는 것으로 설명하기보다 우리의 사유와 경험을 통해 움직이는 것, 그리고 그것을 이해하고 구체화하는 데 활용되는 것으로 설명하고자 한다. 직관은 우리의 아이디어를 함께 펼치도록 하는 이해의 원천이자 직접적인 반응이다. 직관이 없다면 우리는 감탄스럽고 쓰임새 있는 퀼트 결과물을 갖지 못할 것이다. 이해는 지식을 구축하는 것에 필수적인 것이다. 그러나 그것만으로는 충분하지 않다. 우리에게는 추론과 직관이 필요하다. 우리는 추론으로 원단의 크기를 필요에 맞게 자르고, 직관으로 원단을 꿰맨다. 그러나 지식의 퀼트를 구축하는데 이것만으로도 충분한가? 여전히 그렇지 않다. 우리는 퀼트를 만드는데 사용될 원단 자체가 필요하다. 우리는 추론과 직관을 생성generating과 비평critiquing이라는 가치 있는 행위에 활용할 수 있지만, 그것들은 위해 상상과 감정에 의존한다. 만약 우리가 상상과 감정이라는 도구를 잊는다면, 그것은 원단의 질감, 색감, 패턴의 중요성을 잊는 것과 같다. 우리는 무엇이 우리에게 동기를 부여하고 영감을 주는지, 그리고 무엇이 우리가 아름답고 선한 진리를 성취하도록 하는지 잊을 때도 있다. 그러나 모든 탐구는 감정과 상상으로부터 시작된다고 해도 과언이 아니다.

패턴과 디자인: 상상

상상과 감정은 퀼트를 만드는 데 사용되는 원단material으로 설명될 수 있다. 이 원단들은 퀼터들의 아이디어를 나타내는 것이다. 퀼터들은 퀼트를 만들기 위해 재활용 의류와 오래된 아기 담요부터 최고급 실크까지 다양한 원단을 사용한다. 퀼트에 사용되는 원단들은 다양한 원천으로 만들어지며, 그것은 퀼터들의 경우에도 마찬가지이다. 퀼터들이 가진 모든 경험은 그들의 아이디어와 사유의 잠재적인 원천이다. 퀼팅 원단이 지식을 구축하는 데 활용되는 우리의 아이디어를 묘사하는 것이라면, 우리의 상상은 그 원단의 패턴과 디자인으로 상징되며 우리의 감정은 원단의 색과 질감으로 상징될 수 있다.

바이린은 창의적 사고를 위한 상상의 가치를 인정하면서 상상력이 '창의적 성취의 결정적 요소'라고 언급했다. 그러나 그는 지식, 규범, 연구 방법 등에서 습득한 상상력과 기술에 대해 "기술적 실행 과정에서 발생하는 상상력과 창의적 비전을 발전시키는 기술이 밀접하게 상호연결(Noddings, & Shore, 1984: 109)"되어 있다고 주장했다. 즉, 우리의 기술이 발전할수록 우리가 상상하는 것을 표현할 수 있게 되고 그 표현을 다른 사람들에게 해석해 주는 능력도 발전된다는 것이다.

그린은 상상의 가치와 중요성을 다른 사람들이 이해할 수 있도록 하기 위해 예술, 특히 문학예술을 통한 상상에 대해 연구했다. 30년에 걸친 그의 연구는 상상에 대한 우리의 논의의 거대한 원천이라고 할 수 있을 것이다. 그린의 논의는 제5장에서 이미 다루었지만, 그가 상상에 대해 논의하고자 한 주제가 매우 많기 때문에 본 장에서 다시 논의될 것이다. 그는 우리가 새로운 방식으로 세상을 경험하고, 확장된 의식을 갖고, 개방적으로 우리 주변의 세계를 둘러보도록 권고하는 연구자이다. 나는 지식의 퀼트에 사용되는 상상이라는 도구에 대해 논의하기 위해 그린의 저서 『상상력의 표출: 교육 에세이 *Releasing the Imagination: Essays on Education*』(1995)를 살펴보고자 한다(Thayer-Bacon, 1996b).

그린의 논의를 통해 제5장에서 살펴본 바와 같이, 상상은 공감을 가능하게 하는 것이며, 우리가 대안적 현실을 이해하는데 도움을 준다. 그린은 우리가 세상을 다르게 볼 것, 그리고 서로를 이해할 수 있는 공간을 마련할 것을 제안했다. 그린은 자신의 저서에 대해 '만드는 과정 중에 있는 서사'라고 설명한다. 또한 그는 자신의 목표가 요구되는 특정 보편 세계를 건설하는 것이 아니라 우리의 상상력을 고양시키는 것이라고 밝혔다. 그는 퀼터들이 타인들에게 더 잘 공감하기 위해서는 그들의 상상을 활용해야 한다고 주장하였다. 그는 퀼터가 새로운 방식을 배울 수 있고, 상황을 더 나은 방향으로 재점검할 수 있으며, "상황을 있는 그대로 엄격하게 인정하도록 하는" 유토피아에 대해 설명하고자 한 것이다.

그린의 목적은 "항상 만들어지고 있는 공동체이자 언젠가는 민주주의로 여겨질 수 있는 공동체(Greene, 1995: 6)"를 구현하는 것이었다. 상상은 능동적인 학문의 '관문gateway(듀이의 관점)'이며 열린 가능성이자 '문제 제기problem posing(퍼스의 견해)'이다. 상상은 대안을 탐구하도록 하고 직관을 실현하도록 한다. 그린의 논의는 "상상의 결핍이 어떻게 공동체라고 여겨질 만한 것을 창조하거나 그것에 참여하는 것을 무력화시키는지(Greene, 1995: 37)"를 이해하는 데 도움을 준다. 그는 듀이(1916/1966)의 민주주의 공동체 개념으로 돌아가 우리가 '젊은이들이 참여 가능한 민주 공동체를 상상'할 수 있도록 돕는다(Greene, 1995: 33). 이에 대해 우리는 '그린이 어떻게 퀼터가 서로를 이해하는가'를 보이기 위해 아렌트의 '틈in-between'과 '관계망web of relations' 개념을 활용했다는 것을 이미 살펴본 바 있다.

그린은 어떻게 상상이 단절된 것으로 보이는 부분들을 잇도록 하고, 아무것도 없는 상태에서 패턴을 상상하도록 하며, 원단을 새롭게 배열할 수 있도록 하는지를 보이고자 했다. 그는 우리가 "상상을 중요하게 여기고, 그것을 이해의 핵심으로 여기는 것이 무엇을 의미하는지를 파악(Greene, 1995: 140)"할 필요가 있다고 주장했다. 그는 우리가 '완전히 현존be fully present'할 수 있도록 회유하면서도 '되는 대로 연주(푸른 기타의 은유)하는 것'에 대해서는 거부 의사를 밝혔다. 또한 그는 우리가 예술을 통한 "결정과 행위를 통하여 우리를 구속하는 것들로부터 자유로

워질 것(Greene, 1995: 142)"을 권하고자 했다.

그린은 표상에서 답을 구하고자 문학예술에 관심을 돌린다. 문학예술은 그의 새로운 의식에 영감을 준 표상이기 때문이다. 그리고 그는 자신의 해석이 잠정적인 것임을 덧붙인다. 그는 연구를 통해 예술이 어떻게 타인들에 대한 우리의 이해를 확장시키고 우리의 '개척되지 않은 가능성'을 열어 주는지를 보이고자 했다. 예술은 우리가 다양한 관점을 가질 수 있도록 돕는다. 또한 예술은 우리의 교육과정의 범주를 확장시키고 심화시킬 수 있도록 한다. 그러나 교육과정이 여러 예술의 형태를 다루고 있는 것만으로는 충분하지 않다. '의식적 참여'와 '생각에의 몰두thoughtfulness'가 필요하다. 학생 관점에서 우리는 전시용 예술(Dewey, 1934/1958)이 아니라 경험으로서 우리 삶에 내재한 예술을 배울 필요가 있다. 또한 우리는 우리의 생각을 설명할 수 있도록 하는 예술 비평을 배울 필요가 있다. 이에 대해 그린은 다음과 같이 기술한다. "여러 예술에 대한 정보를 충분히 아는 상태에서의 예술에 참여하는 것은 우리 학생들의(또는 어떤 사람이라도) 상상을 표현할 수 있도록 하고 그것을 즐길 수 있도록 하는 가장 가능성 있는 방법이라고 나는 확신한다(Greene, 1995: 125)."

그린의 논의를 살펴본 사람 중 그가 문학으로 상정하는 것이 광범위하고, 너무 학문적이고 주류적이라고 평가하는 사람들이 꽤 있다. 그들은 그린이 구체적으로 무언가를 읽도록 하지만 그것을 드러내도록 하지 **않는다**는 것을 알아차린 것이다. 많은 사람들은 그린의 예술에 대한 긍정적인 묘사들이 너무 낙관적이고 순진한 견해라고 평가한다. 그 사람들은 우리의 창조적 정신에 예술이란 것이 폐쇄적이고, 역겹고, 혐오스럽고, 모욕적인 면이 있다는 것을 상기시킨다. 그러한 형태의 예술이 존재하는 것은 확실하다. 때문에 그린이 예술의 긍정적인 면만을 강조하는 것은 예술의 가치에 대한 그의 주장을 약화시킬 수도 있다.

그러나 그린은 이러한 문제의식에 대한 해결책을 제시하고자 했다. 그러한 해결책은 때로는 꽤나 도전적이었다. 그는 예술에 잠재한 억압과 고통, 괴로움 등에 대해 예리하고 인식하고 있었다. 그가 하고자 한 것은 진리나 정답을 제시하려는 것이 아니었다. 그린은 우리가 위험을 감수하고 도전할 것을 격려하고자 한 것이다. 그는 퀼터로서의 우리에게 퀼팅 과정에 참여하며 느낄 혼돈을 두려워하지 말 것을 격려했다. 그는 우리가 우리의 상상을 통해 풍부한 감수성을 키우고 수용적인 이해를 할 수 있다는 것을 의심치 않을 것을 권하고자 했다. 이로써 더 큰 통찰력을 가질 수 있을 것이라고 주장하는 것이다.

색과 질감: 감정

지금부터 내가 설명하고 논의하고자 하는 마지막 퀼팅의 도구는 이론적 논의가 가장 더딘 주제이다. 바이린은 그의 텍스트 여러 페이지에 걸쳐 감정에 대해 언급한 바 있다. 그러나 책의 마지막 장에서 단지 한 장 반 정도에서만 감정을 언급하는 정도로 마무리한다. 그 마지막 장은 바이린의 주장에 대한 잠재적 비판을 다루기 위한 부분이었다. 그 잠재적 비판은 이성만을 중시하여 감정을 고려하지 못하는 상황에 대한 우려와 관련된 것이다. 바이린은 그러한 잠재적 비판이 이성과 감정이 대조적이라는 저차원적 관점에 근거한다고 반박했다. 실제로 바이린은 이성과 감정이 "매우 밀접하게 관련되어 있고, 이성에 근거한 평가에는 다양한 감정들이 기초가 되며 인식은 감정으로 가득 차 있기 마련(Bailin: 1988: 127)"이라고 주장했다. 바이린은 감정을 직접적으로 분석하지 않는 대신, 셰플러와 피터Peter, R. S.가 진행한 인식에 감정이 작용하는 방식에 대한 연구를 언급했다. 진리에 대한 **사랑,** 왜곡과 회피의 **모순,** 놀라움에 대한 **솔직함,** 수반되는 불확실성에 대한 **수용성**뿐만 아니라, 새로운 발견을 배우려는 **의지**와 같은 감정들이 우리에게 창의적 성취를 위한 주된 자극인 의문과 호기심을 경험하도록 한다는 것이었다.

사고와 지식과 관련하여 사랑의 가치(Jaggar, 1989/1992; Nussbaum, 1990; Garrison, 1997)와 배려(Thayer-Bacon, 1993; 1997; 1998)에 대해 연구한 몇몇의 학자들이 있다. 또한 감정에 관한 철학적 연구의 대부분은 그것의 윤리적인 측면에 초점을 맞추는 경향이 있다(Gilligan. 1982; Noddings, 1984; Tronto 1993). 이러한 논의에 도움이 되는 볼러Boler, M.의 새로운 연구도 있다(1997; 1998; 1999). 퀼팅비 은유에서 감정은 주로 원단의 색과 질감으로 묘사된다. 감정은 우리의 연구에 요구되는 에너지와 생기를 가장 잘 나타내기 때문이다. 감정은 우리를 동요시키고 움직여 행위하도록 한다. 그것들은 의심, 걱정, 사랑, 증오, 두려움, 놀라움 등의 표현이다. 감정은 우리가 질적 경험에 있어서 자신의 관심을 끄는 것을 선택하기 위해 사용하는 도구이다. 재거(1989/1992)에 이어서 나는 '감정'이라는 용어를 배고픔이나 고통과 같은 육체적 감각만이 아니라 우리가 감정이라고 표현하기도 하는 의도적 예감feeling을 표현하기 위해 사용한다. 너무나 많은 사람들이 예감과 감정emotion을 혼용하여 사용하는 경향이 있기 때문에 나는 의도성을 드러내기 위해 감정뿐 아니라 '감정적 예감emotional feeling'이라는 용어를 종종 사용한다. 볼러는 감정의 동의어로 '연민affect'이라는 용어를 사용했다. 재거나 볼러와 같이 나는 감정을 협력적 구축물collaborative construction, 즉 내재되고 체화된 사회적 존재로서 우리의 상황에 영향을 받는 것으로 묘사하고자 한다.

볼러는 우리가 감정에 대해 무지하며 감정이 대중적인 주제로 여겨지지 않는 경향이 있다고 지적한다. 우리는 감정을 통제하거나 지시해야 하는 비이성적인 것이라고 평가절하하며, 일탈된 '다른 것other'으로 묘사하는 경향이 있다. 그것은 감정을 추론에 대한 이원론적 반대항으로 여기는 것이다. 우리는 감정에 대해 합리적으로 설명하기 위해 생물학적이고 병리학적인 담론을 활용하기도 한다(Boler, 1998). 볼러는 자신의 감정에 대한 연구 논문에서 서구 유럽 사상의 감정에 대한 4개의 담론에 대한 도표를 제시한다(Boler, 1997: 206). 볼러가 제시한 감정에 대한 주요 담론은 이성적 관점, 병리적 관점, 낭만적 관점, 정치적 관점 등 네 가지이다.

먼저 이성적 관점의 담론은 자아를 정신mind의 측면으로 바라보는 것이다. 때문에 이성적 관점의 담론에서 감정은 우리가 통제하고, 투쟁하고, 승리하여 정복해야 하는 것으로 묘사된다. 철학, 과학, 공학, 법학은 모두 감정에 대해 이성적 관점의 측면으로 해석한다. 병리적 관점의 담론은 자아를 구동되고 욕구를 갖는 존재로서 이해하며 감정에 대해서는 불균형적이고, 부조화하며, 교란되고, 무절제한 것으로 설명한다. 감정을 병리적으로 해석하는 학문 분야는 심리학, 사회과학, 의학 등이 있다. 낭만적 관점의 담론은 자아를 마음과 영혼의 관점에서 묘사하는 종교적이고 예술적인 전통에 기반하여 거론한다. 이러한 관점에서 감정은 우리가 이끌고, 변형하고, 견뎌야 하는 것으로, 우리의 인격을 형성하거나 인격의 영향을 받는 것으로 여겨진다. 감정을 낭만적으로 보는 경향이 있는 현대 연구 분야는 예술과 문학이다. 볼러는 정치적 관점의 담론에 대해서는 "역사적으로 가장 최근의 일이며 1960년대 미국의 시민권 운동, 특히 1970년대 근본적 여성주의의의 정치적·교육적 담론의 의식화에서 비롯되었다(Boler, 1997: 207)"고 설명한다. 그것은 해방, 자유, 자기 결정, 희생, 저항의 관점에서의 감정이다. 감정을 정치적 담론으로서 해석하는 현대의 사회 이론은 여성주의 이론과 포스트 구성주의 이론 등을 들 수 있다(Boler, 1997: 205~207).

볼러는 "여러 학문 분야에서 감정이 어떻게 개념화되어 왔는지에 대한 역사적 개관(Boler, 1997: 205)"을 제공하고자 했다. 철학적 논의에서는 고대 그리스로 거슬러 올라간다. 감정에 대해 아리스토텔레스는 훈련 가능한 도덕적 습관으로 설명했고, 플라톤은 정열적인 욕망으로 설명했다. 그러나 우리는 철학보다는 심리학에서 감정에 대한 더 다양한 논의를 찾아볼 수 있다(누스바움Nussbaum, M.은 아리스토텔레스의 관점을 대표하는 현대의 철학자이고, 게리슨은 플라톤의 에로스를 탐구한 바 있다). 볼러는 철학적 담론에서 드러나는 감정에 대한 네 가지 측면을 다시 기술한다. 심장 박동과 같은 감정적 '느낌feel'에 초점을 맞춘 감각적·생리적 측면(제임스, 데카르트), 감정을 통해 행동과 행위와 표현을 예측할 수 있다고 여기는 행동적 측면(다윈, 스키너Skinner), 판단의 가치로서 감정을 바라보는 평가적 측면(사르트르Sartre), 언어 분석 또는 감정 표현의 논리와 관련하여 논의하는 개념적 측면(Boler, 1997: 209) 등이 그것이다.[2] 볼러는 이러한 네 가지 측면 모두 '정신과 몸의 구별을 전제하는 고질적 서구식 관점'에 중심을 두고 있다고 주장했다. 또한 그는 이러한 고질적인 이원론에서는 일부 감정을 비이성적인 것으로 여기는 논의나, 감정의 가치를 과대평가하려는 시도에서조차 '이성'만이 그것을 판단할 수 있

---

2) 볼러는 칼훈과 솔로몬Calhoun & Solomon(1984)의 연구를 이 네 측면에 대한 출처로 밝히고 있다.

는 도구로 여겨지는 경향에 대해 지적하였다(Boler, 1997: 209).

볼러는 감정을 사적이고, 개인적이고, 자연적이고, 보편적인 것으로만 여기는 관점에 대항하여, 감정에 대한 바람직한 이해 방식으로서 여성주의에 입각한 연구와 후기 구조주의적 시도들을 참고할 것을 제안한다(Boler, 1997; 1998). 이는 내가 주장하는 바이기도 하다. 제5장에서 살펴본 바와 같이, 재거 또한 감정이 '자연적'이거나 '보편적'이지 않다는 것을 주장했다. 재거는 감정의 역사적 맥락을 설명하면서, 어떤 문화에서는 공공연하게 표현되는 낭만적 사랑의 감정들이 어떤 문화에서는 표현되지 않는 것을 예로서 제시했다(Jaggar, 1989). 제6장에서 살펴본 바와 같이, 그로즈와 보르도는 우리에게 내재한 사회성이 어떻게 우리 몸의 표현에 감정적 의미를 더하여 의미를 구축하도록 하는지 보이고자 했다. 이는 감정을 온전히 사적이고 개인주의적인 것으로 여기는 관점에 대한 저항이었다(Grosz, 1993; Bordo, 1989). 볼러는 수치심이나 비통함을 논의하는 다른 여성주의 연구3)를 보이며, 감정이 어떻게 공적으로 구축되는 것인지를 보이고자 했다(Boler, 1997; 1998). 또한 볼러는 표현주의expressivist적인 감정 이론을 제안하기도 했다(Boler, 1998). 볼러는 다음과 같이 주장한다. "내가 언급하는 표현주의는 언어적인 면에서뿐만 아니라 육체적이고 본능적인 감정 표현을 포함하는 개념이다. 표현주의 이론에서는 우리 육체의 안팎이 타자와 마주할 때 표현이 유발된 것으로 이해될 수 있다(Boler, 1998: 417).

볼러는 감정에 대한 기존 논의에는 감정의 정치적 면에 대한 체계적

---

3) 볼러(1997, 1998)는 수치심에 대한 바트키Bartky, S.(1990)의 연구를, 비통함에 대해서는 캠벨 Campbell, S.(1991)의 연구를 참고하였음을 밝힌다. 또한 볼러는 표현주의적 관점을 옹호한 캠벨을 인정하며 이를 수용하는 모습을 보인다.

이고 철학적인 설명이 누락되었다고 지적한다. 이러한 그의 주장은 매우 의미가 있기에, 나는 볼러와 나를 포함한 다양한 학자들이 감정에 대해 지속적으로 연구할 것을 기대하고 있다. 우리는 감정의 가치를 드러내고자 하는 우리의 연구 과정에서 몸과 정신에 대한 잘못된 이분법을 재현하거나 이성과 비이성이라는 이분법 관점의 논의를 지속하여 이성의 신화를 재확립하지 않도록 주의해야 한다. 그러한 실수에 대해 바이린은 이성에 대한 빈약한 견해에 바탕을 두고 있는 오류라고 보았다(Bailin, 1988). 나는 거기에 감정에 대해서 또한 마찬가지라고 덧붙이고 싶다.

본 장에서는 로댕의 〈생각하는 사람〉의 표상과 대조하여, 퀼팅비 은유가 지식 구축의 본연에 더 가까운 은유임을 보이고자 하였다. 이 두 가지 시각적 표상은 비판적 사고를 전환시키는 과정에 있을 수 있는 영향들을 예측하는 데 도움을 주었다. 퀼팅비 은유는 지식 구축 과정에 대해 더 풍부한 설명을 제공하는 표상이다. 퀼팅비 은유는 지식 퀼트에 사용될 수 있는 도구뿐만 아니라, 그것에 기여하는 사람들에 대해서도 더 포괄적으로 논의할 수 있도록 한다. 두 은유를 계속적으로 대조하면서, 우리는 건설적으로 사유할 때 사용되는 특정 도구들에 주목하였다. 이에 대해, 나는 제9장에서 우리의 퀼팅비 도구가 단지 특정 지식의 퀼트를 창조하는 데에 활용되는 것만이 아니라고 주장하고자 한다. 퀼팅비 도구들은 퀼터가 지식 구축 과정에 참여하기 위해 필요한 기술을 개발하는 데에도 중요하게 활용된다. 제9장에서 나는 더 넓은 관점에서 퀼터들이 퀼팅비의 적극적 구축자가 되도록 하는 기술들, 특히 관계와 의사소통 기술에 대해서 논의할 것이다.

제9장

건설적 사고

제8장에서 바이린의 논의를 통해 살펴본 바와 같이, 전통적인 서구 유럽의 비판적 사고 이론들은 사유의 결과에 초점을 맞추는 경향을 보였다. 이 이론들은 비판적 사고를 이성 기반 추론이라는 우월한 도구에만 의존하여 진행되는 것으로 보았으며, 편향되지 않고 중립적이고 객관적이고 보편적인 행위로 제시하였다. 이성적 추론을 사용하는 전통적 비판적 사고는 사유를 판단하는 보편적 기준을 상정함으로써 우리가 가진 의문에 답하고, 우리의 문제들을 해결해 주며, 진리라 할 만한 것을 드러내는 것으로 여겨졌다. 때문에 비판적 사고를 어떻게 정의할 수 있는지, 또 어떻게 가르칠 수 있는지를 연구하는 데에 많은 철학적 시간이 소비되었다. 뿐만 아니라 논리적 사고를 위한 공식적 또는 비공식적 논리 수업이 학생들의 비판적 사고력 습득에 얼마나 기여하는가에 대한 논의에도 많은 시간이 소비되었다.

비판적 사고의 결과에만 관심을 갖는 비판적 사고 이론은 비판적으로 생각하는 과정과 비판적 사유 주체에 대해 논의하는 것을 평가절하하는 경향이 있었다. 1980년대에 들어서야 사유의 주체에 대한 논의가 비판적 사고 이론에서 다루어졌지만, 그것은 대체로 부정적인 방식으로 진행되었을 뿐이다. 왜냐하면 연구자들은 바람직한 비판적 사유자가 되기 위해서는 특정 기질이 필요하다고 여겼으며, 이러한 기질이 있어야만 비판적 사유자가 수업 상황에서 배운 비판적 사고를 실제 생활에서 적용할 수 있다고 믿었기 때문이다. 이렇듯 비판적 사고의 결과에만 초점을 두는 관점은 인식 주체와 인식 대상이 분리될 수 있다는 잘못된 철학적 가정을 전제한다. 사람들과 그들의 생각이 분리될 수 있다는 믿음은 개념idea 자체가 생명력을 가진 것으로 여겨지도록 했으며, 사유자들은 부수적이거나 이차적인 것으로 여겨지도록 했다. 이는 비판적 사고의 결과만이 가치 있으며 그 과정에서의 행위는 중요하지 않다는 그릇된 신념의 근거가 되었다.

내가 좋은 추론과 동일시되는 비판적 사고 자체를 가치 없다고 주장하는 것은 아니다. 우리는 지난 두 장에서 추론이라는 사유의 도구가 중요하다는 것에 대해 이미 논의했다. 추론의 도구를 통해 우리는 다른 견해에 대해 비판적으로 논의할 수도 있고, 새로운 아이디어를 창출할 수도 있다. 그러나 추론이라는 도구가 상상, 감정, 직관과 같은 다른 중요한 도구의 도움 없이 이러한 훌륭한 작업을 수행할 수 있는 것은 아니다. 기존의 비판적 사고 이론은 이러한 다른 중요한 도구들을 평가절하하며 추론이라는 도구만을 강조하는 경향이 있었다. 나는 비판적 사고의 전환을 주장하며, 전환된 비판적 사고를 이전의 논의와 구별하기 위해 '건설적 사고'라고 명명하여 논의를 이어가고 있다.

나는 또한 전통적인 비판적 사고 이론이 기초하고 있는 여러 가지 잘못된 가정들에 대해 논의한 바 있다. 그중 한 가지는 인식 주체들이 지식이라 여겨지는 것과 분리될 수 있다는 가정이었다. 이러한 가정에 대해, 나는 비판적 사고 개념을 건설적 사고로 전환하여 해소할 것을 주장해 왔다. 나는 건설적 사고 이론의 전면에 '인식 주체는 지식과 분리될 수 없다'는 실용주의적 가정을 전제하고 있다. 건설적 사고의 이러한 중심적 가정은 기존 비판적 사고 개념이 편향성을 내재한다는 주장의 근거가 되었다(Thayer-Bacon, 1992). 나의 의도는 비판적 사고가 문제를 해결하고 주장을 정당화하는 것에 기여한다는 것을 부정하려는 것이 아니다. 나는 비판적 사고를 절대적인 지위를 갖는 도구가 아닌, 건설적 사고에 필요한 여러 가지 도구 중 하나로 여기고자 하는 것이다. 비판적 사고는 건설적 사고를 하는 데 유용한 도구이지만, 해를 주는 도구가 될 수도 있다. 비판적 사고가 객관적이고 중립적이라는 명목하에, 타인에 대한 여러 가지 파괴적인 폭력들을 자행하기도 했기 때문이다.

비판적 사고의 편향 가능성이 인정된다는 것은 탐구의 종말을 의미하는가? 제1장의 말미에 우리가 논의했던 것들을 돌이켜 보면, 바이린(1990)을 포함한 많은 학자들은 비판적 사고의 여러 가지 개념들과 우리가 믿었던 것들을 포함하는 모든 형태의 비판적 사고들의 편향성을 인정하는 것은 곧 우리가 의존해 왔던 보편적 기준의 결함을 인정하는 것과 같다고 여겨질 것을 우려했다. 우리가 완전하고 결점이 없고 편향되지 않은 보편적 기준을 갖지 못하기에 우리의 견해를 정당화하거나 보완할 수 있는 방법을 상실한 것과 마찬가지라고 해석했기 때문이다. 무언가를 정당화하거나 보완하기 위해서는 그것의 근거가 될 수 있는 정당성legitimacy이 담보된 기준이 필요하다. 때문에 그들은 우리의 관점을 정당화하거나 보완할 수 있는 수단이 없다는 것을 타인과 나의 관점을 비교하여 평가할 수 있는 일반적이고 보편적인 기준이 없다는 것으로 해석하는 것이다.

그러나 이러한 우려들에 대해 나는 다음과 같이 질문하고 싶다. 우리가 가진 적이 없던 것을 상실한다고 해서 어떻게 우리의 탐구가 끝날 수 있는가? 진짜 우리가 상실한 것은 보편적이고 객관적인 것으로 여겨지는 평가 준거에 대한 환상일 뿐이다. 우리가 기준이라고 여기던 것은 오류가능성을 내재하며, 제한적이고, 맥락의 영향을 받는 인간에 의해 만들어진 것이었다. 그렇기에 계속적으로 결함이 발견되기도 했고, 재논의가 요구되기도 했다. 그럼에도 불구하고 탐구에 의지를 가진 연구자들이 존재하는 한 연구는 계속된다. 오히려 비판적 사고의 편향가능성을 인정함으로써 우리는 겸손함, 자기 성찰과 자기비판, 그리고 타인의 관점과 견해를 수용할 수 있게 된다는 점에서 엄청난 이득을 얻게 될 것이다.

듀이의 조언에 의하면, 어떤 개념을 세심하게 재검토하기 위해서는 '그것it'의 실현practice과 관련하여 '그것'을 바라보아야 한다(Dewey, 1934/1957). 나는 그의 조언에 따라 건설적 사고를 실현시키기 위하여, 그것에 대해 면밀히 탐구하고자 한다. 어떤 개념이 그것의 실현에 영향을 미치듯 건설적 사고의 실현 또한 건설적 사고의 개념에 영향을 미친다. 건설적 사고의 실현에 관심을 가짐으로써, 우리는 서구 유럽의 전통적 비판적 사고 패러다임의 수준을 넘어서는 비판적 사고의 전환으로서 건설적 사고에 대해 논의할 기회를 갖게 될 것이다.

우리는 서구 유럽의 전통적인 패러다임이 지식과 그것의 인식의 주체를 단절시킴으로써 지식 자체만 중요한 것으로 여겨지게 하여, 지식을 구축하는 과정에 대한 통찰력을 상실하도록 했다는 것을 논의하였다. 지식 구축 과정을 고려하기 위해서는 인식의 주체, 즉 우리의 퀼터들을 염두에 두고, 퀼팅하는 과정에 주의를 기울여야 한다. 그리고 나는 퀼터와 퀼터들이 지식을 구축하도록 하기 위한 기술에 대해 논의하였다. 또한 퀼트 공동체가 개별 퀼터들이 이러한 기술을 습득하도록 하기 위해 무엇을 지원할 수 있는가에 대해 논의하였다. 나는 이제 언제나 구축의 과정 중에 있다고 볼 수 있는 민주공동체로서의 퀼팅비에 대해 논의하고자 한다. 또한 퀼터들이 지식의 구축 과정에 적극적으로 참여할 수 있도록 도울 수 있는 의사소통과 관계맺음 기술에 대해서도 논의를 이어갈 것이다. 이로써 나의 연구를 정리하며, 다음 주제를 통해 단절과 고착에 저항하면서 나의 주장을 마무리할 것이다.

늘 구축의 과정 중에 있는 민주 공동체로서의 퀼팅비

우리 모두는 다양한 형식의 공동체, 퀼팅비의 일원으로 삶을 시작한다. 우리는 공동체로부터 큰 영향을 받는다. 우리는 우리의 언어와 문화, 심지어 각 개인의 정체성까지도 공동체를 통해 학습한다. 그렇다고 이것이 우리가 우리의 공동체들에 의해 사회적으로 결정된다는 것을 의미하는 것은 아니다. 듀이(1916/1966)의 발자취를 따라, 나는 타자와의 관계에 대해 교류적 관점을 지지해 왔다(Thayer-Bacon with Bacon, 1998: chap. 1). 개인은 공동체에 영향을 미침으로써 그들 스스로에 영향을 주어 변화를 일으킬 수 있다. 그러한 영향은 일방적인 것이 아니다. 퀼팅비 공동체가 우리에게 영향을 미치듯, 우리도 퀼팅비 공동체에 영향을 미치는 것이다.

그러나 모든 퀼터들은 가벼운 신체적 또는 심리적 학대에서부터, 공동체로부터의 배제 또는 추방의 극단적 고통에 이르기까지 공동체가 줄 수 있는 위해에 취약하다. 특히 어리고 새로운 퀼터들은 이러한 위해에 극도로 취약하며 스스로를 보호할 수 있는 방법 또한 제한적이다. 소수의 목소리를 대변하는 퀼터들도 이러한 위해에 취약하다. 어린 아이인 공동체 구성원이 있다면 아마 그는 스스로 자신의 목소리를 발달시키기 어려울 뿐만 아니라 신체적 또는 감정적 학대로부터 자신을 보호할 수 있는 방법을 알지 못할 것이다. 그들은 말대답talk back하거나 자신의 관점을 확장시킬 수 있을 만큼의 충분한 경험이나 확신을 갖고 있지 않기 때문이다.

퀼터 공동체에 새로 편입된 퀼터는 이미 자신의 개별 목소리를 가지고 있을 수 있지만, 자신의 목소리를 이 새로운 공동체의 언어로 번안할 수 있을 만큼 언어 유동성fluidity을 갖고 있기는 어렵다. 따라서 그들이 다양한 경험치와 자신감을 가지고 있다고 하더라도, 자신들의 과거를 현재의 공동체 상황과 연관 지을 수 있는 방법에 대한 이해가 부족해 폭력적이고 억압적인 상황에 노출되기 쉽다. 때문에 만약 그들이 소수의 관점을 대변하는 공동체의 구성원이라면 자신들의 다른 견해들에 대해 성가시고, 비논리적이고, 비정상적이고 열등하다고 평가절하당할 수도 있을 것이다.

퀼팅비는 퀼터에게 위협적이고 파괴적인 형식으로 다가갈 수도 있지만, 유익하고 그들을 지지하는 방향의 형식을 취할 수도 있다. 어떤 퀼팅비 공동체는 새로운 퀼터에 대해 유연하고 개방적이고 우호적으로 대하며 새로운 퀼터를 지속적으로 모집한다. 그들은 차이를 넘어 연대하는 것에 전념한다. 어떤 퀼팅비 공동체는 누가 퀼터가 될 수 있는

가에 대해 매우 폐쇄적이고 제한적인 입장을 취한다. 그리고 또 어떤 일부 퀼팅비 공동체는 너무 구조화되고 선진화된 나머지, 퀼팅 과정에 기여하고자 하는 퀼터들을 단념시킬 수도 있다.

우리의 퀼터들은 공동체 구성원으로서 자신들의 삶을 시작한다. 그렇기에 그들이 지식의 퀼트를 구축하는 것에 기여할 수 있는 기회는 그들의 공동체 경험의 질에 기초하게 된다. 때문에 우리는 퀼터들이 공동체에 기여할 수 있는 가능성과 능력을 뒷받침할 수 있도록 하는 다양한 조건을 검토할 필요가 있다. 그 첫 번째 조건은 다원성 수호의 책임감을 갖고, 내부자와 외부자의 구별 없이 모두가 퀼팅비 구성원으로서 퀼트 구성에 기여할 기회를 가질 수 있어야 한다는 것이다. 다원성을 수호할 책임이라는 것은 우리가 퀼터 간의 차이를 받아들이고 각각의 가치를 인정할 수 있어야 한다는 것을 의미한다. 그리고 두 번째 조건은 우리가 모든 퀼터에게 지식 구축에 기여할 수 있는 동등한 기회를 제공할 수 있도록 하는 민주적 의지를 다져야 한다는 것이다.

모든 사람이 같은 방식으로 다원적이고 민주적인 의지를 다지기는 어려울 수 있다. 그러나 우리가 계속적으로 상상하고 직관을 발휘하고 감정을 갖고 추론하는 한, 지식 구축에 기여할 수 있는 방법은 무한히 다양하다. 그리고 모든 방식의 기여는 동일한 지평에서 평가될 것이다. 우리의 기여 하나하나가 모두 가치 있게 여겨진다고 해서 우리의 모든 사유가 퀼트의 무늬에 모두 유효 부분으로 활용된다는 것은 아니다(순진한 상대주의naive relativism). 그러나 모든 퀼터들의 아이디어가 유용 가능성을 잠재한 것으로 고려될 기회를 갖는다(제한적 상대주의qualified relativism). 퀼터들은 배려받아야 하며 그들의 아이디어는 수용적이고 관용적인 태도로 고려되어야 한다.

또한 퀼터들의 아이디어는 퀼터 공동체에 의해 비판적으로 논의될 수 있어야 한다. 퀼터 공동체는 퀼트의 완성을 위해 어떤 아이디어를 사용하고, 어떤 아이디어를 사용하지 않을 것인지 결정해야 한다. 이 지점에서 이 다원적이고 민주적인 공동체는 소수의 의견을 억압하지 않기 위해, 확장된 사고enlarged thinking에 전념할 필요가 있다(Benhabib, 1992: chap.5). 확장된 사고를 통해 우리는 타인의 관점을 이해하기 위해 노력해야 한다는 것을 상기할 수 있다. 또한 이를 위해 타인의 목소리로써 전달되는 타인의 관점에 귀 기울일 필요가 있다는 것을 상기할 수 있다. 따라서 우리 공동체는 서로를 이해하기 위해 노력하며, 반드시 서로의 목소리에 동의하는 것이 아닐지라도 모두의 목소리를 신중하게 고려해야 하는 것이다. 우리의 퀼팅비 공동체는 제4장에서 그린 이 설명한 것과 같이, 그리고 제6장에서 논의된 차이의 연합과 같이, 다원적이고 민주적인 공동체이다.

우리가 우리의 퀼팅비를 다원성을 지향하는 민주공동체로 만들기 위해서는, 퀼팅비의 환경과 그 안에 내재된 권력 관계에 대해 신경 써야 할 것이다. 서로의 다름을 가로지르는 공동체에 내재한 권력 관계에 관심을 기울이는 것은 그에 잠재하는 많은 문제와 위기를 예방할 수 있게 할 뿐 아니라, 우리의 인식과 이해를 확장시키는 것에 도움이 된다. 다원주의의 가치와 민주주의에 대한 가치를 포용한 공동체가 자신들이 포용한 바로 그 가치를 훼손시키는 것은 바람직한 일이 아닐 것이다.

그렇다면 우리가 계속해서 경계해야 할 공동체의 잠재적 문제와 위기는 무엇인가? 첫 번째는 우리 자신의 개별적 관점에 공동체의 문화가 영향을 미칠 수 있다는 사실이다. 어떻게 하면 세뇌에 대한 우려와 사회결정론적 비판들을 해소할 수 있을까? 만약 우리가 공동체의 영향을 받아 체화되고 형성되는 존재라면, 어떻게 우리는 공동체가 개인에게 부과하는 억압과 제약을 극복할 수 있게 되는가? 무엇이 우리의 퀼팅비 공동체가 타인들의 목소리들을 일률적으로 결합시키고 통합시키는 주체가 되지 않을 수 있도록 담보하는가? 이러한 불안은 현대의 다원적 민주공동체에도 예외 없이 존재하는 듯하다. 우리는 결코 모든 불안을 없애지 못할 것이며, 불안을 없애는 것이 우리가 지향하는 목표라여기지도 않는다. 변화 없는 공동체, 차이가 허용되지 않는 공동체는 지속적인 성장의 가능성을 갖는다고 보기 어렵기 때문이다. 우리는 우리의 퀼팅비 공동체에 내재하는 차이를 하나로 수렴하고자 해서는 안된다. 우리가 지향해야 할 것은 근본적radical인 관점에서의 민주주의인 것이다(제3장 참조).

퀼팅비 공동체에는 다양한 문화와 다양한 연령대의 가지각색의 사람들이 모여 있다. 우리는 어떻게 정의와 배려를 실현하는 과정에서 이러한 다양성들을 고려할 수 있는가? 라 메스티자를 위한 공간, 말대답을 위한 공간, 즐거운 세계 여행을 위한 공간(제6장 참조)이 가능하도록하기 위한 우리의 노력들이 훼손되지 않을 것이라는 것을 어떻게 확신할 수 있는가? 어떻게 우리는 차이를 넘어서는 공동체를 구축할 수 있는가? 그리고 우리는 어떻게 널리 깨어있음과 확장된 사고를 독려할수 있는가?(제5장 참조)

우리는 이러한 질문들에 대한 답을 구하기 위해, 또는 우리의 우려를 해소하기 위해, 우리의 퀼터들이 상호간에 서로 의사소통하고 관계맺음하는 방식을 참고할 필요가 있다. 우리 모두는 다양한 사회적, 언어적, 담론적 관행에 위치해 있다. 때문에 우리는 우리의 퀼팅비 공동체 내에서 지속적으로 사회적, 언어적, 담론적 관행을 재검토하고 재

평가해야 한다. 또한 우리는 우리의 공동체가 구성원들의 참여를 독려할 수 있는 방법을 고민해야 한다. 이를 통해 우리는 그동안 늘 지향해왔던 다원적이고 근본적인 민주주의 공동체를 꿈꿀 수 있게 된다.

의사소통과 관계맺음에 대한 기술

감정에 대한 논의는 철학보다 심리학에서 더 활발하게 진행되었다 (제8장 참조). 또한 주목할 만한 것은 의사소통 또는 관계맺음 기술에 관한 연구들 또한 철학보다는 상담 분야에서 주로 논의되었다는 점이다 (Thayer-Bacon & Bacon, 1998: chap. 4). 나는 이 또한 지식knowledge과 인식의 주체knower를 분리시키려는 철학적 경향과 지식이라 여겨진 것known에 대해 논의하고자 하는 철학자들의 경향이 반영된 결과라고 생각한다. 초월적인 지식을 가정하고 그것에 근거한 것에 대해 논의하는 전통적 철학자들은 인식 주체, 그리고 인식 주체가 지식을 구축하는 방식에 대해 관심을 갖지 않았다. 철학이 실패한 이유는 퀼터로서의 우리 자신에 대해 관심을 갖지 않았기 때문이다. 인간을 논의의 중심에 둔 다양한 연구 분야가 생겨나고 이에 대한 여러 논의가 진행되는 중에도 철학은 그러한 변화를 수용하지 못하는 모습을 보인 것이다.

때문에 제8장에서 논의한 건설적 사고의 도구에 대한 논의보다, 제9장을 통해 기술하고자 하는 의사소통과 관계맺음 기술에 대한 분석적 논의가 더 어렵게 느껴지는 지점이 있다. 의사소통과 관계맺음 기술은 서로 긴밀하게 연결되어 있으며 상호 보완적이다. 우리는 서로 상호작용하면서 의사소통하는 방법과 관계맺음의 방법을 배운다. 이러한 이유로 나는 이것들을 함께 논의할 것이다. 우리는 사회적 존재이며 지식의 퀼트는 우리의 사회적 활동으로 구축된다. 퀼팅비에 기여하고자 하는 사람이 있다면, 그에게는 의사소통과 관계맺음의 기술이 필요하다. 의사소통과 관계맺음의 기술을 더 잘 이해하기 위한 우리의 논의는 퀼팅비 공동체의 다원성과 민주성을 지지하며 구성원의 퀼팅 참여를 도울 것이다.

나는 의사소통 및 관계맺음 기술과 관련한 철학적 논의에서 고대 그리스의 철학적 영향을 받은 '기질disposition'이나 '미덕virtue'이라는 용어 대신 '기술skill'이라는 용어를 사용할 것이다. 이는 타인과 소통하고 관계 맺는 방식의 정답을 가정하지 않기 위함이다. 다양한 사람들이 존재하는 것처럼 의사소통 및 관계맺음의 방식 또한 다양하다. 우리는 자신의 문화 안에서 의사소통 및 관계맺음의 방식들을 습득하기 때문에 소통과 관계에 대한 이러한 논의는 개개인의 담론적 실천과 존재 방식에 영향을 받을 수밖에 없다. 의사소통과 관계맺음에 대한 논의는 맥락 간에 차이가 있을 수 있다는 것과 맥락의 영향을 인정한다는 점에서 신중해야만 한다. 무언가를 무조건 옳다고 가정할 수 없는 것이다. 이러한 이유로 나는 의사소통과 관계맺음의 맥락적이고 실제적이고 문화적인 차이를 강조하기 위해 '미덕'이라는 용어보다는 '기술'이라는 용어를 사용하고자 한다.

우리는 버블레스와 라이스Rice, S.의 소통과 미덕에 대한 연구를 통해 미덕이나 기질에 관한 문제를 살펴볼 수 있다(Burbules, 1993; Burbules & Rice, 1991; Rice & Burbules, 1993). 그들은 듀이의 논의를 지지한다. 듀이의 논의는 의사소통과 관계맺음이 우리의 사고 능력에 영향을 미친다는 주장의 원천이 되었다. 그러나 한편으로 그들은 아리스토텔레스의 논의에 의존하기도 했다. 아리스토텔레스는 지적 미덕과 도덕적 미덕에 기인하는 기질적 '소통의 미덕communicative virtue'이 있음을 논리적으로 도출하였다. 아리스토텔레스가 도출한 소통의 미덕은 "인내, 다른 관점에 대한 관용적 태도, 차이에 대한 존중, 사려 깊게 경청하는 마음과 능력, 비평을 주고받을 수 있는 개방성, 정직하고 진실한 자기표현(Rice & Burbules, 1993: 35)" 등이다. 라이스와 버블레스는 이러한 소통의 미덕을 추상적이고 보편적으로 제시하기보다 '우리가 스스로를, 그리고 타인들을 이해하기 위한 실제적 노력과 마주할 수 있도록 하는' 미덕으로 제시하고자 한다. 이러한 미덕은 관계를 맺고 그것을 유지하기 위한 실제적 조건으로 해석되는 것이다.

라이스와 버블레스는 소통의 기술을 미덕으로 표현함으로써 그것이 억압적이거나 파괴적이기보다 민주적으로 사회관계를 조절하는 데 강력한 기능을 하기를 바랐다(Rice & Burbules, 1993). 그러므로 라이스와 버블레스는 소통의 미덕을 보편적 진리로 제시한 것은 아니지만 소통의 미덕과 자질이 의사 결정의 역할을 할 수 있는 권력을 가질 수 있다는 것을 전제하는 듯하다. 이러한 점에서 아르실라Arcilla, R.가 지적한 바와 같이, 라이스와 버블레스의 관점에서는 미덕이 마치 독선적인 권력 의지의 역할을 하는 것처럼 보인다. 아르실라는 이에 대해 다음과 같이 기술한다. "위선의 탈을 쓰고 타자들을 '우리 자신처럼' 맞추려 하는, 보다 일관된 미덕에 대한 담론을 촉발시킬 위험이 있다. 그렇게 된다면 우리를 **그들 자신들**의 기준에 맞추고자 하는 '타자들'은 어떨 것인가?(Arcilla, 1993: 47, 원문 강조)" 이러한 이유로, 우리는 의사소통과 관계맺음의 기술이 갖는 권력을 강화하려 하기보다, 우리가 그러한 권력을 억제할 수 있도록 그것에 대해 잘 이해할 필요가 있는 것이다.

이러한 이유로 나는 의사소통과 관계맺음의 논의에 대한 도덕적 판단을 지우고, 우리가 논의하는 자질들에 대해 다시 검토하고 서술하기 위해 '기술'이라는 용어를 사용하고자 한다. 나는 내 관점에 제한이 있을 수 있다는 것과 내 관점이 나의 맥락성 안에서 이해되어야 한다는 것을 인지하고 있으며, 때문에 나에게 내재된 위상에서 이에 대해 논할 뿐이다. 또한 우리가 분명하고 간결하며 명백한 언어로 소통할 수 있다면 물론 좋겠지만, 나는 우리의 언어가 '명백한 진리'을 표현할 수 있다고 보지 않는다. 나는 아리스토텔레스의 논의에서부터 전제된 표현(시각적, 언어적)의 명백성에 대한 견해나, 인간의 의식 '밖'에 '분리되어' 존재하는 실재reality에 대한 견해를 옹호하지 않기 때문이다(Leach, 1992: 260).

또한 나는 관계적 존재론을 지지하기 때문에 우리가 타인들과의 관계를 내재한 존재라는 의미에서 '기술'이라는 용어를 사용하는 것에 의미를 두고 있다. 관계맺음의 기술을 '기질'로 해석하는 것은 고대 그리스로 거슬러 올라가는 서구 유럽식 관점의 편견이며, 그것은 개인의 자율성을 가정한 표현이다. 버블레스와 라이스가 소통의 미덕을 관계 그 자체의 속성이 아닌 개인의 미덕으로 설명하는 것도 이러한 이유이다. 그러나 이러한 특성을 어떻게 바라볼 것이며, 또 어떻게 규정할 수 있는지에 대한 것은 타인과의 관계와 우리의 상황적 맥락의 영향을 받는다. 예컨대, 우리는 타인과의 관계를 통해 성장하는 사회적 맥락 안에서 '정직하고 진실된 표현'이라 여겨질 수 있는 것들을 배운다(Burbules & Rice, 1992). 그러나 우리가 어떻게 정직하고 진실하게 표현하는가는 결과적으로 매우 다른 방식일 것이다. 리치Leach, M. 또한 버블레스와 라이스에 대해 반박하며 다음과 같은 점을 지적했다. "미덕을 **관계 그 자체**의 특성이 아닌 개인이 '습득', '소유', '실천'할 수 있는 것으로 이해하려면 자유

인본주의 사상의 개인주의적 존재론에 기반하여 논의가 진행되어야 한다. 이는 단지 표현만의 문제가 아니라 행동과 행위를 포함한 개별 인간을 바라보는 세계관을 드러낸다(Leach, 1992: 260, 원문 강조).

이제까지의 논의에서 보았듯, 우리의 삶은 언어와 관련되어 있다. 듀이가 설명한 바와 같이 언어는 '도구의 도구the tool of tools'로서 중추적 역할을 수행한다(Dewey, 1925/1981a).[1] 언어는 보증된 주장가능성으로서 지식을 창조하는 도구이며, 도구로서의 언어는 계속적으로 재도구화된다. 이러한 관점에서 이 책은 비판적 사고에 대한 언어를 재도구화하려는 시도로 이해될 수 있을 것이다. 듀이에게 있어서 언어의 자연적 기원은 공유된 행동에서 비롯된 것으로 여겨진다. 언어는 항상 관계적이며, 공동체에 속한 둘 이상의 존재들이 상호작용하는 방식이었다. 이 두 존재는 상호간의 공통적 의미를 갖고 있다는 공동의 이해를 확립해야 하며, 이는 공유된 행동을 통해 수행된다. 언어의 핵심은 소통이며, 소통에 배타적인 사적 언어가 사용될 수 없기에 소통은 공적인 것이다. 사적인 언어는 우리를 유아론에 빠지게 만든다. 의미meaning는 사회적 행동의 유산이다. 듀이와 나는 의미가 사회적으로 구성된다는 것에 대해 같은 견해를 갖는다. 게리슨이 언급한 바와 같이, 듀이 철학의 핵심은 언어를 "모든 의미 구축에 있어서, 협력적이고 통합된 관계적 소통(Garrison, 1995: 719)"으로 정의하는 것이라 볼 수 있다.

듀이의 의미 행동 이론은 언어의 자연적 기원을 공유된 행동으로 정의한다. 이 '공유된 행동'이 바로 내가 관계적 기술이라고 여기는 것들이다. 이해가 공유되기 위해서는 최소 두 명 이상의 퀼터가 존재해야

---

1) 나는 듀이에 대한 게리슨에게 감사의 마음을 전하고 싶다. 게리슨의 연구를 통해 듀이의 이론을 더 잘 이해할 수 있었다.

한다. 우리의 개별적 목소리와 사고 능력은 우리의 문화적 언어, 도구, 양식의 상호작용을 통해 명료해진다. 또한 우리는 공동체의 사회 언어적인 실천에 참여한다. 이를 통해 우리는 타인의 역할을 수행하며 목소리와 자아의식을 발전시킬 수 있게 된다. 또한 우리가 타인의 입장에서 생각하기 위해서는 상상, 감정, 직관, 추론 등의 도구를 활용하여 타인과의 관계를 수립할 수 있어야 한다.

듀이는 소통과 관계맺음, 그리고 그것들의 중요성에 대한 논의로 그의 대표적 고전 『민주주의와 교육_Democracy and Education』(1916/1966)의 서문을 시작한다. "인간은 서로 공동의 것을 공유함으로써 공동체를 구성한다. 그리고 그들은 의사소통을 통해 그 공동의 것을 공유할 수 있게 된다(Dewey, 1914/1996: 5)." 듀이의 주장과 같이, 우리는 상호간의 의사소통을 통해 공동의 관심사를 확립한다. 서로가 소통하기 위해서는 공동의 언어가 필요하며, 우리는 이 공동의 언어를 관계성에 기반한 공유된 행동을 통해 확립한다. 듀이는 또한 서로의 경험에 대해 소통하기 위해 경험을 표현하는 방법을 알아야 한다고 설명했다. 경험을 표현한다는 것은 "외적인 관점, 즉 타인의 시선에서 경험을 바라보고, 타인이 이것의 의미를 이해할 수 있는 형식으로 변환시킬 수 있도록 다른 이의 삶과 어떤 접점이 있는지 고려하는 것이 필요하다(Dewey, 1914/1966: 6)"는 것을 의미한다. 우리는 처음부터 공동의 언어를 활용한 타인과의 성공적인 의사소통을 통해 확장된 관점을 개발하기 시작해야 한다. 이를 위해 우리는 건설적 사고의 도구가 필요한 것이다.

듀이의 소통과 관계맺음의 기술에 대한 논의를 우리의 퀼팅비 은유즉, 우리의 아주 어린 퀼터들의 요구, 또는 미숙한 새로운 퀼터들의 관점에서 해석해 보자. 부모와 자식은 상호간의 공동 언어를 수립하기보다는 정서적 소통을 통해 언어 이전의 소통 방식을 확립한다. 부모는 갓 태어난 이 공동체 구성원과 배려 관계를 형성하는 것에서부터 관계 맺음을 시작한다. 그리고 우리는 그들이 지식의 퀼트를 구축하는 것에 기여할 수 있을 만큼 정서적, 신체적, 인식적으로 성장할 수 있도록 보살피며 격려한다. 또한 우리는 그들이 자신의 개별적 목소리를 발전시키고 그것을 어떻게 사용하는지 학습할 수 있도록 그들에게 경청하고 그들의 요구에 응답한다. 즉, 우리는 그들이 타인과 자신을 신뢰하고 존중하는 법을 배울 수 있도록 그들과 정서적으로 소통할 수 있는 방법을 찾는 것이다.

볼러는 어떻게 유아와 성인이 정서적인 소통을 할 수 있는지, 또 그것을 어떻게 조율해 가는지에 대해 연구했다(Boler, 1998). 그는 스턴 Stern, D.의 유아 연구를 언급하며 유아가 언어를 습득하기 전에 이뤄지는 정서적 소통 방식에 대해 "합리성과 언어를 특권으로 여기는 시스템에서는 수용된 문화적 권력 체계로 인해 상호간의 정서적 조율과 관련한 것들이 쉽게 해체되거나 무시될 수 있다(Boler, 1998: 424)"는 우려를 표했다. 정서적 조율의 기술은 소통의 원천이자 배려 관계 구축의 원천이기 때문에 퀼팅비 공동체 구성원 모두는 이를 숙지할 필요가 있다. 때문에 우리는 정서의 가치화를 주장할 수 있어야 한다. 어린아이와 새롭게 포용된 퀼팅비 구성원에게만 정서적 가치가 필요한 것이 아니라, 모든 퀼터들에게 지속적인 감정적 소통과 정서적 조율의 기회가 필요하기 때문이다.

우리는 어린아이와 새롭게 포용된 퀼팅비 구성원이 자신들의 개별적 목소리를 발전시켜 퀼팅비 공동체에 기여할 수 있도록 그들의 정서를 돌볼 수 있어야 한다. 또한 우리는 그들의 심신bodymind을 돌봐야 한다. 우리는 우리의 퀼터가 체화된 존재임을 인지해야 하는 것이다. 예컨대 우리는 퀼터의 몸의 요구를 충족시키기 위해 영양가 있는 음식을 먹이고, 위협으로부터 보호하고 휴식을 취하도록 하며, 신체적이고 정신적인 위해로부터 보호하는 등의 문제를 해결할 수 있어야 한다. 기본적인 몸의 욕구를 해소하지 못한 상태에서 지식의 퀼트를 구축하는 것에 기여하는 것은 어린 퀼터나 신입 퀼터가 아닐지라도 불가능한 일일 것이다. 우리가 생존하기 위해 우리의 육체를 돌볼 필요가 있다는 것은 상식이다. 하지만 비판적 사고에 대한 논의에서 비판적 사유자는 육체를 가진 존재로 여겨지지 않는다. 비판적 사유자는 정신의 존재로만 여겨진다. 하지만 II부에서 살펴본 여러 학자들의 논의에서 밝힌 바와 같이 우리의 몸과 정신은 분리될 수 없다. 퀼팅비 공동체가 우리의 신체를 위협하거나 무시하는 상황에 처한다면, 우리는 생각할 수도 말할 수도 없을 것이다. 그것들은 우리의 심신에 엄청난 영향을 미치는 물리적 행위이기 때문이다. 때문에 우리가 아름답고 유용한 지식의 퀼트를 구축하기 위해서, 우리는 퀼터들의 신체적 요구를 주의 깊게 살펴야 한다.

그렇다면 상상은 우리가 소통하고 관계를 맺는 데 어떤 역할을 하는가? 피아제의 논의에서는 나이 어린 퀼터가 이기적으로 사고할 수밖에 없는 것으로 묘사되는 경향이 있다(Piaget, 1966; Thayer-Bacon & Bacon, 1998: 65~68). 피아제는 그들이 자기성찰을 하기에는 미숙하고 자신이 사고하는 대상의 총체를 알기 어렵다고 보았기 때문이다(Piaget, 1966: 137). 피아제의 논의가 맞다면, 어린이들은 자신들과 타인이 서로 다른 관점을 가진 것을 자각할 수 없을 것이다.

피아제는 어린이들이 아직 타인의 말이 자신이 이해한 것과 다른 의미를 가질 수도 있다는 것을 인식하지 못하기에 스스로를 항상 이해된 상태로 여긴다고 가정했다. 피아제는 자신이 '자기중심성'이라는 용어를 쓰는 이유에 대해 여타의 심리학적 연구와 관련지어 설명했다. 그는 특히 블론델Blondel, M.의 병리학적 사고에 대한 연구와 프로이드Freud, S.의 자폐에 대한 연구를 언급했다(Piaget, 1996: 204~205). 그는 여전히 구조적으로 자폐증적으로 보이는 사고일지라도 그것이 지적 적응을 지향한다는 것을 보이는 연구를 찾고자 했다. 여기서 독자들은 피아제의 이론과 침묵의 목소리silenced voices에 대한 밸런키 등의 연구(제4장 참조)와 플랙스의 핵심 정체성core identitiy에 대한 연구 사이의 공통점에 주목할 수 있을 것이다.

피아제는 우리가 사회적 상호작용을 통해 타인과 관계맺음하면서 일차적인 자기중심주의에서 성장할 수 있게 된다고 보았다. 그는 다음과 같이 언급했다. "우리는 타인에게 적응할 수 있는 만큼 우리의 자아를 의식할 수 있게 된다(Piaget, 1996: 210)." 우리는 상상을 통해 타인의 관점을 이해할 수 있게 되고, 그것을 통해 우리 자신의 관점까지 이해할 수 있게 된다. 타인과 소통하기 위해서는 우리가 전달하고자 하는 의도와 관련된 것을 타인이 연상하여 이해할 수 있도록 타인의 관점에 대해 이해할 수 있어야 한다. 성공적으로 의사소통하기 위해서는 우리가 생각하는 것을 타인의 언어로 번안하는 기술을 학습할 필요가 있는 것이다. 그리고 이러한 기술은 상상력을 요하는 과정이다. 즉 타인과의 상호작용을 통해 우리는 자신의 목소리를 발전시킬 수 있으며 동시에 맥락에 따른 관점을 얻게 되는 것이다.

그렇다면 우리의 인지 발달은 퀼터로서의 우리에게 어떤 의미를 갖는가? 의사소통과 관계맺음의 기술은 어떻게 우리의 인지 능력을 향상시키는가? 듀이의 후기 미학 연구가 과학적 방법론에 입각하여 진행된 그의 초기 반성적 사고 이론을 설명하는데 활용될 수 있다는 것은 매우 흥미로운 사실이다(제2장 참조). 이는 게리슨이 듀이의 가장 중요하면서도 주목받지 못한 세 가지 에세이인 「감정적 사고*Affective Thought*」(1926), 「질적 사고*Qualitative Thought*」(1930/1984d), 「맥락과 사고*Context and Thought*」(1931/1985a) 등을 참고하여 기술한 『듀이와 에로스*Dewey and Eros*』(1997)에서 밝힌 논의와 관련이 있다. 듀이의 미적 탐구에 대한 게리슨의 설명을 살펴보면, 듀이와 게리슨이 어떻게 건설적 사고의 도구가 우리의 인지적 기술을 향상시키는지, 또한 의사소통과 관계맺음의 기술이 우리의 인지적 발달에 어떤 영향을 주는지에 대한 부가적인 이해를 돕는다는 사실을 알 수 있게 된다.

게리슨은 듀이의 탐구이론에 '전경foreground'과 '배경background'이 있다고 설명한다. 인지적 사고의 전경에는 아이디어, 규칙, 정체성이 포함된다. 이러한 전경은 "비인지적인 질적 배경에서 자연스럽게 드러나거나 발생한다(Garrison, 1997: 86)." 우리가 인지적 문제 해결이라고 부르는 것이나 듀이가 반성적 사고라고 여기는 것은 전경에 해당된다. 게리슨이 다루는 "욕구, 욕망, 선택적 관심, 공감, 상상 등은 배경이다(Garrison, 1997: 86)." 이 배경들이 내가 건설적 사고의 도구로서 언급하는 것들이다.

듀이는 우리가 경험에서 비롯된 직관과 감정을 통해 공감에 기반하여 '정보data'를 선택한다고 보았다. 그리고 우리의 상상력을 발휘하여 '정보'를 행위 계획으로 전환시킨다. "듀이의 관점에서 모든 탐구는 양적으로든 질적으로든 탐구자의 감정, 직관, 또는 기타 비인지적인 자질들이 어떻게 구조화되는가와 관련이 있는 것으로 해석된다(Garrison, 1997: 101)." 따라서 우리는 처음에는 경험에 대해 질적 총체whole로 존재하지만, 차츰 선택적으로 우리의 특정 경험들에 주의를 기울이게 된다. 상황의 질은 우리 안에만 있거나 환경에만 있는 것이 아니라, 그 둘 사이의 교류에 있는 것이다(Grrison, 1997: 106). 게리슨은 이를 다음과 같이 정리한다. "탐구에 대한 창의적 교류는 필요와 욕구를 만족시키고자 하는 질적 직관에서 시작된다. 또한 그것은 분별과 분석적 선택을 통해 진전되어, 결국 우리의 행위를 유도하는 일상적인 대상, 논리적인 대상, 본질과 진리(보증된 주장) 등을 만들어 낸다(Garrison, 1997: 107)."

이를 우리의 퀼팅비 은유의 관점으로 이야기하자면, 탐구의 전경은 우리가 퀼트를 위해 사용하는 재료, 즉 아이디어들이다. 그리고 탐구의 배경은 우리를 건설주의적으로 사고하도록 하는 도구인 상상, 감정, 직관, 추론 등이다. 우리의 보다 심미적인 도구인 상상, 감정, 직관은 우리가 추론이라는 도구를 활용하여 일반적이고 질적인 경험들에서, 몰입하여 세심하게 측정하거나 자를 수 있는 선별적 경험으로 주의를 전환할 수 있도록 돕는 것이다.

듀이는 각 철학자들이 맥락(각 철학자들이 겪는 편향되고 제한적이며 선별적 과정)을 무시하는 것에 대해 '철학적 오류the philosophical fallacy'라고 보았다. 탐구는 항상 질적 총체qualitative whole에서의 선별로부터 시작된다. '정보'는 원래 총체였던 것에서 반성적으로 분류된 것이다. 정보는 우리의 직관적이고 감정적인 선택의 과정을 통해 선별된다. 이러한 사실을 무시한다면, 우리는 '사실'과 '진리'라 불리는 것에 우리의 지문이 새겨진 것을 잊게 된다. 우리가 다른 사람들과 더 많이 소통하고 관계 맺음할수록 우리는 우리 자신의 선택적 과정에 대해 더 많이 알게 된다. 따라서 우리가 구축한 지식에 대한 우리 자신과 다른 사람들의 영향을 비판적으로 바라볼 수 있게 되는 것이다. 우리의 모든 건설적 사고의 도구는 퀼트의 과정에 필수적으로 요구되며, 우리의 인지 능력을 발달시키는 데에도 도움이 된다. 우리는 도구를 사용하는 방법을 배우면서 동시에 서로간의 교류를 통해 다른 퀼터들의 관점에서 나의 성과를 비판적으로 바라보는 방법을 배울 수도 있다. 만약 우리가 다른 도구들보다 특정한 도구를 선호하고 다른 패턴보다 특정한 패턴만을 선호하는 퀼팅 공동체의 구성원이라면, 이러한 선호도를 학습하게 될 것이다. 우리는 그 공동체에서 다른 선호를 추구하려고 한다면, 추궁을 받거나 외면당하게 될 수도 있을 것이다. 이렇듯 소통과 관계맺음의 기술은 선별의 폭을 좁히고 퀼터의 사유를 오염시킬 수도 있다. 하지만 이는 우리 모두가 우리의 퀼팅 공동체와 함께 성장하고, 학습하고, 확장적인 교류를 하기 위해 반드시 의지해야 하는 기술이기도 하다.

지금까지 우리는 퀼터가 지식의 퀼팅에 효과적으로 기여할 수 있기 위해서는 다른 퀼팅비 구성원과 배려 관계를 맺을 필요가 있음에 대해 논의했다. 나는 배려라는 용어를 관여하고, 소중히 여기고, 수용하고, 관대하게 고려한다는 의미로서 사용하고 있다. 듀이는 배려를 드러내기 위해 '동정적 이해sympathetic understanding'라는 용어를 사용하기도 했다. 우리는 지금까지 논의를 통해 배려 관계가 정서적이고 감정적인 조율과 신체적 안전을 포용하는 개념이라는 것을 입증했다. 더 나아가 우리는 상상이라는 도구가 상호간의 효과적인 의사소통과 공감적 관계를 돕는 공통의 언어를 발달시키는 데 기여한다는 것을 입증했다. 우리는 상호간의 관점을 확대하고, 서로의 맥락을 이해하기 위해서 다른 사람들과 소통하고 공감할 필요가 있다는 것을 이미 알고 있다. 우리는 소통과 관계맺음 기술이 우리의 인식을 향상시킨다는 것 또한 학습했다. 만약 우리가 퀼팅비 공동체에서 다른 퀼터들과 배려 관계를 맺을 수 있다면, 우리는 가능성을 가지고 우리의 차이를 가로지르는 연결고리를 찾을 수 있을 것이다. 그리고 이는 우리가 언제나 진행 중에 있는 다원적이고 근본적인 민주적 퀼팅 공동체를 설립하는 것에 기여할 것이다.

건설적 사고

나는 이 마지막 절을 통해 비판적 사고의 전환을 향한 나의 논의를 하나씩 되짚어보고자 한다. I부에서는 보편적 본질과 인식론적 주체의 개념에 도전하는 것으로 논의를 시작했다. 나는 개인이 진리라는 것에 접근할 수 있다고 가정하는 초월적 인식론에 대해 문제를 제기하면서, 대신 진리에 대해 보증된 주장가능성으로서의 실용주의적 관점을 주장하였다. 또한 인식론적 특권의 가정에 도전하며 다원적이고 역사적으로 우발적인 인식론적 공동체의 사회적 모델을 제시하고자 하였다. 이러한 공동체들은 계속적으로 진화하고, 해체하고, 재결합하는 모습을 보여 왔다. 우리는 우리의 인식론적 공동체 안에서 공동의 근거로써 판단에 활용되는 수정 가능한 기준들에 대해 협의할 수 있다. 나는 절대주의와 상대주의에 대한 이원론의 오류를 주장하며, 모든 지식은 잠정적이며 관점적일 뿐이라는 주장을 함으로써 상대주의에 대한 우려에 대응했다. 따라서 과학과 철학이 가진 절대적 지위는 의심될 수 있으며, 그것에 대한 사회적인 영향력에 의해 조정될 수 있는 것으로 여겨져야 한다고 주장한다.

또한 나는 몸과 정신, 대상과 주체를 분리하는 이원론에 의문을 제기하며 이러한 전제가 야기하는 위험한 문제들에 대해 논의하고자 했다. 나는 지식을 구축하는 존재가 체화되고 내재된 존재로서 단일하게 존재하는 것이 아니라고 주장했다. 오히려 단편적이고 위치지어지며, 형태를 바꾸는 주체로서 타인과의 관계맺음 안에서 내재되고 체화되는, 심신을 가진 존재로 이해되어야 한다. 그리고 나는 지식과 인식 주체에 대한 이분법에 의문을 제기했으며, 사회적 존재로서의 인식 주체와 동적이고 유연하며 상호적인 지식 사이의 변증법적 관계를 주장했다. 내가 Ⅱ장에서 서술한 다원론적인 주체의 특성으로서 오류가능주의는 비판적 사고 이론에서 문화적 영향과 정치적 권력을 다루는 것이 중요하다는 주장으로 이어질 수 있었다. 또한 나는 주체, 젠더, 계급, 민족, 인종과 같은 인간에 대한 사회적 구성 범주를 본질화하려는 시도들의 위험을 고발하였다. 우리는 폐쇄주의와 규정주의에 저항하며, 우리에게 내재한 범주가 불완전한 경계를 지닌 유동적이고 변화가능성을 갖는 비규정적인 지도map로 여겨질 수 있도록 이 연구를 지속해야 한다.

Ⅲ장에서 나는 서구 유럽의 전통적 비판적 사고에 대한 비평가로서 건설적 사고를 배경이 아닌 전경으로 내세우고자 했다. 이 책의 서두에서부터 소개된 퀼팅비 은유는 비판적 사고의 전환으로서 건설적 사고의 서사적인 접근법이었다. 이 서사적 접근으로서의 퀼팅비는 비판적 사고의 전환을 긍정적으로 묘사하며 건설적 사고의 가이드가 되는 표상으로 자리 잡았다. 나는 제7장에서 건설적 사고의 관점이 교실에서 일어나는 많은 활동을 탐구의 형태로 인식하도록 한다는 것을 보여 주었다. 우리가 교실에서 일어나는 많은 활동을 건설적 사고에 기여하는 활동으로 분류한다면, 우리는 그것에 더 잘 접근할 수 있게 되고 그것

을 이해할 수 있게 되며 심지어 그것을 독려해야 한다는 것을 알 수 있게 될 것이다. 우리는 학생들이 서로 대화하는 것을 의사소통과 관계맺음 기술을 연습하며 그들의 관점을 확대하는 과정으로 이해할 수 있게 되었다. 또한 우리는 연극, 음악, 예술을 하는 학생들이 교과서를 읽거나 연구 논문을 쓰는 학생들만큼 건설적 사고의 도구를 활용하고 있다는 것을 깨달을 수 있게 되었다. 우리는 건설적 사고 이론을 통해 교실에서 일어나는 다양한 현상을 더 포괄적인 연구의 형태로 설명할 수 있게 된 것이다.

제8장에서 나는 비판적 사고를 대표하는 표상으로 여겨지는 로댕의 〈생각하는 사람〉을 건설적 사고의 표상인 퀼팅비 은유와 대조했다. 나는 각각의 표상이 기반을 둔 사고 패러다임을 얼마나 잘 드러내는지 여러 가지 가정을 제시하며 논의하고자 했다. 로댕의 〈생각하는 사람〉은 초월적인 철학적 패러다임을 훌륭하게 묘사한 것이었으며, 퀼팅비 은유는 포스트모던적이고 다문화적이며 여성주의적 패러다임을 생동감 넘치게 표현한 표상이었다. 우리의 퀼팅비 은유는 다원적이며 사회적인 모델이다. 퀼팅비는 젊고 새로운 구성원으로 시작되며, 퀼팅비에는 다양한 퀼터들이 참여하고 있다. 퀼팅비 은유는 미적, 실용적 특성들을 제시하며 건설적 사고의 정치적이고 윤리적인 차원을 강조할 여지를 만든다. 또한 우리는 건설적으로 사유할 때 사용하는 도구들에 대해 논의했다. 이 논의는 퀼팅비 은유가 우리의 건설적 사유를 역동적이고 풍부하며 정확하게 설명하고 있다는 것을 드러내었다. 우리는 적어도 상상, 감정, 직관 등의 도구들이 탐구의 수행에 중요한 역할을 한다는 것을 알 수 있었다. 그리고 이 마지막 장에서 우리는 이 작게만 여겨졌던 도구들이 어떻게 우리의 의사소통과 상호간의 이해에 기여했는지

에 대해 배울 수 있었다.

나는 비판적 사고에 대한 우리의 관심을 지식을 구축하는 과정과 그 과정에 참여하는 사람들에게 되돌리려고 노력해 왔다. 나는 그들의, 또는 우리의 공동체에서 경험하는 관계의 질에 관심을 가질 것을 강조했다. 나는 차이를 가로지르는 연대를 구축하는 근본적 민주주의 공동체가 담보될 수 있도록 배려적 관계와 열린 의사소통의 사례들을 제시하고자 하였다.

나는 이 건설적 사고에 대한 이론을 인식론적 공동체의 사회적 모델, 관계적 존재론, 관계적 인식론, 문화적 영향력과 정치권력의 중요성 등을 포용하는 이론으로서 기술하고 있다. 이 건설적 사고 이론은 전통적 서구 유럽의 비판적 사고 이론에 대해서 정치적이고 윤리적인 질문들을 던지며 이러한 질문이 그들의 인식론적 가정과 어떻게 관련되는지를 드러내도록 한다.2) 나는 우리가 어떻게 건설적으로 사고하는지에 대하여, 총체적이고 포괄적이며 힘 있는 이론을 제시하였다. 이와 관련한 퀼팅이 계속될 수 있기를 기대하는 바이다.

---

2) 나는 이 책의 후속 연구로, 건설적 사고 이론이 전제하는 관계적 인식론에 대해 연구할 것이다. 나는 전통 철학이 기반하는 절대주의를 가정하지 않고도 '인식론'에 대해 논의할 것이다. 후속 연구의 제목은 '관계적 인식론A Relational (E)pistemology'이 될 것이다.

참고문헌

Anzaldúa, G. (Ed.). (1990). *Making face, making soul = Haciendo caras: Creative and critical perspectives by feminists of color*. San Francisco: Aunt Lute Foundation Books.

Apple, M. (1996). *Cultural politics and education*. New York: Teachers College Press.

Arcilla, R. (1993). Against polemics, for disarming communiation: Response to Rice and Burbules. In H. A. Alexander (Ed.), *Philosophy of education 1992* (pp. 45~48). Normal, IL: Philosophy of Education Society.

Arendt, H. (1958). *The human condition*. Chicago: University of Chicago Press.

Arendt, H. (1978). *The life of the mind: Vol. 1. Thinking*. New York: Harcourt Brace Jovanovich.

Aristotle, (1961a). *Posterior analytics I and II*. In *Works* [Loeb Classical Library]. Cambridge, MA: Harvard University Press. Aristotle, (1961b). *Prior analytics*. In *Works* [Loeb Classical Library]. Cambridge, MA: Harvard University Press.

Aristotle, (1970a). Nichomachean ethics. In S. Cahn (Ed.), *The philosophical foundations of education* (pp. 107~120). New York: Harper & Row. (Reprinted from *The nicomachean ethics*, H. Rackham, Trans. 1926, Cambridge, MA: Harvard University Press)

Aristotle, (1970b). The politics. In S. Cahn (Ed.), *The philosophical foundations of education* (pp. 121~132). New York: Harper & Row. (Reprinted from *The politics of Aristotle*, Vol. 1, pp. 213~255, B. Jowett, Trans. 1885, Oxford: Clarendon Press)

Audi, R. (Ed.). (in press). *The Cambridge Dictionary of Philosophy*. Cambridge, England: Cambridge University Press.

Bailin, S. (1988). *Achieving extraordinary ends: An essay on creativity*. Dordrecht, The Nether-lands: Kluwer Academic.

Bailin, S. (1990). Belief, doubt and critical thinking: Reconciling the contraries. In R. Page (Ed.), *Philosophy of Education 1989* (pp. 315~319). Normal, IL: Philosophy of Education Society.

Bar On, B. -A. (1993). Marginality and epistemic privilege. In L. Alcoff & E. Potter (Eds.), *Feminist epistemologies* (pp. 83~100). New York: Routledge.

Baron, J. B., & Sternberg, R. J. (Eds.). (1987). *Teaching thinking skills: Theory and practice*. New York: W. H. Freeman.

Bartky, S. (1990). *Feminity and domination*. New York: Routledge.

Bateson, G. (1972). *Steps to an ecology of mind*. New York: Ballantine Books.

Bateson, M. C. (1994). *Peripheral visions: Learning along the way*. New York: HarperCollins.

Belenky, M., Clinchy, B., Goldberger, N., & Tarule, J. (1986). *Women's ways of knowing*. New York: Basic Books.

Benhabib, S. (1990). Epistemologies of postmodernism: A rejoinder to Jean-François Lyo-tard. In L. J. Nicholson (Ed.), *Feminism/postmodernism* (pp. 107~130). New York: Routledge.

Benhabib, S. (1992). *Situating the self: Gender, community and postmodernism*. New York: Routledge.

Berger, P. L., & Luckmann, T. (1966). *The social construction of reality: A treatise in the sociology of knowledge*. Garden City, NY: Anchor Books.

Black, M. (1946/1952). *Critical thinking*; An introduction to logic and scientific method. Englewood Cliffs, NJ: Prentice-Hall.

Blair, J. Anthony. (1987). Recent developments in critical thinking in anglophone North America. *Thinking: The Journal of Philosophy for Children*, 7(2), 2~6.

Boler, M. (1993). *Feeling power: The discourses of emotions in higher education*. Unpublished doctoral dissertation, University of California at Santa Cruz.

Boler, M. (1997, Spring). Disciplined emotions: Philosophies of educated feelings. *Educational Theory*, 47(2), 203~227.

Boler, M. (1998). Taming the labile other: Disciplined emotions in popular and academic discourse. In S. Laird (Ed.), *Philosophy of Education 1997* (pp. 416~ 425). Urbana, IL: Philosophy of Education Society.

Boler, M. (1999). *Feeling power: Emotions and education*. New York: Routledge.

Bordo, S. (1989). The body and the reproduction of femininity: A feminist appropriation of Foucault. In A. M. Jaggar & S. R. Bordo (Eds.), *Gender/body/knowledge: Feminist reconstructions of being and knowing* (pp. 13~33). New Brunswick, NJ: Rutgers University Press.

Bordo, S. (1990). Feminism, postmodernism, and gender-skeptism. In L. J. Nicholson (Ed.), *Feminism/postmodernism* (pp. 133~156). New York: Routledge.

Brown, H. (1977). *Perception, theory, and commitment: The new philosophy of science*. Chicago: Precedent.

Burbules, N. C. (1991, Spring). Rationality and reasonableness: A discussion of Harvey Siegel's *Relativism refuted* and *Educating reason*. *Educational Theory*, 41(2), 235~252.

Burbules, N. C. (1992). Two perspectives on reason as an educational aim: The virtues of reasonableness. In M. Buchmann & R. E. Floden (Eds.), *Philosophy of education 1991* (pp. 215~224). Norman, IL: Philosophy of Education Society.

Burbules, N. C. (1993). *Dialogue in teaching: Theory and practice*. New York: Teachers College Press.

Burbules, N. C. (1995). Reasonable doubt: Toward a postmodern defense of reason as an educational aim. In W. Kohli (Ed.), *Critical conversations in philosophy of education* (pp. 82~102). New York: Routledge.

Burbules, N. C., & Rice, S. (1991). Dialogue across differences: Continuing the conversation. *Harvard Educational Review*, 6(4), 393~416.

Butler, J. (1990a). *Gender trouble: Feminism and the subversion of identity*. New York: Routledge.

Butler, J. (1990b). Gender trouble, feminist theory, and psychoanalytic discourse. In L. J. Nicholson (Ed.),

Feminism/postmodernism (pp. 324~340). New York: Routledge.

Cahn, S. (Ed.). (1970). *The philosophical foundations of education*. New York: Harper & Row.

Calhoun, C., & Solomon, R. (1984). *What is an emotion? Classic readings in philosophical psychology*. New York: Oxford University Press.

Campbell, S. (1991). Being dismissed: The politics of emotional expression. *Hypatia*, 9(3), 46~65.

Clark, L. (1976). The rights of women: Theory and practice of the ideology of male supremacy. In W. R. Shea & J. King-Farlow (Eds.), *Contemporary issues in political philosophy* (pp. 49~65). New York: Science History Publications.

Clinchy, B. (1996). Connected and separate knowing: Toward a marriage of two minds. In N. Goldberger, J. Tarule, B. Clinchy, and M. Belenky (Eds.), *Knowledge, difference, and power* (pp. 205~247). New York: Basic Books, Harper Collins Publishers.

Cobb, P. (1994, October). Where is the mind? Constructivism and sociocultural perspectives on mathematical development. *Educational Researcher*, 23(7), 13~20.

Cobb, P. (1995, October). Continuing the conversation: A response to Smith. *Educational Researcher*, 24(6), 25~27.

Code, L. (1987). *Epistemic responsibility*. Hanover, NH: University Press of New England for Brown University Press.

Code, L. (1993). Taking subjectivity into account. In L. Alcoff & E. Potter (Eds.), *Feminist epistemologies* (pp. 15~48). New York: Routledge.

Collins, P. H. (1990). *Black feminist thought*. Boston: Unwin Hyman.

Davis, A. (1981). *Women, race, and class*. New York: Random House.

Davis, H. (1996, Fall). Docile bodies and disembodied minds. *Educational Theory*, 46(4), 525~543.

de Beauvoir, S. (1989). *The second sex* (H. M. Parshley, Ed. and Trans.). New York: Vintage Books. (Original work published 1952)

de Lauretis, T. (1986). Feminist studies/critical studies: Issues, terms, and context. In T. de Lauretis (Ed.), *Feminist studies, critical studies* (pp. 1~19). Bloomington, IN: Indiana University Press.

de Lauretis, T. (1987). *Technologies of gender: essays on theory, film, and fiction.* Bloomington, IN: Indiana University Press.

Derrida, J. (1978). *Writing and dfference* (A. Bass, Trans.). Chicago: University of Chicago Press.

Dewey, J. (1910). *How we think.* New York: Heath.

Dewey, J. (1922). *Human nature and conduct.* New York: Henry Holt.

Dewey, J. (1935). *Liberalism and social action.* New York: G. P. Putnam's Sons.

Dewey, J. (1938). *Logic: The theory of inquiry.* New York: Henry Holt.

Dewey, J. (1945). *A history of western philosophy.* New York: Simon & Schuster.

Dewey, J. (1956). The school and society. In *The child and the curriculum, and the school and society.* Chicago: University of Chicago Press.

Dewey, J. (1958). *Art as experience.* New York: Capricorn Books. (Original work published 1934)

Dewey, J. (1965). *Experience and education.* New York: Macmillan. (Original work published 1938)

Dewey, J. (1966). *Democracy and education.* New York: Free Press. (Original work published 1916)

Dewey, J. (1981a). Experience and nature. In J. Boydston (Ed.). *John Dewey: The later works, 1925~1953* (Vol. 1, pp. 1~326). Carbondale: Southern Illinois University Press. (Original work published 1925)

Dewey, J. (1981b). Experience and philosophic method. In J. Boydston (Ed.). *John Dewey: The later works, 1925~1953* (Vol. 1, pp. 10~41). Carbondale: Southern Illinois University Press. (Original work published 1929)

Dewey, J. (1984a). Affective thought. In J. Boydston (Ed.). *John Dewey: The later works, 1925~1953* (Vol. 2, pp. 104~115). Carbondale: Southern Illinois University Press. (Original work published 1926)

Dewey, J. (1984b). Qualitative thought. In J. Boydston (Ed.). *John Dewey: The later works, 1925~1953* (Vol. 5, pp. 243~262). Carbondale: Southern Illinois University Press. (Original work published 1930)

Dewey, J. (1985). Context and thought. In J. Boydston (Ed.). *John Dewey: The later works, 1925~1953* (Vol. 6, pp. 3~21). Carbondale: Southern Illinois University Press. (Original work published 1931)

Ennis, R. (1962). A concept of critical thinking. *Harvard Educational Review*, 32(1), 81~111.

Ennis, R. (1969). *Logic in teaching*. Englewood Cliffs, NJ: Prentice-Hall.

Ennis, R. (1980). Presidential address: A conception of rational thinking. In J. Coombs (Ed.), *Philosophy of Education 1979* (pp. 3~30). Normal, IL: Philosophy of Education Society.

Ennis, R. (1982). Logic and critical thinking. In D. DeNicola (Ed.), *Philosophy of Education 1981* (pp. 228~232). Normal, IL: Philosophy of Education Society.

Ennis, R. (1984). Problems in testing informal logic/critical thinking/reasoning ability. *Informal Logic*, 6(1), 3~9.

Ennis, R. (1987). A taxonomy of critical thinking dispositions and abilities. In J. B. Baron & R. J. Sternberg (Eds.), *Teaching thinking skills: Theory and practice* (pp. 9~26). New York: W. H. Freeman.

Ennis, R. (1990). The rationality of rationality: Why think critically? In R. Page (Ed.), *Philosophy of education 1989* (pp. 392~405). Normal, IL: Philosophy of Education Society.

Ennis, R. (1993). Critical thinking: What is it? In H. A. Alexander (Ed.), *Philosophy of Education 1992* (pp. 76~80). Urbana, IL: Philosophy of Education Society.

Ennis, R., & Millman, J. (1982). *Cornell critical thinking test, level X and level Z*. Champaign, IL: Illinois Thinking Project.

Flax, J. (1983). Political philosophy and the patriarchal unconscious: A psychoanalytic perspective on epistemology and metaphysics. In S. Harding & M. B. Hintikka (Eds.), *Discovering reality* (pp. 245~281). Dordrecht, The Netherlands: D. Reidel.

Flax, J. (1990). *Thinking fragments: Psychoanalysis, feminism, and postmodernism in the contemporary West*. Berkeley, CA: University of California Press.

Flax, J. (1995). Responsibility without grounds. In R. Goodman & W. Fisher (Eds.), *Rethinking knowledge: Reflections across the disciplines* (pp. 147~167). Albany, NY: State University of New York

Press.

Foucault, M. (1978). *The history of sexuality* (Vol. I). New York: Pantheon.

Foucault, M. (1979). *Discipline and punishment*. New York: Vintage.

Foucault, M. (1980). *Power/knowledge*. New York: Pantheon.

Freire, P. (1970). *Pedagogy of the oppressed*. M. Bergman Ramos (Trans.) New York: Sea-bury Press.

Gardner, H. (1983). *Frames of mind*. New York: Basic Books.

Garrison, J. (1994, January/February). Realism, Deweyan pragmatism, and educational research. *Educational Researcher, 23*(1), 5~14.

Garrison, J. (1995, Winter). Deweyan pragmatism and the epistemology of contemporary social constructivism. *American Educational Research Journal, 32*(4), 716~740.

Garrison, J. (1997). *Dewey and eros: Wisdom and desire in the art of teaching*. New York: Teachers College Press.

Gilligan, C. (1982). *In a different voice: Psychological theory and women's development*. Cambridge, MA: Harvard University Press.

Giroux, H. (1981). *Ideology, culture and the process of school*. Barcombe, England: Falmer Press.

Glaser, E. (1941). *An experiment in the development of critical thinking*. New York: Bureau of Publications, Teachers College, Columbia University.

Goldberger, N., Tarule, J., Clinchy, B., & Belenky, M. (Eds.). (1996). *Knowledge, diference, and power: Essays inspired by "Women's ways of knowing."* New York: Basic Books.

Goleman, D. (1995). *Emotional intelligence*. New York: Bantam Books.

Goodman, N. (1978). *Ways of worldmaking*. Indianapolis, IN: Hackett.

Greene, M. (1995). *Releasing the imagination: Essays on education, the arts, and social change*. San Francisco: Jossey-Bass.

Grimshaw, J. (1986). *Philosophy and feminist thinking*. Minneapolis, MN: University of Minnesota Press.

Grosz, E. (1993). Bodies and knowledges: Feminism and the crisis of reason. In L. Alcoff & E. Potter (Eds.), *Feminist epistemologies* (pp. 187~215). New York: Routledge.

Guttman, A. (1987). *Democratic education*. Princeton, NJ: Princeton University Press.

Hanson, K. (1986). *The self imagined*. New York: Routledge & Kegan Paul.

Haraway, D. (1988). Situated knowledges: The science question in feminism and the privilege of partial perspective. *Feminist Studies*, 14(3), 575~599.

Haraway, D. (1989). *Primate visions: Gender, race, and nature in the world of modern science*. New York: Routledge.

Haraway, D. (1990). A manifesto for cyborgs: Science, technology, and social feminism. In L.J. Nicholson (Ed.), *Feminism/postmodernism* (pp. 190~233). New York: Routledge.

Haraway, D. (1991). *Simians, cyborgs, and women: The reinvention of nature*. New York: Routledge.

Harding, S. (1986). *The science question in feminism*. Ithaca, NY: Cornell University Press.

Harding, S. (1991). *Whose science? Whose knowledge? Thinking from women's lives*. Ithaca, NY: Cornell University Press.

Harding, S. (1992). What is feminist theory? In H. Crowley & S.

Himmelweit (Eds.), *Knowing women: Feminism and knowledge* (pp. 338~355). Cambridge, MA: Polity Press, in association with the Open University.

Harding, S. (1993). Rethinking standpoint epistemology: What is "strong objectivity"? In L. Alcoff & E. Potter (Eds.), *Feminist epistemologies* (pp. 49~82). New York: Routledge.

Harding, S. (1996). Gendered ways of knowing and the "epistemological crisis" of the West. In N. Goldberger, J. Tarule, B. Clinchy, & M. Belenky (Eds.), *Knowledge, difference, and power: essays inspired by "Women's ways of knowing"* (pp. 431~454). New York: Basic Books.

Harstock, N. (1983). The feminist standpoint: Developing the grounds for a specifically feminist historical materialism. In S. Harding & M. B. Hintikka (Eds.), *Discovering Reality* (pp. 283~310). Dordrecht, The Netherlands: D. Reidel.

Hekman, S. (1997, Winter). Truth and method: Feminist standpoint theory revisited. *Signs, 22*(2), 341~365.

hooks, b. (1981). *Ain't I a woman: Black women and feminism*. Boston, MA: South End Press.

hooks, b. (1984). *Feminist theory: From margin to center*. Boston, MA: South End Press.

hooks, b. (1989). *Talking back: Thinking feminist, thinking black*. Boston, MA: South End Press.

Irigaray, L. (1985a). *Speculum of the other woman* (G. Gill, Trans.). Ithaca, NY: Cornell University Press. (Original work published 1974)

Irigaray, L. (1985b). *This sex which is not one* (G. Gill, Trans.). Ithaca,

NY: Cornell University Press.

Jaggar, A. M. (1983). *Feminist politics and human nature*. Totowa, NJ: Rowman & Allanheld.

Jaggar, A. M. (1992). Love and knowledge: Emotion in feminist epistemology. In A. Garry & M. Pearsall (Eds.), *Women, knowledge, and reality: Explorations in feminist philosophy* (pp. 129~155). New York: Routledge.

James, W. (1950). *The principles on psychology* (Vol. 1). New York: Dover. (Original work published 1890)

James, W. (1958). *Talks to teachers on psychology*. New York: W. W. Norton. (Original work published 1899)

James, W. (1975a). *The meaning of truth*. Cambridge, MA: Harvard University Press. (Original work published 1909)

James, W. (1975b). *Pragmatism*. Cambridge, MA: Harvard University Press. (Original work published 1907)

James, W. (1976). *Essays in radical empiricism*. Cambridge, MA: Harvard University Press. (Original work published 1912)

Johnson, R. H., & Blair, A. J. (1983). *Logic self-defense* (2nd ed.). Toronto: McGraw-Hill Ryerson.

Keller, E. F. (1983). *A feeling for the organism: The life and work of Barbara McClintock*. New York: W. H. Freeman.

Keller, E. F. (1985). *Reflections on gender and science*. New Haven, CT: Yale University Press.

Kuhn, T. (1970). *The structure of scientific revolutions* (2nd ed.). Chicago: University of Chicago Press.

Laclau, E., & Mouffe, C. (1985). *Hegemony and socialist strategy: Towards a radical democratic politics* (W. Moore & P. Cammack (Trans.).

Great Britain: Thetford Press.

Lather, P. (1991). *Getting smart: Feminist research and pedagogy with/in the postmodem*. New York: Routledge.

Latour, B. (1992). One more turn after the social turn. In E. McMullin (Ed.), *The social dimensions of science* (pp. 272~294). Notre Dame, IN: University of Notre Dame Press.

Leach, M. (1992, Summer). Can we talk? Response to Burbules and Rice. *Harvard Educational Review*, 62(2), 257~263.

Lipman, M. (1980). *Mark*. Upper Montclair, NJ: First Mountain Foundation.

Lipman, M. (1981). *Pixie*. Upper Montclair, NJ: First Mountain Foundation.

Lipman, M. (1982). *Harry Stottlemeier's discovery*. Upper Montclair, NJ: First Mountain Foundation.

Lipman, M. (1983). *Lisa*. Upper Montclair, NJ: First Mountain Foundation.

Lipman, M. (1984, September). The cultivating of reasoning through philosophy. *Educational Leadership*, 42(1), 51~56.

Lipman, M. (1987). Some thoughts on the foundations of reflective education. In J. B. Baron & R. J. Sternberg (Eds.), *Teaching thinking skills: Theory and practice* (pp. 151~161). New York: W. H. Freeman.

Lipman, M. (1988, September). Critical thinking—what can it be? *Educational Leadership*, 46(1), 38~43.

Lipman, M., & Sharp, A. (1978). *Growing up with philosophy*. Philadelphia: Temple University Press.

Lipman, M., Sharp, A., & Oscanyan, F. (1980). *Philosophy in the classroom*. Philadelphia: Temple University Press.

Longino, H. (1990). *Science as social knowledge: Values and objectivity in scientfic inquiry*. Princeton, NJ: Princeton University Press.

Longino, H. (1993). Subjects, power and knowledge: Description and prescription in feminist philosophies of science. In L. Alcoff & E. Potter (Eds.), *Feminist epistemologies* (pp. 101~120). New York: Routledge.

Lorde, A. (1983). The master's tools will never dismantle the master's house. In C. Moraga & G. Anzaldúa (Eds.), *This bridge called my back* (pp. 98~101). New York: Kitchen Table/ Women of Color Press. (Original work published 1981)

Lorde, A. (1984). *Sister outsider: Essays and speeches*. Trumansburg, NY: Crossing Press.

Lorde, A. (1990). I am your sister: Black women organizing across sexualities. In G. Anzaldúa (Ed.), *Making face, making soul* (pp. 321~325). San Francisco: Aunt Lute Foundation Books. (Reprint from *The black unicorn: Poems by Audre Lorde*, 1978, New York: Norton)

Lugones, M. (1987, Summer). Playfulness, "world" traveling, and loving perception. *Hypatia*, *2*, 3~19.

Lugones, M. (1990). Hablando cara a cara/Speaking face to face: An exploration of ethnocentric racism. In G. Anzaldúa (Ed.), *Making face, making soul* (pp. 46~ 54). San Francisco: Aunt Lute Foundation Books.

Lugones, M., & Spellman, E. (1990). Have we got a theory for you! Feminist theory, cultural imperialism, and the demand for the 'woman's voice.' In A. Y. Al-Hibi & M. A. Simons (Eds.).

Hypatia reborn (pp. 18~33). Bloomington, IN: Indiana University Press. (Reprinted from *Hypatia: Women's Studies International Forum, 1983, 6*, 578~581)

Lyotard, J. (1984). *The postmodern condition: A report on knowledge*. Minneapolis, MN: University of Minesota Press.

MacKinnon, C. A. (1979). *Sexual harrassment of working women: A case of sex discrimination*. New Haven, CT: Yale University Press.

Martin, J. R. (1984). Bringing women into educational thought. *Educational Theory, 34*(4), 341~354.

Martin, J. R. (1985). *Reclaiming a conversation*. New Haven, CT: Yale University Press.

Martin, J. R. (1992). *The schoolhome: Rethinking schools for changing families*. Cambridge, MA: Harvard Univeristy Press.

Martin, J. R. (1994a). *Changing the educational landscape: Philosophy, women, and curriculum*. New York: Routledge. Martin, J. R. (1994b, Spring). Methodological essentialism, false difference, and other dangerous traps. *Signs, 19*, 630~657.

McLaren, P. (1994). *Life in schools* (2nd ed.). New York: Longman.

McPeck, J. (1981). *Critical thinking and education*. New York: St. Martin's Press.

McPeck, J. (with Norris, S. P., Paul, R., & Siegel, H.). (1990). *Teaching critical thinking: Dialogue and dialectic*. New York: Routledge.

Mead, G. H. (1934). *Mind, self, and society: From the standpoint of a social behaviorist* (C. W. Morris, Ed.). Chicago: University of Chicago Press.

Mead, M. (1970). *Culture and Commitment: A study of the generation gap*. Garden City, NY: Natural History Press for the American

Museum of Natural History.

Moraga, C., & Anzaldúa, G. (Eds.). (1983). *This bridge called my back: Writings by radical women of color*. New York: Kitchen Table/Women of Color Press. (Original work published 1981)

Narayan, U. (1989). The project of feminist epistemology: Perspectives from a nonwestern feminism. In A. M. Jaggar & S. R. Bordo (Eds.), *Gender/body/knowledge: Feminist reconstructions of being and knowing* (pp. 256~272). New Brunswick, NJ: Rutgers University Press.

Nelson, L. (1990). *Who knows?* Philadelphia: Temple University Press.

Nelson, L. (1993). Epistemological communities. In L. Alcoff & E. Potter (Eds.), *Feminist epistemologies* (pp. 121~159). New York: Routledge.

Nicholson, L. J. (Ed.). (1990). *Feminism/postmodernism*. New York: Routledge.

Noddings, N. (1984). *Caring: A feminine approach to ethics and moral education*. Berkeley, CA: University of California Press.

Noddings, N. (1990, Spring). Review symposium: A response. *Hypatia*, 5(1), 120~126.

Noddings, N. (1992). *The challenge to care in schools: An alternative approach to education*. New York: Teachers College Press.

Noddings, N., & Shore, P. (1984). *Awakening the inner eye: Intuition in education*. New York: Teachers College Press.

Norris, S. (1985, May). Synthesis of research on critical thinking. *Educational Leadership*, 42(8), 40~45.

Nussbaum, M. (1990). *Love's knowledge*. Oxford: Oxford University

Press.

Nye, A. (1990). *Words of power: A feminist reading of the history of logic*. New York: Rout-ledge.

Okin, S. M. (1979). *Women in Western political thought*. Princeton, NJ: Princeton University Press.

Paul, R. W. (1984, September). Critical thinking: Fundamental to education for a free society. *Educational Leadership*, 42(1), 4~14.

Paul, R. W. (1985, Winter). The critical thinking movement: A historical perspective. *National Forum: Phi Kappa Phi Journal*, 65(1), 2~3.

Paul, R. W. (1989). *Regarding a definition of critical thinking*. Distributed at conference, Rohnert Park, CA: Center for Critical Thinking and Moral Critique, Sonoma State University.

Paul, R. W. (1990). *Critical thinking: What every person needs to survive in a rapidly changing world*. Rohnert Park, CA: Center for Critical Thinking and Moral Critique, Sonoma State University.

Paul, R. W., Binker, A. J. A., Adamson, K., & Martin, D. (1987). *Critical thinking handbook: High school*. Rohnert Park, CA: Center for Critical Thinking and Moral Critique, Sonoma State University.

Peirce, C. S. (1933~1958). *Collected papers of Charles Sanders Peirce* (C. Hartshone, P. Weiss, & A. Burks, Eds.). Cambridge, MA: Harvard University Press.

Peirce, C. S. (1958). *Values in an universe of chance: Selected writings of Charles Sanders Peirce (1839~1914)* (P. P. Wiener, Ed.). Garden City, NJ: Doubleday.

Peters, R. S. (1973). *Reason and compassion*. London, Boston: Routledge

& K. Paul.

Phillips, D. C. (1995, October). The good, the bad, and the ugly: The many faces of constructivism. *Educational Researcher*, 24(7), 5~12.

Piaget, J. (1966). *Judgment and reasoning in the child*. Totowa, NJ: Littlefield, Adams.

Piaget, J. (1980). The psychogenesis of knowledge and its epistemological significance. In M. Piatelli-Palmarini (Ed.), *Language and learning: The debate between Jean Piaget and Noam Chomsky* (pp. 23~34). Cambridge, MA: Harvard University Press.

Plato, (1970). *Meno*. In S. Cahn (Ed.), *The philosophical foundations of education* (pp. 7~35). New York: Harper & Row. (Reprinted from *The dialogues of Plato*, 4th ed., Vol. 1, pp. 265~301, B. Jowett, Trans. 1953, Oxford: Clarendon Press)

Plato, (1979). *Republic* (R. Larson, Ed. and Trans.). Arlington Heights, IL: Harlan Davidson.

Popper, K. (1959). *The logic of scientific discovery*. New York: Basic Books.

Portelli, J., & Reed, R. (Eds.). (1995). *Children, philosophy & democracy*. Calgary, Canada: Detselig Enterprises.

Potter, E. (1993). Gender and epistemic negotiation. In L. Alcoff & E. Potter (Eds.), *Feminist epistemologies* (pp. 161~186). New York: Routledge.

Quine, W. V. (1960). *Word and object*. Cambridge, MA: MIT Press.

Quine, W. V. (1969). Ontological reality. In W. V. Quine, *Ontological reality and other essays* (pp. 26~68). New York: Columbia

University Press.

Quine, W. V. (1981). *Theories and things*. Cambridge, MA: Harvard University Press.

Rice, S., & Burbules, N. C. (1993). Communicative virtue and educational relations. In H. A. Alexander (Ed.), *Philosophy of education 1992* (pp. 34~44). Urbana, IL: Philosophy of Education Society.

Rich, A. (1980, Spring). Compulsory heterosexuality and lesbian experience. *Signs: Journal of women in culture and society*, 5(3), 631~660.

Rivage-Seul, M. (1987). Critical thought or domestication? A Freirean perspective on peace education in Guatemala. In F. Estes (Ed.), *Philosophical Studies in Education* (pp. 230~246). Terre Haute, IN: Ohio Valley Philosophy of Education Society.

Rorty, R. (1979). *Philosophy and the mirror of nature*. Princeton, NJ: Princeton University Press.

Ruddick, S. (1989). *Maternal thinking: Toward a politics of peace*. Boston: Beacon Press.

Ruddick, S. (1996). Reason's "femininity": A case for connected knowing. In N. Goldberger, J. Tarule, B. Clinchy, & M. Belenky (Eds.), *Knowledge, difference, and power: Essays inspired by "Women's ways of knowing"* (pp. 248~273). New York: Basic Books.

Russell, B. (1956) *Logic and knowledge: Essays 1901~1950* (R. C. Marsh, Ed.). London: Allen and Unwin.

Ryle, G. (1949). *The concept of mind*. New York: Barnes & Noble.

Ryle, G. (1979). *On thinking*. Totowa, NJ: Rowman & Littlefield.

Scheffler, I. (1965). *Conditions of Knowledge*. Chicago: Scott Foresman.

Scheffler, I. (1974). *Four pragmatists*. New York: Humanities Press.

Scheffler, I. (1973). *Reason and teaching*. New York: Bobbs-Merrill.

Seigfried, C. H. (1990). *William James's radical reconstruction of philosophy*. Albany, NY: State University of New York Press.

Seigfried, C. H. (1991, Summer). Where are all the pragmatic feminists? *Hypathia*, 6(2), 1~20.

Seigfried, C. H. (1996). *Pragmatism and feminism: Reweaving the social fabric*. Chicago: University of Chicago Press.

Siegel, H. (1987). *Relativism refuted: A critique of contemporary epistemological relativism*. Dordrecht, The Netherlands: D. Reidel.

Siegel, H. (1988). *Educating reason*. New York: Routledge.

Siegfel, H. (1990). Why be rational? On thinking critically about critical thinking. In R. Page (Ed.), *Philosophy of education 1989* (p. 391). Normal, IL: Philosophy of Education Society.

Siegel, H. (1992). Two perspectives on reason as an educational aim: The rationality of reasonableness. In M. Buchmann & R. E. Floden (Eds.), *Philosophy of education 1991* (pp. 225~233). Norman, IL: Philosophy of Education Society.

Siegel, H. (1996). What price inclusion? In A. Neiman (Ed.), *Philosophy of education 1995* (pp. 1~22). Urbana, IL: Philosophy of Education Society.

Siegel, H. (1997). *Rationality redeemed? Further dialogues on an educational ideal*. New York: Routledge.

Smith, D. (1987). *The everyday world as problematic: A feminist sociology*. Boston: Northeastern University Press.

Smith, D. (1990). *The conceptual practices of power: A feminist sociology of knowledge*. Boston: Northeastern University Press.

Stuhr, J. J. (Ed.). (1987). *Classical American Philosophy*. New York: Oxford University Press.

Tarule, J. (1996). Voices in dialogue: Collaborative ways of knowing. In N. Goldberger, J. Tarule, B. Clinchy, & M. Belenky (Eds.), *Knowledge, difference, and power* (pp. 274~304). New York: Basic Books.

Thayer-Bacon, B. (1991). *The significance of Richard W. Paul's critical thinking theory in education*. Unpublished doctoral dissertation, Indiana University, Bloomington.

Thayer-Bacon, B. (1992a). Is modern critical thinking theory sexist? *Inquiry: Critical Thinking Across the Disciplines*, 10(1), 3~7.

Thayer-Bacon, B. (1992b). Richard Paul's strong-sense critical thinking and procedural knowing: A comparison. *The ERIC Clearinghouse on Teaching and Teacher Education*, No. ED 353 280.

Thayer-Bacon, B. (1993, Summer) Caring and its relationship to critical thinking. *Educational Theory*, 43(3), 323~340.

Thayer-Bacon, B. (1995, Spring). Constructive thinking: Personal voice. *The Journal of Thought*, 30(1), 55~70.

Thayer-Bacon, B. (1996a). Navigating epistemological territories. In A. Neiman (Ed.), *Philosophy of education, 1995* (pp. 460~468). Urbana, IL: Philosophy of Education Society.

Thayer-Bacon, B. (1996b, Fall). [Review of the books *Peripheral visions* and *releasing the imagination*]. *Educational Studies*, 27(3), 292~301.

Thayer-Bacon, B. (1997, Spring). The nurturing of a relational epistemology. *Educational Theory*, 47(2), 239~260.

Thayer-Bacon, B. (1998a). Transforming and redescribing critical thinking: Constructive thinking. *Studies in Philosophy and Education*, 17(2-3), 123~148.

Thayer-Bacon, B. (1998b). Exploring caring and the public/private split. *Journal of Thought*, 33(4), 27~40.

Thayer-Bacon, B. (with Bacon, C.). (1998). *Philosophy applied to education: Nurturing a democratic community in the classroom*. Upper Saddle River, NJ: Prentice-Hall.

Thayer-Bacon, B., & Brown, S. (1995). What collaboration means: Ethnocultural diversity's impact, *The ERIC Clearinghouse on Teaching and Teacher Education*, ED 383 692.

Thompson, A. (1997, Summer). Surrogate family values: The refeminization of teaching. *Educational Theory*, 47(3), 315~339.

Tronto, J. (1993). *Moral boundaries: A political argument for an ethic of care*. New York: Routledge.

Vygotsky, L. S. (1962). *Thought and language* (E. Haufmann & G. Vakar, Trans.). Cambridge, MA: MIT Press. (Original work published 1934)

Walker, A. (1983). *In search of our mother's gardens: Womanist prose*. San Diego: Harcourt Brace Jovanovich.

Watson, G., & Glaser, E. (1980). *The Watson-Glaser critical thinking appraisal*. New York: The Psychological Corporation. (Original work published 1940)

West, C. (1989). *The American evasion of philosophy: A genealogy of pragmatism*. Madison, WI: University of Wisconsin Press.

Wittgenstein, L. (1953). *Philosophical investigations*. G. E. M. Anscombe (Trans.). Oxford: Basil Blackwell.

색 인

비판적 사고의 전환

: 상상, 감정, 직관을 활용하는 건설적 사고

© 글로벌콘텐츠, 2022

1판 1쇄 인쇄__2022년 03월 21일
1판 1쇄 발행__2022년 03월 31일

지은이__바바라 J. 세이어베이컨(Barbara J. Thayer-bacon)
옮긴이__김아영
펴낸이__홍정표
펴낸곳__글로벌콘텐츠
　　　　등록__제25100-2008-000024호

공급처__(주)글로벌콘텐츠출판그룹
　　　　대표_홍정표 이사_김미미
　　　　편집_최한나 하선연 권군오 문방희 표지일러스트_JINA 기획·마케팅_김수경 이종훈 홍민지
　　　　주소__서울특별시 강동구 풍성로 87-6
　　　　전화__02) 488-3280 팩스__02) 488-3281
　　　　홈페이지__http://www.gcbook.co.kr
　　　　이메일__edit@gcbook.co.kr

값 20,000원
ISBN 979-11-5852-365-7 93370